Sophie Freud:
Meine drei Mütter und andere Leidenschaften
Frausein, Liebe, Lebensmitte

Aus dem Amerikanischen von
Brigitte Stein

Deutscher
Taschenbuch
Verlag

Ungekürzte Ausgabe
März 1992
Deutscher Taschenbuch Verlag GmbH & Co. KG, München
© 1988 New York University Press
Titel der amerikanischen Originalausgabe:
My Three Mothers and Other Passions
© der deutschsprachigen Ausgabe:
1989 Claassen Verlag GmbH, Düsseldorf
ISBN 3-546-42957-5
Umschlaggestaltung: Boris Sokolow
Umschlagfoto Rückseite: Peter Lehner
Gesamtherstellung: C. H. Beck'sche Buchdruckerei, Nördlingen
Printed in Germany · ISBN 3-423-15099-8

Das Buch

›Meine drei Mütter und andere Leidenschaften‹ – dies klingt ebenso rätselhaft, wie es treffend ist. Denn Sophie Freuds Buch bewegt sich im Spannungsfeld von Autobiographie und in kurze Essays gekleidete Reflexionen zum Thema »Leidenschaft«, angeregt und abgerundet von den Ergebnissen einer Umfrage, an der siebenhundert Frauen beteiligt waren. Doch neugierig machen zunächst die geheimnisvollen »drei Mütter«: Da ist zuerst die Mutter der Kindheit, ihre leibliche Mutter, ein Vorbild an Ehrgeiz, Zielstrebigkeit, Disziplin. Bei ihrer zweiten Mutter, der Mutter ihrer Jugend, einer ebenfalls nach New York emigrierten Tante mütterlicherseits, erfährt sie eine bis dahin nie gekannte Offenheit und Warmherzigkeit. Und schließlich gilt der Mutter der mittleren Jahre, ihrer weltberühmten Tante Anna Freud, ihre große emotionale wie auch intellektuelle Bewunderung. Leidenschaftliche Verliebtheit, die plötzlich in das Leben der Endvierzigerin Sophie Freud einbricht, veranlaßt sie zu ihrer großen empirischen Untersuchung dieses Phänomens. Ihre – immer auch sehr persönlich gehaltenen – Gedanken kreisen aber nicht nur um die Liebe zum anderen Geschlecht, sondern auch um die Leidenschaft zwischen Frauen, die Zuneigung zu Kindern oder die Freude an der Arbeit. Dieses sehr persönliche Zeugnis einer Frau nach der Lebensmitte ist zugleich ein faszinierendes Buch über die Liebe, über die Weiblichkeit, über das Leben.

Die Autorin

Sophie Freud wurde am 6. August 1925 als Tochter von Martin Freud, dem ältesten Sohn von Sigmund Freud, geboren. Nach dem »Anschluß« Österreichs an Hitlerdeutschland emigrierte sie mit ihrer Mutter über Frankreich in die Vereinigten Staaten. Sie studierte in Boston Psychologie und heiratete den deutschen Emigranten Paul Löwenstein, von dem sie sich nach vierzigjähriger Ehe scheiden ließ. Heute arbeitet sie als Universitätsprofessorin an der Simmons College School of Social Work in Boston und hat drei erwachsene Kinder.

Inhalt

Vorwort zur deutschen Ausgabe 7

Meine drei Mütter..................................... 11
Heilen lernen 24
Leidenschaft und Herausforderung des Lehrens 44
Seidengespinst 63
Leidenschaften 78
Der Besuch 116
Wiedertreffen 128
Arbeit und Liebe. Das gespaltene Selbst 135
Stille 161
Sabbatical. »Der Sommer vor der Dunkelheit« 167
Verführung 188
Die Unmöglichkeit, vollkommene Eltern zu sein 192
Zeiten 209
Feigheit 218
Wirkungen 224
Distanz 246
»Was will das Weib?« 271
Töchter und Väter 301
Das Erbe 316
Das Vermächtnis von Anna Freud 323
Mutter und Tochter. Ein Nachruf 354

Nachwort 368
Danksagung 373
Literaturverzeichnis 379

Vor ein paar Jahren hat mich eine Studentin gefragt, wie ich meinen Platz in der akademischen Gesellschaft erreicht habe. Anscheinend wollte sie ihr Leben so planen, um auf einer ähnlichen Stelle anzukommen. Ich antwortete, daß ich vor allem nie die Absicht hatte, irgendwo hinzukommen; daß ich immer nur kleine Entscheidungen machte, die zur Zeit eigentlich als selbstverständlich schienen. Mein Leben war nie ein gezieltes Leben. Sie werden von meinem Buch erfahren, daß ich mich oft und sogar meistens von Umständen einfach treiben lasse. Und das passierte sogar auch mit diesem Buch. Ich wäre sehr erstaunt gewesen, wenn mir eine Wahrsagerin, sagen wir, als ich sogar schon 40 Jahre alt war, gesagt hätte, ich würde eines Tages ein Buch schreiben. Ich hätte gelacht und mir gedacht, daß Wahrsagerinnen eben mit Schmeicheleien Geld verdienen.

Es war mir auch viele Jahre ganz unklar, wie man einen Artikel schreibt und dann noch dazu publiziert. Das war eines dieser »Erwachsenen«-Geheimnisse. Aber eines Tages wurde ich von einer anderen Sozialarbeitschule zu einem Vortrag eingeladen und beschloß, über Narzißmus zu sprechen, um mir selber mehr Klarheit zu schaffen. Der Vortrag war ein so großer Erfolg, daß ein Schüler mein Papier stahl, um Kopien wegzuschenken, nachdem ich erklärt hatte, daß der Artikel nicht fertig war. Dieser Diebstahl amüsierte mich so, daß ich den Artikel nochmals schrieb, an ein Journal schickte und mich dann ungemein freute, als er angenommen wurde.

Mein Leben, und ich meine auch andere Leben, hat sich immer in Kreisen entwickelt. Da gab es Teufelskreise, zum Beispiel Beziehungskreise wie meine Heirat, mit gegenseitigen Verletzungen, Kränkungen und Mißverständnissen bis zum Tod der Beziehung. Aber viele andere Kreise entfalteten sich nach oben. Meine erste Klasse, die mich zum akademischen Beruf führte, war so ein Freundeskreis, und dieser erste Artikel, der mir die neue Identität einer »Autorin« gab, war auch so ein wichtiger Freundeskreis. Ich habe als Frau, oder vielleicht einfach als Mensch, immer viel Bestätigung von außen gebraucht. Dieser erste Artikel führte dann zu vielen anderen Artikeln, und ich blieb der Tradition treu, Vorträge, zu denen ich aufgefordert wurde, in Artikel umzuschreiben. Es ist möglich und ich hoffe, daß dadurch ein Ton des direkten Ansprechens entstanden ist. Dieser Gedanke bringt mich noch zu einem Kreis, dem zwischen Autorin und Leser. Es gibt keine Lehrer ohne Schüler und kein Buch ohne Leser, wir sind verbunden, in Achtung, in Interesse, vielleicht in Zuneigung, und wir sind alle ebenso wichtig.

Warum wurde ich so gerne Lehrerin? Ich habe versucht, mich mit diesem Wunsch in meinem Buch auseinanderzusetzen. Vielleicht hätte ich das narzißtische Element mehr betonen sollen? Ich spreche von der Freude, die eigene Stimme zu erheben, Meinungen auszudrücken, Geschichten zu erzählen, gehört zu werden. Ist mir das so wichtig, weil ich als Kind nicht genug »gehört« wurde oder vielleicht als Frau nie erwartet hatte, »gehört« zu werden? Nach einer Weile wurden die Zuhörerschaften immer größer. Da gab es erst Klassen von zwanzig Studenten und dann auch Klassen von 200 Studentinnen. Da gab es Vorträge in kleinen Zimmern und langsam auch Vorträge in Sälen mit Mikrophon. Viele Menschen wollten dann oft Kopien des Vortrags. Und so wuchs der Gedanke von »immer größeren Zuhörerschaften«, der dann ganz natürlich zu einem Buch führte.

Ein wichtiger Schritt war das Schreiben von Kurzgeschichten, etwas, das so wenig in meinem Lebensskript war, als das Matterhorn zu erklettern. Und dann passierte es. Eines Tages schrieb ich die Kurzgeschichte *Zeiten*, um mit einem wichtigen Lebensereignis fertig zu werden. Es war wieder ein Versuch, über meine eigenen Erfahrungen Zeugnis abzulegen. Ich wußte, daß verschiedene Menschen verschiedene Wege finden, um Zeugnis abzulegen, und das sollte mein Weg werden. Allerdings wurde der Prozeß, »eine Geschichte zu schreiben«, ebenso wichtig oder vielleicht wichtiger als der Wunsch, Zeugnis abzulegen. Als diese erste Geschichte, die niemand kaufen wollte, trotzdem zu anderen Geschichtchen führte, wurde die faktische Wahrheit weniger wichtig als die emotionale Wahrheit. Das ist eine Warnung, dem Inhalt dieser Geschichten nicht Ihren ganzen Glauben zu schenken.

Immerhin war der Weg zum Buch gar nicht so leicht. Mindestens fünf Herausgeber dachten, daß aus diesen verstreuten Artikeln kein Buch werden könne. Dann gab es einen Lektor, der sich sehr dafür interessierte, aber am Anfang des Unternehmens wurde er krank. Dann gab es eine Lektorin, die sich sehr interessierte und sich auch sehr um das Buch bemühte, aber in der Mitte des Unternehmens verließ sie ihren Verlag. Nach all diesen Scheiterungen beschloß ich, den Plan eines Buches aufzugeben. Es war ein Plan, der mir nie lebenswichtig war und in meinem Alter ohnehin nur Zuckerguß über ein ausreichend gutes Leben. Es geht auch so, aber anders wäre es auch gegangen.

Jedoch eines Tages kam eine Lektorin, Kitty Moore, auf mich zu, die durch einen gemeinsamen Freund, Jeffrey Berman, ein paar Artikel von mir gelesen hatte und die bereit war, mit mir ein Buch zu machen. Sie hatte auch den Mut, meine Kurzgeschichten mit den »akademischen« Aufsätzen zu vermischen. Das ist in Amerika sehr ungewöhnlich. Obwohl ich ein halbes Jahr jede freie Minute dafür brauchte, alle publizierten und unpublizierten Artikel, die in das Buch kommen sollten, zu überarbeiten, war ich die ganze Zeit überzeugt, daß wieder etwas schiefgehen würde. Eigentlich glaubte ich nicht im Ernst an das Buch, bevor ich es selbst in der Hand hatte. Als reifer erwachsener Mensch glaubt man ja nicht mehr an Wunder, nicht einmal an kleine.

Mit dem Herauskommen des Buches hatte sich mein Wunsch nach immer größerer Zuhörerschaft erfüllt. Ich dachte mir wohl, daß deutschsprachige Menschen sich für das Buch interessieren mögen, aber der Berg war nun erklettert, und das war mehr als genug. Aber, wie schon gesagt, mein Leben dreht sich in geheimnisvollen Kreisen, über die ich nur wenig Kontrolle habe. Zum zweiten Mal kam eine Lektorin auf mich zu. Krista Maria Schädlich »fand« mich durch einen Artikel im österreichischen Magazin *Profil*, den Sibylle Fritsch, die nun eine wichtige Freundin geworden ist, geschrieben hatte. Mit Frau Schädlich ging dann alles einfach und rasch und reibungslos. Ich wußte nach ihrem Besuch bei mir in Wien (wo ich mein Sabbatical verbrachte), daß ich eine Lektorin und einen Verlag gefunden hatte, auf die ich mich verlassen konnte und die mein menschliches, intellektuelles und, was mir sehr wichtig ist, mein politisches Vertrauen verdienten.

Ich habe in dem Vorwort der amerikanischen Ausgabe vielen Menschen, die mir am Weg geholfen haben, gedankt, und ich bin froh, in diesem Vorwort beiden dieser Frauen, Sibylle Fritsch und Krista Maria Schädlich, die ich sehr zu schätzen gelernt habe, meinen Dank auszusprechen.

Je mehr ich zu schreiben anfing, desto wichtiger nahm ich meine »Kopfgespräche«, die ich ja schon immer hatte. Ich habe mich nun daran gewöhnt, zwei Leben zu führen, das bemerkbare Leben und das Leben, das das erste Leben betrachtet und beschreibt. Oft ist es mir schwierig, mit meinen zwei reichen, vollen Leben Schritt zu halten. Oft bin ich atemlos. Eine »Geschichte« nach der anderen bildet sich in meinem Kopf. Als Rübezahl, meine Textverarbeitungsmaschine, eine ganze Woche kaputt war, fühlte ich mich verloren, verlassen, vereinsamt – eine ganze Woche, ohne meine Gedanken aufzuschreiben, es war eine Qual. »Schreib's nur auf«, so sagt mein Freund, der Schriftsteller Volker Elis Pilgrim, wenn ich ihm traurige, enttäuschende Ereignisse berichte, »es ist der beste Weg, mit Schmerzen fertig zu werden.« Und so bin ich aus einer kleinen Mausefrau eine Sozialarbeiterin geworden und dann eine Lehrerin, eine Akademikerin und nun vielleicht eine Schriftstellerin. Ein zweites Buch gärt schon in meinem Kopf. Ich bin erst 64 Jahre alt, wer weiß, was mir noch alles im Leben entgegenkommt.

Lincoln, 13. September 1988*

---

* Dieses Vorwort wurde von Sophie Freud in deutscher Sprache verfaßt.

Es ist nicht wahr, daß ich nur drei Mütter hatte. Ich habe immer in meinem Leben nach Mutterfiguren gesucht, habe den Rat und Schutz, die Unterstützung und den Trost älterer, weiserer Frauen gewollt und mich danach gesehnt. Ein Teil meines Selbstbildes ist das einer triumphierenden Königin, direkter Abkömmling von drei kraftvollen, begabten Frauen und verehrte Adoptivtochter von anderen bedeutenden Frauen. Der andere Teil meines gespaltenen Selbst ist das Waisenkind, das durch die Straßen streunt auf der Suche nach einer Mutter, die mich akzeptieren könnte und mich kennenlernen möchte. Waisenkinder sind Menschen, die sich Liebe durch harte Arbeit verdienen müssen, statt sie bedingungslos zu erhalten. Waisenkinder sind, glaube ich, Menschen, die immer Mütter brauchen, weil sie zuwenig Fürsorge bekamen. In dieser Hinsicht fühle ich mich manchmal selbst als Waise.

Ich hatte drei Mütter aus meiner eigenen Verwandtschaft. Sie betrachteten mich zeitweilig als ihre eigene Tochter und lehrten mich auf ihre eigene Weise, was im Leben zählt, und hinterließen ein Vermächtnis, alle drei. Das waren die Mutter meiner Kindheit, die Mutter meiner frühen Jugend und die Mutter meiner späten Lebensmitte. Ich möchte tiefer begreifen, wie meine drei Mütter mein Leben prägten. Besonders möchte ich die gegenseitige Fürsorge erforschen, die zwischen mir und meinen drei Müttern war, weil ich glaube, daß dort die Wurzeln meiner eigenen Fähigkeit oder Unfähigkeit liegen, meinen eigenen Töchtern Geborgenheit zu geben und den jungen Frauen eine »hinreichend gute« Mutter zu sein, die mich für ihre Bedürfnisse in Anspruch nehmen.

Meine erste Mutter ist die Mutter meiner Kindheit. Sie war meine richtige Mutter, und unsere Beziehung blieb ihr ganzes Leben lang erhalten, wurde aber in meiner Jugend schon statisch, undifferenziert und distanziert und blieb so bis zu ihrem kürzlichen Tod im Alter von 86 Jahren. Später im Leben fiel es mir zunehmend schwer, mir einzugestehen, wie tief ich mich mit meiner ersten Mutter verbunden gefühlt haben muß, aber ich habe zahlreiche Kindheitsphotos, auf denen ich mich an sie schmiege, während sie, immer schön angezogen, in die Kamera starrt. Ich empfinde immer noch Angst, Verwirrung und Schuld wegen meiner erstarrten Gefühle gegenüber dieser ersten Mutter, die mich so sehr geliebt zu haben scheint. Diese Beziehung war der Boden für meine ewige Sehnsucht, innig geliebt zu werden, obwohl ich gleichzeitig Angst vor dem Preis habe, sollte dies je geschehen.

Meine erste Mutter

Meine erste Mutter wuchs in Wien als älteste von drei Töchtern einer begüterten jüdischen Mittelschichtfamilie auf. Als sie 82 Jahre alt war, überredete ich sie, ihre Autobiographie zu schreiben, und dies sind ihre eigenen Worte über ihre Kindheit: »Ich hatte keine glückliche Kindheit; meistens hatte ich schreckliche Angst vor den strengen Strafen meiner Mutter. Ich war überzeugt, daß mich meine Mutter haßte, und ich litt sehr unter ihrer ungerechten Behandlung. Ich war ein umgängliches und freundliches kleines Mädchen, aber weil ich glaubte, lieblos behandelt zu werden, wurde ich ein schwieriger und mürrischer Teenager. Die ewigen Nörgeleien und Ohrfeigen und die an Hysterie grenzenden Szenen, die meine Mutter wegen Bagatellen machte, machten mich nur noch unglücklicher.«
Nach der schicksalvollen »Kristallnacht« im November 1938, mit der der Terror gegen die deutschen und österreichischen Juden eskalierte, folgte die verwitwete Mutter meiner Mutter, die vorerst in Wien zurückgeblieben war, ihren Töchtern nach Paris. Während es ihren drei Töchtern gelang, von Frankreich nach Amerika zu entkommen, wurde meine Großmutter mütterlicherseits von Frankreich nach Theresienstadt deportiert. Das ist das einzige, was wir je über ihren Tod erfuhren. Meine erste Mutter und ich sprachen niemals über das tragische Schicksal ihrer Mutter. Ebensowenig konnte ich mit meiner zweiten Mutter, der jüngsten Schwester meiner ersten Mutter, darüber sprechen. Sie ist wahrscheinlich nie über ihre Schuld hinwegge-

kommen, ihre Mutter zurückgelassen zu haben, als sie Frankreich mit ihrer Familie rechtzeitig verließ. Es wurde ein Teil meines Familienerbes, daß Töchter ihr eigenes Leben auf Kosten der Mutter retten.

Meine erste Mutter muß so glühend wie später ich als junge Mutter gehofft haben, ihrer Tochter all die Liebe geben zu können, die sie nicht bekommen hatte. Ich erlebte sie nie als streng, nörgelnd oder kritisch, vielleicht, weil eine solche Behandlung meinem weniger bevorzugten Bruder vorbehalten war. Außerdem kümmerte sie sich als berufstätige Frau niemals so genau um meine täglichen Angelegenheiten. Ich war ein sehr geliebtes und begünstigtes Kind, das allerdings, wie ich glaube, kaum beachtet wurde. Meine erste Mutter war (bzw. wurde in ihrer schrecklichen Ehe) eine unglückliche und verbitterte Frau. Sie heiratete einen Märchenprinzen, einen Sohn von Sigmund Freud, einen herrlichen, charmanten Ritter, dessen funkelnde Rüstung schnell rostete.

Streitigkeiten, Tränen und gewalttätige, hysterische Szenen bildeten den Hintergrund meiner Kindheit. Später ging ich meine eigene Ehe mit dem unausgesprochenen Vorsatz ein, niemals zu streiten. Es ist sehr schmerzvoll, erkennen zu müssen, daß Unterdrückung von Zorn und Tränen große Liebe und Zärtlichkeit genauso ersticken kann. Es ist mir unmöglich, starke Gefühle zu zeigen außer durch geschriebene Wörter.

Meine erste Mutter war mir Vorbild als ehrgeizige, zielstrebige und disziplinierte Arbeiterin. Von ihr lernte ich auch, daß die Beziehungen zum Ehemann, zu den Kindern und zu Freunden zu Verrat, Enttäuschung und Katastrophen führen, während man sich auf die Befriedigungen verlassen kann, die aus eigenen Anstrengungen und Leistungen kommen.

Ich beobachtete die ängstlichen und intensiven Bemühungen meiner ersten Mutter, ihre Schönheit zu erhalten; als sie an einem Abend schmuckbehangen und in einer Wolke von Parfüm davongeschwebt war, schwor ich mir heimlich, mich niemals zu schminken, nicht die Haare zu färben, kein Parfüm zu benutzen und auch andere weibliche Ausstaffierungen zu vermeiden. Ich muß damals etwa sechs Jahre alt gewesen sein.

Obgleich sie schön, intelligent und vielfach talentiert war, wurde meine erste Mutter von schlimmen Minderwertigkeitsgefühlen zerrissen und gepeinigt, die sowohl ihr persönliches wie ihr berufliches Leben berührten. »Spieglein, Spieglein, an der Wand, wer ist die Schönste im ganzen Land?« Meine erste Mutter verbrachte ihr ganzes Leben mit dem Beweis, daß sie eine Frau von größerer Schönheit und Intelligenz war und mehr wußte, mehr Ansehen und Erfolg hatte, als ihre respektlosen, mißgünstigen Feinde anzunehmen schienen.

Meine erste Mutter suchte von meiner frühesten Kindheit an bei mir Trost gegen die täglichen Kränkungen des Lebens. Sie weinte in meinen Armen, suchte meine Gesellschaft in unerwarteten Augenblicken der Einsamkeit, wenn ich gerade mit Freunden spielte, und probte ihre Vorträge unter meiner achtjährigen Leitung. Gemeinsam sorgten wir uns sehr, ob auch genügend Publikum zu ihrer Dichterlesung kommen würde; ob genügend Privatklienten sie bitten würden, Sprachfehler zu korrigieren; ob man sie bei wichtigen Anlässen einladen würde; ob eine prominente Persönlichkeit die Einladung zu ihrer Party annehmen würde; ob mein Vater daran denken würde, ihr rote Rosen zum Hochzeitstag zu schicken. Warum wünschte sich meine erste Mutter rote Rosen von einem Mann, der regelmäßig die Zeitung las bei der einen täglichen Mahlzeit, die er mit ihr einnahm? Ich erinnere mich, daß ich nach der Besetzung Österreichs durch die Deutschen meinen Vater und meine Mutter beobachtet habe, wie sie in der Morgendämmerung zusammen das Haus verließen. Dieses Bild ist sechsundvierzig Jahre lang in mir geblieben, weil ihr gemeinsames Ausgehen das ungewöhnlichste Ereignis in jenen Tagen seltsamer Ereignisse war. Ich glaube, sie waren von der Gestapo zu einem Verhör vorgeladen worden.

Waren es vielleicht die große Bedürftigkeit meiner ersten Mutter und meine Verzweiflung über meine Unfähigkeit, sie zu trösten, die mich schließlich dazu brachten, mein Herz gegenüber ihrem Leid zu verschließen? Später hatte ich selbst eine Tochter, die die Leiden ihres kindlichen Alltags mit mir teilen wollte. Ich konnte es nicht ertragen; aus meinem Schmerz wurden Aggressionen.

Nach dem »Anschluß« gingen mein Bruder, mein Vater und seine ganze Familie nach London. Ich emigrierte mit meiner Mutter nach Paris, wohin ihre jüngste Schwester und deren Familie einige Jahre zuvor aus Berlin gegangen waren. Ich verlor über Nacht meinen, wenn auch emotional distanzierten, Vater, meinen älteren Bruder,

Freunde, Verwandte, mein Fräulein, meine Heimat, meine Schule, geliebte und gehaßte Lehrer und die mir vertraute Sprache. Solche drastischen Ereignisse sind im 20. Jahrhundert Millionen Menschen in aller Welt widerfahren.

Meine zweite Mutter

In diesem fürchterlichen Augenblick meines Lebens, als ich beschloß, mich nicht von der Verzweiflung meiner ersten Mutter verschlingen zu lassen, sondern sie ihrem Schicksal zu übergeben, fand ich in meiner Tante mütterlicherseits die zweite Mutter meiner frühen Jugend.

Die Selbstzweifel meiner Mutter stürzten sie in quälende Eifersucht. »Wer ist eure liebste Großmutter?« fragte sie meine Kinder. Obwohl sie genauso schön und begabt wie ihre jüngste Schwester war und sie an äußerlichen Erfolgen übertraf, wurde sie von Neid verzehrt gegenüber dieser charmanten, charismatischen Schwester, die anscheinend ohne Mühe Herzen sammelte.

Meine zweite Mutter hatte meinem Vater, glaube ich, sehr nahegestanden, und jetzt sollte sie ihr auch meine Zuneigung stehlen. Meine erste Mutter muß sehr gelitten haben, aber sie hat sich dieser Beziehung nicht in den Weg gestellt. Vielleicht war sie bereit, sich einem Schicksal zu unterwerfen, das ihre Schwester aussah, von allen geliebt zu werden, während sie verdammt war, in emotionaler Isolierung zu leben. Doch ich habe noch eine andere überzeugendere Erklärung: Meine erste Mutter war großzügig und meinte es gut mit mir. Ich glaube, sie hoffte, daß ihre Schwester mich die Kunst lehren würde, geliebt zu werden.

Die beiden Schwestern, die eine von niemandem, die andere von allen geliebt (so schien es wenigstens), beobachteten einander in New York ihr ganzes späteres Leben lang aus der unüberbrückbaren Entfernung von fünf Häuserblocks. Meine Tante wurde in ein furchtbares Unglück verstrickt, als ihr einziger Sohn geisteskrank wurde. Obwohl mein Bruder fünfzehn wuterfüllte Jahre nicht mit seiner Mutter sprach, hatte sie immerhin zwei Kinder großgezogen, die das Leben bewältigen konnten. Meine Mutter muß das insgeheim als ausgleichende Gerechtigkeit empfunden haben. Meine zweite Mutter betrachtete dieses Schicksal als höchst launenhaft und unfair. »Warum hatte deine Mutter solches Glück mit ihren Kindern in diesem gräßlich streiterfüllten Haushalt, in dem du aufgewachsen bist, während ich meinen Sohn vor solcher Häßlichkeit schützte?« fragte sie mich oft. Aber das war viel später.

Als mich meine zweite Mutter mit offenen, liebevollen Armen als Tochter aufnahm, die sie sich immer gewünscht hatte, war sie eine lebenslustige, leidenschaftliche Frau, umgeben von Männern und Frauen, die um ihre Liebe, Freundschaft und Unterstützung warben. Ich trat aus der beengenden viktorianischen Umgebung mit einem Fräulein als Erziehungsperson in die blendende, farbige Welt, die diese heitere, warmherzige Frau mit mir teilen wollte.

Vielleicht ist es für die zahlreichen Freud-Forscher besonders pikant zu erfahren, daß seine Enkelin mit dreizehneinhalb Jahren noch nicht die geringste Vorstellung davon hatte, wie Babys entstehen. Die Auskünfte meiner ersten Mutter über sexuelle Fragen waren sehr spärlich, und ich war offenbar kein sehr wißbegieriges Kind. »Kratz dich nicht«, sagte sie zu mir, als ich etwa vier Jahre alt war und sich meine Hand verirrte. Als ich dreizehn oder vierzehn war, sagte sie zu mir: »Mädchen bekommen in einem bestimmten Alter Blutungen«, nachdem ich plötzlich und unerklärlich angefangen hatte zu bluten und mein Fräulein sich weigerte, über diese Sache zu sprechen, »und das bedeutet, daß sie Frauen werden«. – »Du kannst es ja vortäuschen«, sagte sie und errötete, als ich jung verheiratet war. Dies waren die einzigen Gespräche mit ihr über Sexuelles, an die ich mich erinnere.

Im Gegensatz dazu war meine zweite Mutter voller Sexualität. Wann immer ich sie an einem späten Samstagvormittag besuchte, fand ich sie frühstückend im Bett, umgeben von Wirrwarr. Während ich die leeren Whiskyflaschen wegräumte, die sich auf mysteriöse Weise unter ihrem Bett ansammelten, und Dutzende überquellende Aschenbecher leerte, unterhielt sie mich mit aufregenden Geschichten über Liebe und Intrigen.

Große Lieben

Die Ehe meiner zweiten Mutter war mindestens so unglücklich wie die meiner richtigen, aber auf andere Weise. Die leidenschaftliche Bindung meiner ersten Mutter an ihren haßerfüllten und geizigen Mann überlebte die vierzig Jahre ihrer ehelichen Trennung. Meine zweite Mutter hatte für ihren Mann nur Verachtung übrig, die durch Mitleid gemildert wurde. Er war nicht in der Lage, Beziehungen zu pflegen, aber er war seiner Frau ergeben und offensichtlich dankbar, in ihrem Umkreis zu leben. Zweifellos halfen ihm die Dramatik und Buntheit ihres Lebens, seine innere Leere nicht zu empfinden. Während meine erste Mutter in einer beruflichen Karriere Befriedigung suchte, drückte meine zweite Mutter in zahlreichen Liebesaffären ihre leidenschaftliche Natur aus. Sie wählte ihre Liebhaber sehr genau; ich könnte eine Handvoll international angesehener Männer nennen, für die es eine Ehre war, mit ihr zusammengewesen zu sein.

Obwohl mich meine zweite Mutter sexuell etwas aufklärte, neigte sie keinesfalls dazu, mich in ein leichtsinniges Leben hineinzuziehen. Sie versicherte mir, daß Leute logen, die behaupteten, Sex mache Spaß. Ich werde nie herausbekommen, ob sie das nur zu meinem Schutz sagte oder ob sie es selbst so empfand. Sie stellte sich auch entschlossen meinen zaghaften sexuellen Experimenten in den Weg. Meine beiden Mütter, schließlich Schwestern, waren sich in dem Wunsch einig, meine Jungfräulichkeit zu bewahren und mich unbefleckt in eine geeignete Ehe zu steuern. Kulturelle Mythen über die Ehe als Lösung für die Lebensprobleme einer Frau wogen schwerer für sie als ihre persönlichen Erfahrungen.

Manchmal sprach meine zweite Mutter auch von Enttäuschungen. Es gab Kurzgeschichten, die sie geschrieben hatte und die unvermeidlich mit der Post zurückkamen; da waren geschmackvolle Collagen aus Muscheln, die sich nicht vermarkten ließen; da gab es Pläne, sich als Innenarchitektin zu etablieren, aus denen nie etwas wurde. Doch diese Mißerfolge tat sie mit einem Anflug von Humor ab und ging achselzuckend darüber hinweg. Meine zweite Mutter war nicht von Einkünften abhängig und hatte nicht die Verhungerungsphantasien meiner ersten Mutter. Ihr Mann besaß das Talent, viel Geld zu verdienen, das sie so schnell ausgab, wie er es beschaffen konnte.

Sind für Mütter ihre Töchter nähere Vertraute als Söhne? Als meine zweite Mutter einen Knoten in der Brust hatte, der entfernt werden mußte, vertraute sie mir von Anfang an alle ihre Ängste an. Ihr mit mir gleichaltriger Sohn erfuhr von der Operation erst nach dem günstigen Befund. Sind Söhne so verletzlich, daß ihnen die emotionalen und physischen Belastungen ihrer Mütter erspart werden müssen? Es könnte auch sein, daß Söhne keine verständnisvollen und einfühlsamen Zuhörer sind.

Die Rolle der Vertrauten ist durch meine Kindheit und Jugend ein Teil meiner Identität geworden. Sooft jemand zu mir kommt, um den Kühlschrank zu reparieren, bei Einstellungsgesprächen oder selbst bei einem bloßen geschäftlichen Telefonat, erhalte ich irgendeine bedeutsame Information über das Leben des jeweiligen. Was mich angeht, so bin ich bereit, offen über mich zu sprechen. Im Grunde hoffe ich immer, daß mir Menschen gute Fragen stellen und lange genug warten, um die Antworten zu hören.

Auch meine zweite Mutter wünschte mir ebenso wie die erste, daß ich es besser hätte als sie selbst. Als ich zu rauchen anfing, machte sie ein solches Spektakel und beschwor mich, nicht wie sie nikotinsüchtig zu werden, daß ich es für immer bleibenließ.

Während die symbiotische Verschmelzung mit meiner Mutter Liebe verhinderte, ließ mir meine zweite Mutter, die auch andere enge Beziehungen hatte, genügend Raum zum Atmen. Ich glaube, es waren meine tiefen Gefühle für meine zweite Mutter, die der Ursprung sind für meine gelegentliche Fähigkeit, tief und leidenschaftlich zu lieben.

Dennoch habe ich schließlich diese zweite Mutter, die in einem Moment äußerster Not in mein Leben trat und die mich mit solcher Großzügigkeit gefördert hatte, im Stich gelassen. Oder vielleicht haben wir einander im Stich gelassen; es ist schwer, das mit Sicherheit herauszufinden.

Nach unseren getrennten Kriegsodysseen kam es zur Wiedervereinigung der Familien in New York, als die Kinder bereits junge Erwachsene geworden waren. Der Sohn meiner zweiten Mutter begann, um mich zu werben, und ich machte ihm klar, daß ich einen Bruder in ihm sah, keinen Geliebten. In wenigen Jahren wurde das Leben meiner zweiten Mutter völlig von seiner Krankheit beherrscht. Sie besuchte meine junge Familie in Boston, rief ihren Sohn sofort nach ihrer Ankunft an und fuhr wenige Stunden später wieder weg. »Er hat dich geliebt«, sagte sie. »Seine Ärzte haben mir gesagt, daß deine Ablehnung seine Krankheit beschleunigt hat. Ich habe gewünscht, daß du ihn heiratest; du bist eine starke Frau, und du hättest ihn stützen können.« Bei einem späteren Besuch beobachtete meine zweite Mutter meine älteste Tochter, mein Sorgenkind, und sagte: »Die labilen Stimmungen dieses Kindes sind genau wie die deines Cousins, als er in ihrem Alter war. Sie scheinen ganz ähnliche Persönlichkeiten zu haben.« Danach habe ich meine zweite Mutter, die ich einst mit so großer Leidenschaft geliebt hatte, nie mehr gebeten, uns zu besuchen. Ich sah sie bis zu ihrem Tod nicht wieder; sie starb zehn Jahre vor meiner acht Jahre älteren ersten Mutter an einem Lungenemphysem. Meine zweite Mutter bedachte mich nicht in ihrem Testament, aber sie setzte mich als Nachlaßverwalterin für ihren Sohn ein, da sie wußte, daß sie sich auf mich, ihre einzige Tochter, verlassen konnte.

Meine dritte Mutter

Ich hatte meine erste Mutter in entscheidenden Punkten enttäuscht und meine zweite Mutter im Stich gelassen, weil ich überzeugt war, mein eigenes Leben nur so retten zu können. Aber die Götter meinten es außerordentlich gut mit mir, und ich bekam eine dritte Chance zur Wiedergutmachung. Ich fand eine dritte Mutter, die mir erlaubte, ihr in Harmonie ohne Schuld oder Verrat sterben zu helfen. Als ich 55 Jahre alt war, ging ich ein Jahr nach London, offenbar, um diese dritte Mutter für meine mittleren Jahre zu gewinnen. Sie war das jüngste Kind meines Großvaters und die jüngste Schwester meines Vaters, meine berühmte Tante Anna Freud.

Meine erste Mutter sollte niemals von meiner großen Liebe zu dieser Tante erfahren, und tatsächlich trug diese Liebe erst nach ihrem Tod Früchte. War meine erste Mutter in ihrer Rivalität um die Liebe und Bewunderung der Männer ihrer jüngeren Schwester unterlegen, so war sie noch eifersüchtiger auf die große, weltweite Anerkennung ihrer Schwägerin, die ihr so viel bedeutet hätte.

Meine Liebe zu meiner Tante hätte ihr als verräterischer Akt erscheinen können. Wahrscheinlicher ist jedoch der Wunsch meiner Mutter, den vor vierzig Jahren entstandenen Sprung zwischen uns und der Familie Freud zu reparieren. Warum hätte sie mir sonst in all den Jahren so oft gesagt, häufig wütend und manchmal bewundernd, daß ich wie eine typische Freud aussehe und handle?

Als letzte Großzügigkeit wartete meine erste Mutter mit ihrem Tod, bis ich von meinem Sabbatical* zurückgekehrt war. Ich war zu erstarrt, um ihr voll dafür danken zu können, daß sie immer das Beste für mich gewollt hatte, aber ich war in der Lage, mich von ihr zu verabschieden, und sie schien mir nichts nachzutragen. Bis zu ihrem Tod förderte sie mich, so gut sie nur konnte.

Das Bild meiner dritten Mutter hatte mich durch mein ganzes Leben begleitet. Ich arbeitete auf einem ihr verwandten Gebiet, und ich las regelmäßig ihre Bücher und Artikel und ging zu den Vorträgen, die sie manchmal im Raum Boston hielt. Wir schrieben uns zu Feiertagen, aber ich war zu schüchtern und fühlte mich zu unwürdig, eine größere Nähe zu suchen, selbst als wir vorübergehend in derselben Stadt lebten. Meine Tante war bei unseren gelegentlichen Begegnungen kalt zu mir wie eine Fremde oder noch schlimmer.

Wenn ich ihren Vorträgen zuhörte, bei denen sie einfach und bescheiden auftrat, doch mit großer Kraft und Klarheit und ohne Notizen sprach, entstand in mir große Bewunderung für sie. Schlicht gekleidet und meist schmucklos, war sie mir immer bis ins hohe Alter und selbst noch nach ihrem Schlaganfall als die schönste Frau erschienen, die ich je kennengelernt hatte. Eine solche Frau wollte ich werden. In meiner Jugend waren ihre Worte das Evangelium für mich; später verlor ich meinen Glauben an diese Religion, aber ich blieb taktvoll und vorsichtig in der Äußerung anderer Meinungen. Es ist vielleicht ein Glück, daß wir uns zu einer Zeit trafen, als Theorien kaum noch sehr wichtig für uns waren.

Ich weiß nicht, welche geheimnisvollen Kräfte mich plötzlich in so vorgerückten Jahren antrieben, diese strenge und distanzierte Tante aufzusuchen und sie vor ihrem Tod um ihren Segen zu bitten. Führte ich lediglich die Mission meiner Mutter aus? War es vielleicht meine letzte Chance, die zerbrochene Beziehung zu meinem längst verstor-

* Alle sieben Jahre erhalten amerikanische Professoren ein bezahltes Freijahr.

benen Vater zu reparieren? Oder wollte ich mich für die Kränkung entschädigen, vom letzten Lebensjahr und dem Tod meines Großvaters ausgeschlossen worden zu sein? Meine Mutter hatte mir sowohl ihre Selbstzweifel, aber auch ihre Entschlossenheit vermacht, diese zu besiegen. Vielleicht brauchte ich die Liebe dieser dritten und zutiefst bewunderten Mutter als einen Sieg über meine Selbstzweifel.

Meine Kampagne, das wohlgehütete Herz meiner 82jährigen Tante zu gewinnen, hätte nie bewußt geplant werden können. Die Beziehung entwickelte sich wie eine Sequenz von Filmszenen, in denen ich den mir zugewiesenen Part von Tag zu Tag ohne klare Kenntnis des Plots oder des Endes spielte. Erst rückblickend bin ich imstande, meine raffinierten Strategien, die Hartnäckigkeit, die List und die Bestechung zu bewundern, die ich während dieses Jahres entfaltete. Freunde von mir haben gesagt, daß es einem nicht so schwergemacht werden sollte, die Liebe von jemandem zu erringen. Doch Sportler trainieren auch jahrelang, um eine olympische Medaille zu gewinnen, und haben nicht das Gefühl, zu hart für diese Auszeichnung gearbeitet zu haben.

Wir begegneten uns das erste Mal in dem großen, zum Museum erstarrten Arbeitsraum meines Großvaters. Wir saßen beide halb schweigend da und zitterten vor Kälte. »Ich bin müde«, sagte sie. »Es tut mir leid, wenn ich dich störe«, antwortete ich. In diesem Winter war ihre Lebensgefährtin gestorben, und es gelang mir, in diese Lebenslücke hineinzuschlüpfen. Aus gelegentlichen Besuchen, die immer von mir ausgingen, wurden allmählich tägliche, immer längere Abende, an denen ich an ihrem Bett saß und ihren Erinnerungen an die Kriegsjahre zuhörte. Manchmal saßen wir auch bloß schweigend beisammen, jeder mit seiner Strickarbeit beschäftigt. »Schau mal, ich habe dieses Babyjäckchen fertig«, sagte ich zu ihr. Sie begutachtete es genau. »Du hast dich beim Zopfmuster geirrt«, sagte sie freundlich. »Ich trenne meine Strickerei immer auf, wenn ich einen Fehler entdecke.« Oft lachten wir miteinander. Ich erkannte mit Entzücken, daß meine weltgewandte dritte Mutter im Herzen ein Kind geblieben war. Nach meinem Sabbatical fiel es mir sehr schwer, mich wieder zu Hause einzuleben, und ich war oft traurig in diesen Monaten. Unsere lebhafte Korrespondenz war damals meine größte Trostquelle. Ich weine immer noch vor Sehnsucht, wenn ich an ihre Bereitschaft denke, mich kennenzulernen: »Es macht mir Sorgen, daß Du schreibst, daß Du in schlechter Stimmung bist und daß Dinge vorkommen, die Dir schmerzhaft sind. Kannst Du mich wissen lassen, was es ist? Ich möchte es gerne mit Dir teilen.« Meiner dritten Mutter fiel es leichter, ähnlich wie mir selbst, liebevolle Dinge aus einer Entfernung zu sagen. Ihre verbalen Äußerungen der Zuneigung blieben stets vorsichtig, an den Augenblick gebunden und indirekt und ließen mich sehnsüchtig und unsicher zurück. Dennoch erreichten sie mich.

Sie riet mir regelmäßig, mich durch Arbeit zu trösten. Das war ihre Art, mit dem Kummer in ihrem Leben fertig zu werden. Meine erste und meine dritte Mutter haben mir Selbstdisziplin beigebracht und mich die Freuden der Arbeit schätzen gelehrt. Meine zweite Mutter hat mich mit der Leidenschaft bekannt gemacht. Doch keine meiner drei Mütter konnte mir beibringen, eine liebevolle Gattin und eine weise Mutter zu sein. Kein Wunder, daß ich in diesen Künsten nie gut war und es mir auch nicht leichtfiel, sie meinen Töchtern nahezubringen. Ich hoffe, daß sie andere Mütter finden werden, die sie das lehren, was ich nicht konnte.

Die Briefe meiner dritten Mutter trug ich wie Talismane mit mir herum, um sie in ruhigen Momenten immer wieder zu lesen. Ich meinerseits schrieb ihr leidenschaftliche Liebesbriefe: »Es muß doch unbequem für Dich sein«, schrieb sie zurück, »in eine so alte Tante verliebt zu sein.«

Ich könnte erklären, daß ich mich in meine dritte Mutter so leidenschaftlich verliebte, weil sie zu mir so gütig wurde und mich ganz akzeptierte; oder weil sie mir Erinnerungen ihres Lebens anvertraute; oder weil sie eine so spontane, kindliche Freude über die Geschenke zeigte, die ich immer für sie fand; oder weil sie ihre Krankheit und ihren nahen Tod so mutig ertrug; oder weil mich ihr irdischer Ruhm so beeindruckte; aber das würde das Wesen meiner Liebe verfehlen, die nicht zu erklären ist.

Ich besuchte meine dritte Mutter in zwei weiteren Sommern in London, und als sie zunehmend kränker wurde und durch einen Schlaganfall schließlich halbseitig gelähmt war, erlaubte sie mir, sie während dieser Besuche zu betreuen. Ich zog Trauben für sie ab und hielt ihren zitternden Kopf, wenn sie versuchte zu trinken. Ich saß neben ihrer Couch und las ihr aus einem sehr langweiligen Buch vor, das man ihr zur Begutachtung geschickt hatte und bei dem sie ständig einschlief. Wenn sie aufwachte, sagte sie: »Lies weiter, ich höre dir zu, ich mag deine Stimme, und ich mag deinen Akzent.« Sie lächelte mich an, wenn sie aufwachte, und manchmal legte sie ihre Hand neben meine. »Schau her«, sagte sie, »wir haben ähnliche Hände.« Mit der Sonne verrückten wir ihre Liege so, daß ich in der Sonne sitzen konnte und sie im Schatten. Wir sorgten füreinander.

Nachdem ich in jenem letzten Sommer London mit überaus schwerem Herzen verlassen hatte, schrieb sie mir: »Es war schön, daß Du da warst, und Dein Fortgehen ließ eine Lücke. Meine Gedanken begleiten Dich in Deinem Leben zu Hause. Sei nicht traurig. Ich wünsche Dir alles Gute.« Ich fuhr in diesem Sommer ein zweites Mal nach London und schlief im Zimmer neben ihr. Diese letzte Woche verbrachten wir ganz zusammen. »Jetzt hast du schließlich doch eine Tochter gefunden«, sagte ich, und sie lächelte und nickte. Ich hatte meine Goldmedaille gewonnen, viele, viele Goldmedaillen.

Meine drei Mütter sind alle tot. Es ist traurig, eine Waise zu sein, auch wenn man 60 Jahre alt ist. Es fällt schwer, sich immer so zu verhalten, als sei man eine unabhängige, erwachsene Frau. Als meine letzte Mutter starb, war ich untröstlich: Meine große Liebe zu ihr und ihre Zuneigung zu mir hatten meinem Leben einen Sinn gegeben. Ich werde ihren Verlust nie ganz überwinden.

Es freut mich, daß mich jede meiner drei Mütter für ihre spirituelle Reinkarnation ausgewählt hat. Obwohl meine drei Mütter physisch tot sind, sind sie für mich sehr lebendig.

Heilen lernen

Mit Sicherheit ist Lernen das Zentrum meines Lebens gewesen – ich lernte aus Büchern, aus Beziehungen und aus jeder neuen Erfahrung. Mich selbst zu heilen und andere zu heilen ist ein anderes wichtiges Lebensziel geworden.

Wer glaubt, ich wäre mit einem therapeutischen Silberlöffel im Mund geboren, befindet sich im Irrtum. Das Gegenteil war der Fall. Ich brauchte übermäßig lang, um Eigenschaften wie Offenheit und Einfühlung, wie Selbstannahme und Selbstliebe zu entwickeln, die für die Heilkunst die Voraussetzung sind. Ich glaube nicht, daß Heilen jemals eine technische Fertigkeit sein kann. Für mich heißt es, mit Menschen so umzugehen, daß eine gegenseitige Heilung, so bescheiden auch immer, stattfinden kann. Anderen zu helfen, glaube ich, ist nur möglich, wenn man sich gleichzeitig selbst hilft und das eine Bestreben das andere unterstützt. Heilen lernen bezieht sich auf meine ständigen, nicht immer erfolgreichen Bemühungen, mich selbst zu heilen und in einer heilenden Weise mit meinen männlichen und weiblichen Studenten, meinen Patienten und Freunden und sogar mit meiner eigenen Familie umzugehen. Während ich im Erwachsenenleben vom Glück begünstigt war, hatte ich eine schwierige Kindheit und Jugend. Ich habe mich immer wieder verwundbar gemacht, meistens, indem ich zuviel liebte, manchmal zuwenig, die falschen Menschen oder in der falschen Weise. Ich neige dazu, mir in regelmäßigen Abständen Leid auszusuchen, was das Leben problematischer macht, aber ich glaube, persönliche Leidenszeiten sind unbedingt erforderliche Lehrzeiten für Psychotherapeuten.

Viele meiner Studenten und Studentinnen haben eine Reife und Weisheit, zu denen ich ein halbes Leben gebraucht habe, und ich bin stets überrascht, wenn sie zu verstehen scheinen, was sie als Therapeuten tun. Ich mußte viele der leidenschaftlichen Emotionen und

Qualen, die Menschen durchmachen, erst selbst kennenlernen, bevor ich mich in leidende Menschen einfühlen konnte.

Als ganz junge Frau fragte ich während meiner Ausbildung in Sozialarbeit meine Lehrer und Lehrerinnen und meine Fachberater immer wieder, worauf es in der Fallarbeit und in der Therapie denn eigentlich ankomme. Sie schienen ihre Antworten zu hüten wie kostbare Geheimnisse. Vielleicht versuchten sie, Erklärungen zu geben, die ich nicht hören konnte. Obwohl ich als vielversprechende Studentin galt, tappte ich in Wirklichkeit im dunkeln und hatte keine Vorstellung, was Menschen zu helfen beinhalten könnte. Jetzt, fünfunddreißig Jahre später, bin ich in der Lage, einige Überlegungen zu der Frage einzubringen, die ich als junge Frau so dringend gestellt hatte.

Als ich meine Ausbildung in Sozialarbeit begann, war ich erst vier Jahre lang in den Vereinigten Staaten, und die düsteren Jahre des Krieges und der Gefahr lagen erst kurze Zeit hinter mir. Ich wußte, daß ich andere nicht verändern oder ihnen unbedingt helfen wollte, aber ich war äußerst neugierig auf das, was den Menschen ausmacht. Ich wollte mit anderen Menschen zu tun haben, sie verstehen und von ihnen lernen. Sozialarbeit schien mir ein fruchtbarer und begehbarer Weg dafür zu sein, und wunderbarerweise hat sich diese Verheißung erfüllt. Ebenso wie Allen Wheelis in seiner jugendlichen »Suche nach Identität« erhoffte auch ich mir vielleicht einseitige Intimität, die mich mit Menschen in Beziehung bringen würde, ohne meinerseits Offenheit zu erfordern. Offenheit war damals etwas sehr Gefährliches.

Im ersten Jahr meiner Ausbildung in der Kinderfürsorge wurde ich der elfjährigen Naomi als Betreuerin zugeteilt. Ihre Mutter war vor einigen Jahren gestorben, und ihre älteren Geschwister und sie lebten beim Vater, dessen Gesundheitszustand sich so verschlechtert hatte, daß er sich nicht länger um sein jüngstes Kind kümmern konnte. Naomi sollte in ein Kinderheim kommen, und ich war die Sozialarbeiterin, die sie mit diesem Gedanken vertraut machen, ihre Übersiedlung vorbereiten und sie in ihr neues Zuhause begleiten mußte. Ich war an der Entscheidung, sie in ein Heim einzuweisen, nicht beteiligt gewesen und konnte ihr nur offizielle Erklärungen aus zweiter Hand geben. Naomi wollte ihren Vater und ihre Geschwister nicht verlassen. Sie war wütend und beschloß, nicht mit mir zu sprechen. Sie sagte kein einziges Wort, nicht bei unseren Verabredungen und unseren peinigenden Einkaufsfahrten, nicht während der endlosen ärztlichen Untersuchungen in verschiedenen Kliniken und auch nicht später, wenn ich sie besuchte. Erst jetzt kann ich die unglaubliche Kraft und den Kampfgeist bewundern, die sie aufbrachte. Aber mit 22 Jahren fühlte ich mich selbst wie ein verzweifeltes und hilfloses kleines Mädchen. Weinkrämpfe und Alpträume, die ich vor allen geheimhielt, waren die Folge. Ich empfand den Haß des Kindes als persönlich gegen mich gerichtet und niederschmetternd; ich hatte das Gefühl, als ob Naomi und ich in einen stummen Kampf verstrickt seien und sie mich besiegt habe. Dennoch blieb ich durch das ganze Jahr mit ihr zusammen. Rückblickend frage ich mich, ob ihr Sieg über mich ihr vielleicht in einer Zeit, in der sie sich sonst völlig ohnmächtig gefühlt hätte, ein Gefühl der Macht verliehen hat. Ich frage mich manchmal immer noch, wie ich mit dieser Situation besser hätte umgehen können.

Aber ich war auf diese Feindseligkeit nicht vorbereitet gewesen. Als freundliches und wohlerzogenes Mädchen und junge Frau hatte ich mich nie mit meinen eigenen Haßgefühlen auseinandergesetzt. Ängstlich darauf bedacht, von meinen Schützlingen geliebt und geschätzt zu werden, lernte ich rasch, sie in meiner herzlichen und gewinnenden Art zu beschwichtigen. Aber manche waren unbeschwichtbar.

Zwei Jahre nach meiner Erfahrung mit Naomi trat ich meine erste Stelle in einer Familienberatungsstelle an. Ich sollte Mrs. LaFarge betreuen, eine ältere Witwe, der ich helfen sollte, emotional und finanziell unabhängig zu werden. Für Mrs. LaFarge waren jedoch meine wöchentlichen Besuche in ihrer Wohnung eine lang ersehnte Gelegenheit, all die Gehässigkeit loszuwerden, die sich im Laufe eines elenden Lebens in ihr angestaut hatte. Diese Besuche wurden für mich eine Höllenstrafe, und hätte ich eine somatische Veranlagung gehabt, wäre ich sicher jeden Mittwochnachmittag schwerkrank geworden. Ich meinte, ich sei es Mrs. LaFarge, deren Leben so viel schlimmer war als meins, schuldig, ihre Aggressionen mit äußerer Gelassenheit zu ertragen. Ich war so damit beschäftigt, nicht zurückzuschlagen, daß mich in ihrer Gegenwart eine völlige Lähmung befiel. Als bekannt wurde, daß ihr Sohn in kriminelle Delikte verwickelt war, bekam sie einen Herzinfarkt und wurde ein Pflegefall, der ständige

Betreuung brauchte. Meine Dienste wurden nicht länger benötigt, und meine Strafe war vorbei.

Ich bin froh, daß ich im Umgang mit aggressiven Klienten mit der Zeit einige Fortschritte machte. Etwa zwölf Jahre später hatte ich als Beraterin einer Schulverwaltung mit Mrs. Oswald zu tun, deren zwölfjähriger Sohn sich so aggressiv verhielt, daß er in eine Klasse für verhaltensgestörte Kinder versetzt werden mußte. Als ich sie zum ersten Mal aufsuchte, ließ mich Mrs. Oswald fast nicht in ihr halbverfallenes Haus. Sie empfing mich mit einem Hagel von Schmähungen gegen das Schulsystem, die Lehrerin vom letzten Jahr, die gegenwärtige Lehrerin, die Erziehungsberaterin, den Direktor und neugierige, zudringliche Sozialarbeiter, die in ihr Haus eindringen, um ihr Schwierigkeiten zu machen. Ich versuchte zu verstehen, was von Mrs. Oswalds Wut berechtigt sein mochte. Als Mutter wußte ich ziemlich genau, daß Schulen erheblich dazu beitragen, unsere Kinder zu verbiegen. Ich hatte mich mit genügend Lehrern gestritten und wußte, daß ich in ihrer Situation ähnliche Gefühle haben könnte, aber ich hatte auch gelernt, solche Gefühle vorsichtig und psychologisch geschult vorzutragen. Ich hörte mir Mrs. Oswalds erbitterte Klagen an und stimmte ihr zu, daß ihre Erfahrungen mit dem Schulsystem äußerst frustrierend klangen. Plötzlich fing sie verzweifelt an zu weinen und erklärte mir, daß sie mit ihrem Jungen nicht länger fertig werde. Ihr Mann war im Gefängnis; eines der kleineren Kinder brauchte ärztliche Betreuung, die sie sich nicht leisten konnte; sie selbst mußte Überstunden machen, und sie wußte einfach nicht mehr weiter. Es gelang uns dann, ihre Belastungen wenigstens etwas zu erleichtern.

Mit einer Wut umzugehen, die eindeutig auf mich übertragen wurde und die ich nicht verdient hatte, war natürlich relativ leicht, zumal ich gefühlsmäßig nur begrenzt beteiligt war. Dennoch war es ein Anfang, und ich konnte durch Mrs. Oswald lernen, daß Wut einfach eine Bastion gegen Hoffnungslosigkeit und Verzweiflung sein kann.

Ich glaube, ich neigte dazu, meine Klienten zu »überlieben«. Und das machte es ihnen schwer, auf mich wütend zu werden. Vielleicht neige ich immer noch zum Überlieben. Ich schwanke zwischen dem Wunsch, offen zu sein, Kritik anzunehmen und sie nicht abzuwehren, und gleichzeitig möchte ich meine Klienten nicht durch Entschuldigen beschwichtigen. »Ich kann nicht vertragen, wenn du so tust, als hättest du mich verstanden, nur um deine Verwirrung zu verbergen. Du hast das während der ganzen Stunde getan«, sagt meine hochintellektuelle Klientin zu mir. »Habe ich das wirklich getan? Es tut mir leid«, antworte ich. Später frage ich mich, warum es dieser Klientin so schwerfällt, ihre Wut auf mich herauszulassen.

Nach einer vierzigjährigen Ehe, in der offene Auseinandersetzungen vermieden wurden und sich Aggressionen stumm aufstauten, bis sie die Beziehung erstickten, versuche ich jetzt fast verzweifelt, ehrliche Auseinandersetzungen herbeizuführen und aufgeschlossen dafür zu sein. Es ist mir sehr schwergefallen, und dennoch stelle ich zunehmend fest, daß das Eingeständnis und die Erörterung von Kränkungen und Mißverständnissen sehr geeignet sind, in einer Beziehung liebevoll zu sein und zu bleiben. »Wenn du dich so überschwenglich entschuldigst, daß du es nicht geschafft hast, mich zu besuchen«, sage ich zu meinem Freund, »dann habe ich das Gefühl, als besuchtest du mich meinetwillen, nicht deinetwillen.« Er scheint überrascht und erklärt mir dann, daß er sein eigenes Bedauern in Entschuldigung umwandele. Ich rechne es ihm hoch an, daß er mich nicht als verrückt bezeichnet, wenn ich solche Dinge sage.

Es hat mir geholfen, mit Aggressionen umzugehen, wenn ich meine Aufmerksamkeit vom Inhalt einer Aussage zu ihrer beabsichtigten oder unbeabsichtigten zwischenmenschlichen Bedeutung zurückverfolgen konnte. Mit einer Klientin habe ich sechs Therapiestunden vereinbart. Sie ist scheu und zurückhaltend und möchte kontaktfreudiger und selbstbewußter werden. Sie ist sehr freundlich und voller Bewunderung für mich, und ich gebe ihr eine Menge guter Ratschläge. Eines Tages holt sie tief Luft und eröffnet mir, es sei ihr bewußt geworden, daß sie ihr Geld verschwende, daß ihr das ganze Gerede nicht viel gebracht habe und daß ich nichts gesagt hätte, was sie nicht bereits wußte. Das hat mir im Augenblick weh getan, aber beim nächsten Atemzug wurde mir klar, daß sie endlich ihr Ziel erreicht hatte: Sie hatte sich nämlich gegenüber einer halbwegs beeindruckenden Autorität, ihrer Therapeutin, behauptet. Ich hütete mich, ihren Angriff abzuweisen, indem ich erklärend, gönnerhaft oder wohlwollend reagierte. Ich nahm ihren Vorwurf ernst, und wir erörterten seine Berechtigung.

Im zweiten Ausbildungsjahr machte ich ein Praktikum in einer Beratungsklinik für autistische Vorschulkinder und deren Eltern. Das gab den Hintergrund für die spätere Erziehung meines ersten Kindes. In meinem nächsten Leben werde ich mir eine andere, weniger angsterregende Lehrstelle suchen. Dieses Praktikum war der Meilenstein für meine jahrelange Arbeit mit Eltern und Kindern, und es stürzte mich in meine zwiespältige und sehr persönliche Auseinandersetzung mit der Frage »Wer ist schuld an gestörten Kindern?« Verheiratet, aber damals noch kinderlos, lernte ich mit großem Interesse, daß Mütter an den emotionalen Problemen ihrer Kinder schuld seien. Ich hatte die Aufgabe, nur mit den Eltern zu arbeiten: Damals war das Kind der Patient und wurde deshalb dem Psychiater zugewiesen, dem hochgestellten Mitglied des Erziehungsberatungsteams. Die Sozialarbeiterinnen wurden den Eltern zugeteilt, die die eigentliche Ursache des Problems zu sein schienen. Man machte sie dafür verantwortlich, ihre Kinder verwirrt zu haben. Ich habe mich jahrelang über diese merkwürdige Arbeitsteilung gewundert, bis mir klar wurde, daß sich in dieser Verwechslung Freuds doppeltes Vermächtnis widerspiegelte: erstens das biologistische Vermächtnis, das den Kindern dunkle biologische Triebe zuschreibt; und zweitens das zwischenmenschliche Vermächtnis, das die Eltern beschuldigt, ihre Kinder nicht genug zu lieben. Bevor ich selbst Mutter wurde, galt meine eigene Sympathie und Empathie den armen, emotional ausgebeuteten Kindern, und meine Arbeit an mir selbst bestand darin, den Eltern ihre Sünden und Irrtümer zu verzeihen.

Ich war meinen Eltern zutiefst entfremdet und hatte kein Verständnis für das Wesen der Mutterschaft und vielleicht auch der Vaterschaft. Nachdem ich selbst Mutter wurde, erkannte ich plötzlich den leidenschaftlichen Charakter der Elternschaft, als ich gegenüber meinen Kindern die ganze Gefühlsskala von selbstloser, leidenschaftlicher Liebe bis hin zu mörderischem Haß durchlebte. »Ich bringe ihn um«, dachte ich in einem Augenblick des Zorns auf meinen Sohn. »Ich bringe meinen Mann um«, dachte ich ein paar Sekunden später – das war ein etwas ungefährlicherer Gedanke. Und nach weiteren Sekunden sah ich den Ausweg darin, mich selbst umzubringen.

Wenn ich entscheiden müßte, welche Lebenserfahrung mich am besten für meine zwei Lebensrollen als Beraterin und als Lehrerin vorbereitet hat, dann würde ich die Mutterschaft wählen. Tatsächlich hatte sich, als ich einige Jahre später, mit meinen eigenen drei unterschiedlich problematischen Kindern zu Hause, an dieselbe Klinik zurückkehrte, meine Perspektive vollkommen verändert. Diesmal identifizierte ich mich heftig mit den Eltern. Ihr Schmerz, ihre Schuldgefühle und ihre Angst waren auch die meinen. Oft brauchten mir Eltern nicht einmal alles über ihre Sorgen zu erzählen – ich ahnte und spürte sie auch ohne Worte. Damals habe ich eine Menge unrealistischer Beruhigung verteilt.

Dennoch besteht keine Notwendigkeit, mich ganz und gar von meinem früheren therapeutischen Selbst zu distanzieren. Schon bevor ich Mutter wurde, konnte ich die Auffassung der Klinik, daß kindlicher Autismus aus einem kalten und distanzierten Erzieherverhalten entsteht, nicht glauben, und ich schrieb meine Diplomarbeit, um dies zu widerlegen. Ich war immer überzeugt, daß Mütter autistischer Kinder einen heroischen Kampf kämpfen, um genetisch geschädigte Kinder großzuziehen und zu retten. Eltern autistischer und schizophrener Kinder haben inzwischen über diese vernichtende Erfahrung berichtet und auch über die psychiatrischen Fachleute, die sie in verschiedener Weise mißverstanden. Ich glaube, daß ihre Anklagen berechtigt sind. Die Mitarbeiter dieser Klinik meinten es gut und wollten helfen, und dennoch verleitete sie ihr theoretisches Gerüst zu törichten und schädlichen Deutungen. Wenn ich mit meiner Vorgesetzten über das hoffnungslose Scheitern einer Mutter bei der Erziehung zur Sauberkeit ihres vierjährigen nonverbalen autistischen Sohnes sprach, sagte sie zu mir: »Sie müssen herausfinden, warum diese Mutter ein Bedürfnis hat, das ganze Haus mit Kot vollgeschmiert zu haben.« Auf einer Konferenz bemerkte ein Psychiater, nachdem wir einen Amateurfilm über ein anderes autistisches Kind gesehen hatten: »Dieser Vater scheint das Bedürfnis zu haben, eine Kamera zwischen sich und seinen Sohn zu halten.«

Es ist mir wichtig, diese Ereignisse festzuhalten, weil der Kampf um die Behauptung und Bestätigung meiner eigenen Wahrnehmungen, die sich oft von denjenigen der Menschen um mich herum unterschieden, ein wichtiges Lebensthema für mich war und ist. Ich bin sehr froh, daß ich mich dem Geist dieser Psychiatrie, die ich jetzt als destruktiv betrachte, nicht ganz unterworfen habe. Ich stand auf der

Seite dieser Mütter, und ich weigerte mich, ihnen oder auch ihrem Unbewußten die Schuld an ihrem fürchterlichen Schicksal zu geben. Ich hoffe, daß mein Glaube an ihre Unschuld ihnen wenigstens etwas den Rücken gestärkt hat. Sie waren die ersten Frauen, die mich die Bedeutung des »Beistehens« lehrten.

Ich gewann jedoch alle meine Schlachten. Mr. Morgan war ein angesehener und erfolgreicher Geschäftsmann, dessen Lebensziel es war, seinen dreijährigen autistischen Jungen zu retten. Wir arbeiteten ein ganzes Jahr zusammen, und ich hatte großen Respekt und Mitgefühl für seine Anstrengungen. Er erkrankte schließlich an einem sehr bösartigen Krebs, und die psychiatrische Entscheidung lautete, daß ich ihn nicht im Krankenhaus besuchen dürfe. Ich habe den Grund für diese Entscheidung nie verstanden, aber es fehlte mir das Selbstvertrauen, um dagegen anzukämpfen. Wer war ich schon, um auf meiner Meinung zu beharren? Im großen und ganzen war ich damals noch ein gehorsames kleines Mädchen. Mr. Morgan nicht im Krankenhaus zu besuchen und einen so plötzlichen Abbruch unserer Beziehung zuzulassen erschien mir meinerseits wie ein Verrat, der mich viele Jahre lang bedrückte.

Schließlich wurden die Zweifel an meiner therapeutischen Wirksamkeit zu unabweisbar, und ich machte eine fünfjährige Pause in der Erziehungsberatungsarbeit. Ich wußte noch nicht, daß ein Mensch, der einem anderen zuverläsig, anteilnehmend und ohne ihn zu verurteilen beisteht, diesem viel bedeuten kann. Darüber hinaus hatte ich noch nicht genügend Selbstvertrauen, um zu glauben, daß meine Anwesenheit im Leben anderer von großer Bedeutung wäre. Es bedurfte der Erfahrung meiner eigenen Psychotherapie, bevor ich beginnen konnte, diesen Wert zu begreifen.

Ich nahm eine Stelle als Adoptionsbeistand an. Die Gelegenheit, ein Baby, das eine Familie brauchte, mit einer Familie zusammenzubringen, die sich ein Baby wünschte, erschien mir damals ungeheuer verlockend. In den fünfziger Jahren gab es die heute so verbreitete Suche von Adoptivkindern nach ihren leiblichen Eltern noch nicht. Wir waren uns auch noch nicht bewußt, daß die Freigabe eines Kindes bei der leiblichen Mutter lebenslange unverarbeitete Trauerreaktionen zur Folge haben kann. In den frühen fünfziger Jahren versuchten wir noch, Gott zu spielen. Wir gaben unseren Säuglingen Tests, um zu versichern, daß sie »adoptierbar« waren, und muteten ihnen eine Zwischenzeit mit Pflegeeltern zu, nur um zu versichern, daß unsere Kinder die intellektuellen Erwartungen der Adoptiveltern erfüllen können. Wir versuchten, auch die Hautfarbe der Kinder der Hautfarbe ihrer Adoptiveltern anzupassen. Ich hielt keine dieser Anpassungen je für sinnvoll, aber das waren die Prinzipien der Vermittlungsagentur. Außerdem trat meine geliebte und respektierte Leiterin für sie ein, und ich hatte noch nicht gelernt, eine geliebte Autoritätsfigur in Frage zu stellen. Gelegentlich versuchte ich, gegen die Regeln zu verstoßen, aber nie ungestraft.

Ich hatte ein schönes, dunkeläugiges Baby italienischer Abstammung mit bräunlicher Haut für ein nordisch aussehendes Ehepaar ausgesucht. Es waren hochgebildete Akademiker in psychischen Heilberufen, und wegen meiner Identifizierung mit ihnen fand ich, daß sie ein sich besonders gut entwickelndes Kind verdienten. Zu meiner Überraschung war ihnen das Kind zu fremd, und sie zogen es vor, auf ein blondes zu warten. Einige Monate später wurde mir aus dem Kollegenkreis eine Klatschgeschichte über eine namenlose Sozialarbeiterin – ich selbst natürlich – zugetragen, die nicht das geringste Gespür für die Gefühle der Adoptiveltern habe. Ich kann mir die Belustigung heutiger Sozialarbeiterinnen vorstellen, die inzwischen schwerbehinderte Kinder, Kinder mit einer traumatischen Lebensgeschichte oder Mischlinge zur Adoption vermitteln. Das hat sich alles dramatisch verändert.

Nach fünf Jahren und einem weiteren Jahr in einem staatlichen psychiatrischen Kinderkrankenhaus lockte mich die Aussicht auf eine weitere intensive therapeutische Schulung zum dritten Mal an die Klinik zurück, an der ich gelernt hatte.

Diese Klinik glaubte an langfristige Arbeit mit Klienten, ein Luxus der psychosozialen Versorgung in den fünfziger und frühen sechziger Jahren. Ich weiß nicht, ob sich die Kosten gelohnt haben, aber ich bin ungeheuer dankbar für diese Erfahrung. Klienten, die ich drei oder vier Jahre lang betreute, haben dauerhafte Spuren in meinem Leben hinterlassen.

Mrs. Kramer zum Beispiel, die Mutter des sehr verängstigten, zwanghaften kleinen Paul war wie die schlimme Karikatur einer jüdischen Mutter. Sie quengelte drei ganze Jahre lang ohne Unterbrechung, und ich trug es mit Würde. Ich war für sie zuständig, und ich nahm sie wichtig. Die Familienmitglieder Kramer bekamen Unterstützung und Zuwendung voneinander, vor allem, wenn sie krank waren. Deshalb wurden sie alle der Reihe nach krank, aber jeder einzelne war darauf bedacht, es nicht zu übertreiben, um die Mitleidsreserven der Familie nicht überzustrapazieren. Da Paul immer unter Verstopfung litt, empfahl ich Mrs. Kramer, nicht so oft rektal seine Temperatur zu messen. Sie wollte meinen Rat beherzigen, sie beschloß, die Temperatur ihres Sohnes oral zu messen, aber dann merkte sie, daß sie sie rektal nachprüfen mußte, um sich zu vergewissern. Mrs. Kramer lehrte mich Geduld und Toleranz. Nie sind mir Klagen seither als übertrieben erschienen. Vielleicht war es ganz in Ordnung, daß ich noch nicht mit paradoxen Verschreibungstechniken vertraut war. Der kleine Paul hat sich, wie ich höre, recht gut entwickelt, und Mrs. Kramer und ich denken aneinander mit Zuneigung.

Alle Eltern verhaltensgestörter Kinder, mit denen ich damals und später zu tun hatte, lebten in schwierigen Beziehungen. Ich bin mir immer noch nicht sicher, ob die Probleme der Kinder die Folge elterlicher Konflikte waren, wie das von der psychodynamischen und auch von der Familiensystemtheorie behauptet wird, oder ob das Vorhandensein problematischer Kinder vielleicht elterliche Konflikte hervorruft. Rufen die Probleme der Kinder Streit hervor, oder sind konfliktbelastete Ehen wie auch gestörte Kinder einfach ein Nebenprodukt unserer Institution der Kernfamilie? Werden Kinder von schizophrenogenen Familien verrückt gemacht, oder ist Schizophrenie eine Krankheit, mit der ein Kind seine Eltern anstecken kann? Ich habe nie eine Familie ohne mindestens ein *Sorgenkind* gekannt. Vielleicht müssen soziale Systeme ihre Spannungen ganz einfach auf ein Mitglied entladen. Wie die Antwort auch lauten mag, ich glaube, daß die Familientherapie ein wirksamerer Ansatz gewesen wäre, um diesen problembehafteten kleinen Kindern zu helfen.

Mr. Minos war ein Vater, den ich mehr als drei Jahre lang betreute. Ihm verdanke ich einen entscheidenden Durchbruch in meiner Entwicklung als Therapeutin und als Mensch. Ich hatte mit ihm zu tun im Rahmen eines Forschungsprojekts über die Auswirkung des Todes auf kleine Kinder. Die Frau von Mr. Minos war an Krebs gestorben, und er hatte selbst alle Symptome seiner Frau. Die Ärzte konnten ihn nicht beruhigen, weil er glaubte, daß sie ihn anlogen und ihn immer anlügen würden, so wie sie und er selbst immer seine Frau angelogen hatten. Er war ein scheuer und wenig diskursiver einfacher Arbeiter, für den Gespräche über seine Gefühle eine ungewohnte, aber anregende neue Erfahrung waren. Zu vornehmem Verhalten erzogen, behinderte mich in meiner Arbeit mit Patienten meine Scheu, indiskrete oder gar zudringliche Fragen zu stellen. Für Mr. Minos waren meine Fragen jedoch ein Schlüssel, die seine Fähigkeit, sich mitzuteilen, öffneten. Ich begriff plötzlich, daß es eine befreiende Wirkung haben kann, gut zu fragen. Auch ich möchte, daß man mir interessante Fragen stellt. Manchmal bin ich sogar traurig, wenn sich Menschen nicht genügend für mich interessieren, um gute Fragen an mich zu richten. Ich bin ein Mensch geworden, der »gute Fragen« sowohl in therapeutischen wie in sozialen Situationen als Geschenk und nicht als Zudringlichkeit betrachtet. Diese Einsicht hat meine Art, mit Menschen umzugehen, verändert und meine persönlichen Begegnungen bereichert.

Natürlich ist nicht jeder empfänglich für materielle oder symbolische Geschenke. Als ich in England war, dem Land der Zurückhaltung, betrachteten die Menschen mein Verhalten mit einer Mischung aus Entsetzen, Neid und Bewunderung. Echte Fragen zu stellen heißt, daß man vielleicht echte Antworten erhält. Echte Antworten sind oft beunruhigend, verstörend oder schmerzhaft. Man muß lernen, die Antworten zu ertragen.

Als Therapeutin und später als Lehrerin leidenschaftlich geliebt zu werden war ebenso schwierig zu akzeptieren und sich daran zu gewöhnen, wie leidenschaftlich gehaßt zu werden; oft waren diese beiden Emotionen sehr nah aneinander.

Eine Klientin, Mrs. Washington, war eine unterprivilegierte alleinerziehende Mutter mit einer autistischen kleinen Tochter. Wir waren drei Jahre lang zusammen und setzten uns mit vielen schwierigen Themen auseinander – ihre schwarze und meine weiße Hautfarbe, ihre Armut, ihre Aggressionen und ihre Hoffnungen auf eine bessere Zukunft. Unsere bevorstehende Trennung bearbeiteten wir ein halbes Jahr lang; danach sollte ich von einer Kollegin abgelöst werden. Aber als ich wegging, unternahm sie einen Selbstmordversuch.

Mrs. Austin war eine Mutter, die mich acht Monate lang wöchentlich mit dem hartnäckigen Wunsch ihres Sohnes konsultierte, sich wie ein Mädchen anzuziehen und zu spielen. Sie war ein seelisch vernachlässigtes Kind gewesen; ein armes, kleines, reiches Mädchen mit einem Sonnyboy als Vater, der sich nicht um sie kümmerte und die Familie schließlich verließ, und einer ausgesprochen paranoiden Mutter, die sich immer noch in ihr Leben einmischte. Sie wurde von Hausangestellten großgezogen. Die Begegnung mit mir, einer einfühlsamen und anteilnehmenden Frau in ihrem Alter, war unerträglich für Mrs. Austin. Es rief angsterregende Sehnsüchte nach einer guten Mutter in ihr wach, die sie nie gekannt hatte. Hätten wir einander anders kennengelernt, dann wären Mrs. Austin und ich vielleicht Freundinnen geworden. Aber wir waren Beraterin und Klientin, beschränkt auf eine professionell vorgeschriebene Beziehung. Monatelang griff mich Mrs. Austin erbittert an und warf mir vor, eine wortkarge, zugeknöpfte therapeutische Maschine zu sein. Schließlich konnte sie es nicht länger aushalten, mit mir im gleichen Zimmer zu sitzen, obgleich sie mich über Jahre zu Hause anrief. Es ging mir sehr nahe, da ich sie ganz besonders mochte.

War ich verantwortlich für Mrs. Washingtons und Mrs. Austins »therapeutische Leidenschaften« oder, in unserem üblicheren Jargon, extreme Übertragungsreaktionen? Könnte es sein, daß weniger Wärme, weniger Zuwendung und eine neutralere Haltung mehr Schutz für sie gewesen wären? Nachdem ich selber therapeutische Erfahrungen gemacht hatte, begann ich, die Intensität, den Ernst und die merkwürdige Realität der Übertragungsliebe zu begreifen. Plötzlich konnte ich Mrs. Austins heftige Haß-Liebe-Reaktionen und Mrs. Washingtons Selbstmordversuch verstehen.

Ich hatte jahrelang von Zeit zu Zeit Depressionen. Sie beeinträchtigten mein Funktionieren in meinen unterschiedlichen Rollen nicht und »zeigten« sich äußerlich nie, aber sie waren für mich sehr schwer. Schließlich bemühte ich mich um die psychotherapeutische Hilfe eines männlichen Analytikers. Zwei Jahre lang blieb ich dabei, bis er die Stadt verließ. Da ich selbst einen psychischen Heilberuf hatte, gab es Freunde und Kollegen um mich herum, die entweder in der Analyse oder Therapie waren oder sich jahrelang befunden hatten. Ich hatte bis dahin jede Art von Therapie gemieden, da ich Furcht hatte vor endlosen tränenreichen Stunden unglücklicher Kindheitserinnerungen. Es war eine Erleichterung und eine Enttäuschung zugleich, als diese Vorstellung sich nicht bewahrheitete.

Mein Psychiater war äußerst sanft, und ich fing an, ihn sehr zu lieben. Niemand zuvor hatte sich meine zwanghaften Grübeleien mit solcher Geduld angehört, ohne sich von meinen Sorgen und meiner Angst anstecken zu lassen. Sein einfühlsamer Versuch, meiner Sehnsucht nach Verständnis zu entsprechen, war sehr befriedigend, solange ich Kontakt mit ihm hatte. Aber es wurde eine süchtige Abhängigkeit, vor der ich Angst bekam. In den zwei Jahren meiner Therapie weinte ich nur einmal, als wir zu dem Tod meines Großvaters kamen. Wir rührten nie an mein leidenschaftliches, liebendes und hassendes Inneres. Ich weiß nicht, ob ich noch keinen Zugang dazu hatte. Er und ich glaubten, daß meine Zurückhaltung in meinem schützenden Panzer begründet war, den er mit äußerster Behutsamkeit respektierte. Heute habe ich den Verdacht, daß er Gefühlsstürme genausowenig ertragen konnte wie ich damals und daß wir beide bemüht waren, einander zu schützen. Daß er die Stadt (und mich) verließ und die Behandlung abbrach, wiederholte das Verlassen von meinem Vater in meiner frühen Jugend, ein unbetrauertes Ereignis in meinem Leben. Wir hätten diese beiden Ereignisse miteinander vergleichen können, und ich machte sogar einige Anstrengungen, aber ich gab auf, als ich seinen Widerstand spürte. Ich merkte, daß es bei ihm zu große Schuldgefühle und Unbehagen ausgelöst hätte.

Später erkannte ich, daß viele Frauen ähnlich auswählen, was sie ihren männlichen Therapeuten erzählen. Wir Frauen haben gelernt, daß wir Männer zu beschützen haben, besonders vor unseren starken Emotionen. Wir wollen die Gefühle unserer männlichen Therapeuten nicht verletzen, nicht ihre Selbstachtung, wir wollen sie weder aus der Fassung bringen noch selbst vor einem Mann zuviel Scham empfinden. Ich durchlebte den ungeheuren Schmerz des Endes einer wichtigen Beziehung. Die »Durcharbeitungsphase« vor der Trennung war ein Ritual ohne Bedeutung. Ich begriff endlich voll die Macht der Behandlungsbeziehung und die ungeheure Verantwortung des Therapeuten. Ein ganzes Jahr stummer Trauer mußte vergehen, bevor ich mich von dem Verlust erholte. Ich beschloß, daß dies mein letzter offizieller Heilungsversuch sein würde. Die entstandene Abhängigkeit machte mir zu große Angst. Offensichtlich habe ich meinem Therapeuten noch nicht verziehen, daß er mich im Stich ließ und daß er weder meine Liebe noch meinen Zorn ertragen konnte. Verlassen und Verlassenwerden ist auch weiterhin ein Thema in meinem Leben. Ich habe zu verdeutlichen versucht, daß ich Selbstheilung und Heilung anderer immer miteinander vereinbaren wollte. Habe ich beschlossen, zu unterrichten, statt meine therapeutische Arbeit fortzusetzen, weil ich den Prozeß der Selbstheilung zu schwierig fand?

Meine Kinder wurden groß, und ich wagte zum ersten Mal, meine eigene Zukunft zu planen, statt von einem Job zum nächsten getrieben zu werden. Ich hatte inzwischen eine Stelle als Praxislehrerin in der psychiatrischen Klinik eines anerkannten Krankenhauses. Mit größerem Selbstvertrauen war ich immer weniger bereit, die Personalhierarchien der Krankenhäuser zu akzeptieren, die alle Sozialarbeiterinnen an das untere Ende der professionellen Ordnung verbannte. Meine sehr geschätzte Fakultätsleiterin erklärte mir, daß wir Frauen unsere Erfahrung zur Förderung und Unterstützung der professionellen Entwicklung junger und überwiegend männlicher Psychiater zur Verfügung stellen sollten. Ich gebe zu, eine Schwäche für junge Männer zu haben. Aber ich war an diesem Punkt meines Lebens es eben überdrüssig, Kinder zu bemuttern, und noch überdrüssiger, junge Männer einer anderen Fachrichtung zu »fördern«. Mir wurde damals bewußt, daß mich meine Teilzeitbeschäftigung in der Lehre sehr befriedigte und daß das Unterrichten das beste für meine Selbstentfaltung war. Nach langer, quälender Selbstanalyse ging ich zum Studium an die Universität zurück, und ich begann eine Laufbahn, in der ich Anerkennung und Respekt erworben habe.

Meine Erfahrung in sozialer Fallarbeit zählte an dem Ausbildungsinstitut nicht. Wenn man Gerüchten glauben kann, wurde ich aufgenommen, weil man hoffte, Freuds Enkelin bekehren zu können. Das ist gelungen. In Wirklichkeit war es nicht mein Familienerbe, sondern meine Ausbildung und die Praxis in der Sozialarbeit, die meine Weltansicht jahrelang psychoanalytisch geprägt hatte. Nichts anderes war je wichtig für mich.

Mittelpunkt meiner Bekehrung war die Lektüre des Buches *Stigma* von Erving Goffman, eine mikrosoziologische, symbolisch-interaktionistische Betrachtung menschlichen Verhaltens.

Goffman ignorierte die Innenwelt der Menchen, er ignorierte den Sexual- und Aggressionstrieb, den Ödipuskomplex und sogar die Folgen einer unzureichenden Bindung. Seine Menschen sind gesellschaftlich Handelnde, die vor unterschiedlichem Publikum spielen und die in Machtkämpfe und andere Überlebensstrategien verstrickt sind, bei denen ihre Selbstachtung auf dem Spiel steht. Ich war am Anfang meiner theoretischen Reise von der Innenwelt zur Außenwelt. Alles, was ich je beobachtet hatte, geriet in Bewegung. Meine Zweifel waren berechtigt gewesen: Es gab auf Fragen neue Antworten, worüber ich jahrelang nachgedacht hatte: Wie konnten Menschen mit liebevollen Müttern und verinnerlichtem Über-Ich am Holocaust beteiligt gewesen sein, hatte ich mich gefragt. Weil die meisten Menschen das tun, was andere von ihnen erwarten, antworteten Solomon Asch, Erving Goffman und Stanley Milgram. Eine Welt brach für mich zusammen. Die Bücher hatten mich belogen. Sie hatten auch gelogen über Penisneid, den vaginalen Orgasmus, weiblichen Narzißmus, die Menopause, Mutterschaft und wie man Kinder aufzieht und ein gutes Leben führt. Später schrieb ich Aufsätze über viele dieser Themen und versuchte, die Lügen von den Wahrheiten sorgfältig zu trennen. Diese neuen Ideen führten mich schließlich zur kybernetischen Theorie und zu einer völlig neuen Weltanschauung. Durch Denken, Fühlen und Leben kam ich zu der Überzeugung, daß das Leben rund ist und daß Gegensätze zueinander gehören.

Wenn andere Menschen ihren theoretischen Bezugsrahmen aufgeben, dann mag das ein wichtiges berufliches Lebensereignis sein. Mein Wechsel war zugleich ein Verrat an meiner Familie und eine Deklaration geistiger Emanzipation. Ich war jetzt in der Lage, vor meinen Fachkollegen theoretisch ich selber zu sein. Ich war in meinem Kampf gegen die doppelte Last der Anpassung und des Gehorsams, die das Leben der Frauen einschnüren, einen Schritt weitergegangen.

Meine neuen theoretischen Einsichten weckten in mir ein Interesse, therapeutisch und didaktisch mit Gruppen zu arbeiten, und das erlaubte mir, meine alte Rolle als Therapeutin und meine neue Rolle als Pädagogin zu einer Einheit zu verbinden. Ich leitete psychosoziale Lebenswende-Gruppen, die eine zeitlich befristete, nichtstigmatisierende Beratung in einer Lebenskrise bieten. Solche Lebenskrisen könnten durch den Verlust eines Partners, die Geburt eines Kindes oder eine soziale Veränderung nach einer Krankheit ausgelöst werden. Eine solche Beratung ist vorbeugend, sie erreicht Menschen in einer Zeit der Verletzbarkeit und will »Voraussetzungen in der vermeintlichen Welt (von Menschen) fördern«, meinte Colin Parks. Diese Gruppen unterstützen die Heilung, weil sie eine Orientierungshilfe bei dem neuen Lebensabschnitt sind und zusätzlich Informationen über den bestimmten Zustand dieser Lebenswende und der verschiedenen Aspekte anbieten. Es geht um gegenseitiges Lösen von Problemen und intimen Austausch schwieriger Erfahrungen mit Menschen in ähnlicher Lage.

Ich glaube, die heilende Kraft dieser Gruppen besteht vor allem darin, daß sie Menschen die Gelegenheit geben, vor anderen in ähnlicher Situation und in einer vorübergehenden Gemeinschaft das eigene Leiden zu schildern. Mündliches oder schriftliches Zeugnis abzulegen, in der Öffentlichkeit oder bloß gegenüber einer Bezugsperson (die ein Therapeut sein kann), ist ein starkes Bedürfnis des Menschen. Wenn wir das tun, sollte man uns zuhören, uns annehmen, ohne zu verurteilen, und vor allem uns glauben.

Zeugnisablegen sollte nicht mit Katharsis verwechselt werden, dem Entleeren des Inneren. Es ist ein sozialer Akt der Mitteilung. Ich glaube, daß kreative Formen des »Zeugnisablegens« die Heilung erklären, die in Bewußtseinsbildungsgruppen, Selbsthilfegruppen, im Psychodrama, in Gestalt- oder psychodynamischen Gruppen sowie in der individuellen Beratung stattfindet. Verschiedene Menschen müssen sich vielleicht verschiedene Gemeinschaften suchen, vor denen sie Zeugnis ablegen wollen. Familientherapeuten haben die heilende Wirkung beobachtet, die die offene Äußerung von Schmerz und Trauer über Kränkungen in der Kindheit auf den Lebenspartner und die Kinder haben kann. Die Überlebenden von Konzentrationslagern zogen Kraft aus ihrem Bedürfnis, vor der ganzen Welt Zeugnis abzulegen. Meine Art, Zeugnis abzulegen, besteht darin, Aufsätze zu schreiben, die ich meinen Fachkollegen zugänglich mache. Das ist meine Art, gesehen und gehört zu werden. Frauen müssen sich Gehör verschaffen, »um das Schweigen und die Isolation zu durchbrechen, die die Unpersönlichkeit der Frauen verstärken«. »Die persönliche Stimme im öffentlichen Raum bekräftigt unsere gemeinsamen Erfahrungen, durch die wir uns selbst zu behaupten beginnen«, sagte Deena Metzger.

Ich glaube an die Macht der Erziehung als ein Mittel der Veränderung. So habe ich zum Beispiel die Erfahrung gemacht, daß Informationen, die Schuldgefühle abbauen, dramatische Wirkung haben können: Ich hatte eine Studentin, die vor Beginn des Semesters vergewaltigt worden war. Sie war wochenlang äußerst verstört und drohte ständig das Studium aufzugeben. Ich setzte eine Vorlesung über Schuldgefühle an, die Menschen bei einem Unheil haben, das ihnen zugestoßen ist, sei es der Tod eines Partners, die Geburt eines geistig behinderten Kindes oder Vergewaltigung. Ich erklärte den Studentinnen, daß dieses Schuldgefühl die Illusion aufrechterhält, die Welt sei gerecht und wir hätten die Kontrolle über das eigene Leben. Wenn man für das eigene Unglück verantwortlich ist, dann kann man es vielleicht in der Zukunft abwenden. Ich erwähnte Vergewaltigung bloß als ein Beispiel, aber die Vorlesung hatte die erhoffte Wirkung. Die Studentin, die vergewaltigt worden war, fühlte sich danach besser und konnte ständige Selbstanklagen über ihre Mitschuld an dem Vorfall aufgeben.

Nach jahrelanger Lehrtätigkeit bin ich mir sehr deutlich bewußt, daß Fragen nach Autonomie und Selbstachtung für meine Studentinnen und Studenten angstbesetzt sind und daß sie sie sehr beschäftigen. Übrigens glaube ich nicht, daß sich meine Studentinnen in dieser Hinsicht von der übrigen Bevölkerung unterscheiden. Ich nehme die zwischenmenschliche Bedeutung jeder Bemerkung im Hörsaal ebenso wichtig wie ihren Inhalt. Ich höre, daß ein Student sein Recht vertritt, anderer Meinung zu sein als ich; die Bereitschaft einer Studentin, mich zu unterstützen, vielleicht in der Hoffnung, besonders gemocht zu werden; das Bedürfnis eines Studenten, seine Fähigkeiten vorzuführen oder einfach sichtbar zu werden; die Angst einer Studentin, sich zu blamieren. Marilyn, der die aktive Beteiligung am Unterricht schwerfällt, möchte etwas sagen. »Ich bin natürlich keine Expertin auf diesem Gebiet«, beginnt sie, »aber mir scheint . . .« »Ja«, sage ich, »werte dich immer zuerst selbst ab, bevor du einen guten Gedanken vorträgst. Von Frauen wird das erwartet.« Marilyn liefert vor dem Ende der Stunde drei weitere interessante Diskussionsbeiträge. Ich stelle eine Aufgabe, die so interessant ist, daß die Studenten ihr nicht widerstehen können. Dennoch möchten sie sie anders haben. Sie möchten sie in Gruppen und nicht für sich einzeln lösen. Ich bin entschieden dagegen, aber ich gebe nach, nicht, wie ich hoffe, weil ich als Lehrerin gemocht werden will (was stimmt) oder weil ich nicht genügend Energie habe, um mich mit ihnen zu streiten, sondern weil ich glaube, daß es sich um einen Machtkampf handelt und ich nicht jedesmal gewinnen muß.

Ich hoffe auch, daß mein Unterricht manchmal therapeutisch wirkt, und viele Frauen haben es mir auch bestätigt. Wenn Erwartungen enttäuscht werden – eine so bedeutsame Rolle im Leben von Frauen –, so zählt dies tatsächlich zu den niederschmetterndsten Lebenserfahrungen. Frauen können viele Jahre brauchen, um sich ein neues Weltbild aufzubauen, wenn ihr altes durch gesellschaftlichen oder persönlichen Verrat und Betrug in die Brüche gegangen ist. Frauen über gesellschaftliche Mythen aufzuklären und dadurch manche ihrer Erwartungen zumindest auf einer kognitiven Ebene in Frage zu stellen kann eine wirksame, vorbeugende Maßnahme zur Erhaltung der psychischen Gesundheit sein.

In meinen Frauenseminaren ist gewöhnlich ein starker Gemeinschaftsgeist vorhanden, der an Bewußtseinsbildungsgruppen erinnert. Frauen scheinen, sei es durch meinen Unterricht oder durch ihre Lektüre, zu erkennen, daß viele Geschlechtsgenossinnen ähnliche Ängste haben. Durch die Unterstützung anderer Frauen bringen sie den Mut auf, ihr Leben zu verändern. Manche Frauen haben anschließend einen Beruf ausgeübt; sie haben ihren Mann verlassen, der sie schlecht behandelte, haben ihre Ausbildung fortgesetzt, haben angefangen, ihren halbwüchsigen Kindern Grenzen zu setzen, und sind aus langen Depressionen herausgekommen. Manche Ehemänner haben zwiespältige Gefühle, wenn ihre Frauen zu mir kommen. Einerseits sind sie froh, weil ihre Frauen vielleicht aufregender und unternehmungslustiger werden, und andererseits sind sie nicht so begeistert, weil ihre Frauen selbstbewußter werden und ihnen kritischer begegnen. Eine Frau beschloß, nicht mehr für ihren Mann zu kochen; eine andere hörte bloß auf, seine Socken auszusortieren. Ich glaube, daß man in einer guten Therapie viel lernen kann und daß guter Unterricht therapeutisch sein sollte.

Es ist eine tiefe Befriedigung für mich, daß es in vielen meiner offiziellen und inoffiziellen Seminare zu einem intimen Austausch kommt und daß Wunden (manchmal meine eigenen) geheilt werden. Ich glaube, die Welt ist grau, und es liegt an uns, sie täglich mit Farbe zu malen. Es gibt Tage, an denen mir die Farben ausgehen; dann überwältigt mich ein Gefühl der Zweck- und Sinnlosigkeit. Doch wunderbarerweise geben mir meine Studentinnen, sooft dies geschieht, frischen Mut und erneuern meinen Glauben an die Bedeutung und den Wert des Lebens. Ich glaube, es ist meine eigene Offenheit ihnen gegenüber, eine Haltung, zu der ich in der späten Lebensmitte gelangt bin, die diese gegenseitige Heilung möglich macht.

Ein reserviertes und zurückgezogenes Leben zu führen und nur wenigen Menschen Zugang zum eigenen Lebensraum zu gewähren kann eine starke und bewundernswerte Haltung sein. Es war ein Standpunkt, der von meiner Mutter in Mißtrauen und Bitterkeit und von meiner Tante Anna aus einem gewissen Selbstschutz und Stolz heraus eingenommen wurde. An einem Punkt hatte ich eine ähnliche Lebenseinstellung in Erwägung gezogen, aber ich denke inzwischen anders darüber. Ich glaube, es waren die Leidenschaften meines Lebens, die mich zu einer Haltung der Offenheit führten. Durch diese intensiven Liebeserfahrungen und den Schmerz habe ich gelernt, mich auf die emotionale Welt anderer Menschen mit Empathie und Mitgefühl, mit Verständnis, Toleranz und ohne zu urteilen einzulassen. Ich möchte lieber ein erfülltes und aufregendes Leben führen als ein stolzes. Und ich gehe lieber große zwischenmenschliche Risiken ein, als immer auf der Hut zu sein. Und wenn ich heute eine Antwort auf meine anfänglichen Fragen, was ist das Wesentliche in der Einzeltherapie, geben müßte, dann würde ich das Offenheit nennen.

Ich habe in diesem Essay geschildert, wie schwer es mir gefallen ist, erwachsen zu werden. Die Reise vom jungen Erwachsenenalter bis in die späte Lebensmitte erscheint so ereignisreich. Bin ich im Laufe der Zeit ein anderer Mensch geworden? Nachdem ich beschrieben habe, wie sehr ich mich veränderte, möchte ich mich zum Kern meiner Identität bekennen. Schon als schüchterne junge Sozialarbeiterin, die sich dem Schweigen und den Angriffen der Menschen ausgesetzt sah, hatte ich ein gewisses Maß an Selbstvertrauen und Zähigkeit. Und auch als von vielen Menschen geliebte, bewunderte und respektierte Akademikerin fühle ich mich oft wie ein unliebenswertes, nichtsnutziges kleines Waisenmädchen.

Obwohl ich eine reservierte und verschlossene junge Frau war, hatte ich immer einige sehr tiefe Beziehungen. Jetzt, da ich meine offene Haltung betone, bin ich gleichzeitig während eines Großteils der Zeit mit Arbeit überlastet und zu beschäftigt, nicht verfügbar und daher letztlich vielen Menschen gegenüber verschlossen. Ich kann liebevoll sein, und ich habe mich verletzbar gemacht, und dennoch verbanne ich Menschen aus meinem Leben, die mich gekränkt haben, und behandle sie, als wären sie gestorben. Ich versuche, mich auf Auseinandersetzungen einzulassen, aber genausooft bin ich ein Feigling, oder ich merke gar erst Tage, Wochen oder Jahre später, welche Gefühle mich bewegen. Vielleicht bin ich mein ganzes Leben lang sowohl eine »Königin« (oder zumindest Prinzessin) als auch eine »Bettlerin« gewesen, hassend und liebend, optimistisch und deprimiert, zärtlich und schroff, versöhnlich und unversöhnlich. Vielleicht tragen wir alle diese Gegensätze in uns und wenden uns, je nachdem, wie es die Situationen und Umstände erfordern, dem einen oder anderen Extrem zu, wobei die Hoffnung besteht, daß wir mit zunehmendem Alter und Weisheit uns öfter an unsere schöpferischen Möglichkeiten zu erinnern.

Leidenschaft und Herausforderung
des Lehrens

»Das Gefühl, zu wissen, in welche Richtung man steuert«, so hat
Erik Erikson Identität definiert, und das beschreibt genau, wie ich
mich fühlte, als ich meine Identität als Pädagogin fand. Meine Entdek-
kung des Lehrens hatte sich bis zur Lebensmitte verzögert und weckte
deshalb das dringende Bedürfnis in mir, verlorene Jahre wettzuma-
chen. Meine Identität wurde stark bereichert durch frühere Erfahrungen, die ich in den Lehrberuf mitbrachte oder die mich zu ihm
hingeführt hatten. Meine vierzigjährige Lehrzeit als Sozialarbeiterin,
Therapeutin, Freundin anderer Frauen, Ehefrau und Mutter sollte zu
einem integralen Bestandteil der Perspektive werden, welche die Leidenschaft und Macht, die Zweifel und Herausforderungen meiner
Rolle als Lehrende ordnet.
Wenn ich mein Leben betrachte, stoße ich auf viele Widersprüche.
Vielleicht ist das Leben einer Frau durch Paradoxe gekennzeichnet.
Ich betrachte mich als autonom, dennoch bin ich abhängig von der
Zustimmung meiner Studentinnen und der Anerkennung meiner
Kolleginnen. Obwohl ich zu einer Familie gehöre, die große Leistun-
gen vollbracht hat, habe ich viel Zeit gebraucht, um meine eigentliche
Berufung zu finden. Persönlichkeitsmerkmale, die in beruflichen Si-
tuationen Stärken waren, trugen zu meinem Versagen als Mutter bei.
Die Arbeit war eine emotionale Notwendigkeit für mich, aber ich
habe lange ihre Bedeutung für mein Leben geleugnet. Meine ehrgeizigen Ziele erfordern Einsamkeit, doch was mir Kraft gibt, sind meine
Beziehungen zu einem Kreis von Frauen und Männern. Mein Leben ist
weder geordnet noch rational gewesen. Im Alter von zweiundvierzig
ergriff ich plötzlich in einer Weise die Initiative, die ungewöhnlich für
mich war. Obwohl ich auch schon zuvor interessante und herausfordernde Stellungen gehabt hatte, waren es doch im wesentlichen von
anderen gestaltete Aufgaben gewesen. Diesmal folgte ich meinen

eigenen Ideen und konzipierte ein Seminar für angehende Lehrer über die Eltern-Lehrer-Beziehung, wobei ich mich nicht nur auf meine Erfahrungen als Mutter stützte, sondern auch auf jahrelange klinische Arbeit mit Problemfamilien. Ich wollte jungen Lehrerinnen helfen, mit den Ängsten ebenso junger Eltern umzugehen, und wollte dazu beitragen, eine Partnerschaft zwischen beiden zu fördern, die an die Stelle der heimlichen Konkurrenz und des Mißtrauens treten sollte, die oft zwischen ihnen existieren. Mein Ziel war es, Lehrerinnen in Gesprächstechniken zu schulen und ihr Verständnis und ihre Toleranz für die Sichtweise und die Situation der Eltern zu steigern. Da dieses Ziel unmittelbar aus meinen eigenen unerfreulichen Beziehungen zu Lehrern erwuchs, entsprach die Planung dieses Seminars meiner charakteristischen Neigung, die Schwierigkeiten des Lebens durch ein intellektuelles Projekt zu meistern.

Ich schickte meine handschriftliche Kursbeschreibung – eine liebevolle Arbeit – an die Direktorin der Lehrerbildungsanstalt. Während ich gespannt auf eine Antwort wartete, erfüllte mich die Vorstellung eines solchen Kurses mit unerhörtem Glück. Können unmögliche Träume Wirklichkeit werden? Die Direktorin zeigte Interesse an der Beschreibung, bot mir aber nur einen einmaligen Auftritt als Gastdozentin an. Empört lehnte ich ihr Angebot ab. Es war eine vernichtende Niederlage. Rückblickend erkenne ich, wie naiv und anmaßend ich war. Eine Woche vor Beginn des Herbstsemesters wurde die Lehrkraft, die einen ähnlichen Kurs unterrichtete, krank – nein, ich habe nicht Voodoo geübt –, und ich wurde aufgefordert, mein Seminar zu halten.

Es stellte sich heraus, daß meine Berufserfahrungen als psychiatrische Sozialarbeiterin eine ideale Vorbereitung für den Umgang mit Studentinnen in einem Hörsaal waren. Durch die vielen Begegnungen mit geplagten Eltern hatte ich genügend praktische Erfahrungen, um theoretische Inhalte mit Leben zu erfüllen. Aber noch wichtiger waren die sozialen Kompetenzen, die ich mir als Fallarbeiterin erworben hatte, wie Aufmerksamkeit gegenüber den individuellen, ausgesprochenen oder unausgesprochenen Bedürfnissen jeder Studentin und jedes Studenten.

Ich ging an diesen ersten Lehrauftrag ohne Lampenfieber oder Zögern heran, indem ich diese bei einem neuen Unternehmen normalerweise zu erwartenden Gefühle durch enormen Elan und Enthusiasmus überspielte. Ich hoffe und glaube, daß meine Studentinnen dieses Seminar ebenso genossen wie ich. Ich war immer sehr gern zur Schule gegangen. Ich gehörte in ein Klassenzimmer, und plötzlich wurde mir klar, daß es meine Bestimmung war, Lehrerin zu werden. Auch als ich meine Kinder großzog, hatte ich die Lehraspekte in der Kindererziehung am meisten genossen. Schließlich war ich an die Spitze der Klasse gerückt. Ich war endlich zu Hause.

Das Unterrichten dieses ersten Seminars war ein großartiges Erlebnis, das alle bedeutungsvollen Aspekte meines Lebens miteinander vereinte. Ich entwickelte auch andere Kurse, und mit der Zeit ging meine Karriere in eine neue Richtung. Wäre mein Leben ganz anders verlaufen, wenn die reguläre Lehrkraft in diesem entscheidenden Moment nicht krank geworden wäre?

Andere halten mich manchmal für eine ehrgeizige und zielstrebige Karrierefrau. Vielleicht bin ich schließlich bei dieser Identität gelandet, aber es war sicher nicht von vornherein beabsichtigt. Wie Edgar Levinson beschrieb, treten Männer mit einem Traum von ihren Erfolgen als Erwachsene ins Leben, der sie bei all ihren Entscheidungen leitet. Bei mir war es genau umgekehrt. Ich glaube, meine Laufbahn formte meine Ziele.

Ich glaube auch, daß meine eigenen Anstrengungen nur wenig dazu beitrugen, mich in meine gegenwärtige und äußerst privilegierte Position als Pädagogin zu bringen. Ich werde für eine Arbeit respektiert, die auch meinem Leben Sinn gibt. In vieler Hinsicht habe ich mich durch das Leben treiben lassen und nur Gelegenheiten ergriffen, die sich zu bieten schienen. Obwohl es ein lebenslanges Ziel von mir war, mein Leben selbst in die Hand zu nehmen, stimme ich im Grunde mit Amelie Rorty überein: »In Wirklichkeit sind die wahren Triebkräfte meines Lebens, ich glaube, wie in jedem Leben, die Zeit und der Zufall gewesen. Viele Ereignisse, die sich als prägend herausstellten, waren Zufälle ... Alles Wesentliche hätte leicht völlig anders kommen können. Die guten Dinge, die mir zugestoßen sind – und es hat viele gegeben –, glaube ich weitgehend meinem Glück verdankt zu haben. Ich bin weniger überzeugt, daß ungünstige Entwicklungen hätten anders verlaufen können. Ich habe nicht das Gefühl, im Mittelpunkt meines Lebens gestanden und seinen Verlauf gesteuert zu haben.« Meine Liebe zum Lehrberuf war so groß, daß ich mich entschloß, den

Doktorgrad zu erwerben (Ph. D.), um Anschluß an die akademische Welt zu bekommen. Ich war erstaunt, daß mein erfolgreiches Konkurrieren mit aussichtsreichen männlichen Studenten meines eigenen Alters ebensosehr meinen Glauben an meine Fähigkeiten steigerte wie der Titel selbst.

Als ich das Berufsleben begann, hatte ich weder Karrierepläne, noch träumte ich von Ruhm; ich hatte kein bestimmtes Gefühl für persönliche Fähigkeiten und keine festen beruflichen Ziele.

Im Gegensatz zu anderen ehrgeizigen Frauen, die, wie aus Untersuchungen und Autobiographien hervorgeht, ihren Müttern etwas ferner standen und besonders starke Bindungen an ihre Väter hatten, ist mein primäres Vorbild im positiven wie im negativen Sinn meine Mutter gewesen. Meine Mutter war eine ehrgeizige und hochqualifizierte Frau. Sie war noch mit 84 Jahren als Logopädin voll berufstätig, und ihre Arbeit hielt sie in ihrem eher einsamen Alter in bewundernswerter Weise aufrecht. Mit zunehmender Zeit war ich bemüht, mich mit den Stärken meiner Mutter zu identifizieren, und ich führe einen hoffnungslosen Kampf gegen meine Identifizierung mit ihren Schattenseiten. Ich weiß, daß viele Frauen diesen Kampf kennen und wie schwer es ist, ihn zu gewinnen. Nach der Familienlegende sagte mein Vater zu meiner Mutter über mich: »Schau dir ihre schlechten Noten an, und du behauptest immer, daß sie intelligent sei!« Meine Mutter verteidigte mich. Sie glaubte an mich und wollte, daß ich Erfolg habe. Es ist ein Glück, eine Mutter zu haben, die es gut mit einem meint. Für sie war es eine Selbstverständlichkeit, daß ich berufstätig sein würde; mit dieser Grundannahme bin ich aufgewachsen. Ich vermute sogar, daß sie den Glanz und Ruhm für mich ersehnte, der ihr versagt geblieben war und der ihr so viel bedeutet hätte. Sie war während meiner ganzen Kindheit berufstätig, und ich nahm immer an, daß dies die Aufgabe einer Frau sei.

Als Kind war es mein vorrangiger Ehrgeiz, »das bravste Kind von Wien« (im Original deutsch – A.d.Ü.) zu werden. Ich weiß nicht, ob ich dazu erzogen wurde, ein artiges kleines Mädchen zu sein, oder ob es mir um die Konkurrenz und Selbstverleugnung zu tun war, die sich mit einem solchen Ziel verbanden. In jedem Fall enthielt dieser frühe Ehrgeiz sowohl ein Gefühl, etwas Besonderes zu sein, wie auch eine Verpflichtung, hohen Maßstäben zu entsprechen.

Trotz dieses inneren und äußeren Leistungsdrucks behinderten widersprüchliche gesellschaftliche Erwartungen zunächst die zielstrebige Verfolgung beruflicher Pläne. Mein latenter Ehrgeiz äußerte sich in destruktiver Weise, indem ich die unfaire und absurde Erwartung zuerst auf meinen Mann und dann auf jedes meiner drei Kinder projizierte. Ich glaubte, daß sie meine Bedürfnisse nach intellektueller Leistung und öffentlicher Anerkennung erfüllen würden. Ich habe meinen Kindern das Vermächtnis eines übertriebenen Ehrgeizes aufgebürdet. In den letzten Jahren, in denen ich sieben Tage in der Woche rund um die Uhr gearbeitet habe, ist meine Zuversicht gewachsen, daß das Leben einen Sinn hat und gemeistert werden kann. Jetzt, da ich mein Leben im Griff habe, ist mein Bedürfnis geringer, in das Leben anderer einzugreifen, und ich übernehme die Verantwortung nur für meine eigenen Erfolge und Mißerfolge, was eine große Erleichterung für mich ist.

Ich bin mit meinem Leben heute zufriedener, als ich es als aktive Mutter war. Hätte ich ein produktiveres und erfüllteres Leben gehabt, wenn ich, statt Kinder großziehen, meine Fähigkeiten als Pädagogin früher entdeckt und genutzt hätte?

Ich wurde nicht Mutter, weil ich mich nach einem Kind sehnte oder eine besondere Vorliebe für kleine Kinder hatte. Im Gegenteil, ich hatte in einer Erziehungsberatungsklinik gearbeitet, wo ich mit allen Fehlentwicklungen zu tun hatte, die Kinder haben können. Ein Kind hatte ich einfach bekommen, weil es mir nie in den Sinn kam, eine andere Wahl zu haben. Das Leben war damals einfacher.

Mutterschaft bedeutete für mich einen Sturm intensiver und neuer Gefühle. Zu Hause zu bleiben machte mich unruhig und depressiv. Das einzige Jahr, das ich ganz zu Hause verbrachte, war kein Erfolg. Mein Bedürfnis, mich zu übertreffen, Situationen voll zu kontrollieren, und meine große Kraft – lauter Vorzüge in der Arbeitswelt – hinderten mich daran, eine entspannte und gelassene junge Mutter zu sein. Meine ganze Vitalität und Leidenschaft ergossen sich auf einen Säugling.

Als meine Tochter ein Jahr alt war, nahm ich eine Teilzeitbeschäftigung an und hörte auch nicht auf, als ich zwei weitere Kinder stillte und aufzog. Als die Kinder größer wurden, erhöhte ich die Zahl meiner Arbeitsstunden allmählich. Die Aufspaltung meines Lebens in

die zwei Rollen – Sozialarbeiterin und Mutter – brachte Organisations-
probleme, aber keine größeren emotionalen Konflikte. Obwohl ich
während meiner Arbeitsstunden den Luxus einer Haushaltshilfe hatte,
blieb ich die Hauptbetreuerin meiner Kinder und war für den Haushalt allein verantwortlich. Ich war überwiegend von Fräuleins (im
Original deutsch – A.d.Ü.) aufgezogen worden und deshalb fest entschlossen, der emotionale Halt für meine eigenen Kinder zu sein.
Mein Mann war gewiß hilfsbereit, aber er verfolgte seine eigene
Karriere, viel zielstrebiger als ich, machte Überstunden und schuf für
unsere Familie die materielle Basis. Wir hatten eine unausgesproche-
ne Abmachung, daß alle wichtigen Entscheidungen, was die Kinder
anging, von mir getroffen werden würden. Ich bewundere es und
wundere mich auch manchmal, welchen Wert heute junge Mütter
darauf legen, die Erziehungsaufgaben mit ihren Männern zu teilen.
Ich weiß nicht, ob ich so großzügig hätte sein können. Ob mein Mann
sein berufliches Leben hätte anders arrangieren können oder wollen,
kann ich nicht beantworten. Aber ich wünschte, ich hätte die Weisheit
und innere Großzügigkeit besessen zu versuchen, in diese Richtung
zu gehen.
Ich möchte laut und deutlich die Tatsache festhalten, daß keine meiner
beruflichen Aufgaben je auch nur annähernd mit den emotionalen
und intellektuellen Anforderungen vergleichbar war, die in unserer
Gesellschaft mit dem Aufziehen von Kindern verbunden sind. Noch
heute schlägt mein Herz schneller, wenn ich an den Streß und die Angst
im Umgang mit verzögerten Entwicklungsschritten, anhaltendem
Bettnässen, Ausschlägen, die man nicht kratzen darf, Schwierigkeiten
im Lesen und Rechtschreiben, Heimweh im Ferienlager, Drogenexpe-
rimenten, Weigerungen, morgens das Bett zu verlassen, Valentins-
tagen ohne Valentinsgeschenk, der Aufnahme ins College und, wenn
die geschafft war, den Hürden bis zum Studienabschluß denke.
Als psychoanalytisch geschulte Kraft in einem psychischen Heilberuf
war ich überzeugt, daß in den ersten Lebensjahren insbesondere durch
die Mutter-Kind-Beziehung unwiderruflich die Weichen für die spätere Persönlichkeitsentwicklung gestellt werden. Jedes Entwicklungs-
problem erschien mir als ein bedrohliches Vorzeichen – heute frage
ich mich manchmal, ob mein theoretischer Hintergrund nicht die
Jahre der Kindererziehung durch unnötige, übertriebene Angst ver-

giftet hat. Es ist mir jetzt wichtig, meine Studentinnen auf neuere, weniger deterministische Forschungsarbeiten in der Kinderentwicklung und auf Literatur hinzuweisen, die manche der den Müttern angebotenen Expertenratschläge in Frage stellen.

Es ist immer wieder die noch unbeantwortete Frage untersucht worden, warum Frauen anfälliger für Depressionen sind als Männer. Meine eigenen Depressionen hingen mit Ängsten der Kindererziehung zusammen. Das Märchen von den Wonnen der Mutterschaft wurde erst vor kurzem und dankenswerterweise entlarvt. Neuerdings wird nachgewiesen, daß die Kindererziehung für manche Frauen eine Gefährdung ihrer geistigen oder psychischen Gesundheit bedeuten und daß dieser Streß durch Berufstätigkeit wesentlich gemildert werden kann. Die meisten Männer haben *zwei* wichtige Rollen, und das erhöht ihre Chance, wenigstens aus einer Befriedigung zu ziehen. Es war sicherlich wichtig für mich, daß ich meine Selbstachtung nicht gänzlich auf die eine Karte Mutterschaft setzte. Das Ausüben beider Rollen hat die Belastung der Kindererziehung für mich vermindert und nicht vergrößert.

Rollenkonflikte vermied ich durch klare Prioritäten, gegen die ich selten verstieß. So traf ich zum Beispiel Vorkehrungen, um nicht zu Hause bleiben zu müssen, wenn die Kinder krank, auch schwer krank waren. Ich wollte eine absolut zuverlässige berufstätige Mutter sein, das bravste Kind von Boston. Dennoch war ich zum Abendessen immer da und weigerte mich, berufliche oder gesellschaftliche Verpflichtungen zu akzeptieren, die mich abends von zu Hause ferngehalten hätten. Meine Kinder haben mich mit meinen Mängeln, die ich als Mutter habe, konfrontiert, aber daß ich nicht vorhanden gewesen wäre, darüber haben sie sich nicht beklagt. Ich glaube, meine Rollenkonflikte waren deshalb leichter zu lösen, weil meine Teilzeitbeschäftigung in der Sozialarbeit festumrissene Arbeitszeiten hatte. Im Gegensatz zu manchen meiner Freundinnen hätte ich es nie geschafft, Aufgaben ohne zeitliche Begrenzung wie etwa eine akademische Tätigkeit auszuüben, während ich meine drei Kinder großzog.

Es stimmt auch, daß mich meine Berufstätigkeit zumindest teilweise, wenn auch nicht ganz, vor übermäßiger Fixierung auf meine Kinder bewahrte. Unter ihren Schmerzen und Mißerfolgen litt ich trotzdem immer noch mehr als unter meinen eigenen. Wenn ich mich von meinen Kindern abgrenze, halte ich mir vor Augen, daß sie ihr eigenes Leben leben, ihre Schmerzen selbst ertragen und ihre eigenen Fehler machen müssen.

Ich bin überzeugt, daß mein Gefühls- und mein Berufsleben weniger erfüllt gewesen wären, wenn ich kinderlos geblieben wäre. Meine tiefsten intellektuellen Erkenntnisse hängen letztlich mit meinen eigenen Lebenserfahrungen zusammen. Ohne die Schmerzen und Freuden der Mutterschaft hätte ich sie in ihrer Bedeutung und Intensität niemals voll erfassen können. Und ich hätte auch niemals den Weg zum Herzen und zum Geist vieler anderer Frauen finden können. Ich hätte nicht über Fragestellungen forschen und lehren können, die das Leben von Frauen betreffen.

Meine Kinder waren meine ersten Schüler, und wie alle Schüler haben sie mir mindestens ebensoviel beigebracht wie ich ihnen; tatsächlich sind sie meine mitreißendsten Lehrer gewesen. Zuerst haben sie mir geholfen, erwachsen zu werden, und dann, jung zu bleiben. Sie haben mich mit neuen Perspektiven und Lebensstilen bekannt gemacht und haben mir geholfen, toleranter zu werden. Sie haben mich Weisheit, Mitgefühl und Demut gelehrt. Obwohl ich eine unvollkommene Mutter war, haben sie mir verziehen und behandeln mich jetzt mit Respekt und Zuneigung, ein unerwartetes Schicksalsgeschenk in der Lebensmitte.

Die Wahl, berufstätig oder nicht berufstätig zu sein und eine Voll- oder Teilzeittätigkeit auszuüben, war ein Luxus für Mittelschichtfrauen meiner Generation. Zum Vergnügen und nicht um des Geldes willen zu arbeiten war beruhigend. Die Arbeit war keine unentrinnbare Pflicht, und es war mir möglich, eine Stelle aufzugeben, wenn sie keine neue Herausforderung mehr an mich stellte. Auf der anderen Seite war die Berufstätigkeit dadurch beinahe eine Art Ego-Trip, ja ein Luxus, da wir in eine höhere Steuerklasse kamen, obwohl alle meine Einkünfte de facto für die Haushaltshilfe draufgingen. Obwohl die Arbeit für mich emotional notwendig war, brachte sie meiner Familie keinen sichtbaren Nutzen, außer daß sie meine Kinder wenigstens in geringem Maße vor einer allzu kontrollierenden Mutter schützte.

Ich erinnere mich an den Eifer und die Energie, mit denen ich mich in meine Teilzeitbeschäftigung in der Kindersozialarbeit stürzte. Wie viele Teilzeitbeschäftigte schien ich die volle Arbeitsleistung einer

Ganztagskraft erbringen zu wollen, insbesondere, da ich immer noch zu Hause, sobald die Kinder schliefen, zusätzliche Aufgaben erledigte. Ich habe den Eindruck, daß eine solche Vollzeitleistung bei Teilzeitentlohnung ein sehr gutes Geschäft für den Arbeitgeber ist.

Die Arbeit brachte mir große Befriedigung, und dennoch habe ich lange ihre Bedeutung für mein Leben geleugnet. Meine Selbstachtung kam nicht von meiner Tüchtigkeit im Beruf, sondern vom Wohlergehen meiner Kinder. Ich brauchte etwa fünfzehn Jahre, bis ich lernte, Arbeit nicht als Erholung zu betrachten, und auch jetzt habe ich noch Schwierigkeiten mit der strikten Unterscheidung unserer Gesellschaft zwischen Arbeit und Vergnügen. Die Arbeit ist für mich nach wie vor die größte Quelle des Vergnügens. Meine Gipfelerlebnisse habe ich nach einem besonders guten Unterricht oder einem Artikel. Man hat mich als »Workaholic« bezeichnet, weil ich in der Arbeit besser bin als im Spiel, aber ich glaube, daß ich Glück hatte, eine Tätigkeit zu finden, die ich liebe.

Mit Arbeit habe ich emotionale Krisen in meinem Leben bekämpft, weil mich die von der Arbeit erforderte Disziplin davor bewahrt hat, mich allzusehr von der jeweiligen Krise überwältigen zu lassen. Darüber hinaus habe ich viele dieser Krisen in intellektuelle Probleme umgewandelt, die studiert und durch theoretische Formulierungen objektiviert werden mußten. Ich habe die Arbeit somit als höchste Form des Spiels und als ein Mittel zur Meisterung der Lebensprobleme benutzt. Vielleicht bin ich deshalb ein Mensch, der bei der Arbeit gewöhnlich gut gelaunt ist.

Als meine Berufstätigkeit einen größeren Raum einnahm, mußten Einladungen, Hobbys und der Haushalt zurückstehen. Meinen Kindern machte das nichts aus, aber mein Mann litt darunter, und ich fühlte mich schuldig, meine Rolle als Ehefrau zu vernachlässigen. Mein Berufsleben hatte eine Eigendynamik entwickelt und war unverzichtbar notwendig geworden.

In den ersten Jahren als berufstätige Mutter habe ich gelernt, meine Zeit kaltblütig zu verteidigen. Heute knausere ich mit meiner Zeit wie ein Geizkragen mit Geld, indem ich mir über jeden Augenblick Rechenschaft gebe, mir aber danach den Luxus gönne, einen ganzen Nachmittag mit einer Freundin oder einem Freund zu verbringen. Mit seiner Zeit zu geizen gilt als unweiblich und erregt oft Unverständnis und Groll. Nur ein Zeitknauserer kann einen anderen Zeitknauserer verstehen; andere halten einen für unfreundlich, egoistisch oder arrogant. Es bedeutet oft, daß man nicht allen Menschen helfen kann, denen man gern helfen möchte. Viele Frauen wenden sich um Informationen, Rat und Unterstützung an mich; auch hier sind wie bei der Kindererziehung schwierige Entscheidungen zu treffen. Ich habe Prioritäten setzen müssen, welche Ansprüche Menschen an meine Zeit stellen können. Alle meine Studenten haben sehr hohe Priorität für mich. Ich nehme die zwischen uns gewachsene Beziehung ernst und fühle mich ihnen lebenslang verbunden. In gewisser Weise habe ich eine ähnliche Einstellung zu ihnen wie zu meinen Kindern. Ich habe sie nach bestem Wissen und Gewissen unterrichtet und schicke sie hinaus in die Welt, aber das beendet nicht meine Verantwortung ihnen gegenüber oder mein Interesse an ihrer Entwicklung.

Obwohl mir meine guten Freundinnen versichern, daß ich für sie da sei, wenn sie mich brauchen, setzt das Zeitproblem dennoch meinem Wunsch und meinem Bedürfnis Grenzen, mit vielen anderen Menschen eng verbunden zu sein.

Alle neuen Bücher und Artikel auf meinem Gebiet des menschlichen Verhaltens und der feministischen Forschung zu kennen ist natürlich unmöglich. Ständig habe ich das Gefühl, im Rückstand, schlecht informiert und nachlässig in meinen Pflichten zu sein. Aber ich liebe das Lehrfach gerade deshalb, weil es mir erlaubt, in einer Welt von Büchern zu leben. In meiner Jugend gab es eine Zeit, da glaubte ich, daß vor allem Bücher das Leben lebenswert machen. Jetzt habe ich den offiziellen Auftrag, genau das zu tun, was ich am liebsten mache: Bücher zu lesen und meine Gedanken, Wahrnehmungen und Gefühle dann meinen Studenten zu vermitteln. Ich lese jetzt alles mit dieser Einstellung, und das bereichert meine Lektüre. Ich mache unzählige Anmerkungen an den Rändern meiner Bücher für den Fall, daß ich das Buch später zum Unterricht heranziehe. Manchmal habe ich das Gefühl, meine Bücher nicht bloß zu lesen, ich verschlinge sie. Viele meiner Seminare beginne ich zur Einstimmung mit improvisierten Buchbesprechungen. Ich habe eine endlose Liste von Büchern, die ich im Ruhestand lesen möchte, aber ich bezweifle, ob ich sie ohne die Gelegenheit, anderen meine Reaktionen mitzuteilen, ebenso genießen werde.

Kreativität stellt einen auch noch vor eine andere Herausforderung. Nichts verlangt mehr innere Disziplin als selbstauferlegte Arbeit. Man übt sie aus auf Kosten von Freunden, auf Kosten von Kinobesuchen, Romanelesen, Nähen, Kuchenbacken und alle jene anderen Dinge, die verlockend und entspannend sind. Tillie Olsen hatte sich 1965 zur Fürsprecherin von Müttern gemacht, die weder die Energie noch die Zeit für schöpferische Anstrengungen aufbringen können. Zumindest haben diese Mütter eine gute Entschuldigung. Wir übrigen können uns nur selbst die Schuld geben, wenn wir unser Leben verzetteln. Es ist überaus schwierig, die innere Sammlung zu finden, die für eine schöpferische Anstrengung nötig ist. Jean Baker Miller hat 1976 darauf hingewiesen, daß »Bindungen sowohl eine Kraftquelle wie gleichzeitig die unvermeidliche Ursache vieler heutiger Probleme der Frauen« sind. Manche meiner Kolleginnen, die begabter sind als ich, haben es nie geschafft, wissenschaftliche Arbeiten zu verfassen, weil sie nicht imstande sind, allein zu arbeiten. Mir ist es gelungen, diese notwendige Disziplin aufzubringen, aber auch nur gelegentlich. Ich stehe alle zehn Minuten auf, um etwas zu essen oder zu trinken. Die Tätigkeit des Schreibens ist beglückend und quälend zugleich.

Viele Jahre lang habe ich mich als Gefangene der Wertvorstellungen und Annahmen der psychoanalytischen Theorie gefühlt. Ich hatte es nicht vor, aber rückblickend wird mir bewußt, daß jede meiner Schriften ein Versuch ist, nach vielen Monaten des Lesens und Recherchierens mit einem bestimmten Aspekt dieser Theorie ins reine zu kommen. Die Ablehnung der destruktiven Aspekte dieses theoretischen Modells, das eine so starke persönliche Bedeutung für mich hatte, wurde zu meiner eigenen Unabhängigkeitserklärung. Meine theoretischen Schriften sind daher höchst persönliche Dokumente.

Sowohl der schöpferische Schreibprozeß wie der Prozeß, Ablehnung und Mißerfolg zu verkraften, wenn Schriften nicht zur Veröffentlichung angenommen werden, haben meine Standhaftigkeit auf harte Proben gestellt. Als ich anfing, Papiere zur Veröffentlichung einzureichen, wurden sie meistens abgelehnt. Ich brauchte dann Monate, um sie umzuschreiben oder sie an eine andere Zeitschrift zu schicken, ganz zu schweigen von neuen Arbeiten. Als auch mein Mann darunter zu leiden begann, daß er braune Umschläge im Briefkasten fand, begann ich, mit mehr Behutsamkeit vorzugehen. Indem ich ihn beruhigte, daß ich die Enttäuschung überleben würde, beruhigte ich mich gewissermaßen selbst. Mit der Zeit lernte ich, publizierbare Artikel zu schreiben und gelassener auf Rückschläge zu reagieren. Die Gelegenheit, sich in einem schriftlichen Gedankenaustausch mit einer internationalen Gemeinde von Wissenschaftlern zu befinden, ist äußerst befriedigend. Meine erste Veröffentlichung war genauso wichtig für meine Identität als Pädagogin wie mein erstes Seminar.

Ich habe nie unter dem »Furcht-vor-Erfolg«-Syndrom gelitten, das Frauen zugeschrieben wird. Ich persönlich fühle mich hin und her gerissen zwischen dem Wunsch nach öffentlicher Anerkennung und dem bescheidenen Ruhm, der mir zuteil werden mag, und der Abneigung gegen die manchmal drohende Publicity, und ich befürchte, daß die Welt in mein Leben eingreifen und mich verschlingen wird. Ich bin mir jedoch sehr deutlich der Furcht vor Mißerfolg bewußt, die im Erfolg steckt (und von der manche behaupten, sie sei dasselbe wie Furcht vor Erfolg). Ich vermute, daß die eigentliche Ursache der Furcht vor Erfolg die Angst ist, ihn nicht aufrechterhalten zu können. May Sarton hat uns zum Beispiel geschildert, wie schwierig es für eine Autorin ist, jedes neue Buch an all ihren bisherigen Werken messen lassen zu müssen.

Jedes neue Seminar ist mit der Furcht verbunden, neue Kriterien einzuführen, an denen man in Zukunft gemessen werden wird. Ich fürchte, daß eine erfolgreiche Unterrichtsstunde nächste Woche nicht wiederholt werden kann, und ich sage meinen Studentinnen manchmal, daß die nächste Stunde weniger interessant werden wird. Verglichen damit, machen mir Komplimente über eine gute Stunde Unbehagen, da ich sie als subtile Kritik früherer Stunden verstehe.

Sehr empfindlich reagiere ich auf Kritik von meinen Studentinnen. Kritische Bemerkungen besonders von geachteten Studentinnen haben mein Selbstvertrauen oft tagelang erschüttert. Mit zunehmender Sicherheit bin ich heute für Kritik aufgeschlossener. Ich habe begriffen, daß Offenheit für Kritik im Lehr- und Lernprozeß wichtiger ist als untadelige Stunden. Studenten brauchen eine Lehrkraft, die sie achtet und anerkennt, keine fehlerlose. Ich kann jetzt besser aus Kritik lernen, bin bereiter, sie richtig zu sehen, lasse mich weniger niederschmettern und denke philosophischer darüber, daß man eben nicht von allen geschätzt und gemocht werden muß. Mich befriedigt, daß mich meine größere Offenheit und Verletzbarkeit de facto stärker gemacht hat. Kritik verstehe ich nicht mehr als totales Infragestellen meines Werts, sondern vielmehr als eine Möglichkeit für eine Untersuchung.

Ich werde meinen Studentinnen in vieler Hinsicht nicht gerecht, und das wirkt sich dann auf ihre Lernerfolge aus, und auch sie enttäuschen mich in wichtigen Punkten. In der Mitte des Kurses nehmen wir uns Zeit, darüber zu sprechen. »Du hast zu vorgefaßte Meinungen«, sagen sie. »Du machst dich gern über andere Standpunkte lustig.« »Du erzählst uns Geschichten, statt die vorgeschriebene Lektüre zu besprechen.« »Du ärgerst dich, wenn wir krank sind.« »Du erwartest zuviel von uns.« »Ja«, sage ich zu manchen Bemerkungen, aber anderen versuche ich nicht strafend und nicht abwehrend zu widersprechen. Und dann spreche ich auch von meinen eigenen Enttäuschungen. »Es beeinträchtigt meinen Unterricht, wenn einige von Euch die Pflichtlektüre nicht gelesen haben«, sage ich. »Ich bin enttäuscht, wenn einige von Euch nicht bereit sind, in unseren Diskussionen ein persönliches Risiko einzugehen.« Diese Gespräche haben ein Klima der Sicherheit und des Vertrauens. Danach bemühen wir uns, unsere gegenseitigen Erwartungen besser zu erfüllen.

Als Frau bin ich dazu erzogen worden, anderen gefällig zu sein. Es war ein großer Triumph für mich, als meine Buchbesprechungen zum ersten Mal kritische Gedanken enthielten. Ähnlich schwierig ist es für mich, wenn ich meinen Studentinnen mißfalle oder mich in Disharmonie mit ihnen fühle. Studenten sind sich gewöhnlich nicht bewußt, in welchem Maße der Unterricht auf Interaktion beruht. Eine oder zwei stumm oder offen gezeigte Feindseligkeit in einer kleinen Gruppe beeinträchtigt meine Fähigkeit, den Unterricht zu genießen und mich ganz einzubringen. Manchmal ist es auch mein eigener Ärger, zum Beispiel, wenn Studentinnen zu spät kommen, was sich störend auf meinen Unterricht auswirkt. Ich kann sogar die Qualität der Reaktionen eines Auditoriums in einem großen Vortragssaal spüren: Wenn positive Schwingungen fehlen oder ich sie nicht auslösen kann, dann verlöscht meine Energie, und ich kann nicht mehr kommunizieren. Ich vermute, daß meine charakteristische Sensibilität für die Stimmungen anderer ein Vorzug und eine Belastung für mein Berufsleben sind.

Es fällt mir schwer, den Wert meiner eigenen Ziele gegen die Meinungen von Studenten abzuwägen, wenn die beiden einander widersprechen. Sie sind so viele, und ich bin allein – wie kann ich sicher sein, daß ich recht habe? Obwohl das Unterrichten die meiste Zeit ein einsames Unternehmen ist, ist die Autonomie ein beneidenswertes Privileg der Lehrperson. Letzten Endes liegt der Schlüssel zu einem guten Unterricht in mir selbst. Ich kann meine eigenen Kräfte nutzen.

Starke Frauen sind immer noch ein neues und unwillkommenes Phänomen in unserer Gesellschaft. Es wird die Auffassung vertreten, daß die Macht einer Frau für Männer und für Frauen bedrückend und unangenehm ist, da sie an die traumatische Rückkehr zur absoluten Macht der Mütter in den ersten Lebensjahren erinnert. In meinen ersten Jahren im Lehrberuf fühlten sich manche meiner Studentinnen von meiner »herrischen« Art eingeschüchtert und waren aufgebracht. Ich weiß nicht, ob die Beschwerden meiner Studentinnen, die zum großen Teil die letzten Emanzipationsstadien von ihren Müttern durchmachten, gerechtfertigt waren oder nicht. Mein eigenes Selbstverständnis als fördernde und fürsorgliche Lehrerin mit einem geringen Bewußtsein persönlicher Macht stand im Widerspruch zu den Wahrnehmungen meiner Studentinnen. Es dauerte mehrere Jahre, bis mir ihre Reaktionen glaubhaft erschienen. Vielleicht habe ich, als ich mich um Durchsetzungsfähigkeit und Selbstvertrauen bemühte, den Gebrauch von Macht als persönliche Stärke mit dem Gebrauch von Macht als Ausübung von Einfluß verwechselt. Ich glaube, daß meine Hoffnung, die Studentinnen von meiner besonderen Sicht zu überzeugen, einfach mit mir durchgegangen ist. Sobald ich ihre Gefühle der Verletzbarkeit und Machtlosigkeit ganz nachvollziehen konnte, fing ich an, im Unterricht behutsamer mit dem Gebrauch von Macht umzugehen, aber auf meine Führungsrolle verzichtete ich nicht. Unerfahren im Umgang mit Macht, sollten sich weibliche Lehrkräfte sorgfältig selbst beobachten.

Mit der Zeit lernte ich, autoritativ und nicht autoritär aufzutreten. Dies fiel zeitlich zusammen mit dem Beginn eines großen Erwachsenenbildungsseminars und größerer Vortragstätigkeit. Ich hätte nicht großen Auditorien gegenübertreten, mich selbstsicher präsentieren und sowohl freundliche als auch aggressive Fragen, wie ich hoffe, geschickt und humorvoll beantworten können, wenn ich nicht gelernt hätte, mich selbst zumindest in mancher Hinsicht für eine starke Frau zu halten.

Obwohl mich das Bewußtsein meiner eigenen Kraft in meinen mittleren Jahren aufrechterhalten hat, stelle ich mir nach wie vor die Frage, in welchem Grad diese Kraft ein integraler Teil meiner Identität ist. In letzter Zeit, wenn ich von zu Hause weg war, ist mir ihre Wandelbarkeit und ihre Abhängigkeit von meinem sozialen Umfeld bewußt geworden. Ich hoffe, daß ein Teil meiner Kraft von mir ausgeht, aber ich vermute, daß ihr größter Teil mir lediglich von meiner mich bestätigenden menschlichen Gemeinschaft geliehen ist.

Ich hatte das große Glück vieler Beziehungen, die mein emotionales und intellektuelles Wachstum gefördert und mir bei der Erreichung meiner Ziele geholfen haben. Die Achtung meines Mannes und sein Glaube an meine Fähigkeiten waren mir als junge Frau eine wichtige Quelle des Selbstvertrauens. Er bot mir auch finanzielle Sicherheit, die es mir möglich machte, bei meinen Arbeitsplätzen wählerisch zu sein. Später merkte ich, daß sich meine Entwicklung zu einem »Workaholic« und zu einer starken Frau nicht günstig auf die Ehe meiner jüngeren, abhängigeren und fügsameren Jahre auswirkte; wir haben uns auseinandergelebt. Er ist immer noch der Mann, den ich geheiratet habe, aber ich bin eine andere Frau geworden.

Ich bin von Frauen und Männern in der lehrenden, vorgesetzten und kollegialen Rolle unterstützt worden. Mein ganzes Leben lang habe ich gute und liebevolle Freundinnen gehabt. Wir beglückwünschen einander zu Siegen und stehen uns bei in Zeiten der Niederlage. In letzter Zeit habe ich eine große Gemeinde von Frauen und Männern gefunden, die mir durch ihren Glauben an mich und ihr Interesse an meinen Schriften und Seminaren Kraft geben. Viele von ihnen sind für mich wie Töchter und Söhne; vielleicht werden sie mich besuchen, wenn ich alt bin. Mütter und Kinder wechseln ihre Rollen bei der gegenseitigen Betreuung.

Eine Zeitlang war ich so begeistert vom Unterrichten als Mittel zwischenmenschlicher Kommunikation, daß ich mich von meiner therapeutischen Ausbildung zu entfernen begann. Dann wurde mir klar, daß Bildung ein sehr mächtiges therapeutisches Werkzeug ist. Ich ergriff die Gelegenheit, reife, erwachsene Frauen zu unterrichten, um mit theoretischem Wissen ein selbstbewußteres und erfüllteres Leben

zu führen. Frauen, die bei mir in Seminaren waren, scheinen ihre
eigenen Kräfte gebrauchen zu lernen. Sie lernen, die Welt zu erobern.
Es ist aufregend, wenn verschiedene Strömungen des eigenen Lebens
ineinandermünden.

Bevor ich erfuhr, was der Lehrberuf ist, hatte ich Angst, daß er nach ein
paar Jahren seine Herausforderung einbüßen und daß ich ausge-
brannt und steril werden würde. Ich wußte noch nicht, daß sich
ähnliche Inhalte mit neuen Studentengruppen von Grund auf verändern und dadurch immer frisch bleiben. Doch um auch jede Möglichkeit der Stagnation zu vermeiden, verändere ich den Inhalt meiner
alten Kurse jedes Jahr, und ich entwerfe ständig neue. Ein neues
Seminar ist ein aufregendes Abenteuer voller Klippen, Risiken und
Ungewißheit. Es gibt Tage, da fürchte ich, mit der Dramatik und
Herausforderung meines Lebens nicht mehr fertig zu werden. Ich
habe schließlich einsehen müssen, daß ich die Art des Unterrichtens,
die mir vorschwebt, niemals ganz beherrschen werde, aber das Streben danach zwingt mich, mit allen meinen Talenten und Fähigkeiten
bis an meine Grenzen zu gehen. Die Grenzen des Lehrens und Lernens sind unendlich weit und unfaßbar.

Lehrkräfte sind in einer herausgehobenen Lage; ihre Leistungen werden ständig überprüft und beurteilt. Es gibt Tage, an denen ich es
müde bin, mich aufzuführen, andere zu unterhalten und ihre Leere zu
füllen. Es gibt Tage, da bin ich es müde, anderen Anregung, Ermutigung und Trost zu bieten und die Zielscheibe unbewältigter Elternlie-
be und des Elternhasses für meine Studentinnen zu sein.

Eine Studentin wirft mir vor, auf die Uhr gesehen zu haben, als sie
sprach. Sie sagt das ganze Semester lang kein Wort mehr. Eine andere
klagt, daß ich Favoritinnen hätte und sie nicht dabei wäre. Eine dritte
ist gekränkt, weil ich sie nicht auf der Straße erkannt habe. Wieder
eine andere gibt zu, einen besonderen Stift als Andenken von meinem
Schreibtisch genommen zu haben. Eine Studentin weint, weil ausgerechnet ich eine kritische Bemerkung auf ihre Arbeit geschrieben
habe. »Ich habe Sie im Supermarkt gesehen«, sagt eine Studentin
überrascht zu mir. »Ja, haben Sie geglaubt, daß ich mich nur von
Büchern ernähre?« »Ich habe nicht gewußt, daß Halbgöttinnen zu
essen brauchen«, antwortet sie.

Aber merkwürdigerweise bin ich mit den Jahren nicht mehr so leicht verzweifelt, vielleicht, weil ich mit zunehmender Offenheit auch gelernt habe, mich besser abzugrenzen. Früher habe ich mich über Studentinnen geärgert, die meinen Anforderungen nicht entsprachen; ich konnte sie einfach nicht leiden und verachtete sie. Mit zunehmender Weisheit habe ich mein narzißtisches Engagement in meinem Lob und in meiner Kritik reduziert. Ich mußte dieselbe Lektion, die ich in der Mutterschaft lernen mußte, ein zweites Mal lernen. Studenten müssen genau wie Kinder für sich selbst lernen und etwas leisten, nicht für ihre Lehrkräfte. Ich muß mich davor hüten, daß meine Sorge und Fürsorge um meine Studentinnen wie meine mütterliche Liebe und Fürsorge nicht ein Gefängnis wird. May Sarton hat dieses Dilemma in einem ihrer frühen Romane dargestellt: Lehrerinnen geht es ähnlich. Die Rolle der Lehrperson erfordert nicht nur Wärme und Zuwendung, sondern auch Distanz, Autorität und Urteilsfähigkeit.

Ich habe mich von einer passiven, eifrigen Lernenden und Lehrenden, deren Talent es war, zu abstrahieren und die Konzepte von anderen zu erklären, zu einem Menschen entwickelt, der Ideen auswerten und sich seine eigenen Konzeptionen und Wertvorstellungen wählen und schaffen kann. Als Pädagogin bin ich ständig gezwungen, meine Werte und Ideen zu überprüfen, weil ich sie klar darstellen und gut verteidigen muß. Meine Handlungen und auch meine Worte sind weithin sichtbar. Um ein Vorbild für meine Studentinnen zu sein, muß ich nach den Wertvorstellungen leben, die ich lehre. Vor allem anderen ist Unterrichten für mich ein Weg, sich mitzuteilen, prägenden Einfluß auf die Welt zu nehmen, seinen geistigen und politischen Beitrag zur Gesellschaft zu leisten.

Meine Persönlichkeit als Pädagogin hat meinem Leben neue Bedeutung und Dramatik gegeben. Ich kann mein intensives und anteilnehmendes Interesse an Menschen und meine Freude am Lesen, Schreiben und Sprechen einbeziehen. Sie billigt meinen Wunsch, lebenslang zu lernen, fördert meine Kreativität. Diese Persönlichkeitsentfaltung hat mir geholfen, meinen Narzißmus und die damit zusammenhängenden Depressionen zu überwinden. Die öffentlichen Auftritte, die mir oft Vergnügen machen, und die Anerkennung, die ich bekomme, sind sowohl ein Ausleben als auch eine Sublimierung dieses Narzißmus. Die reine Freude an meiner Arbeit bewahrt mich vor Depressionen. Meine Arbeit mit erwachsenen Frauen hat mich gezwungen, auf meine eigene Reife und Differenzierung zu achten.

Meine Persönlichkeit als Pädagogin wurzelt weder in der Jugend noch in der Ehe. Für mich – und ich glaube für viele Frauen – beschreiben die aufeinanderfolgenden Stadien von Identität, Intimität und Generativität, gleichgültig, in welcher Reihenfolge, nicht die Ordnung meines Lebens. Meine Selbstdefinition bezieht sich zuerst auf die Mutterschaft und später, als ich selbständiger geworden war, auf meine Arbeit und Kompetenz. Ich mußte auf allen Gebieten gleichzeitig Fortschritte machen, um die Komplexität vieler Rollen zu meistern.

Aus dem braven und folgsamen kleinen Mädchen ist eine leidenschaftliche und starke Frau geworden. Aber der Anspruch, »das bravste kleine Mädchen von Wien« zu sein, ist ein Kern meiner Persönlichkeit geblieben. Oft sehnte ich mich danach, wirklich schlimm zu sein – nur ein einziges Mal in meinem Leben nicht den Erwartungen aller und auch nicht meinen eigenen zu entsprechen. Eines Tages werde ich eine »unwürdige Greisin« werden.

Obwohl ich ein privilegiertes Leben geführt habe und keine traditionelle Frau bin, erwarte ich, daß sich viele Frauen in mir wiedererkennen werden. Ich habe niemals mit einer Frau gesprochen, so verschieden unsere Lebensumstände auch sein mochten, deren Kämpfe mir nicht zutiefst vertraut erschienen. Mit vielen Frauen habe ich mein spätes geistiges Erwachen gemeinsam. Obwohl ich mein ganzes Leben lang gearbeitet habe, ist die Arbeit für mich erst in meinen Vierzigern emotional bedeutsam und eine Quelle der Selbstachtung geworden, und erst in meinen Fünfzigern hat sich mein schlummernder Ehrgeiz entfaltet.

In meiner Lebensmitte erfüllt mich also eine Leidenschaft für meine Arbeit. Wie jede andere Leidenschaft erzeugt auch sie Sucht und versklavt einen. Obwohl einen die Leidenschaft für die Arbeit weniger abhängig von anderen Menschen macht als die Leidenschaft für eine Person, garantiert sie keine Unverletzbarkeit. Ich bin immer noch von meinen Studenten, von Institutionen, von meiner Gesundheit und anderen Umständen abhängig, um meinen Lehrberuf weiter ausüben zu können. Der Gedanke an den Ruhestand erfüllt mich mit Entsetzen.

Ich beginne zu begreifen, daß die Paradoxe meines Lebens damit zusammenhängen, daß ich mich lernend und lehrend mit Themen beschäftige, die auf das engste mit meinem eigenen Leben und dem anderer verbunden sind. Ein solches Gebiet erfordert totales Engagement für die Fragestellungen und eine reiche Lebenserfahrung. Es erfordert strikte Selbstdisziplin und entfesselt Kreativität. Es erfordert Offenheit für Menschen und Vertiefung in Ideen; ökonomischen Umgang mit Zeit und Energie sowie ein unbegrenztes Engagement für die Studenten; es erfordert sowohl Einsamkeit als auch viele menschliche Begegnungen. Es erfordert die Fähigkeit zur Objektivität und Beobachtung wie auch zur Beteiligung; Distanz ebenso wie Intimität. Es erfordert Selbstsicherheit, Kraft und Demut.

Es ist wichtig, den Tod eines geliebten Menschen zu betrauern. Ich mußte erkennen, daß es manchmal keine Gelegenheit dazu gibt. Meine Tante Anna Freud starb in der Ferne, und die Menschen um mich herum hatten sie nicht gekannt. Es war mir nicht möglich, viele notwendige Tage mit anderen Trauernden zusammenzusitzen, meine Gefühle mit ihnen zu teilen und sie zu beweinen.

Die Gedenkfeiern für sie fanden im Ausland statt, und ich wurde weder dazu eingeladen, noch hätte ich dahingehört. Ich bin weder eine Psychoanalytikerin noch eine Kindertherapeutin, weder eine Studentin noch eine Kollegin von ihr und noch nicht einmal eine anerkannte Freundin. Ich war nur eine verschwommene Figur in ihrem Leben. Aber ich brauchte die Möglichkeit, zu trauern und von der Beziehung zwischen uns Zeugnis abzulegen. Deshalb schrieb ich ein Jahr nach ihrem Tod meine Erinnerungen an unsere Beziehung auf.

»Eine Woche ist eine sehr lange Zeit, weißt du«, hatte sie zu Beginn meines zweiten Besuchs in London im August 1982 gesagt. »Eine Woche ist eine sehr *kurze* Zeit, weißt du«, sagte sie am Ende dieses Besuchs. Beide Aussagen waren richtig. Es war eine sehr lange und doch viel zu kurze Woche.

Als der Anruf dann im Oktober mitten in der Nacht kam, war ich voll darauf vorbereitet. Seit Wochen war ich jedesmal in Panik geraten, wenn das Telefon klingelte. Ich hatte die Schlafzimmertür nachts offengelassen, damit ich das Läuten aus dem anderen Zimmer nicht überhören würde, und gleichzeitig hatte ich gehofft, daß mich niemand informiert. Ich hatte es nicht eilig, von ihrem Tod zu erfahren.

»Es ist alles vorbei«, sagte Alice, Tante Annas Freundin, die inzwischen auch meine Freundin geworden ist. Ich hatte das Gefühl, mein Leben würde jetzt leer, ohne Liebe und bedeutungslos werden.

Ich besuchte meine Tante zweimal in diesem viel zu kurzen Sommer von 1982. Der erste Besuch im Juli war lange in Aussicht genommen und sorgfältig geplant, und der zweite im August war meine impulsive Reaktion auf die unerträgliche Aussicht, sie niemals wiederzusehen. Der komplizierte Pullover, den ich in jenem Sommer an ihrer Seite angefangen hatte, ist inzwischen fertig. Sie hatte mich ermuntert zu stricken und sah mir sehr aufmerksam zu, weil sie nach ihrem Schlaganfall es selbst nicht mehr konnte.

Sie litt ungeheuer unter der aufgezwungenen Untätigkeit. »Ich stricke das für uns beide«, sagte ich. »Es ist unser gemeinsames Projekt.« Sie nickte. »Ich werde daran denken, wie wir hier auf der Terrasse zusammensaßen, wann immer ich den Pullover trage.« Sie lächelte. »Wenn ich dich zu Weihnachten besuche, wird er fertig sein, und ich werde dir zeigen können, wie schön er geworden ist. Es ist sehr wichtig, daß ich dir meinen Pullover zu Weihnachten zeigen kann«, sagte ich eindringlich. »Du mußt auf mich warten.« Sie hob ihre halbgelähmte linke Hand und zählte die Finger mit der besseren rechten. »September«, sagte sie und zeigte auf den Ringfinger; »Oktober«, sie zeigte auf den Mittelfinger; »November«, der Zeigefinger; »Dezember«, sie zeigte auf ihren merkwürdig langen Daumen. »Das ist eine sehr lange Zeit«, seufzte sie, »und ich kann dir nicht versprechen, daß ich dasein werde für dich.« Mir fiel auf, daß sie den August vergessen hatte und wir erst mitten im Juli waren. Für den August hätte sie auch den kleinen Finger benützen müssen, und das hätte das Warten noch länger gemacht – in der Tat zu lang.

Sie ließ ihre Hände in den Schoß sinken, und ich legte meine darauf. »Tante Anna, ich mag deinen komischen langen Daumen.« Sie verglich unsere Hände miteinander. »Schau«, sagte sie und lächelte erfreut, »wir haben ähnliche Hände.«

Ich hatte nicht vorgehabt, den ganzen Sommer in London zu bleiben, weil ich nicht glaubte, daß meine Anwesenheit ihr viel bedeuten würde. Ich habe nie ganz meine Angst überwunden, Tante Anna unwillkommen und sogar eine gewisse Belastung zu sein. Tante Anna zeigte Liebe nicht freimütig, und ich hatte nicht erwartet, daß es einen Platz in ihrem Leben, gleich neben ihrem Sessel, geben könnte, den sie mir erlaubte auszufüllen. Ich hatte sie im Juli mit sehr schwerem Herzen verlassen. Wie bei den zwei vorangegangenen Abschieden war da noch stärker als zuvor die Furcht, daß wir uns niemals wiedersehen würden. Überdies war ich doppelt traurig, weil sie noch nicht die richtigen liebevollen Worte gefunden hatte, die ich beruhigt festhalten und an die ich mich für immer erinnern konnte.

Nach meiner Abreise im Juli kam ein Brief von ihr. Sie hatte ihn natürlich diktiert, aber mit großer Mühe selbst unterzeichnet. Wir schrieben einander oft auf deutsch, so auch diesmal:

»Liebe Sophie,   29. Juli 1982
Es war schön, daß Du da warst, und dein Fortgehen ließ eine Lücke. Meine Gedanken begleiten Dich in Deinem Leben zu Hause. Sei nicht traurig, ich wünsche Dir alles Gute.   Deine Anna Freud«

Nachdem ich lange geweint hatte, wurde mir plötzlich bewußt, daß ich nach London zurückkehren konnte, bevor das Herbstsemester begann. Man wird das Ausmaß meines Kummers und meiner Freude nur verstehen können, wenn man weiß, daß Tante Anna und ich unser ganzes Leben lang Fremde füreinander gewesen waren und daß dies immer eine Quelle der Traurigkeit, Enttäuschung und der Zurückweisung für mich war. Sie hatte ein Jahr in Cambridge gelebt, als ich auch dort wohnte, und wir waren uns nie begegnet. Ich hatte 1971 an der Jubiläumskonferenz der Hampstead-Klinik in London teilgenommen, und sie hatte mir nur im Vorübergehen zugenickt. Erst im Winter 1980, als ich mein Freijahr in London verbrachte, hat unsere Beziehung endlich begonnen. Dies ist der Preis zerrissener Familien.

Als ich Tante Anna nach diesem Brief anrief, um sie zu bitten, zu ihr zurückkehren zu dürfen, klang sie glücklich und lud mich zum ersten Mal ein, bei ihr in dem großen Haus in Maresfield Gardens zu wohnen, in dem sie seit vierundvierzig Jahren lebte, ihr ganzes englisches Leben lang.

Ich konnte nur noch für eine Woche zurückkehren, weil ich den Semesterbeginn nicht versäumen durfte. Ich wünschte, ich wäre in London geblieben und hätte Tante Anna sterben geholfen, aber weder sie noch ich zählen zu den Menschen, die je erwägen würden, etwas anderes zu tun als das, was von uns erwartet wird. Jetzt wünsche ich mir, daß ich in diesem Herbst in London geblieben wäre, aber ich kehrte nach Boston zurück, um meine Seminare zu halten.

Wir verbrachten unsere kurzen Wochen in diesem Sommer zusammen auf der Terrasse des hübschen grünen Gartens hinter dem Haus, einem kleinen Zufluchtsort inmitten des Londoner Asphalts. In der Mitte des Gartens gab es zwei runde, farbenfrohe Blumenbeete, um die sich ein Gärtner kümmerte. Das Haus war bereits einer Gesellschaft überschrieben worden, die ein Museum daraus machen würde, und sie schickte Gärtner vorbei, damit der Garten nicht verwilderte. »Vater hat so gern auf dieser Terrasse gesessen«, sagte sie. »Warst du damals dabei?« Aber ich war nicht dabeigewesen. Die ganze Familie war im Sommer 1938 nach dem österreichischen Anschluß nach London übersiedelt, aber meine Mutter und ich waren nach Paris gezogen. Tante Annas Frage beschwor meinen lebhaften Traum im Frühjahr dieses Jahres herauf, nachdem ich von ihrem Schlaganfall gehört hatte. Ich träumte, daß mein Großvater im Kreise der ihn liebenden Familienmitglieder starb, aber ich war weit weg, lebte in einer anderen Stadt und fühlte mich allein und von der Familie ausgeschlossen. Bis zu diesem Traum war mir niemals voll bewußt gewesen, wie sehr es mich gekränkt hatte, beim Tod meines Großvaters von ihm getrennt gewesen zu sein. Ist es möglich, sich im Leben für versäumte Erfahrungen zu entschädigen?

Manchmal rückten wir die wacklige Liege, auf der Tante Anna den ganzen Tag lang saß, von der Steinterrasse in das Gras, um die Aussicht zu verändern. Tante Anna saß nicht gern in der Sonne, und ich fror ständig. Ich war nicht vorbereitet auf Londons frostige Temperaturen mitten im Sommer. »Du zitterst ja«, sagte sie, »nimm eine von meinen Wärmflaschen.« »Wie gut von dir, mir etwas von deiner Wärme abzugeben.« »Du gibst mir etwas von deiner Kraft ab«, antwortete sie. Als Tante Anna erkannte, wie sehr ich mich danach sehnte, in der Sonne zu sitzen, fanden wir eine Lösung: Ich stellte ihren Liegestuhl in den Schatten neben ein sonniges Plätzchen, und wir verrückten unsere Stühle mit der wandernden Sonne. Sie wollte, daß wir uns beide wohl fühlten. Und jedesmal, wenn ich aufstand, um unsere Stühle zu verrücken, küßte ich ihre Hand, dann ihren Arm, ihren Kopf und ihr Gesicht. Als ich das erste Mal im Sommer zuvor versucht hatte, Tante Anna zu küssen, war sie zurückgeschreckt, und ich tat es danach zögernder und vorsichtiger. Aber in diesem Sommer, da ihr Körper und ihre Stimme schon halb gelähmt waren und der Tod rasch näher kam, gab sie mir wortlos die Erlaubnis, meine Liebe zu ihr in dieser Weise zu zeigen. Vielleicht gefiel es ihr, mit soviel Zärtlichkeit berührt zu werden.

Tante Anna war keine Frau, die von Menschen umarmt wurde; sie liebten sie aus der Distanz. War es möglich, daß niemand sie seit ihrer Kindheit umarmt und gestreichelt hatte? Ich weiß es nicht. »Du bist der einzige Mensch, dem es erlaubt ist, sie offen zu lieben«, sagte eine ihrer lebenslangen Freundinnen voller Neid zu mir. Ich sagte Tante Anna, daß ich mich in sie verliebt hätte, und sie lächelte und bemerkte: »Wie unbequem für dich.« Aber ich versicherte ihr, daß ich unsere Liebesgeschichte für ziemlich glücklich hielte. Und ich wußte natürlich, daß unsere Liebesgeschichte wie jede andere Leidenschaft auch mit dem Tod enden würde.

Meine Mutter war erst vor zwei Jahren gestorben. Als ich an ihrem Sterbebett saß, hatte sie mich gebeten, ihre Hand bei ihren Schmerzanfällen zu halten. Es hatte mich furchtbare Überwindung gekostet, meine arme, alte Mutter anzufassen. Mein Herz war ihr gegenüber völlig erstarrt. Aber diese kurzen Wochen im Sommer 1982 waren lang genug, um endlich, in der späten Lebensmitte, zu erfahren, was Menschen empfinden, wenn sie sagen, daß sie ihre Mutter lieben. Ich hatte von meinen Freunden, Studenten und manchmal sogar meinen Kindern gehört und in Büchern gelesen, daß manche Menschen ihre Mutter innig lieben. Aber ich hatte nicht gewußt, was das für ein Gefühl sein mochte. Jetzt hatte ich also eine schlechte Mutter und eine gute Mutter. Doch in diesem Winter träumte ich, daß ich mich um ein Baby kümmerte, das sowohl Tante Anna als auch meine Mutter war. Danach wußte ich, daß ich nicht nur meine Tante betrauerte, sondern auch meine Mutter und daß schließlich die gute und die schlechte Mutter für mich ein Ganzes waren. Ich glaube, ich habe viel länger gebraucht als andere Menschen, um sehr einfache Dinge zu lernen.

Diese beiden Frauen waren seit langem entzweit gewesen, und es hätte meine Mutter sehr gekränkt, wenn sie gewußt hätte, daß Tante Anna meine gute Mutter geworden war. Aber der Tod meiner Mutter hatte mir schließlich die Freiheit geschenkt, diesen anderen Teil meines Erbes für mich zurückzufordern. Es war ein langer, zäher und schmerzhafter Kampf, fast drei Jahre der beharrlichen Werbung, der Sehnsucht und ohne Hoffnung auf allzu großen Lohn. Es war nicht meine bewußte Absicht gewesen, nach London zu gehen, um Tante Annas Herz zu erobern. Aber irgendwie wurde dies in meinem Sabbatical meine wichtigste Mission. Im Spätherbst 1979 gestattete sie mir schließlich ein Gespräch. Wir saßen in dem alten Bibliotheks-Arbeitszimmer meines Großvaters, zitterten vor Kälte und redeten über nichts. »Ich bin müde«, sagte sie. »Es tut mir leid, deine Zeit in Anspruch genommen zu haben«, erwiderte ich. Es zählte zu den schwierigsten Dingen, die ich je getan habe, aber ich fuhr fort, sie anzurufen, ihr zu schreiben, Fäden zu spinnen.

Obwohl ich nicht darum gebeten hatte, an ihrer Klinik ein Praktikum machen zu dürfen, was sie vielleicht gekränkt hat, besuchte ich gewissenhaft jede der dortigen Konferenzen, bei denen sie den Vorsitz hatte, und bot meinen ganzen Witz auf, um gescheite Diskussionsbeiträge beizusteuern. Später erfuhr ich, daß sie tatsächlich von mir angetan und beeindruckt gewesen war.

Ich brauchte Tante Annas Segen, bevor ich einen berechtigten Anspruch auf das Familienvermächtnis erheben konnte, das ich im Stich gelassen hatte und dem ich doch im Grunde treu geblieben war. Ich brauchte ihren Segen, um meinem Vater vergeben zu können, ihrem Bruder, der mich als junges Mädchen verlassen hatte. Ich brauchte ihren Segen, um mich zu vergewissern, daß ich es wert war, von einer Königin geliebt zu werden.

Im Dezember 1979 starb Dorothy Burlingham, die jahrzehntelange Lebens- und Arbeitsgefährtin meiner Tante. Plötzlich tat sich eine Lücke in Tante Annas Leben auf, und irgendwie, auf wunderbare Weise, war ich da und ergriff die Gelegenheit, diesen Freiplatz zu stehlen. Allmählich wurde es zu einer Einrichtung, daß ich sie jeden Abend besuchte, und ich blieb, bis sie mich wegschickte. Anfangs waren die Besuche nur kurz, aber im Laufe der Wochen wurden sie immer länger, bis wir schließlich viele Abende miteinander verbrachten.

Tante Anna gönnte sich nie etwas. Sie war eine Königin, und sie hatte wenig Appetit. Sie mochte Erdbeeren, dennoch würde sie niemals außerhalb der Saison Erdbeeren für sich kaufen. Ich verstand diese Art von Sparsamkeit, weil ich als Reaktion auf die Extravaganz meiner Mutter selbst dazu neigte. Aber ich machte einen Sprung von der Sparsamkeit zu meiner eigenen Extravaganz, als ich in diesem Sommer zweimal nach London flog. Ich glaube, meine Liebe zu

Tante Anna hat mir geholfen, weniger sparsam mit mir selbst umzugehen.

Als ich die Kargheit des Haushalts merkte, brachte ich Tante Anna Obst, das jetzt nicht wuchs, und andere Leckereien. Ich erfuhr, daß sie gern mit teurem Garn strickte, und so durchstöberte ich die Londoner Geschäfte nach den schönsten Garnen, die ich finden konnte. Nie kam ich mit leeren Händen in ihr Haus. Es waren Liebesgaben, und dennoch frage ich mich jetzt, ob ich versuchte, Tante Annas Herz mit Geschenken zu kaufen. Im Gegensatz zu mir freute sich Tante Anna über »schöne Geschenke«. Das Kind in ihr war für solche Bestechung empfänglich. Oder reagierte sie auf die Liebe, die hinter den Geschenken stand? Wir saßen zusammen und strickten. Nie zuvor hatte ich mich so über mein Interesse daran und mein Geschick gefreut wie seit der Begegnung mit Tante Anna. Es wurde unsere gemeinsame Beschäftigung, die wir beide verstanden und die uns Spaß machte.

Als ich London nach diesem schicksalhaften Sabbatical verließ, liebte sie mich zwar noch nicht, aber ihr Herz war ein bißchen offener für mich. Sie schrieb mir: »Wenn Du zurückkommst und ich noch da bin, hast Du eine Einladung, mit mir in mein Landhaus zu kommen. Ich freue mich schon jetzt darauf, Dir zu zeigen, wie schön es dort ist.« Und später schrieb sie: »Ich werde mich bemühen, im nächsten Jahr noch dazusein, wenn Du wiederkommst, und dann werden wir ja unsere Beziehung auf einer höheren Ebene anfangen, nicht so ›from scratch‹ wie dieses Mal.«

Es war ein Herzenswunsch von Tante Anna, mit reinem Seidengarn zu stricken, aber es war ihr nicht gelungen, irgendwo ein solches Garn zu finden. Bei meiner Rückkehr nach Boston suchte ich intensiv und wurde belohnt. Ich fand einen Laden, der das kostbare Seidengarn führte. Kolumbus hätte nicht glücklicher sein können, als er zum ersten Mal Land erblickte!

Von da an schickte ich Tante Anna in Abständen von einigen Monaten große Pakete mit Seidengarn. Sie war in diesem Winter 1981 bereits krank und verbrachte, einen Seidenpullover nach dem anderen strikkend, viel Zeit im Bett. Jede meiner Sendungen wurde mit Begeisterung und Dankbarkeit aufgenommen.

»Ich bin ganz überwältigt von Deinen wunderbaren Geschenken«, schrieb sie mir nach dem ersten Paket. »Du machst mir eine große

Freude, aber solltest Du wirklich? Ich mache mir Sorgen über Deine Großzügigkeit für eine alte Tante, die selbst so wenig für Dich tun kann. Nicht alle alten Tanten haben so teure Hobbys, daß sie mit Seide weben müssen. Vielen, vielen Dank, und ich werde Dich wissen lassen, in was es sich verwandelt.«

Und später: »Heute früh mit der allerersten Post ist Dein wunderbares Geschenk angekommen. Wieder einmal ein Zeichen, wie großzügig und verschwenderisch man einer alten Tante gegenüber sein kann. Du weißt jetzt schon, daß ich in Seide aller Art verliebt bin, eine vielleicht nicht ganz harmlose Leidenschaft, aber doch noch besser als manche andere.«

Und später: »Du übertriffst Dich selbst mit Deiner letzten Sendung. Sie ist so schön, daß ich sie vorläufig nur mit Bewunderung anschauen kann und erst entscheiden muß, was ich daraus mache. Vielen Dank. Es würde mich nicht wundern, wenn Du Dich eines Tages bankrott erklären müßtest. Laß es mich vorher wissen, damit ich Dir helfen kann.«

Anfangs war ich vorsichtig und wählte nur beige und weiße Garne, weil dies ihre üblichen Farben waren. Später wurde ich kühn und kaufte Seide in kräftigen und leuchtenden Farben. »Du hast ganz recht«, antwortete sie, »die blaue Farbe ist so schön, daß man ihr nicht widerstehen kann.« Und als ich ihr ein Strickbuch schickte, schrieb sie: »[Ich] studiere [die Strickmuster] so eifrig, als wäre es eine psychoanalytische Neuerscheinung … Jedes neue Material und jedes neue pattern ist ein Abenteuer.«

Ich konnte mein Glück kaum fassen. Ich hatte mich in eine 85jährige Frau verliebt, der ich mit etwas Freude machte, was ich in einem Laden kaufen konnte. Außerdem war es zum Glück etwas, das teuer genug war, um als extravagantes Geschenk gelten zu können.

Tante Anna entschloß sich zu einer Versteigerung ihrer großen Kollektion von Seidenpullovern auf der Jahresversammlung ihrer Klinik, an der Leute aus Amerika teilnahmen und die sich freuten und es als Ehre ansehen würden, einen Seidenpullover, »handgestrickt von Anna Freud«, zu erstehen. Das Geld sollte der Grundstock eines jährlichen Vortragsfonds zu Ehren des Geburtstags von Sigmund Freud sein. Durch einen Geniestreich war es ihr gelungen, die Strickleidenschaft ihres Alters mit ihrer lebenslangen Leidenschaft für ihren Vater zu verknüpfen.

Als ich im Sommer 1981 nach London zurückkehrte, wurde ich, die Lieferantin all dieser Seide, wie ein ehrenvoller Besucher empfangen. Wir veranstalteten eine mehrstündige Modenschau, bei der ich jeden Seidenpullover, jeden Schal bewunderte, den sie in diesem langen Winter, in den vielen Monaten im Bett, gestrickt hatte. Das Stricken, erklärte sie mir, habe den Platz all der anderen Dinge eingenommen, zu denen sie nicht mehr die Kraft hatte.

Ich mache mich gern nützlich, im Leben und in Beziehungen, und doch möchte ich auch um meiner selbst willen geliebt werden. Sie hatte für mich keinen Pullover gestrickt, obwohl ich mir einen aussuchen durfte, wenn ich wollte. Ich wollte mir keinen aussuchen. Meine Liebe zu Tante Anna war sofort aufgeflammt, aber ihre brauchte Zeit. Tante Anna war jetzt zu krank, um in diesem Sommer 1981 mit mir in ihr Landhaus zu gehen. Wir hatten den richtigen Zeitpunkt verpaßt. Wir saßen beisammen und strickten, und gelegentlich hatten wir kleine Gespräche. Im folgenden Sommer war ein Stimmband gelähmt, und es wurde mühsam und ermüdend für sie, sich verständlich zu machen. Aber schon davor war unsere Beziehung niemals eine überwiegend verbale gewesen. Ich nutzte meine Zeit mit ihr nicht dazu, ihr viele Fragen zu stellen. Zu viele Menschen waren begierig, ihr zu viele Fragen zu stellen. Ich suchte nicht Auskunft, ich suchte Liebe.

Jenes endlose Thema zwischen uns: Wirst du im nächsten Jahr dasein? – Ich werde versuchen, auf dich zu warten. Als wir in diesem Sommer Abschied nahmen, sagte ich zu ihr: »Du weißt ja, gute Arbeiterinnen wie du und ich vollenden alles, was sie begonnen haben. Ich werde dir so viel Seide schicken, daß du immer mitten in einer Strickerei sein wirst.« Sie schien sehr angetan von unserem Pakt, das Schicksal zu überlisten.

Einen Monat später kam per Luftpost und Eilboten ein Schal an, den sie für mich gestrickt hatte. Ich war traurig, als ich später erfuhr, daß es ihre strickenden Freundinnen gewesen waren, die ihr zugeredet hatten, etwas für mich zu machen. Es war ihr nicht selbst eingefallen. Dennoch bilde ich mir ein, daß sie sich über ihr Geschenk sehr freute, sobald sie es begonnen hatte. Natürlich war das Schenken nicht bloß einseitig. Tante Anna gab mir einige Stücke aus dem Familienschmuck, aber wichtiger war mir das Geschenk ihrer selbst.

Sie stellte mir oft Fragen nach meinem Leben und äußerte besorgte

Anteilnahme, wenn nicht alles gutging. »Es macht mir Sorge, daß Du schreibst, daß Du in schlechter Stimmung bist und daß Dinge vorkommen, die Dir schmerzhaft sind. Kannst Du mich wissen lassen, was es ist? Ich möchte es gerne mit Dir teilen«, schrieb sie mir. Sie empfahl mir immer die Arbeit als ein Mittel gegen seelische Qualen. Doch meine zaghaften Anfragen wegen eines Besuchs zu Weihnachten 1981 wurden zurückgewiesen. Ich verstehe jetzt, daß das, was ich für Zurückweisung hielt, bloß ein Zeichen ihrer Misere war. Mein Besuch wäre vielleicht ein Trost für sie gewesen; sicher hätte er mich getröstet. Wie bitterlich ich dieses Mißverständnis bedauere. Aber da meine Liebe zu Tante Anna eine Leidenschaft war, war die Ungewißheit in bezug auf *ihre* Liebe ständig ein Problem für mich.

Von März bis Mai 1982, in den Monaten, die sie im Krankenhaus verbrachte und tapfer darum rang, sich von ihrem Schlaganfall zu erholen, hörte ich nicht direkt von Tante Anna. Ich ertrug meine Traurigkeit über ihre Krankheit, indem ich ihr in diesen Monaten an jedem Tag eine Ansichtskarte schrieb. Es war meine persönliche Therapie, nach schönen Ansichtskarten zu suchen. Auf jeder Karte schrieb ich von meiner Liebe und kündigte meinen bevorstehenden Besuch im Juli an. Später erzählte mir ihre Krankenschwester, daß sie ihr Krankenhauszimmer mit den Postkarten geschmückt hätte, aber das wußte ich nicht, als ich sie schickte. Jetzt gibt es keine Seide mehr zu schicken und keine Postkarten zum Auswählen.

Im Mai schrieb mir Tante Anna schließlich: »Ich freue mich auf Dein Kommen, aber Du wirst eine sehr unfähige alte Tante vorfinden.« Ich änderte meine Pläne von einem zweiwöchigen in einen dreiwöchigen Aufenthalt in London.

Der Besuch im Juli war viel trauriger als der Besuch im August. Sie schlief viel und war niedergeschlagen wegen ihrer körperlichen Probleme und der daraus folgenden Abhängigkeit. »Mir geht es elend«, sagte sie lakonisch zu Menschen, die sie nach ihrer Gesundheit fragten. Gespräche wurden schwierig, manchmal angespannt. Einerseits wollte ich niemals ihre Worte ignorieren oder deren Bedeutung erraten. Andererseits wollte ich sie nicht bitten, denselben Satz allzuoft zu wiederholen. Aber sie sprach bis zum Ende fließend Deutsch und Englisch. Ihr scharfer Verstand war unvermindert, und der Kern ihrer Persönlichkeit blieb völlig unversehrt.

Ich erklärte Tante Anna, daß sie in keiner Weise von anderen abhängig wäre, da sie aus ihrem eigenen Ersparten eine private Pflegerin bezahlte. Sie hörte mir genau zu und sagte am nächsten Tag, daß sie über meine Worte nachgedacht und daß ich recht hätte. Danach schien sie sich über ihre körperliche Abhängigkeit weniger aufzuregen. Doch es fiel Tante Anna ungeheuer schwer, um etwas zu bitten, was andere belästigen könnte. Wie wir alle hatte sie es viel lieber, wenn man ihr etwas freiwillig anbot. Als ich sie einmal im Krankenhaus besuchte, stellte ich zu meinem Entsetzen fest, daß der Schwesternplan falsch eingeteilt war und sie ganz allein war, als sie eine Bluttransfusion erhielt. »Was hast du heute nachmittag vor?« fragte sie mich beiläufig nach einer Stunde. »Bei dir bleiben natürlich.« »Gut«, sagte sie. Später schlich ich mich hinaus, um unauffällig meine Nachmittagstermine abzusagen. Ich weiß nicht, ob sie es über sich gebracht hätte, mich zu bitten, bei ihr zu bleiben.

In diesen Wochen las ich ihr auch eine Menge Fachliteratur vor. Sie schlief dabei immer wieder ein, wachte aber auf, wenn ich aufhörte zu lesen. »Lies weiter, ich höre dir zu«, sagte sie dann, »ich mag deine Stimme.« Ich glaube, sie mochte meinen Akzent.

Manchmal saß sie stundenlang allein im Garten. »Woran denkst du in diesen Stunden? Denkst du an all das, was du im Leben erreicht hast?« fragte ich sie. »Nein, ich denke an alle die Dinge, die ich noch tun möchte. Und manchmal gehen mir Gedichte, die ich in der Kindheit gelernt habe, durch den Kopf.« Wir sagten dann einige deutsche Gedichte zusammen auf und lachten ein bißchen.

Besonders schlimm war es für sie, nicht mehr stricken zu können. Sie hatte sich monatelang verzweifelt bemüht, wenigstens einigermaßen die Kontrolle über ihre Hände wiederzubekommen, aber sie hatten ihr nicht länger gehorcht. Ab und zu probierte sie es wieder, aber die Maschen fielen ihr herunter. Ich nahm sie gern immer wieder für sie auf, aber nach einer Weile war sie zu entmutigt. »Meine Hände sind zu ungeschickt geworden«, sagte sie und gab es auf. Wenn sie sich sehr anstrengte, konnte sie mit ihren Fingern noch eine Wollkette machen, die Kette konnte man dann aufrollen und etwas Nützliches wie eine Börse oder ein Täschchen daraus nähen, wenn sie lang genug wurde. Schließlich wurde auch das zu mühsam; sie lag in ihrer Arbeitstasche, nutzlos und verlassen.

In der Regel bin ich nie länger als ein paar Minuten untätig, aber in diesem Sommer war ich es. Ich saß neben Tante Anna, die viele Stunden lang schlief, und sah sie einfach an, Tag für Tag, und versuchte, ihr schlafendes Gesicht, die Natursteinterrasse und den Garten um uns herum in mein Gedächtnis einzuprägen, um mich immer daran erinnern zu können. Von Zeit zu Zeit erwachte sie, und ihr Blick fiel auf mich, wie ich da neben ihr saß, und sie lächelte mir zu, vielleicht weil sie ein vertrautes Gesicht erkannte, das sie an ihren Bruder oder ihre Schwester erinnerte, die sie geliebt hatte, aber die alle vor ihr gestorben waren – sie war das jüngste Kind in ihrer Familie.

Man vergißt solche Augenblicke nicht, wenn einem eine sterbende Königin, die oft streng und manchmal verächtlich oder ungeduldig sein kann und die die eigene Tante ist und dennoch das ganze Leben lang eine Fremde war, ein liebevolles Lächeln schenkt.

Obwohl es furchtbar anmaßend klingen mag, ist es kaum eine Frage, daß Tante Anna und ich verwandte Seelen hatten. Weder Tante Anna noch ich hatten uns je selbst für schöne Frauen gehalten, aber wir fanden uns gegenseitig schön.

Tante Anna war noch im Alter von 86 Jahren eine schöne Frau. Weder sie noch ich hatten je Kosmetik benutzt, und wir hatten beide eine Vorliebe für genau dieselbe Art von weiten Kleidern. Auf meine London-Reisen nahm ich alle meine Lieblingskleider mit und trug jeden Tag ein anderes. Tante Anna sah mich anerkennend an: »Dein hübsches Kleid paßt genau zu deinem schönen silbernen Haar.« Niemand hatte mir je gesagt, daß ich schönes silbernes Haar hätte!

Seit ich die Universitätslaufbahn eingeschlagen habe und rund um die Uhr arbeite, um meinen wachsenden Verpflichtungen nachzukommen, habe ich nicht länger Zeit, meine Kleider selbst zu nähen, wie es Tante Anna ihr Leben lang tat. »Du nähst dir alle deine Kleider selbst mit der Hand?« fragte ich sie sehr erstaunt. »Natürlich«, entgegnete sie etwas ungeduldig, »ich kann mich schließlich nicht an die Nähmaschine setzen, wenn ich mit meinen Patienten spreche.« Sie lag krank danieder, als wir dieses Gespräch führten, aber jetzt sprang sie aus dem Bett und zeigte mir mit Stolz und Vergnügen die vielen schönen Kleider, die sie sich im Laufe der Jahre genäht hatte. Sie waren alle aus edlen Stoffen, alle nach demselben kittelartigen Schnitt genäht und alle zwei Nummern größer als nötig.

Sowohl Tante Anna als auch ich waren es gewohnt, mit fester Stimme zu sprechen und gelehrt und ernsthaft aufzutreten, aber in mancher Hinsicht blieben wir beide Kinder. Ich glaube, daß wir beide in ähnlicher Weise von anderen geliebt und bewundert wurden, die uns nicht in unserem Kern berührte. Bewunderung betrachteten wir beide so, wie Kinder bunte Luftballone auf einem Geburtstagsfest anschauen, Ballone, die einen ein paar Minuten lang amüsieren und unterhalten und dann davonfliegen oder zerplatzen. Tante Anna genoß es bis zu ihrem letzten Lebensmonat, Ehrendoktorate zu sammeln; aber wenn sie sich an ihr Leben erinnerte, sprach sie immer über die Kinderheime, die sie während der Kriegsjahre in London gegründet und betreut hatte.

In der Mitte meines Juli-Besuchs mußte Tante Anna ins Krankenhaus, um eine Bluttransfusion zu bekommen. Sie litt an Blutarmut, die schließlich nicht mehr unter Kontrolle zu bringen war und an der sie starb. Ihre ärztlichen Betreuer ließen sie mit einem Krankenwagen abholen, und mir wurde nicht erlaubt, sie zu begleiten. Niedergeschlagen und verlassen erhaschte ich einen letzten Blick von ihrem aschgrauen, eingefallenen Gesicht, als sich die Türen des Krankenwagens schlossen und er wegfuhr.

Als ich im August wiederkam, war alles ganz anders. Ich wohnte in dem großen Haus, schlief im Nebenraum von Tante Annas Zimmer und übernahm den Haushalt. Es war seltsam für mich, daß mir das Schicksal noch eine Chance gegeben hatte, eine Woche in diesem Haus zu leben, in dem ich mich einst als unwillkommener Gast gefühlt hatte. Das Haus war voll von Gespenstern der Vergangenheit. Großvater hatte auf dieser Terrasse gesessen. Großmutter, deren Lieblingsplatz an dem Erkerfenster im ersten Stock gewesen war, hatte sich während der Luftangriffe auf London sehr dagegen gesträubt, den Luftschutzkeller aufzusuchen.

Da war auch ein Gespenst der Gegenwart. Tante Annas lebenslange Haushälterin spukte Tag und Nacht im Haus herum, an Körper und Seele im Laufe der Jahre vergrämt, verzehrt von der leidenschaftlichen Haßliebe, die sie ihr ganzes Erwachsenenleben lang für »Miss Freud« empfunden hatte. Sie ließ niemanden die Küche benutzen, dabei konnte sie selbst nicht mehr richtig kochen, und Tante Anna bekam an vielen Tagen ungenießbares Essen. Die zwei alten Frauen,

Herrin und Dienerin, waren in gegenseitiger Quälerei ineinander verkrallt, die nur der Tod beenden konnte. ·

Tante Anna wirkte im August stärker und lebendiger. Ich glaube, daß sich ihre Kräfte in dieser Woche zum letzten Mal aufbäumten. Sie konnte ihre Freude über meinen Besuch zeigen. »Das ist meine Nichte, Martins Tochter, die den weiten Weg aus Amerika hierhergekommen ist, bloß um mich für eine Woche zu besuchen«, pflegte sie zu sagen, wenn sie mich stolz Besuchern vorstellte. Ich begrüßte sie beim Frühstück und blieb abends an ihrem Bett, bis sie einschlief. Es hat mir nie großes Vergnügen gemacht, Kranke zu pflegen, aber plötzlich freute ich mich ungeheuer über jede Kleinigkeit, mit der ich helfen konnte. Essen und Trinken wurden immer schwieriger für sie, und sie erlaubte mir, ihr diese täglichen Kämpfe zu erleichtern. Eines Tages entdeckte ich ihre Lieblingstrauben im Laden. Wir saßen zusammen im Garten, und ich schälte spielerisch jede Beere und entkernte sie, während sie sie mit Vergnügen aß. »Jetzt hast du schließlich doch noch eine Tochter gefunden, bist du froh darüber?« fragte ich sie. »Ja«, lächelte sie, »sehr froh.« Zum ersten Mal in unserer Beziehung fühlte ich, daß sie mir ihr Herz wahrhaft geöffnet hatte, und ich war sicher, daß ihr meine Gegenwart eine Freude und ein Trost waren. Ich war seit vielen Jahren nicht so glücklich gewesen.

Am Ende der Woche fielen ihre Blutwerte wieder. Diesmal durfte ich sie ins Krankenhaus bringen. Es war eine schreckliche Fahrt. Sie starb beinahe unterwegs. Sie mußte aufrecht sitzen in einem altmodischen englischen Krankenwagen, der voll mit anderen kranken alten Menschen war, aber wenigstens saß ich neben ihr und konnte sie in meinen Armen halten. Am nächsten Tag mußte ich abreisen. Ich schrieb ihr täglich, aber wir hatten nie wieder Gelegenheit, miteinander zu sprechen. Die Schwester sagte, sie sei zu schwach zum Telefonieren geworden. Tante Anna war alt und krank und verdiente, in Frieden zu sterben, aber unsere Liebe hatte eine zu kurze Zeit gedauert.

Ich habe mich oft gefragt, wie mein Leben verlaufen wäre, wenn Tante Anna und ich einander früher gefunden hätten. Ich bedauere bitter all diese Jahre unnötiger Entfremdung. Ich hatte vorgehabt, sie nach dem Grund dafür zu fragen, aber am Ende vergaß ich es. Ich glaube, mein Leben wäre in wichtigen Hinsichten anders verlaufen. Ich habe die Phantasie, daß ihre emotionale Anwesenheit mein Leben glücklicher und erfüllter gemacht hätte. Doch Tante Anna war eine mächtige Frau, und es ist durchaus möglich, daß diese große Liebe, die ich für sie empfand, zu einem früheren Zeitpunkt mich intellektuell oder emotional hörig gemacht hätte. Schließlich ist eine solche liebevolle Hörigkeit auch ein Teil des Familienerbes. Wir begegneten einander zum einzigen Zeitpunkt, als theoretische Differenzen für uns beide nebensächlich geworden waren.

Ich frage mich auch, ob mich Tante Anna in einem früheren Abschnitt ihres Lebens so innig hätte lieben können. Sie war keine Frau, die ihr Herz spontan anderen Menschen öffnete. Das Leben war nicht immer leicht für die Männer und Frauen, die sie sich zu ihrer Mutter auserwählt hatten. Vielleicht konnte unsere Beziehung nicht anders sein als kurz.

Tante Anna liebte meinen Vater, ihren älteren Bruder, sehr. Durch unsere Beziehung war ich schließlich imstande, mit meinem Vater Frieden zu schließen. Durch Tante Anna habe ich nicht nur gelernt, was es bedeutet, eine Mutter zu lieben, sondern auch, was es heißt, eine Mutter zu verlieren, die man geliebt hat. Von ihr lernte ich auch, dem Tod mit Würde entgegenzusehen. Ich habe von meiner Tante in ganz kurzer Zeit sehr viel gelernt.

Obwohl ich Tante Anna als eine Ersatzmutter, als die Schwester meines Vaters, die Tochter meines Großvaters und als berühmte und bedeutende Frau liebte, habe ich sie vor allem als Mensch geliebt, um ihrer selbst und ihrer Bereitschaft willen, mir ihr wohlbehütetes Herz zu öffnen. Ich muß das Leben und den Tod so akzeptieren, wie sie sind. Ich bin an das Ende dieser Reise gekommen.

Leidenschaften

Ich war 48 Jahre alt, als ich die erstaunlichste Leidenschaft erlebte. Ich hatte mit einer solchen Erfahrung zu dieser Lebenszeit nicht gerechnet, und viele Monate lang begriff ich nicht, was mit mir geschah. Später wurde mir klar, daß ich mich verliebt haben mußte und daß dies das Erlebnis war, was in der Weltliteratur und der Kunst ohne Ende gepriesen wird. Noch später wurde mir bewußt, daß ich mehrmals zuvor genau die gleichen Gefühle empfunden hatte, einmal für mein ältestes Kind und ein zweites Mal für eine meiner Mentorinnen in der Sozialarbeit. Aber für diese früheren Erfahrungen hatte ich keine Bezeichnung gehabt. Das Objekt meiner späten Leidenschaft war ein »glücklich« verheirateter Mann, jung genug, um mein Sohn zu sein. Rückblickend frage ich mich, ob ich mich in einen jungen Mann verlieben mußte, damit es mir leichter fiel, meinen halbwüchsigen Sohn loszulassen, um ihn sein eigenes Leben führen zu lassen. Zwischen mir und diesem Mann geschah nicht viel. Nur, daß unsere innige Freundschaft zerbrach, als ich ihm meine Gefühle gestanden hatte.

Etwa zwei Jahre später, nachdem ich meine Lebensfreude zurückgewonnen hatte, begann ich, das Erlebnis von Leidenschaft im Leben von Frauen zu untersuchen. Ich befragte ehemalige Studentinnen, Kolleginnen, Freundinnen und Fremde über ihre Erfahrungen mit Leidenschaft. Ich stellte einen »Leidenschaftsfragebogen« zusammen, den ich in meinen Vorlesungen und Vorträgen und in den Kreisen meiner Freundinnen an 700 Frauen verteilte. Ich kann nicht behaupten, die Ergebnisse je rigoros analysiert zu haben, dennoch kam viel interessantes Material zusammen.

Ich definiere Leidenschaft als ein intensives und zwanghaftes Gefühl. Man ist innerlich immerzu mit dem Objekt der Liebe beschäftigt und sehnt sich nach ihm; das kann mit sexuellem Verlangen zusammengehen oder auch nicht. Es ist wichtig, diese Art von Gefühl von der reifen Liebe zu unterscheiden, die nach Harry Stack Sullivan »dann und nur dann« besteht, »wenn einem die Befriedigungen und die Sicherheit des Geliebten etwa gleich wichtig sind wie die eigenen«. Im Gegensatz dazu ist Leidenschaft eine dunkle und irrationale Macht.

Der lateinische Ursprung des englischen Wortes »*passion*« enthält Leiden, und auch im deutschen Wort »Leidenschaft« kommt Leiden vor. Leidenschaft ist untrennbar mit Schmerz, Zweifeln und Unsicherheit verbunden, selbst wenn die Gefühle auf Gegenseitigkeit beruhen; und unerwiderte Leidenschaft verändert sich in Niedergeschlagenheit und Verzweiflung.

Psychoanalytiker wie Freud, Bak und Kernberg und Sozialwissenschaftler wie de Beauvoir und de Rougemont haben beide Aspekte der Leidenschaftserfahrung genannt: den Wunsch nach Verschmelzung des Selbst mit einem anderen und die Überschätzung des Liebesobjekts. Diese Aspekte sind verbunden mit einem Verlust der Ich-Grenzen und einer Realitätsverzerrung, beides potentielle Symptome von Geisteskrankheit. Weitere auffallende Merkmale leidenschaftlicher Liebe sind Zwanghaftigkeit, der angsterregende und euphorisierende Kontrollverlust und die Lockerung von Hemmungen, da das ständige Besessensein von dem Liebesobjekt an die Stelle der gewohnten Formen zwanghafter Fixierungen tritt. Im Englischen »fällt man« in Liebe, so wie man in Krankheit »fällt« *(to fall ill, to fall in love)*; das Schicksal hat einem die Zügel aus der Hand genommen, und der Ausgang ist ungewiß.

Wie eine der Befragten sagte:

»Ich verlor das Interesse an allem übrigen. Ich vernachlässigte meine Mutterrolle. Ich verhielt mich egoistisch, unreif und verantwortungslos, und ich verlor an Kraft. Es war schwierig, das berauschende Glück aufzugeben.«

»Es kam mir nie in den Sinn, eine Bezeichnung für diese köstliche Verwirrung, den totalen Zusammenbruch der Vernunft zu suchen, die ich mit manchen Männern erlebt habe. In solchen Zeiten zählt nichts, nur die Gefühle. Nichts anderes.«

Ich stellte fest, daß die meisten Frauen, wenn auch nicht alle, zumindest ein, aber gewöhnlich mehrere Erlebnisse mit Leidenschaft hatten. Leidenschaften in der einen oder anderen Form, ob sie sich auf Männer, andere Frauen, die eigenen Kinder, Psychotherapeuten, Ideen oder Unternehmungen richten, sind ein zentraler Punkt im Leben vieler Frauen und mit den Augenblicken der intensivsten Ekstase und/oder bittersten Verzweiflung verbunden, die sie erlebt haben. Diese intensiven Emotionen haben nicht nur oft ihr Leben von Grund auf verändert; die damit einhergehende Freude, der Schmerz und die Erschütterung haben oft auch zu neuen Stufen der Reife und Tiefen des Verständnisses der menschlichen Situation geführt. Obwohl Leidenschaft mit einem Kontrollverlust in Zusammenhang steht, scheint sie merkwürdigerweise oft auch zu einem größeren Gefühl der Kontrolle über das Leben führen zu können.

»Ich fühle mich vollkommener und abgerundeter, statt mich im Leben einfach treiben zu lassen.«

»Meine größte Leidenschaft war insofern sehr wichtig für mich, als sie mir ein Gefühl meiner Identität und meiner Fähigkeit gab, Schmerz und Freude zu empfinden. Durch sie bekam ich mein Leben in den Griff.«

Diese Frauen hüteten die Erinnerung an ihre Leidenschaften wie ein kostbares Juwel.

»Leidenschaft ist für mich auf jeder Ebene des Engagements für Menschen oder Ziele die Essenz des Lebens. Sie gibt mir die Motivation und manchmal die Lust weiterzuleben, und sie ist die einzige sich ständig erneuernde Quelle der Befriedigung.«

»Ich hatte das Gefühl, daß sich unsere Seelen berührten und sich durch die Augen des anderen Tore zu anderen Welten öffneten. Es ist, als lebe man doppelt, jemand anderem so nahe zu sein. Wie zwei Leben, die jenseits der Reichweite unserer eigenen Imagination und Fassungskraft genossen und durchlebt werden können.«

»Ich hätte nie geglaubt, daß mich Leidenschaft und Liebe in einem solchen Maße erfassen können. Es war echt und gab mir das Gefühl, schön zu sein, und hob mein Selbstvertrauen in größtem Maße ... es war wahrscheinlich die wichtigste Erfahrung meines Lebens.«

Zehn Prozent der Antwortenden hatten keine Erfahrungen mit Leidenschaft. Als Frauen, die andere Formen der Intimität und Liebe empfunden hatten, kannten sie Leidenschaft zwar aus Büchern und vom Hörensagen, meinten aber, sie nie erlebt zu haben. Ihre Kommentare drükken Bedauern, Ambivalenz, Desinteresse oder offene Verachtung aus.

»Ich komme mir vor, als sähe ich die Welt ohne Brille. Alle reden von Leidenschaft, und ich weiß nicht, ob ich sie empfunden habe und es nicht weiß.«

»Ich habe viele Therapiestunden mit dem Versuch zugebracht, mich selbst auszugraben, und vielleicht ist Leidenschaft ein Teil davon.«

»Idealisierungen sind mir unbehaglich, ich neige eher zum Realismus.«

»Ich betrachte verzehrende Leidenschaft als ein wesentliches Element des amerikanischen Romantizismus, der für Schauspieler und Schauspielerinnen gut ist, aber nicht für Erwachsene, die nach Selbstverwirklichung streben.«

Meine Definition von Leidenschaft schließt sowohl sexuelle als auch nichtsexuelle Erfahrungen ein. Ich möchte Leidenschaft nicht mit sexueller Lust gleichsetzen, vielleicht, weil meine eigenen tiefsten Leidenschaften nicht mit Sexualität verbunden waren. Ein Erlebnis von Leidenschaft hatte mit meiner kleinen Tochter zu tun; ein anderes mit meiner sehr alten Tante in ihren letzten zwei Lebensjahren. Mit Sicherheit waren körperliche Kontakte wie Umarmen, Küssen und Streicheln in beiden Situationen wichtig als Zeichen meiner Gefühle. Freud hat uns erklärt, daß alle liebevollen, zärtlichen und leidenschaftlichen Gefühle sublimierte sexuelle Impulse seien. Aber ich glaube, daß seine wiederholte Verwechslung sinnlicher und sexueller Regungen eher verwirrend als klärend auf die menschlichen Beziehungen gewirkt hat. Die heutige psychoanalytische Literatur neigt in Anlehnung an die Gedanken von Reik und Sullivan dazu, sexuelles Verlangen und leidenschaftliche Liebe als zwei verschiedene Emotionen zu behandeln, die häufig, aber nicht unbedingt zusammenfallen. Doch für manche Frauen ist Liebe eng mit Sexualität verbunden, und sie scheinen außerstande, das eine ohne das andere zu erleben.

»Leidenschaft für Menschen ... läuft letztlich auf das Verlangen hinaus, mit dem Körper des Liebesobjekts vollständig zu verschmelzen.«

»Sexualität und emotionale Intensität sind die einzigen Dinge, die für mich wirklich zählen, die für mich gute Gründe sind zu leben.«

Doch andere Frauen erleben sexuelle Lust und emotionale Leidenschaft als sehr verschiedene Empfindungen. Sie können sich decken oder auch nicht. »Mit Liebe kommt man über Zeiten ohne Sex besser hinweg als mit Sex über Zeiten ohne Liebe«, schreibt eine Frau. Und mehrere Frauen berichteten, daß ihre Leidenschaft geendet habe oder zumindest abgekühlt sei, als es zu sexuellen Kontakten kam und das eine scheinbar das andere ersetzte.

»Meine Leidenschaft endete, als er mir gleichgültig wurde. Da willigte ich ein, mit ihm zu schlafen. Man könnte sagen, die Leidenschaft habe in einer Liebesaffäre geendet und später in einer schrecklichen Ehe, die zur Scheidung führte.«

Elaine Walster wies 1978 darauf hin, daß andere unbefriedigte Bedürfnisse ebenso erregend sein können wie Sex, und meine Befragten bestätigen das. »Ich war auf meiner ersten Europareise – allein – in das Leben verliebt – er war Paris für mich.« – »Er hat etwas von einem Künstler, er ist sensibel und hört mir zu, wenn ich über meine Gefühle spreche, im Gegensatz zu meinem Mann.«

Tatsächlich könnte es sinnvoller sein, Sex als sublimierte Liebe anzusehen und nicht umgekehrt. Sexuelle Lust ist schließlich ein körperlicher Appetit, der von allen Emotionen getrennt werden kann. Die meisten Autoren vertreten jedoch die Auffassung, daß es, zumindest bei Leidenschaften zwischen Erwachsenen, die Sehnsucht zu steigern scheint, wenn dem Vollzug des Liebesakts Hindernisse entgegenstehen.

Es gibt, wenn man Howard Kremen und Bennett Kremen folgen will, vier verschiedene Elemente romantischer Liebe, eines Begriffs, der mit der Leidenschaft eng verwandt ist:

1. unvollständige Kenntnis des Liebesobjekts, die zur Idealisierung führt;
2. Hindernisse, die der Eroberung des Liebesobjekts im Wege stehen;
3. Periode der Unzufriedenheit mit sich selbst (oder vielleicht eine Zeit des Umbruchs?);
4. objektiver Wert, der dem Liebesobjekt zugeschrieben wird.

Tatsächlich scheinen diese Faktoren beträchtlichen Schwankungen zu unterliegen. So ist zum Beispiel die Idealisierung kein notwendiger Bestandteil aller Leidenschaften. Auch scheint es einen großen Spielraum bei dem vierten Faktor zu geben, den objektiven Wert und sogar das reale Vorhandensein des Liebesobjekts. Während die reife Liebe auf Gegenseitigkeit beruht, aus einem wechselseitigen Kennenlernen und der Anerkennung und Überwindung von Unterschieden, ist Leidenschaft häufig durch die Projektion von Phantasien auf die geliebte

Person gekennzeichnet. Manche der berühmtesten Leidenschaften in der Geschichte existierten ausschließlich in der Phantasie des Liebenden. Dante hat zum Beispiel niemals mit Beatrice gesprochen und sie nur wenige Male in seinem Leben gesehen. Er hatte eine Frau und mehrere Mätressen, aber seine wahre Leidenschaft galt einer unbekannten Frau. Und bei Shakespeare, von dem wir immer die Darstellung der Komplexität der menschlichen Seele erwarten können, gibt es Titania in *Ein Sommernachtstraum,* die sich in Bottom verliebt: einen Mann, der in einen Esel verwandelt war. So sagt uns Shakespeare, daß Leidenschaft blind mache, weil sie ein persönliches, individuelles Erlebnis ist.

Ein weiteres Beispiel für ein phantasiertes Liebesobjekt ist das Märchen vom Froschkönig. Das Liebesobjekt ist ein häßlicher Frosch. Aber nachdem ihn die Prinzessin geküßt hat, das heißt, nachdem sie sich in ihn verliebte, wird er zu einem schönen Prinzen – in ihren Augen. Nach einer anderen Erklärung verwandelt die Liebe der Prinzessin den häßlichen Frosch tatsächlich in einen schönen Prinzen; das ist die verzaubernde Kraft wahrer Liebe.

Die alten Griechen, die als Erfinder jeder Art von Liebe, auch der leidenschaftlichen, gelten, haben schließlich ihr eigenes Beispiel für projizierte Liebe. Pygmalion war ein Bildhauer, der eine Statue, Galatea, schuf, die so schön war, daß er sich in sie verliebte, und durch seine Liebe wurde die Statue lebendig. Dieser Mythos ist ein Symbol für die Vorstellung, daß in allen Leidenschaften gewisse Aspekte narzißtischer Liebe enthalten sind, nämlich Liebe zum eigenen Abbild oder zur eigenen Schöpfung. Und Narziß starb wie andere große Liebende an seiner Leidenschaft, auch wenn diese ihm selbst galt.

Die Ursachen der Leidenschaft

Beginnend mit Freud, scheinen sich die meisten Autoren darin einig zu sein, daß die Neigung zur Leidenschaft in der Kindheit entsteht, durch die intensive Haßliebe des Kindes zu seiner Mutter. In der frühen psychoanalytischen Theorie wird die Leidenschaft des kleinen Mädchens für seinen Vater als schicksalhaft für ihr späteres Liebesleben hervorgehoben. Spätere Autoren wie zum Beispiel Otto F. Kernberg haben die pathologischen, irrationalen Aspekte der Leidenschaft als eine Regression zum Säuglingsalter betrachtet und reife Liebe, definiert als »die normale Integration der Genitalität mit der Fähigkeit zur Zärtlichkeit und einer stabilen, tiefen Objektbeziehung«, als die erfolgreiche Auflösung des ödipalen Konflikts angesehen. Ähnlich meinte Theodore Reik, daß der besondere und ungewisse Charakter des frühen Bindungserlebnisses und die Angst, die durch eine an Bedingungen geknüpfte Liebe und die Gefahr der Trennung entstehen könnte, die spätere Neigung zur Leidenschaft erzeugten.

Nach Freuds Ansicht sind nur Männer zu echten Leidenschaften fähig. Er schrieb: »... Frauen lieben, streng genommen, nur sich selbst mit ähnlicher Intensität, wie der Mann sie liebt. Ihr Bedürfnis geht auch nicht dahin zu lieben, sondern geliebt zu werden, und sie lassen sich den Mann gefallen, welcher diese Bedingung erfüllt.«

Ich möchte diese erstaunliche Behauptung Freuds aus zwei Gründen in Frage stellen. Ich habe bereits gesagt, daß Leidenschaft und Eigenliebe keine entgegengesetzten Emotionen sind, daß Leidenschaft eine Form der Projektion ist. In meinem Fragebogen wollte ich auch wissen, ob die Befragte es vorzöge, zu lieben oder geliebt zu werden, falls sie wählen müßte, und die Antworten verteilten sich gleichmäßig; die jüngeren Frauen wollten eher lieben und die älteren eher geliebt werden. Ich habe den Eindruck, daß Leidenschaft, die Nähe und Verschmelzung sucht, eine ausgesprochen weibliche Emotion ist.

Das kleine Mädchen, das zum gleichen Geschlecht gehört wie ihre Mutter, müßte eigentlich die tiefere und dauerhafteste Bindung an die Mutter knüpfen, die bis zur Symbiose gehen kann. Im Gegensatz dazu muß der kleine Junge sich früh von seiner Mutter abgrenzen, um seine männliche Identität zu entfalten. Viele Frauen müssen sich ihr Leben lang mit dieser engen Bindung an ihre Mutter auseinandersetzen. Dazu schreibt Erica Jong: »Natürlich hat alles mit meiner Mutter angefangen. ... Meine Liebe für sie und mein Haß auf sie sind auf so verwirrende Weise miteinander verflochten, daß ich meine Mutter – als Individuum – kaum noch sehe. Ich weiß nie, wer eigentlich wer ist. Sie ist ich und ich bin sie und darum sind wir eins. Die Nabelschnur, die uns verbindet, ist nie durchtrennt worden und inzwischen in schwärzliche Verwesung übergegangen. Die Heftigkeit unserer inneren Not zwingt uns dazu, einander ständig bloßzustellen. Es drängt uns, einander aufzufressen. Es drängt uns, einander mit Liebe zu ersticken. Es drängt uns, in Panik laut schreiend voneinander davon-zurennen, bevor eines von beiden geschieht.«

Auch in der Dichtung, die unsere westlichen Vorstellungen von ro-mantischer Liebe geprägt hat, werden die kindlichen Ursprünge von Leidenschaft und inniger Liebe ganz deutlich. In der höfischen Liebe des Mittelalters zwischen den Rittern und ihren Angebeteten, die immer die Gattinnen anderer Männer waren, findet man den Ur-sprung unseres Begriffs von romantischer Liebe. H. Moller wies 1960 überzeugend nach, daß die in den Minneliedern zum Ausdruck ge-brachte Liebe der Ritter Ähnlichkeit mit der Sehnsucht des kleinen Kindes nach seiner allmächtigen, idealen, edlen, reinen und uner-reichbaren Mutter hatte. Die in diesen Liedern geäußerten Vorstellun-gen sind keineswegs sexuell, sondern Ausdruck kindlicher Sehnsucht nach den zärtlichen und fürsorglichen Liebesbezeugungen der Mut-ter. Die Eifersucht richtet sich nicht gegen den Ehemann der Angebe-teten, sondern gegen andere um ihre Gunst werbende Ritter, die »Geschwister«.

Es ist nicht nur das Kind, das leidenschaftliche Gefühle in der frühen Mutter-Kind-Beziehung erlebt. In unserer Untersuchung übertrugen viele Frauen den Begriff der Leidenschaft auf ihre Kinder. Tatsächlich taten dies manche Mütter spontan, bevor sie meine Fragen sahen.

»Anfangs war es eine so unglaubliche Erfahrung, jemanden so total lieben zu können und gebraucht zu werden. Mit der Zeit mußte ich meine Leidenschaft um meines Sohnes willen unterdrücken, und es ist daher keine echte Leidenschaft mehr.«

»Ich erlebte eine anfängliche Euphorie, die mit keiner vorherigen Erfahrung zu vergleichen ist und auf die eine Depression folgte. Mindestens sechs Monate lang war ich ausschließlich auf mein Baby konzentriert. Zwischen meinem Mann und mir wurden die Spannun-gen immer größer.«

Ein Drittel der Mütter in meiner Untersuchung reagierte mit dieser Art von Leidenschaft, und unzählige Frauen haben sich über die unerwarteten und überwältigenden Gefühle geäußert, die unmittel-bar mit Beginn der Mutterschaft auftreten. Für Bardwick war dieses Gefühl ein Beweis der Existenz eines mütterlichen Instinkts, eines »Philogenetischen Erbes«, aber ich glaube, es hat einfach etwas mit Verlieben zu tun.

Diese überwältigende Liebe zu dem Kind ist eine Leidenschaft, die ebenso total und irrational ist wie jede andere Leidenschaft auch. Sie geht überein mit der Definition romantischer Liebe, wie Kremen und Kremen sie getroffen haben, nämlich, daß unvollständige Kenntnis des Liebesobjekts in einem Zeitabschnitt des persönlichen Umbruchs gegenüber einem extrem hochgeschätzten Liebesobjekt zu Projektionen und zur Idealisierung führen kann. Man könnte sogar sagen, daß die anfängliche Labilität der Mutter-Kind-Beziehung ein Hindernis ist, das Liebesobjekt besitzen zu können. Eine nach der Geburt auftretende Depression könnte als das Leiden erklärt werden, das Leidenschaften zu begleiten pflegt. Angesichts der ausschließlichen Leidenschaft, die manche Mutter für ihr Kind empfindet, verlieren andere Dinge und andere Menschen ihren früheren affektiven Wert. Von einem Rivalen verdrängt, kommt sich der junge Vater oft betrogen vor. Er empfindet vielleicht dieselbe Ablehnung, die er als kleiner Junge bei der Geburt eines Geschwisters verspürte, das ihm die Aufmerksamkeit seiner Mutter und die geliebten Brüste raubte. Es fallen einem Freuds etwas nostalgische Worte ein, daß »... häufig erst der Sohn das erhält, um was er [der Mann] für sich geworben hatte. Man hat den Eindruck, die Liebe des Mannes und die der Frau sind um eine psychologische Phasendifferenz auseinander.« Sigmund Freud selbst wurde als Junge von sieben jüngeren Geschwistern und als Ehemann von sechs Kindern verdrängt.

Der Mann kann reagieren, indem er mit seiner Frau um die Liebe des Kindes konkurriert bzw. mit dem Kind um die Liebe seiner Frau oder indem er sich physisch und emotional zurückzieht und seine Energien vielleicht in Arbeit, persönliche Interessen oder in andere Frauen investiert. Die ersten beiden Lösungen führen zu jener Art von intergenerationalen Bündnissen und Dreiecken, die schlecht funktionierende Familienkonstellationen kennzeichnen. Viele Ehen erholen sich niemals wieder von der Entfremdung, die von der dritten Lösung ausgehen, und enden in der Lebensmitte in bitteren Scheidungen. Vielleicht werden Familien, in denen sich Vater und Mutter die Elternaufgaben in den ersten Jahren teilen, besser bestehen. Dies mag für die Mütter einen Verlust bedeuten. Frauen sollten sich davor hüten, ihre Leidenschaft für ihre Kinder, die einzige Leidenschaft, die manche Frau je kennenlernen wird, gegen ein »Linsengericht« einzutauschen. Die

Erhaltung einer tragfähigen Ehe und vielleicht auch der Vorteil eines weniger einseitig an die Mutter gebundenen Kindes könnte jedoch eine faire Entschädigung für eine verwässerte Liebesbeziehung zwischen Mutter und Kind sein.

Leidenschaft und Ehe

Eheberater neigen zu der Auffassung, daß Träume von romantischer Liebe die eheliche Beziehung untergraben, indem sie extrem unrealistische Erwartungen wecken und deshalb unvermeidlich zu Enttäuschungen führen. Viele Soziologen halten dem recht zynisch entgegen, daß nur wenige Menschen aus Liebe und noch weniger aus leidenschaftlicher Liebe heiraten. Durch die Analyse meines Fragebogens konnte ich den fesselnden Fragen nachgehen, wie häufig Leidenschaft einer Heirat vorausgeht und ob eine Ehe, die mit einer Leidenschaft beginnt, eine geringere oder größere Chance hat.

Ich stellte fest, daß von den 474 jemals verheirateten Frauen, die meine Fragen beantworteten, etwa drei Fünftel (281 Frauen) mit ihrem gegenwärtigen oder (falls geschieden) letzten Mann zumindest irgendwann am Beginn ihrer Beziehung eine Leidenschaft erlebten. Zwei Fünftel der jemals verheirateten Befragten (193 Frauen) machten keine solche Erfahrung. Manche Frauen empfanden Schuld oder Scham, weil sie ohne Leidenschaft geheiratet hatten.

So schrieb eine 51jährige unglücklich verheiratete Frau: »Die Liebe zu meinem jetzigen Mann war nicht von derselben Qualität wie meine früheren Leidenschaften. Ich wußte das, als ich ihn heiratete. Vielleicht fühle ich mich deshalb irgendwie schuldig, aber ich habe ihn geliebt und wollte eine gute Beziehung zu ihm haben.«

Eine 28jährige Frau schrieb: »Die Tatsache, daß ich niemals eine Leidenschaft für meinen Mann empfand, stört mich manchmal, aber sie ändert nichts an meiner Liebe und anhaltenden Bewunderung und Zuneigung für ihn.«

Eine junge Frau, die daran dachte, eine potentiell leidenschaftslose Ehe einzugehen, schrieb, von Zweifeln gequält: »Ich möchte heiraten, aber ich bin nicht in meinen Freund verliebt. Ich liebe ihn, aber ich bin nicht verliebt. Wahrscheinlich werde ich ihn schließlich doch heiraten; er ist verrückt danach, mich zu heiraten.«

Diesen Frauen erscheint es leicht und natürlich, zwischen Liebe und Leidenschaft zu unterscheiden. Die Befragten über fünfundvierzig waren mit größerer Wahrscheinlichkeit eine Ehe ohne das vorherige Erlebnis von Leidenschaft für den künftigen Mann eingegangen. Merkwürdigerweise gilt dies auch für die Frauen mit höchster Ausbildung (Doktorate, Magistertitel, Diplome). Es ist tröstlich, diesen Frauen sagen zu können, daß sie nicht zu einer kleinen, beklagenswerten Minderheit gehören, sondern daß es leidenschaftslose Ehen trotz der romantischen Aura unserer Kultur nach diesen Stichproben fast so häufig gibt wie leidenschaftliche.

Ich habe die Beschreibungen, die die Befragten von ihrer Ehe gaben, in sechs Kategorien von sehr befriedigend bis geschieden oder getrennt zugeordnet. Die eheliche Zufriedenheit war in dieser Gruppe von überwiegend zur Mittelschicht und unteren Mittelschicht zählenden gebildeten Frauen allgemein hoch; etwa die Hälfte aller verheirateten Frauen gehörten zu der Ehekategorie »sehr gut« oder »gut«. Ein Viertel der jemals und/oder noch verheirateten Befragten lebten in Ehen, die als enttäuschend verbraucht/bis äußerst belastend bezeichnet werden könnten.

Meine Daten beweisen deutlich, ja dramatisch, daß Ehen, die mit Leidenschaft beginnen, sich mit dreimal so hoher Wahrscheinlichkeit als äußerst befriedigend und mit doppelt so hoher Wahrscheinlichkeit als befriedigend gelten als Ehen ohne Leidenschaft. »Aus dem Feuer der Leidenschaft für meinen Mann ist jetzt eine stille Glut geworden, aber sie brennt noch immer«, schreibt eine Frau. Eineinhalbmal so viele Ehen ohne anfängliche Leidenschaft konnten als »verbraucht« angesehen werden im Vergleich zu Ehen mit anfänglicher Leidenschaft.

Eine 33jährige Frau, die niemals Leidenschaft für ihren Mann empfunden hatte, schrieb: »Meine Ehe ist durchaus befriedigend – keine große leidenschaftliche Liebe. Ich teile meinem Mann manche meiner Gefühle mit. Er ist ein guter und gütiger Mensch, aber vielleicht nicht so sensibel, wie ich mir das wünschen würde. Er scheint in unserer Beziehung glücklich zu sein. Das Leben ist sehr launenhaft, und man scheint nie das zu bekommen, was man sich am meisten ersehnt.«

Doch auch wenn eine Ehe mit Leidenschaft beginnt, ist dies kein Schutz gegen die schließliche Auszehrung. Das kam in einem Beitrag

einer 43jährigen Frau zum Ausdruck, die seit 21 Jahren verheiratet ist:
»Meine Grundaussage ist die, daß ich in meiner Ehe keine starken
überschwenglichen Gefühle zu haben scheine. Wir unternehmen
vieles zusammen – mit den Kindern und gesellschaftlich –, aber ich
fühle mich ihm innerlich fern und habe nicht den Wunsch, ihm meine
intimsten Gedanken mitzuteilen.«

Darüber hinaus gab es häufiger akute Konflikte in Ehen, die mit
Leidenschaft begonnen hatten. Das überrascht vielleicht nicht. Konflikte sind de facto integraler Bestandteil vitaler Beziehungen, wie das
folgende Zitat zeigt:

»Wir haben uns beide so stark weiterentwickelt, daß wir kaum wieder-
zuerkennen sind. Wir erreichen ein Plateau, dann kommt es zum
offenen Konflikt, der so weit gehen kann, daß unsere Beziehung auf
dem Spiel steht. Nach vielen Diskussionen schließen wir dann wieder
Frieden und bekennen uns noch entschiedener zu unserer Ehe, doch
mit neuem Kurs und neuer Kraft. In anderen Fällen können Konflikte
und Auseinandersetzungen eine Ehe bis zum Zerbrechen belasten.
Ehe bedeutet harte Arbeit. Wir sind beide sehr intensiv, unsere Höhen
und Tiefen sind oft extrem. Die Belastungen des Lebens haben die
Leidenschaft abkühlen lassen. Ich sehne mich nach Intimität, wenn
das Leben schwer ist; er zieht sich dann in sein Schneckenhaus zurück.
Fragen der ›Frauenbewegung‹ haben sich zusätzlich belastend ausgewirkt. Dennoch stehen wir im Grunde zueinander.«

Die Wahrscheinlichkeit einer Scheidung war in beiden Kategorien
etwa gleich. Scheidung kann das stürmische Ende einer leidenschaftlichen Beziehung sein wie in dem folgenden Beispiel einer 34jährigen
ehemaligen Studentin. Folgt man der Literatur, dann ist diese Ehe
typisch für eine Verbindung zwischen einem erfolgreichen, übermäßig kritischen, zwanghaften Mann und einer mitteilsamen und vielleicht hysterischen Frau.

»Trudi liebte ihren Mann viele Jahre lang leidenschaftlich trotz seiner
ständigen Nörgeleien, seiner Kritik und seiner Wutausbrüche. Gelegentlich ließ sich der Anwalt der Oberschicht sogar dazu hinreißen,
sie zu schlagen. Sie schätzte seine sexuelle Attraktivität, seinen scharfen Witz, seine Integrität und seinen Ehrgeiz und hatte panische
Angst davor, von ihm verlassen zu werden. Ihre Ehe bestand aus einer
Serie von Konflikten, die in den Flitterwochen begann. Er fand alle

Unvollkommenheiten an ihr unerträglich. Obwohl Trudi in der Überzeugung heiratete, daß ihre Wärme und Liebe für beide ausreichten und daß sie ihm beibringen könne, zärtlich und liebevoll zu sein, erkannte sie schließlich, daß sie ihn nicht zu ändern vermochte. Allmählich sammelte sie genug Selbstvertrauen, um sich von ihm distanzieren und trennen zu können. Trotz des seelischen Schmerzes und der Erschütterung fühlte sie sich danach, als sei ein schweres Gewicht von ihren Schultern genommen worden.«

Für manchen ist klar, daß eine Ehe, der eine Leidenschaft vorausgeht, die befriedigendste Verbindung bieten kann. Obwohl sie die Frau nicht mehr als jede andere Ehe vor der Möglichkeit des Konflikts oder der Scheidung schützt, scheint sie eine größere und längerfristige Befriedung zu verheißen. Nachstehend das Zeugnis einer 46jährigen Frau über ihre seit 26 Jahren bestehende Ehe: »Wir betrachten unsere Ehe als lebendig – *unabhängige* Organismen, die aber als beste Freunde voneinander abhängig sind. Wir haben unsere Ehe sehr genossen, sind leidenschaftlich verliebt, sind überzeugt, daß es ›in einer Million Ehen nur eine so gute gibt‹. Wir mögen einander. Können über alles miteinander reden. Passen sexuell, emotional und gesellschaftlich gut zueinander. Wir haben uns verändert – haben einander Raum gegeben, einander ermutigt. Ja! Es wäre ein großer Verlust, wenn einer von uns stirbt, aber wir würden nicht freiwillig aufgeben, was wir jetzt haben.«

Um nicht einen falschen Eindruck entstehen zu lassen, sollten wir uns daran erinnern, daß fast ein Drittel der Ehen, die ohne anfängliche Leidenschaft begannen, ebenfalls als sehr befriedigend bezeichnet wurden. Nachstehend einige Beispiele dafür:

»Wir haben eine starke und stabile Ehe – viel Liebe und Achtung füreinander. Wir respektieren die geistigen Interessen des anderen, ziehen die Kinder gemeinsam groß. Mit Problemen wird offen und ehrlich umgegangen, und wir zeigen unsere Zuneigung.«

»Unsere Ehe zeichnet sich aus durch das Gefühl der Zusammengehörigkeit, gemeinsam getragene Verantwortung und gemeinsam getroffene Entscheidungen, liebevolle Anteilnahme und Lebendigkeit.«

Von fünf Frauen, die ihre *erste* Leidenschaft *nach* ihrer Heirat für einen Dritten empfanden, waren zwei unglücklich verheiratet und drei geschieden. Es kann sein, daß diese Frauen heirateten, bevor sie ihre eigenen Möglichkeiten für tiefe und intensive Gefühle entdeckt hatten, aber dafür war der Preis hoch.

Andererseits ist auch Leidenschaft keine Garantie für eine glückliche Ehe. Es gibt die sehr reale Gefahr, daß Leidenschaft zum Beispiel die Urteilsfähigkeit einer Frau trübte, als sie heiratete:

»Das einzige Problem bei der anfänglichen Leidenschaft zwischen meinem Mann und mir ist, daß sie uns beide blind machte. Ich bin nicht sicher, ob wir beide ein sehr realistisches Bild voneinander hatten.«

Diese Vignetten zeigen die überraschende Möglichkeit, daß eheliche Leidenschaft viele Jahre lang halten kann. Ich sage überraschend, da es in einer Ehe schwerlich Idealisierung, Hindernisse und Sehnsucht geben wird, die als verworrene Aspekte der Leidenschaftserfahrung angesehen werden. Philip Slater hat 1956 die Auffassung vertreten, daß die Gesellschaft durch den Rückzug der Liebespaare in die Intimität der Zweierbeziehung gefährdet sei und daß die Ehe als Gegengift für leidenschaftliche Liebe erfunden wurde. Das ist schöpferisch gedacht, aber ich bin der Ansicht, daß jede geschlossene Zweierbeziehung, ob innerhalb oder außerhalb der Ehe, letztlich zur Stagnation führen muß. Selbst Tristan und Isolde begannen, sich miteinander zu langweilen, nachdem sie drei Jahre allein im Wald gelebt hatten, und kehrten freiwillig an den Hof zurück. Intimität mag Menschen vor emotionaler Isolierung schützen, aber sie befriedigt nicht ihre genauso dringenden Bedürfnisse nach sozialen Beziehungen.

86 Frauen haben behauptet, daß die Leidenschaft in ihrer Ehe fortbestehe. Man könnte vermuten, daß diese Frauen eine eigene, persönliche Definition von Leidenschaft haben. Oder es ist wirklich möglich, daß Leidenschaft in der Ehe nicht verlöscht. Das kann jeder für sich selbst beantworten.

Ich komme jetzt zu Beispielen, die den Test der Zeit bestanden haben. Eine seit dreizehn Jahren verheiratete 35jährige Frau schreibt über ihre gegenwärtige Beziehung zu ihrem Mann, »... sie basiere auf einer sehr starken und anhaltenden Freundschaft, die sich zu Liebe und Leidenschaft entwickelt habe ... Eine Beziehung, die unterstützend sei und immer noch wachse, unterbrochen von Meinungsverschiedenheiten und Kompromissen.«

Eine 32jährige Frau, die mit 19 heiratete, antwortete: »Unsere Ehe ist mit den Jahren in dem Maße gewachsen, in dem wir gelernt haben, miteinander zu reden. Wir staunen immer noch über das anhaltende Interesse, die Liebe und Frischheit unserer Beziehung.«

Eine 51jährige Witwe dachte über ihre Leidenschaft für ihren Mann nach: »Meine dauerhafteste Leidenschaft galt meinem Mann. Ich glaube, ich muß das erklären, denn 16 Jahre ›intensives obsessives Verlangen‹ mag ermüdend wirken, insbesondere bei sieben Kindern. Meine Erfahrung war, daß die Leidenschaft zwar gelegentlich nachließ, aber ich merkte schließlich, daß sie wieder zurückkehrte … eine sehr schwierige Ehe. Es war unsere heilende Leidenschaft füreinander, die das möglich machte.«

Und eine 45jährige Frau bemerkte: »Das einzige, was ich sagen kann, ist, daß ich mich vor 25 Jahren auf den ersten Blick verliebte und seither eine äußerst glückliche Beziehung zu diesem Mann habe. Natürlich kennen wir einander sehr gut. Die Leidenschaft ist sicher etwas ruhiger geworden nach so vielen Jahren. Wir genießen große persönliche Unabhängigkeit, und das scheint die Beziehung nur gefestigt zu haben.«

Mit Ausnahme von drei Frauen schildern alle, die ihre Ehe als leidenschaftlich bezeichnen, diese als äußerst glücklich. Doch es gibt auch eine Art von leidenschaftlicher Ehe, in der sich die Beziehung aus einer Verwirrung der Identitäten, aus Chaos und Ungewißheit nährt, was jene Art von emotionaler Erregung hervorruft, welche als intensive Liebe erlebt werden kann. Manche Alkoholikerehen gehören in diese Kategorie, aber auch andere, in denen sich die Partner des anderen wegen ständiger Untreue oder gar physischer Brutalität nie gewiß sein können. Auch Trudis Ehe entspricht diesem Modell. Es gibt noch andere Beispiele.

Eine meiner Befragten, die ich Paula nennen will, blieb mit ihrem Vater, der Alkoholiker war, bis in ihre späten Jugendjahre durch eine leidenschaftliche Korrespondenz und gelegentliche Besuche verbunden. Ihre Mutter beschrieb sie als kalt und schroff. (Eine Eleanor-Roosevelt-Geschichte in einem armen Milieu.) Paula nahm ihre Leidenschaft für ihren Vater und ihre geringe Selbstachtung in ihre Ehe mit, als sie mit 19 heiratete. Sie vergötterte ihren Mann und war glücklich, ihm dienen zu können. Er duldete ihre Gegenwart nur. Sie unterwarf sich völlig seinen Launen. Er neigte zu alkoholischen Exzessen und war ihr untreu, aber sie verzieh ihm, weil sie seine Schwäche ebenso liebte wie seine Brillanz und seinen Charme. Paulas Mann nahm sich nach 15jähriger Ehe das Leben, und sie war acht Jahre später noch nicht darüber hinweggekommen. Sie schrieb: »Die Leidenschaft, die ich für meinen Mann empfand, war die größte Erfahrung meines Lebens und hatte die Intensität eines religiösen Erlebnisses. Sie verlieh meinem Dasein Sinn, und mit seinem Tod fiel dieser Sinn weg. Alle Dinge verblichen zur Farblosigkeit, und die Welt wurde zu Asche in meinem Mund. Ich glaube, nur wenn ich eine neue Leidenschaft erlebe, wird mein Leben aufhören, eine Kette grauer Tage zu sein, die mich dem Ende nähern.«

Ein weiteres Beispiel: »Mein Mann droht mir immer wieder, mich zu verlassen, aber er tut es nie. Es wandelt sich immer wieder in Liebe, und ich mache dieses ständige Auf und Ab mit ihm durch. Ich lebe auf zwei Ebenen, und ich hasse die Unsicherheit.«

Ich habe den Eindruck, daß selbst in Situationen, wo Leidenschaften in der Ehe erhalten bleiben, sie eine ganz andere Qualität annehmen, verglichen mit der erregenden, sehnsüchtigen »Leiden-schaftlichkeit« einer beginnenden Beziehung, und daß scheinbar »dauerhafte Leidenschaftsehen« in Wirklichkeit bloß Beziehungen sind, die ihre Vitalität bewahrt haben.

Die Mehrzahl der Frauen in meiner Untersuchung erlebte eine zu starke Verschmelzung oder Nähe in ihrer Ehe früher oder später als beengend und wollten differenzierter und unabhängiger werden, selbst auf Kosten des Zusammengehörigkeitsgefühls und vielleicht der Leidenschaft.

Hier ein Zitat einer 46jährigen Frau, die seit 22 Jahren verheiratet ist: »Ich bin in einem Übergangsstadium. Ich versuche, meine eigene Identität zu finden, nicht bloß Ehemann, Kinder, ältere Familieneltern. Wir versuchen, zwei Individuen zu sein, zu wachsen – verschieden zu sein und Unterschiede gelten zu lassen (wie ich es mit meinen Kindern tue). Das ist nicht leicht.«

Ein weiteres Beispiel kommt von einer 55jährigen Sozialarbeiterin, die eine seit 22 Jahren bestehende zweite Ehe führt, die nicht mit leidenschaftlichen Gefühlen begonnen hat:

»Die Beziehung dauert an, weil es Zuneigung und gemeinsame Interessen gibt. Das Hauptproblem für mich ist mein wachsendes Bedürfnis nach Unabhängigkeit, ohne die Ehe preiszugeben. Wir haben eine schöpferische, ständig wachsende Beziehung. Wir haben immer großen Wert auf Verständigung gelegt und haben dies als die Stärke unserer Beziehung betrachtet. Die Qualität der Kommunikation hat sich fortwährend verbessert. Wir haben lange gebraucht, um ehrlich zu werden – aus Furcht, den anderen zu verletzen. Die gesündeste Änderung trat ein, als wir aufhörten, von den Stärken des anderen zu leben – wir akzeptierten, daß wir eigenständige Persönlichkeiten sind – mußten uns als getrennte Individuen entwickeln – ein neues Stadium in der Ehe. Die Beziehung ist jetzt stärker und realistischer.«

In diesen Situationen scheint das Überleben der Beziehung davon abhängig gewesen zu sein, ob die Ehe Differenzierung und zunehmende Individualisierung anstelle einer unaufhörlich wachsenden Leidenschaft aushält und erlaubt. Zusammengehörigkeit ist eine sichere Vorkehrung gegen Einsamkeit. Doch wenn ein Ehepartner seine ganze emotionale Befriedigung von einer Ehe erwartet, dann besteht die Gefahr, die Beziehung zu überfordern. Jedes Stirnrunzeln, jede Mißstimmung, Unfreundlichkeit oder Ungeduld führt dann zu einer emotionalen Krise. Wenn der Schmerz des einen zum Schmerz des anderen wird, können sich die Partner nicht länger beistehen und gegenseitig helfen. Ein gewisser Grad an Verschmelzung ist vielleicht unvermeidlich in einer intimen Beziehung. Dennoch scheint es, als erfordere es die reife Liebe, sich selbst mehr und den anderen ein bißchen weniger zu lieben.

Außereheliche Leidenschaft

Distanz kann in einer Ehe durch das Eindringen eines Dritten entstehen. Eine außereheliche Beziehung mit oder ohne Sex ist eine Form davon. Obwohl sexuelle Ausschließlichkeit das offizielle eheliche Ideal ist, ist Sex ohne Liebe in unserer Gesellschaft leicht zu bekommen. Manche Untersuchungen deuten darauf hin, daß Sex als gemeinsame »Freizeitbetätigung« in die eheliche Beziehung integriert werden kann, ohne daß dies drastischere Folgen hätte als Bridge spielen. Das Erlebnis von Leidenschaft, das Verlieben in einen Mann oder eine Frau außerhalb der Ehe ist die eigentliche emotionale Gefahr. Merkwürdigerweise wird eine außereheliche Leidenschaft vom Partner in der Regel erst dann ernst genommen, wenn sie sexuelle Intimität einschließt. Bloße »Kopf-Leidenschaften« gehören zur erlaubten Sphäre von Freundschaft oder Phantasie, und man ist sich einig, daß keine Untreue stattgefunden hat.

Radikale Sozialwissenschaftler wie zum Beispiel Francoeur 1974 machen gelegentlich den Versuch, eheliche Treue neu zu definieren ohne sexuelle Ausschließlichkeit. Aber anscheinend widerspricht diese Vorstellung instinktiven Reaktionen von Frauen und Männern. Solche Reaktionen können durch kulturelle Normen entstehen oder durch das frühe Vorbild einer zumindest vorübergehend intensiven Mutter-Kind-Bindung, die mit heftiger Eifersucht unter den Geschwistern verbunden ist und zum Vorläufer ähnlicher Gefühle des Erwachsenen wird.

Außereheliche Leidenschaften waren in meiner Umfrage recht gering. Etwas mehr als ein Viertel hatten solche Erfahrungen, von denen mehr als die Hälfte nicht sexuell ausgelebt wurden. Einige andere ereigneten sich in einer Zeit ehelicher Trennung; somit waren nur 59 Frauen (12 Prozent) nach unserem Verständnis wirklich untreu.

Unter den von mir Befragten stellte ich fest, daß sowohl sexuell ausgelebte wie unausgelebte Leidenschaften in jeder Art von Ehe, selbst den befriedigendsten, vorkommen können, obwohl es in dieser Kategorie nur drei Fälle sexueller Untreue gab. Alle drei traten in einer Zeit ehelicher Krise auf und endeten, als die Krise vorüber war. Den Ehemann in das Erlebnis dieser Leidenschaft einzuweihen war in diesen Situationen wichtig und trug dazu bei, diese Erfahrung in die Ehe zu integrieren.

Die Antworten auf drei Fragen scheinen im Zusammenhang mit außerehelichen Leidenschaften besonders interessant; meine Daten geben widersprüchliche Antworten. Die erste Frage ist, ob Leidenschaften notwendigerweise die Folge eines vorherigen Versagens der Ehe und somit lediglich ein Symptom einer gestörten Ehe sind oder ob außereheliche Leidenschaften störend in eine zuvor harmonische eheliche Beziehung eindringen und diese vielleicht zerbrechen können.

Ich möchte zunächst ein Beispiel einer scheinbar befriedigenden Ehe anführen, die durch eine außereheliche Leidenschaft gefährdet wurde.

Die Befragte war eine 38jährige Frau, seit 16 Jahren verheiratet. Mit 36 Jahren erlebte sie eine Leidenschaft, die sechs Monate lang dauerte. Sie setzte sich mit der obigen Frage auseinander.

»Diese Erfahrung traf mich völlig unvorbereitet. Zuerst war ich schockiert über diese Gefühle und überwältigt von ihrer Macht. Ich fühlte mich in den ganzen Jahren, seit ich diesen Mann kannte, vage von ihm angezogen; die Beziehung wurde erst intensiv, als sich gegenseitige Anziehung herausstellte. Zuerst vermutete ich, daß mit meiner Ehe etwas von Grund auf nicht stimmte, obwohl wir sie immer für eine gute Ehe hielten. Es hat mich viel Energie gekostet, an ihr und an meiner eigenen Identität zu arbeiten. Ich bekam immer mehr Angst, durch diese überwältigenden Gefühle die Kontrolle zu verlieren. Bis ich an einem Punkt war, an dem ich die Beziehung abbrechen und über alle meine Gefühle mit meinem Mann sprechen mußte. Dies wirkte sich ausgesprochen positiv auf unsere Ehe aus und brachte uns einander viel näher.«

Es scheint möglich, daß außereheliche Leidenschaften fast zufällig und schicksalhaft in einer Ehe erwachen, die von beiden Partnern als gut empfunden wird. Doch die meisten derartigen Erfahrungen scheinen in irgendeinem Mangel in der ehelichen Beziehung zu liegen. Wir erinnern uns an die Frau, deren Mann sie ständig im ungewissen ließ. Es scheint, daß sie sich irgendwie für sein Verhalten rächte, als sie ihre eigene sexuelle Liebesbeziehung anfing:

»Obwohl ich gefühlsmäßig an meinen Mann gebunden bin, ließ ich mich total von ihm unterdrücken. Durch meine neue Leidenschaft bin ich nicht mehr so abhängig von ihm, was die Befriedigung meiner emotionalen und physischen Bedürfnisse angeht. Ich fühle mich im Umgang mit ihm stärker und viel unabhängiger. Unsere Beziehung ist besser als vor dieser neuen Leidenschaft.«

Dieses zweite Beispiel einer aus ehelicher Unzufriedenheit entstandenen Leidenschaft beantwortet auch meine zweite Frage: Schaden außereheliche Leidenschaften immer einer Ehe? In dem obigen Beispiel ist es nicht so gewesen, und auch andere Erfahrungen scheinen die Ehe eher gestärkt als beschädigt zu haben.

»Ich habe Respekt vor der Institution Ehe und werde daran festhalten, aber ohne Ventil würden sich meine Leidenschaften nach innen wenden und uns beide zerstören.«

»Das hat den Druck von meiner Ehe genommen und den Mangel an Kommunikation möglich und erträglich gemacht.«

In anderer, weniger extremer Situation half eine nichtsexuelle außereheliche Leidenschaft einer 42jährigen Frau, »Ruhe zu finden«.

»Ich bin froh, daß ich damals dieses Gefühl hatte – rückblickend hat es mein Leben eine Zeitlang wirklich sehr erfüllt. Es hat mich auch realistischer in meinen Ansichten über Ehe und Liebe gemacht – eine ruhigere Ehe ist auf lange Sicht ein befriedigenderer Lebensstil.«

Auch sexuelle außereheliche Leidenschaften können schließlich zur Weiterentwicklung der ehelichen Beziehung beitragen:

»Die Erfahrung ermöglichte es mir, meine Abhängigkeit von meiner Ehe zu überwinden – das brachte die Ehe zwar vorübergehend ins Wanken, war aber langfristig gesehen sehr wichtig. Ich sah meinen Mann mehr als Liebhaber, als eigenständigen Menschen. Ich habe begonnen, meine Ehe zu überprüfen, ein Prozeß, der noch nicht abgeschlossen ist.«

Hier hat man das Gefühl, daß der zündende Funke und die Wiederbelebung durch die Leidenschaft dieser Frau der Ehe guttaten und zu einer Erneuerung führten.

Nicht alle außerehelichen Leidenschaften verliefen so harmlos. Viele Situationen waren mit großen Qualen verbunden oder bedrohten die Ehe der Frau oder die des Liebesobjekts:

»Meine jüngste Leidenschaft ist die glücklichste Erfahrung in meinem Leben, aber auch sehr quälend, weil sie eine wirklich gute Ehe führen. Ich habe schreckliche Schuldgefühle und fürchte mich vor Entdeckkung, dennoch bin ich unfähig, mich zurückzuziehen.«

Die nächste Frau ist 31 Jahre alt und seit ihrem 19. Lebensjahr verheiratet. Sie beschreibt eine außereheliche Leidenschaft, die seit fast sieben Jahren besteht. Es ist ihre erste und einzige Leidenschaft, und sie schließt sexuelle Intimität ein.

»Ich brach die Beziehung wegen unserer Ehepartner und Kinder ab, aber zwei Jahre später begann sie erneut mit derselben Heftigkeit. Das konfrontierte mich mit der Frage: Wer bin ich? Ich begann mit einer Therapie, um mich selbst besser kennenzulernen. Heute habe ich das Gefühl, daß die Beziehung sich folgenschwer auf meine Zukunft ausgewirkt hat. Ich bin eben dabei, eine schwere Identitätskrise zu überwinden, und ich weiß nicht, ob die Krise zum Wiederaufflammen der Leidenschaft geführt hat oder umgekehrt. Es kann sein, daß meine Ehe an den Folgen der letzten acht Monate zerbricht.«

Meine dritte Frage war, ob außereheliche Leidenschaften mit gegenwärtiger ehelicher Zufriedenheit vereinbar sind. Meine Angaben enthalten eine Reihe von Beispielen, in denen Leidenschaften und Ehe parallel verlaufen können, ohne sich gegenseitig stark zu stören. Ein Beispiel stammt von einer Frau, die sexuelle Leidenschaft mit einer relativ befriedigenden, wenn auch abgenutzten Ehe verbinden konnte.

»Leidenschaft ist ein Schatz, den man auskosten muß. Ich habe einen netten, lieben Mann mit viel Sinn für Humor. Seine Gesellschaft ist angenehm, er bedroht mich nicht und versucht mich in keiner Weise zu bevormunden. Das Leben mit ihm ist angenehm, aber nicht aufregend.«

Ein zweites Beispiel stammt von einer 47jährigen Frau, die auch seit dem 19. Lebensjahr verheiratet ist. Sie erlebte zwei sexuelle Leidenschaften für Frauen. Aus der ersten im Alter von 29 wurde später eine lebenslange Freundschaft. Die zweite Leidenschaft mit 38 Jahren, als sie bereits vier Kinder hatte, galt einer verheirateten Frau, die diese Beziehung abrupt abbrach und sie in große Verzweiflung stürzte. Über ihre Ehe sagt sie:

»Wir hatten mit der Zeit immer wieder Probleme, aber es ist uns gelungen, die meisten zu lösen. Wir respektieren uns gegenseitig, haben viel Spaß miteinander und sind uns beide einig, daß wir niemanden kennen, mit dem wir lieber verheiratet wären.«

Den Ehemann in das Liebesverhältnis einzuweihen scheint dann von Erfolg zu sein, wenn die Ehepartner ein im Grunde gefestigtes und liebevolles Verhältnis haben. Andere verschweigen ihre Seitensprünge, und es ist ungewiß, ob das mal mehr oder mal weniger ihre Ehe gefährdet.

Leidenschaft zwischen Frauen

Ich habe bisher kaum zwischen homosexuellen und heterosexuellen Leidenschaften unterschieden, da aus meinen Ergebnissen eindeutig hervorgeht, daß die Gefühle genau die gleichen sind. Wenn ich die Befragten nicht nach dem Geschlecht ihres Liebesobjekts gefragt hätte, hätte ich es aus ihren Beschreibungen niemals erraten können. Rufen wir uns in Erinnerung, daß eine der berühmtesten Leidenschaftsgeschichten, *Der Tod in Venedig* von Thomas Mann, die verzweifelte Liebe eines alternden Mannes zu einem Knaben schildert.

Einige der leidenschaftlichsten Aussagen in meiner Untersuchung stammen von lesbischen Frauen. Das folgende Zitat mag dafür ein Beispiel sein: »Diese Leidenschaft war so überwältigend, daß ich zögere, frühere Empfindungen als Leidenschaft zu bezeichnen. Bis dahin hatte ich geglaubt, daß es das nicht gibt.« Diese Befragte wurde durch ihre Leidenschaft emotional so aufgewühlt, daß sie ihre schal gewordene Ehe nicht länger ertragen konnte und sich scheiden ließ. Von diesen Frauen stammten auch einige der ergreifendsten Äußerungen. Eine 55jährige Frau berichtete über eine ihr selbst unbegreifliche Beziehung zu einer älteren Mentorin, als sie 27 Jahre alt war. Andere und auch sie selbst sahen in ihr eine liebevolle Gattin und Mutter. Aber diese neue Beziehung überschattete alle anderen in ihrem Leben. Ihre Liebe zu dieser Frau mußte unerklärt bleiben, und ihre Qual und Verwirrung führten sie in eine schwere Depression.

Diese Beispiele zeigen, daß viele meiner Befragten nicht eindeutig als lesbisch oder heterosexuell eingestuft werden können. Aus einem vollen Spektrum selbstdefinierter heterosexueller bis selbstdefinierter lesbischer Frauen bekannten sich 60 Frauen in meiner Umfrage zu mindestens einer Leidenschaft für eine andere Frau.

Bei einigen handelte es sich um selbstdefinierte heterosexuelle Frauen, die oft in ihrer Jugend eine sexuell unausgelebte Leidenschaft für eine Frau empfunden hatten. Etwa die Hälfte dieser Frauen sprach von einer Lehrerin, einer Ferienlagerleiterin oder einer College-Zimmergenossin. Da unsere Kultur ein beachtliches Maß an emotionaler und physischer Intimität zwischen Frauen gestattet, bevor sie diese als lesbisch bezeichnet, konnten diese Leidenschaften in eine heterosexuelle Identität ohne allzu große Schuldgefühle und Konflikte einbezogen werden, und die meisten Frauen blicken mit nachdenklicher Genugtuung auf diese Erlebnisse zurück. Es gab jedoch eine Reihe von Frauen, die von erheblicher Erschütterung und Verzweiflung in Zusammenhang mit einem solchen Erlebnis berichteten, und mehrere brauchten danach psychiatrische Hilfe wie die folgende 33jährige verheiratete Mutter von zwei Kindern.

»Wir waren sehr gute Freundinnen, und eines Tages wurde mir bewußt, welche leidenschaftlichen Gefühle ich für diese Frau empfand. Da meine Liebe nicht erwidert wurde, mußte ich Hilfe suchen, um eine unrealistische und unrealisierbare Beziehung zu beenden. Ich litt Schmerzen und Qualen, aber vielleicht stellt sich Entwicklung nur nach schmerzhaften Ereignissen ein. Ich bedauere diese sechs Monate nicht, denn für mich war die Erkenntnis wichtig, so intensive Gefühle für einen Menschen haben zu können. Ich möchte es aber nicht noch einmal durchleben, wenn die ausgedrückten Gefühle nicht gegenseitig sind.«

Eine 55jährige Frau beschrieb ihre jugendliche Leidenschaft für ihre Chefin und fügte hinzu: »Ich verbarg meine Gefühle und empfand immer einen geheimen Schmerz.« Viele Frauen, die sich als heterosexuell bezeichneten, berichteten über Scham und Unbehagen, als ihre Leidenschaft für eine Frau sexuell wurde. Eine 28jährige Frau erklärte, daß ihre zweijährige lesbische Beziehung im College verbunden war mit einer Zeit großer Einsamkeit und sich auflöste, als ihr Leben erfüllter und glücklicher wurde. Bei der Befragung bekannte sie sich enthusiastisch zu ihrer gegenwärtigen heterosexuellen Beziehung. Die sexuellen Leidenschaften anderer Befragter für Frauen gingen in Freundschaft über, und sie betrachteten ihre früheren Erfahrungen als harmlose sexuelle Experimente. Für diese Frauen waren ihre lesbischen Beziehungen eine vorübergehende Verirrung, während eine Reihe anderer Befragter sich als bisexuell bezeichnete.

»Ich erkannte, daß meine Fähigkeit zur Leidenschaft für Frauen wahrscheinlich größer ist als für Männer, obwohl ich mich entschieden habe, mit einem Mann zusammenzuleben. Ich werde zu abhängig von Frauen. Das Erlebnis der Leidenschaft für eine Frau war die erschreckendste und in mancher Hinsicht die beglückendste Erfahrung meines Lebens.«

Eine 31jährige Frau schrieb über ihre erste heterosexuelle Leidenschaft mit 22, die ihr bewußtmachte, »welche Höhe meine Gefühle erreichen konnten«. Sie litt sehr, als ihr Geliebter sie nach zwei Jahren verließ; das habe ihr »die Ehe mit jemand anderem schwergemacht«. Ihre leidenschaftslose Ehe dauerte zwei Jahre. Mit 30 erlebte sie eine turbulente und letztlich enttäuschende achtmonatige Leidenschaft für eine Frau. Ein Jahr später schrieb sie: »Gegenwärtig habe ich eine

Beziehung zu einer anderen Frau. Ich glaube, in den letzten zwei Jahren habe ich mehr Möglichkeiten für echte Leidenschaft zwischen Frauen als zwischen Männern und Frauen gefunden.«

Ich erfuhr auch, daß etwa die Hälfte der 21 sich selbst als lesbisch bezeichnenden Frauen unter meinen Befragten sexuelle Leidenschaften für Männer kannten und entweder verheiratet oder es gewesen waren. Auch andere der lesbischen Frauen hatten sexuelle Beziehungen zu Männern gehabt, aber ohne größeres emotionales Engagement. Mehrere Frauen änderten ihre Orientierung einmal oder sogar zweimal in ihrem Erwachsenenleben.

Je mehr wir über das wahre Privatleben von Menschen erfahren, desto weniger stimmt ihr persönliches Intimverhalten mit den konventionellen gesellschaftlichen Vorstellungen überein. Es ist noch nicht lange her, daß Eleanor Roosevelts leidenschaftliche Briefe an ihre Freundin Lorena Hickok unsere Neugier anstachelten – hat sie oder hat sie nicht? Dann erfuhren wir, daß Margaret Mead ein bisexuelles Leben führte. Je mehr über das tatsächliche Leben von Menschen bekannt wird, desto klarer wird, daß uns unsere Lehrbücher überholte oder falsche Vorstellungen von menschlichem Verhalten vermitteln, daß die Vorstellung von Normalität erweitert oder revidiert werden muß und daß wir Respekt haben sollten vor der großen Vielfalt menschlichen Verhaltens und menschlicher Erfahrung.

Das Camelot-Dilemma

Leidenschaft ist vor allem eine jugendliche Emotion. Von den Frauen, die Leidenschaften erfahren hatten, erlebten alle mit Ausnahme von fünf ihre erste Leidenschaft vor dem 30. Lebensjahr, und alle außer acht kannten zwei vor diesem Alter. Und die meisten Frauen, die vier oder mehr Leidenschaften erlebten, hatten sie vor ihrem 40. Lebensjahr. Es gab einige Ausnahmen.

Wegen meiner eigenen Erfahrung interessierten mich besonders Frauen, die leidenschaftliche Liebe zum ersten Mal in der Lebensmitte, nach dem 40. Jahr, erlebt haben. Diese Leidenschaften können oft dramatisch sein und eine Wende im Leben bedeuten. Ich habe bereits darauf hingewiesen, daß erste Leidenschaften nach der Eheschließung entweder zu ehelicher Unzufriedenheit führen oder ein Ausdruck dafür sind. Es gab nur fünf Frauen in meiner Umfrage, die zum *ersten Mal* eine leidenschaftliche Liebe in diesem vorgerückten Alter erlebten; zwei waren zum Zeitpunkt unseres Gesprächs noch verheiratet, eine hatte sich soeben getrennt, und eine hatte nie geheiratet. Drei dieser Frauen hatten auch sexuelle Erfüllung in dieser Liebe gefunden. Dieses erste Liebeserlebnis gab ihnen den Mut, eine langjährige unglückliche Ehe zu beenden.

Eine 44jährige Frau hat über ihre Liebe mit 40 zu einem verheirateten Mann berichtet, die später zu ihrer Scheidung führte: »Das Gefühl meines geistigen und seelischen Stillstands hatte mich deprimiert gemacht. Diese Erfahrung gab mir einen Willen zum Leben. Ich werde ewig dafür dankbar sein, daß ich weiß, wie es ist/war zu fühlen – wirklich zu fühlen. Derjenige, der mich liebte, hat aus mir wieder einen ganzen Menschen gemacht – hat mir erlaubt, ich zu sein – hat mir ein Gefühl des Wertes zurückgegeben. Ich bin dankbar für mein Leben.«

Höhere Selbstachtung wurde auch von der einzigen Frau genannt, die mit 48 Jahren ihre erste Leidenschaft erlebte. Obwohl es keine sexuelle Annäherung gab, war sie dennoch von tiefer Bedeutung für ihr Gefühlsleben. Sie schrieb: »Er gab mir zum ersten Mal in meinem Leben das Gefühl, ein Mensch zu sein, eine wirklich geschätzte und anerkannte Frau und etwas Besonderes.« Eines der bemerkenswerten Ergebnisse meiner Untersuchung war, daß Ehen in der Regel glücklicher verliefen, wenn sie nicht wegen der ersten, sondern wegen einer späteren Leidenschaft geschlossen wurden. Mit geringerer Aussicht führten sie zur Scheidung. Keine einzige Befragte, die nach einer *vierten* Leidenschaft geheiratet hatte, war geschieden, und das hatte nichts mit dem Alter zu tun.

Eine 37jährige Frau, die seit 15 Jahren verheiratet ist und deren Mann ihre erste Leidenschaft war, sagte: »Meine einzige große Leidenschaft galt meinem Mann – ich bedaure, daß ich keine anderen vor ihm hatte. Wenn die Leidenschaft nicht gewesen wäre, hätte ich ihn wahrscheinlich nicht geheiratet. Aber jetzt, da ich Leidenschaft erlebt habe, würde ich bestimmt niemanden heiraten, für den ich keine empfinde. Es ist mir wichtig als schöne Erinnerung, aber ich war zu jung und zu unerfahren, um vollen Gewinn für das Leben daraus zu ziehen.«

Nicht nur *erste* Leidenschaften nach 40 zeichnen sich durch besondere

Intensität aus – dasselbe gilt für jede Leidenschaft in diesem Alter. Die Misere von Königin Guinevere in Camelot fällt einem ein, die eine ziemlich stabile und befriedigende Ehe mit König Arthur führte, bis ihre Leidenschaft zu einem jungen Ritter ihr Leben entzweite. Ich interviewte eine Wissenschaftlerin, die mit 47 Jahren ihre erste leidenschaftliche lesbische Erfahrung machte, eine Leidenschaft, die alle übrigen Erlebnisse von Leidenschaft in ihrem Leben in den Schatten stellte und ihr das Gefühl gab, bis dahin die Zeit verschlafen zu haben. Sie ließ sich scheiden und veränderte endgültig ihre sexuelle Orientierung. Ich interviewte auch eine 54jährige Frau, die zwar eine stabile und offenbar beständige Ehe führte, gleichzeitig aber von einer Leidenschaft für einen Mann verzehrt wurde, der 20 Jahre jünger war als sie, eine erwiderte Leidenschaft, die ihren Frieden zerstörte und in ihrer Intensität zunehmend unerträglich wurde. Doch sie ist süchtig nach dieser Beziehung und kann sie nicht aufgeben. In meiner Umfrage war noch eine andere Frau, eine 49jährige erfolgreiche Managerin, ebenfalls lange verheiratet und Mutter wohlgeratener, eben erwachsen gewordener Kinder, die sich monatelang mit Selbstmordgedanken trug, weil ihre leidenschaftliche Beziehung zu einem 29jährigen Mann abrupt durch ihn beendet worden war.

Es ist interessant, daß sich die meisten dieser Frauen in jüngere Männer verlieben, vielleicht weil gleichaltrige Männer der Lebenslust und Vitalität einer leidenschaftlichen Frau dieses Alters nicht gewachsen sind. Viele berühmte Geschichten über solche Midlife-Leidenschaften, wie Colettes *Cheri* oder *Die Betrogene* von Thomas Mann, handeln von einer reiferen Frau und ihrem jüngeren Liebhaber.

Dennoch scheint der Schwung zur Leidenschaftlichkeit mit zunehmendem Alter nachzulassen. Ältere Frauen scheinen den Wunsch nach Ruhe und einem geregelten Leben zu haben, sich sicher und geborgen zu fühlen. Ich fragte die Frauen, ob sie sich ein weiteres Erlebnis mit Leidenschaft wünschten oder nicht; die Antworten stimmten auffallend mit dem Alter überein, die Hoffnung auf eine weitere Leidenschaft nahm mit zunehmendem Alter ab. In der Altersgruppe über 46 wünschten sich nur noch 35 Prozent der Frauen eine weitere Leidenschaft. Im Alter von 25 oder darunter waren es fast doppelt so viele. Hier sind die Antworten einiger dieser älteren Frauen:

Eine 45jährige: »Es ist zu aufwühlend, zu schmerzhaft.«

Eine 72jährige Witwe: »Ich bin zu alt!«

Eine 44jährige: »Nein, zu energieraubend.«

Eine 55jährige: »Ich wäre überrascht in meinem Alter. Ich würde lieber jemand kennenlernen, mit dem ich meine Interessen teilen und eine echte Freundschaft haben kann.«

Eine 56jährige: »Ich glaube, Mitte 50 in einem Zustand emotionalen Aufruhrs zu sein wäre verwirrend.«

Eine 64jährige: »Warum sollte ich mir in meinem Alter eine solche Erschütterung wünschen?«

Eine 43jährige: »Ich habe vor, es zu vermeiden. Ich mochte nicht den Verlust an Selbstbeherrschung, die Dominanz des Gefühls statt des Verstands. Ich wurde zu abhängig, zu verletzbar.«

Mehr als ein Drittel der Frauen in diesem Alter erhofft sich dennoch eine weitere Leidenschaft.

Eine 45jährige in einer befriedigenden Ehe: »Mehr Leidenschaften! Sie steigern die Freude am Leben, an mir selbst und an anderen Menschen, obwohl meine derartigen Erfahrungen meistens schmerzhaft waren.«

In der Altersgruppe zwischen 25 und 45 war die Sehnsucht nach oder die Entscheidung gegen eine weitere Leidenschaft etwa gleich. Hier sind einige Äußerungen von Frauen für eine weitere Leidenschaft.

Zum Beispiel eine lesbische Frau: »Meine einzige Leidenschaft war eine der wichtigsten Erfahrungen meines Lebens. Ich lernte eine Menge über mich selbst und andere. Ich lernte, daß ich fähig bin, zu lieben und geliebt zu werden. Ich glaube, diese Beziehung wird mir immer viel bedeuten. Ich hoffe auf eine weitere Leidenschaft in der Zukunft. Eine, auf die ich mich verlassen kann.«

Und andere sagten:

»Das Leben ist erfüllter und reicher mit einer weiteren Leidenschaft. Ich möchte immer eine haben.«

»Ich erhoffe mir von Herzen noch eine Leidenschaft, hoffentlich eine, die sich in eine dauerhafte Liebe verwandeln kann. Für mich macht es das Leben aus: lieben und geliebt werden. Ich habe schreckliche Angst, daß mir eine leidenschaftslose Zukunft bevorstehen könnte.«

Andere Frauen sehen Prioritäten in der Arbeit oder in der Erhaltung ihrer Ehe. Eine Künstlerin, die sich leidenschaftlich ihrer Arbeit widmete, sagte:

»Früher habe ich Leidenschaft für etwas Begehrenswertes gehalten. Jetzt finde ich, daß jede Leidenschaft, die länger als ein paar zauberhafte Stunden dauert, eine Verschwendung meiner wertvollen Zeit ist.«

»Gegenwärtig, mit 31, da ich erst im vorigen Jahr nach einer unglaublichen Leidenschaft für den Mann, mit dem ich jetzt verheiratet bin, zu einer stabilen Beziehung gelangt bin, hätte ich nichts dagegen, mir jeden Gedanken an Leidenschaft für lange Zeit aus dem Kopf zu schlagen. Ich hatte mein gerüttelt Maß davon; ich kann darauf verzichten.«

»Manchmal denke ich, daß es mir gefallen würde, von einem anderen Mann umworben zu werden, aber ich vermeide es, da ich in meiner Ehe glücklich bin und sie nicht gefährden möchte. Liebesromantik ist bezaubernd, aber die Realität ist es nicht.«

Andere können sich nicht entscheiden: »Ich glaube, ich fürchte sie wie die Pest, und ich sage das, obwohl ich gleichzeitig weiß, daß ich mich auch danach sehne. Ich glaube, die Filme sind schuld daran.«

Ich habe vorhin erwähnt, daß Frauen mit zunehmendem Alter lieber geliebt werden, statt selbst zu lieben. Mir kommt vor, daß eine Ehe, in der der Mann der aktive liebende Partner ist, größere Aussicht auf Beständigkeit hat. Das ist auch nicht ideal, aber beide Partner bekommen genügend Befriedigung. Die Distanziertheit der Frau hält das Verlangen des Mannes wach und steigert ihr Selbstwertgefühl. Diese Art des emotionalen Gegengewichts kann die Machtbalance ausgleichen, weil die Frau der größeren wirtschaftlichen und gesellschaftlichen Macht des Mannes eine größere emotionale Macht entgegenzusetzen weiß. Wenn die Frau in einer solchen Ehe jedoch selbst zuviel gesellschaftliche Macht erringt, wird das Gleichgewicht gestört. Das könnte die Ursache für das Scheitern vieler Ehen sein, sobald sich die Frau einen eigenen Namen macht.

Im allgemeinen führt in vielen dauerhaften Ehen die zunehmende Abhängigkeit des alternden Mannes und die wachsende Autonomie der alternden Frau in der Mitte des Lebens zu einer Art Balance, die sich stark von dem ursprünglichen ehelichen Gleichgewicht unterscheiden kann. Bei vielen Frauen ist eine gewisse Resignation und Kompromißbereitschaft herauszuhören. Die Frage, ob sie lieber lieben oder geliebt werden wollen, und die Frage, ob sie sich eine weitere

Leidenschaft erhoffen, ließen erneut den lebenslangen Konflikt der Frauen zwischen Abenteuer und Sicherheit lebendig werden, den ich die Camelot-Misere nenne und der in den späteren Stadien der Ehe ausgeprägtere Formen annimmt.

»Die Qualität unserer Ehe ist sehr gut. Ich erlebte viele Enttäuschungen in meiner Ehe wegen der Unfähigkeit meines Mannes, auf meine Unzufriedenheiten zu reagieren. Aber im Laufe der Jahre habe ich gelernt, meinem Mann vollkommen zu vertrauen, und ich glaube, daß ich ihm mehr bedeute als sonst jemand oder etwas auf der Welt. Ich glaube – das habe ich mir immer gewünscht? Ich habe das sichere Gefühl, daß mein Mann hundertprozentig zu unserer Ehe steht.«

»Mein Mann stellt mich auf ein Podest; ich kann nichts falsch machen. Die Beziehung ist befriedigend, aber ich bin innerlich nicht stark beteiligt.«

Man hört Ambivalenz aus den Aussagen dieser Frauen heraus.

»Leidenschaften sind ein bißchen wie der Zuckerguß auf dem Kuchen, und ich scheine mit zunehmendem Alter weniger Zucker zu brauchen – aber manchmal spüre ich die Versuchung der sie begleitenden Euphorie.«

»Ich scheine konservativ zu werden, denn ich würde eine Leidenschaft nicht wollen, weil sie für mich eine Art Illusion geworden ist, die ja doch enden muß. Ich würde Leidenschaft für andere Dinge eintauschen, die mir wichtig sind. Aber zweifellos sind die Intensität, das Abenteuer und die Faszination der Leidenschaft verlockend.«

Die Misere des Liebens oder Geliebtwerdens, des Abenteuers oder der Sicherheit und der Leidenschaft als Gegensatz zur Kreativität beschränkt sich nicht auf verheiratete Frauen. Da ich die Leidenschaften junger alleinstehender Frauen bisher wenig berücksichtigt habe, möchte ich einen Text meiner Tochter zitieren, den sie im Alter von 26 in meiner Schreibmaschine zurückgelassen hat:

»Sich zu binden würde bedeuten, sich nicht ständig Sorgen machen zu müssen – wird ›na‹ aufhören, mich zu lieben, oder liebt ›na‹ mich wirklich. Das würde das Ende dieser ständigen Angst bedeuten. Sich zu binden hieße, die Rolle des/der *Geliebten* zu akzeptieren. Die Rolle des/der Liebenden zu übernehmen bedeutet, daß man nie zur Ruhe kommt, sich nie sicher fühlt. Aber wenn man *Liebender* in einer Leidenschaft ist, hört man nie auf zu fühlen. Es ist wie eine Droge, man ist ständig *high*. Selbst wenn man sich wünscht, tot zu sein, ist man *high*. Wenn man geliebt wird (oder sich bindet), dann transzendiert man nicht, man findet sich ab, man lebt so dahin. Und wie könnte man etwas schaffen, wenn man bloß so dahinlebt. Aber wie könnte man andererseits schreiben, leben, wenn man so todunglücklich ist, daß einem jeder Schritt zu schwer erscheint. Es ist lächerlich, zu glauben, daß ein Hungernder ein Meisterwerk schaffen kann. Dieses Ideal wünschen sich viele von uns – die *Liebende* zu sein, nicht die *Geliebte*, aber genügend Sicherheit zu bekommen, genügend zurückzukriegen, um funktionsfähig zu sein. Nicht unbedingt zufrieden oder glücklich, aber etwas zu bekommen, das beinahe genug ist, jedenfalls genug, um halbwegs satt zu sein, um nicht zu verhungern. Nur ein kleiner Hunger, die Art von Hunger, die einen aktiviert. Man möchte eine Wildkatze sein, die allein fortgeht und herumstreunt und spielt und dann wieder nach Hause kommen kann und Zeit hat, sich füttern zu lassen und an einem warmen Plätzchen zu schnurren.

Die streunende Katze«

Ein bedingungsloses Ja zu Leidenschaft

Viele Feministinnen haben Leidenschaften verurteilt, weil sie zerstörerisch für Frauen seien. Aber das entspricht nicht dem, was Frauen empfinden, auf lange Zeit gesehen, wenn sie sich von Schmerz und Erschütterung einer aufwühlenden Leidenschaft erholt haben. Nur 10 Prozent der von mir Befragten bereuten ihre Leidenschaftserfahrung und meinten, daß sie dauerhafte Narben hinterlassen habe.
»Ich fühle, daß mir diese Erfahrung von Leidenschaft geschadet hat, weil sie mich leer und unerfüllt – und auch isoliert – zurückließ.«
»Ich hüllte mich in einen Panzer und Bitterkeit, die ich wahrscheinlich noch habe. Die Erfahrung tut immer noch weh – ich habe Angst davor, mich total auf jemanden einzulassen. Auch habe ich ständig mit Depressionen und dem Gefühl von Minderwertigkeit zu kämpfen.«
Fast die Hälfte der Frauen war zunächst sehr verstört, bereute aber auf längere Sicht ihre Erfahrung nicht. Für einige war sie im ganzen überwiegend positiv, und eine Frau schrieb: »Es eröffnete mir eine neue Bewußtheit von der Tiefe meiner Gefühle.«

Eine andere Frau sagte: »Ich hätte nie geglaubt, daß mich Leidenschaft und Liebe in solchem Maß besetzen könnten – ich dachte, das gebe es nur in Büchern. Doch es war wirklich – ich hatte das Gefühl, schön zu sein, und bekam viel mehr Selbstvertrauen. Ich war immer scheu gewesen. Ich kann mir das Gegenteil vorstellen, wenn meine Gefühle nicht erwidert worden wären. Es war wahrscheinlich die wichtigste Erfahrung meines Lebens. Ich bin dankbar, daß es so war.«

Aber auch viele Frauen, deren Leidenschaft mit großem Leid verbunden war, sind glücklich über so intensive Erlebnisse, gleichgültig, wie hoch der Preis gewesen war, und bestätigen damit die alte Erkenntnis, daß es besser ist, geliebt und verloren zu haben, als niemals geliebt zu haben.

»Als die Leidenschaft zu Ende ging, stürzte mich das in eine tiefe Depression. Zwei Jahre danach kann ich sagen, daß es gut für mich war; weniger die Leidenschaft selbst, obwohl sie mir bewußtmachte, wie intensiv meine sexuellen Gefühle sein konnten. Aber durch sie kam ich dazu, über mich nachzudenken. Meine besten Freunde sagen mir, ich sei seitdem zehn Jahre reifer geworden. Das Ende war äußerst schmerzhaft, aber man wird nur größer durch Schmerz.«

»Ungeachtet der Schmerzen, Enttäuschungen und der Desorientierung durch Leidenschaft bin ich froh, eine solche emotionale Intensität erlebt zu haben. Sie hat mir zu großer Selbsterkenntnis verholfen.«

»Es macht nichts, daß es in Traurigkeit endet. Für eine kleine Weile bin ich mit etwas in Berührung gekommen, was ich als den Kern meiner Seele fühle.«

»Es war schön, verzehrend, hat unglaublich Spaß gemacht, war aufregend, und ich war mit allen Fasern beteiligt, solange es dauerte-endete-wieder anfing-endete-wieder anfing und schließlich endete. Das Ende war jedesmal unfaßbar schmerzvoll und vernichtend und hinterließ bleibende Narben. Aber ich habe mir nie, nie gewünscht, daß es nicht geschehen wäre.«

Leidenschaften können so positiv gesehen als eine wichtige Entwicklungskrise bezeichnet werden. Sie scheinen zu psychischer Weiterentwicklung, tieferer Selbst-Bewußtheit, größerem menschlichem Mitgefühl und gesteigerter Kreativität zu führen. Sie können als Formen der Rückbesinnung im Dienste des Ichs angesehen werden.

Leidenschaften als Gefahr für die psychische Gesundheit

Ich sehe zwei Hauptgefahren durch Leidenschaften für das Leben von Frauen: die Gefahr eines dauerhaften Identitätsverlusts und die damit zusammenhängende chronische Gefährdung, die ich an anderer Stelle »überliebende Liebe« *(overloving)* nannte. In diesen Fällen wird das Liebesobjekt zu einer narzißtischen Verlängerung des eigenen Selbst, statt als eigenständige Person gesehen zu werden. Leidenschaftliche Liebe zu einem Kind ist kreativ und lebenerhaltend, solange das Kind klein ist. Das zeigt sich an der Bereitschaft der Mutter, ihren Schlaf zu opfern, an der Selbstverständlichkeit, mit der sie sofort auf ein Weinen des Kindes reagiert, und ganz allgemein an der Hingabe, wie sie wohl zu keiner anderen Zeit im Leben erwartet wird. Hält diese totale Aufopferung jedoch an, dann behindert sie das Bedürfnis des kleinen Kindes nach größerer Autonomie und Differenzierung. Ob es sich um ein Kind oder um einen erwachsenen Geliebten handelt, chronische Leidenschaften können zu einem zerstörenden Gefängnis werden, besonders für die Frau selbst.

»Meine zweite Leidenschaft bildet immer noch das Zentrum meines Gefühlslebens. Ich verstehe es selbst nicht. Warum hört es mit ihm nicht auf und beginnt mit jemand anderem, der in der Nähe ist? Ich habe ihn seit Jahren nicht mehr gesehen und vergleiche immer noch jeden mit ihm. Auch jetzt, da ich dies schreibe, weine ich um ihn. Ihn zu verlassen, das war, als stürbe ich. Ich starb, als ich ihn verließ, und ich bin noch nicht wieder zum Leben erwacht.«

Simone de Beauvoir beschrieb 1952 die Gefahren der Leidenschaft mit ähnlichen Worten. Sie sprach von den »Großen Liebenden«, die sich der Liebe hingeben und ganz in dem Mann, sei es Geliebter oder Ehemann, aufgehen; nur er gibt ihrem Leben Freude und Sinn. Dies ist eine Situation, in der die Möglichkeit, daß es in einer Katastrophe endet, groß ist. Der Mann erlebt die glühende Liebe der Frau als Tyrannei, und in der Beziehung herrscht bald Unterdrückung und gegenseitige Versklavung. Eine Frau, die rasend verliebt ist, wird besitzergreifend, eifersüchtig und anfällig für tiefe narzißtische Kränkungen.

Das folgende Zitat stammt von einer 27jährigen Frau, die eine verzweifelte, zweijährige Leidenschaft für einen Mann empfand, ihn schließlich heiratete und sich später scheiden ließ: »Meine Liebe zu ihm zerstörte mich. Ich verlor allmählich meine Identität. Manchmal glaubte ich, daß meine Verzweiflung mich verrückt macht. Ich verlor mich selbst ganz und war reif für die Klapsmühle. Mir wurde klar, daß ich da heraus mußte. Ich mußte erwachsen werden und mich selbst lieben.«

Von meinen 700 Befragten war etwa die Hälfte irgendwann einmal in einer Therapie gewesen. Zu meiner Verblüffung stellte ich fest, daß für die Hälfte dieser Frauen eine aufwühlende Leidenschaft der Grund dafür gewesen war. Obwohl die Umstände für das Hilfesuchen in diesem Zusammenhang häufig vieldeutig und verwickelt waren, gab es doch einige Hauptgruppen für die Ursache. Am häufigsten erwähnt wurde der Schmerz über eine Trennung, oft noch verschlimmert durch eine akute narzißtische Kränkung, durch das Gefühl, zurückgestoßen, verlassen oder betrogen worden zu sein. Plötzliche unerklärte Ablehnung scheint man besonders schwer hinnehmen zu können. Diese 37jährige verheiratete Frau spricht von einer sexuellen Leidenschaft vor zehn Jahren, als sie noch unverheiratet war. »Er konnte sich in New York nicht einleben. Eines Tages zog er fort, ohne es mir zu sagen.«

Schuldgefühle wegen einer sexuellen Leidenschaft, weil entweder die Frau oder ihr Liebhaber verheiratet war, war ein weiterer Grund für die Frauen, häufig um therapeutische Hilfe zu bitten.

»Ich empfinde dauernd leidenschaftliche Gefühle für verschiedene Männer in meinem Leben, aber dies ist die erste Leidenschaft, die zu einer sexuellen Beziehung führte. Ich liebe meinen Mann als Menschen und Freund, aber empfinde nicht die Leidenschaft für ihn, die diese anderen Männer in mir wecken. Es ist eine äußerst frustrierende Situation.«

Diese Frau meint, daß ihre letzte sexuelle Leidenschaft ihre Ehe beschädigt hat, obwohl sie sie vor ihrem Mann geheimhielt. Sie ist von Schuldgefühlen zerrissen. Dieses Motiv überschneidet sich oft mit Schmerz über Trennung oder Ablehnung, zum Beispiel, wenn sich eine alleinstehende Frau in einen verheirateten Mann verliebt.

Für manche Frauen war die Heftigkeit der Gefühle, die die Leidenschaft in ihnen ausgelöst hatte, äußerst beunruhigend, und sie erlebten große Verwirrung und Angst. Viele Beispiele haben mit einer sexuellen Umorientierung zu tun, die gewöhnlich zu einer tiefgreifenden Lebenskrise führt, in der Frauen Hilfe suchen.

Eine Frau, die Nonne gewesen war, berichtete über eine einjährige sexuelle Leidenschaft, als sie unterrichtete. Diese Erfahrung hatte sie ungeheuer aufgewühlt. Sie beschreibt sich jetzt als glücklich verheiratet, aber mit »sexuellen Problemen wegen meiner religiösen Vergangenheit und meiner ersten Leidenschaftserfahrung«. Eine 27jährige verheiratete Frau schrieb über eine vier Monate dauernde leidenschaftliche Liebe zu einer Frau, als sie 24 und noch unverheiratet war und ihre erste Stelle hatte. Sie geriet in starke Verwirrung, wurde sich »meiner selbst und meiner bisexuellen Natur voller bewußt« und entschloß sich, um psychiatrische Hilfe zu bitten.

Mehrere Frauen fingen eine Therapie an, als eine turbulente lesbische Beziehung zum Scheitern einer reizlos gewordenen Ehe geführt hatte. Manche Befragten gerieten wiederholt in destruktive oder enttäuschende Beziehungen und suchten Hilfe in erster Linie deshalb, um ihre selbstschädigenden Tendenzen zu verstehen und zu überwinden. Eine 25jährige verheiratete Frau berichtet über ihre erste sexuelle Leidenschaft, eine 18 Monate lange Episode während ihrer Studienzeit: »Ich schadete mir insofern selbst, als ich mit einem Mann zusammenlebte, der Frauen haßte. Er lehnte mich als Frau und als Mensch ab. Das führte zu Selbstzweifeln und Furcht vor dem Alleinsein und veranlaßte mich, therapeutische Hilfe zu suchen.«

Ein anderes Beispiel kommt von einer 31jährigen verheirateten Frau, die sich an eine zweijährige Leidenschaft für einen verheirateten Mann erinnert, als sie 25 war: »Er zeigte wenig oder gar kein Interesse an mir. In der Therapie begann ich, den Mythos zu untersuchen, den manche Männertypen für mich haben, und ich fing an, mich davon zu befreien. Wir erforschten Gefühle, Wünsche, Begierden und Bedürfnisse in bezug auf Männer. Ich begann, Männer zu wählen, die meine Leidenschaft erwiderten, und meine Erwartungen wurden realistischer. Ich fühlte mich selbst vollständiger und brauchte die Männer nicht mehr so sehr.«

Schließlich gab es noch eine kleine Gruppe von Frauen, deren Liebespartner sich das Leben genommen oder schwere Unfälle gehabt hatten oder an seelischen oder körperlichen Krankheiten litten und die Hilfe bei diesen tatsächlichen Gemütserschütterungen brauchten. Gefühle des Verlusts, der Trauer und der narzißtischen Kränkung waren hier natürlich genauso da wie bei den meisten anderen.

Es gibt viele Frauen, die sehr leiden, aber dennoch keine Hilfe in Anspruch nehmen wie diese 55jährige Frau, die sich an ihre erste, sexuell unerfüllt gebliebene Leidenschaft im Alter von 25 erinnerte:

»Ich verlobte mich mit diesem Mann, aber er fing an, sich gleichgültig zu verhalten. Ich verließ die Armee und kehrte nach Hause zurück. Ich glaube, ich hatte die Symptome einer psychischen Krankheit, aber ich bemühte mich nicht um psychiatrische Hilfe. Es gelang mir aus eigener Kraft, damit fertig zu werden. Es war eine äußerst unglückliche Zeit in meinem Leben. Ich möchte diese Erfahrung nicht noch einmal durchmachen, es war sehr schmerzhaft, aber schließlich kam ich mit großer Mühe darüber hinweg. Ich frage mich oft, ob mein Leben anders verlaufen wäre, wenn ich diesen Mann meiner Leidenschaft geheiratet hätte. Mein jetziger Mann hat mich auch verletzt. Deshalb habe ich allgemein das Gefühl, in meinen Liebeserlebnissen kein Glück gehabt zu haben.«

Warum müssen die meisten großen Liebenden im Drama und in der Literatur sterben? Leidenschaften lassen sich nicht zähmen, und ebensowenig werden unsere Emotionen zivilisiert trotz aller Bemühungen unserer Gesellschaft, sie in die Ehe zu lenken. Denis de Rougemont wies 1956 darauf hin, daß die erschütterndsten Liebesgeschichten aller Zeiten von Leidenschaften handeln, die gegen starke gesellschaftliche Tabus verstoßen; *Lolita* von Nabokov ist so ein Beispiel. Tristan und Isolde hatten eine ehebrecherische Leidenschaft, was damals ein sehr schwerwiegendes Vergehen war; das gleiche gilt auch für Anna Karenina. Vielleicht muß sich die Gesellschaft vor solchen Übertretungen schützen. Nach de Rougemont ist das Ziel wahrer Leidenschaft die totale Vereinigung, und diese könne nur im Tod geschehen. Vor allem aber hat es den Anschein, daß Leidenschaft nur dann ihren Höhepunkt in all ihrer Glorie und Schönheit bewahrt, wenn einer oder beide Liebenden sterben.

Im günstigsten Fall wird aus Leidenschaft Zuneigung oder Freundschaft, und wir haben gehört, daß sie einen schimmernden Glanz auf viele spätere Ehejahre werfen kann. Da Liebe und Haß sehr eng beieinanderliegen, kann Leidenschaft auch in Haß umschlagen und gekränkte Leidenschaft in gewalttätige narzißtische Wut.

Medeas Rache auf den Betrug an ihr ist ein schauerliches Beispiel dafür. Bei ihr verwandelt sich Leidenschaft in narzißtische Raserei, während Anna Karenina ihre Wut selbstmörderisch gegen sich richtet. Wir alle verstehen, wie es zu einem Mord aus Leidenschaft kommen kann. Aus Leidenschaft kann aber auch mit der Zeit Gleichgültigkeit werden, ihr eigentliches Gegenteil.

Zusammenfassung

Die erste Bindungserfahrung in der Kindheit ist nicht die reine Glückseligkeit. Sie wechselt zwischen stürmischer Liebe und Haß. Dennoch gibt es dort gewöhnlich genügend emotionale Nahrung für den Menschen, um ihn für den Rest seines Lebens zu humanisieren. Von Zeit zu Zeit scheinen viele von uns für eine gewisse emotionale Erneuerung zu dieser Quelle zurückzukehren und durchleben erneut in einer Leidenschaft die Qualen und Wonnen und das Verschmelzen mit dem idealisierten Objekt des ersten Lebensjahres. Wenn alles gutgeht, kommen wir mit einem Gefühl erneuerter Kreativität und gesteigerter Ich-Integration daraus hervor. Leidenschaft ist somit eine Form der Regression im Dienste des Ichs. Doch wie alle Regressionen muß auch sie zeitlich begrenzt sein, um ihr schöpferisches Potential zu behalten. Eine andauernde Leidenschaft, sei es für einen Erwachsenen oder ein Kind, droht zu einer regressiven Erfahrung mit einem Verlust der Ich-Grenzen zu werden und sich auf das Wachstum beider Beteiligten behindernd und zerstörerisch auszuwirken. Wir können nur darüber spekulieren, ob wiederholte chronische Leidenschaften ein überlebendes Bindungserlebnis in der Kindheit widerspiegeln.
Es gibt viele Erforscher der menschlichen Natur, die die Exzesse leidenschaftlicher Liebe beklagen. Fingarette lehnte 1963 zum Beispiel in taoistischem Geist jede Art überlieben der Beziehungen ab. Er glaubte, daß »Ablösung der unerläßliche Boden ist, aus dem Beziehungen zwischen wirklich autonomen Individuen wachsen können«. Er plädierte für Eigenständigkeit ohne Gleichgültigkeit; Respekt ohne Neid oder Erwartungen; Liebe ohne Besitzstreben; Fürsorge ohne Kontrolle. In der Tat würde uns eine solche reife Liebe die Schmerzen, das Leiden und den Aufruhr jener Leidenschaften ersparen, die die von mir Befragten geschildert haben.

Doch besteht nicht vielleicht die Gefahr, daß die totale Differenzierung in einer Beziehung, wie Fingarette sie empfiehlt, das Ende tiefer und intensiver Liebe bedeutet? Vielleicht ist der Mangel an Differenzierung das Bindeglied, das unser soziales System zusammenhält. Wird reife Loslösung das Feuer, den Funken und die lebenspendende Leidenschaft auslöschen, die von narzißtischen Bedürfnissen genährt wird, und wird dies den Tod der Kreativität bedeuten?

Ich bin zu dem Ergebnis gekommen, daß signifikante Beziehungen stets in der heiklen Balance zwischen jenen Polen schweben, die ich »unterliebend« und »überliebend« genannt habe – zwischen einer Distanzierung, die an Gleichgültigkeit und Sterilität grenzen kann, und einem leidenschaftlichen Engagement, das zudringlich und destruktiv zu werden droht. Diesen schöpferischen Akt der Gratwanderung können wir als eine lebenslange Aufgabe ansehen.

Um beiden Polen gerecht zu werden, möchte ich diesen Abschnitt mit zwei Zitaten beschließen, die sowohl das Bedürfnis nach Distanz als auch das Bedürfnis nach Leidenschaft feiern.

Das erste, über das Wesen der Liebe, stammt von Rainer Maria Rilke und ist seinen *Briefen über Liebe* entnommen.

»Es handelt sich in der Ehe für mein Gefühl nicht darum, durch Niederreißung und Umstürzung aller Grenzen eine rasche Gemeinsamkeit zu schaffen, vielmehr ist die gute Ehe die, in welcher jeder den anderen zum Wächter seiner Einsamkeit bestellt und ihm dieses größte Vertrauen beweist, das er zu verleihen hat. Ein *Miteinander* zweier Menschen ist eine Unmöglichkeit und, wo es doch vorhanden scheint, eine Beschränkung, eine gegenseitige Übereinkunft, welche einen Teil oder beide Teile ihrer vollsten Freiheit und Entwicklung beraubt. Aber, das Bewußtsein vorausgesetzt, daß auch zwischen den nächsten Menschen unendliche Fernen bestehen bleiben, kann ihnen ein wundervolles Nebeneinanderwohnen erwachsen, wenn es ihnen gelingt, die Weite zwischen sich zu lieben, die ihnen die Möglichkeit gibt, einander immer in ganzer Gestalt und vor einem großen Himmel zu sehen!

Deshalb muß also auch dieses als Maßstab gelten bei Verwerfung oder Wahl: ob man an der Einsamkeit eines Menschen Wache halten mag, und ob man geneigt ist, diesen selben Menschen an die Tore der eigenen Tiefe zu stellen, von der er nur erfährt durch das, was, festlich gekleidet, heraustritt aus dem großen Dunkel.

So ist meine Meinung und mein Gesetz. Und, wenn es möglich ist, lassen Sie bald wieder Mutiges und Gutes von sich hören

Ihren getreuen

Rainer Maria Rilke«

Das zweite Zitat ist ein Auszug aus einem Liebesbrief, den Mary Wollstonecraft, die große Feministin, im Jahr 1795 schrieb. Nach ihren Liebesbriefen zu urteilen, war sie eine Heldin unerwiderter Leidenschaft. Wenn ich mit ihrem Zitat und nicht mit dem Rilkes schließe, mir das Beste für den Schluß aufhebe, gebe ich zu erkennen, auf welcher Seite dieses Balanceakts meine eigenen Sympathien liegen:

»Liebe ist ein Bedürfnis meines Herzens. Ich habe mich in letzter Zeit sorgfältiger geprüft als zuvor und muß erkennen, daß sich abzutöten nicht bedeutet, inneren Frieden zu finden. Aus dem Wunsch nach Ruhe habe ich meine Seele fast ihrer ganzen Energie beraubt – fast ausgemerzt, was sie wertvoll macht ... der Wunsch, den Frieden wiederzufinden (verstehst du mich?) hat mich den Respekt vergessen lassen, den ich meinen eigenen Gefühlen schulde – heiligen Gefühlen, die die sicheren Vorboten der Wonnen sind, zu deren Genuß ich geschaffen wurde.«

Die Frau hatte vor langer Zeit beschlossen, sich nie vor Kinokassen oder in Restaurants anzustellen, und auch in Toiletten tat sie es nur in äußerster Not. Jetzt entschied sie sich, das Telefonieren zu den inakzeptablen Wartereien dazuzurechnen. Sie fand, daß sie einen Sonntagnachmittag nach dem anderen zögerte, einen Spaziergang zu machen, eine Freundin zu besuchen, kurz, das Haus zu verlassen, um nicht über den Ozean hinweg seinen bezaubernden britischen Tonfall zu verpassen.

Aber daß heute kein Anruf kam, hatte noch eine andere Bedeutung. Sie hatte absolut damit gerechnet, daß er sie an diesem Tag anrufen würde. Bei ihrem letzten Zusammentreffen hatte sie betont ihre Brustbiopsie erwähnt, und er hatte den Termin pflichtschuldig in seinen Kalender eingetragen. Sie hatte angenommen, daß er sich melden würde, sicher nicht am Tag der Operation, aber am folgenden Sonntag, da dies sein üblicher Anruftag war. Er war kein Mann, der zu unüberlegten, impulsiven Handlungen neigte. Entweder hatte er vergessen anzurufen – man überprüft seinen Terminkalender schließlich nicht am Sonntag –, oder er hatte ihr nicht verziehen, diese Geschichte über ihn geschrieben zu haben. Sie wußte, daß sie ihm bei ihrer letzten Begegnung, als sie sich für ein weiteres Jahr voneinander verabschiedeten, niemals hätte davon erzählen sollen. Es war ohnehin unwahrscheinlich, daß die Geschichte je erscheinen würde, und wenn doch, dann war es unwahrscheinlich, daß er sie zu sehen bekam. Als ständig mit akademischen Verpflichtungen überhäufter Universitätsprofessor hatte er sicherlich keine Zeit, Kurzgeschichten zu lesen. Aber sie hatte der Versuchung nicht widerstehen können, ihm die freudige Nachricht mitzuteilen, weil sie es ihm zuschrieb, ihre Kreativität entzündet zu haben. Ihre ungelenken kleinen Geschichten waren ihr größtes Vergnügen im Leben. Von dem Wunsch erfüllt, ihn an ihrer Feststimmung teilhaben zu lassen, hatte sie ihre Befürchtung beiseite geschoben, daß dieser in sich gekehrte Mann die Idee, die Hauptperson in einer ihrer Geschichten zu sein, hassen und fürchten würde. Bald nachdem sie ihm von der Geschichte erzählt hatte, mußte sie Cambridge verlassen, um den Zug nach London und das Flugzeug zurück nach Boston zu nehmen. Sie hatten versucht, den Sprung zu vertuschen, der durch ihre Geschichte entstanden war. Aber der Abschied fiel ihnen ohnehin niemals leicht, und es schien sich jetzt bloß um eine weitere Variante der Streitigkeiten zu handeln, die sie im letzten Augenblick vom Zaune zu brechen pflegten. Es hatte ihr richtig leid getan, gerade diesen Streit verschuldet zu haben.

Dennoch hatte sie angenommen, daß er nicht grundlegend neu war, und hatte wie in anderen Jahren auf ihre Sonntagsanrufe gewartet. Ein Monat war inzwischen vergangen, aber er hatte nicht angerufen und nicht geschrieben. Das war jedoch nichts Besonderes. Während sie nach dem Beisammensein mit einem geliebten Menschen weiter Kontakt brauchte, neigte er dazu, sich nach der Nähe einen Urlaub von der Beziehung zu gönnen. Dennoch mußte die Tatsache, daß er sie nach ihrer Operation, so geringfügig und alltäglich sie diese auch dargestellt hatte, nicht anrief, ein Signal dafür sein, daß er die Beziehung jetzt beenden wollte. Sie glaubte nicht wirklich, daß er über die Geschichte wütend war. Wahrscheinlicher war, er hatte es vergessen oder war sonst womit beschäftigt.

Ihre Erinnerung kehrte zum Anfang ihres Besuchs im vergangenen Sommer zurück. »Ich werde dich in eine Ausstellung nehmen«, hatte er am Telefon gesagt, als sie bei seinem Anruf im späten Frühling ihren jährlichen Sommerbesuch ankündigte. Ein Zögern in seiner Stimme verriet ihr seine Panik, daß sie mehr Dinge von ihm erwarten würde, mehr Zeit, mehr Liebe, mehr Aufmerksamkeit, als er ihr je geben könnte. Es irritierte sie auch, daß sein Ton wie der eines Mannes klang, der eine verwegene Fahrt auf die Südseeinseln vorschlug. Außerdem mißfiel ihr an seiner Einladung das Wort »nehmen«. Sie war keine Frau, die es schätzte, irgendwohin genommen zu werden. Aber sie sehnte sich auch nach Kontakt auf einer Ebene, die er annehmen konnte. Statt ihm also seine Ausdrucksweise vorzuwerfen, hatte sie zwei Wochen vor ihrem Zusammentreffen damit angefangen, ihm täglich ein paar Zeilen zu schreiben. Sie hatte die Hoffnung, daß sie sich nicht wieder wie in der Vergangenheit als Fremde gegenüberstehen würden, sondern einfach fortfuhren, am Gewebe ihrer Beziehung weiterzuwirken.

Es war ihre Idee, sich gleich am Tag ihrer Ankunft in seinem hübschen Büro auf der vierten Etage eines alten Turms zu treffen, eine Idee, die er dann als seine eigene ausgab. Welche Erlösung, nicht stundenlang auf seinen Anruf warten zu müssen. Sie verhielten sich vorsichtig, als sie in seinem Büro, wo sie sich vor einigen Jahren zum ersten Mal begegnet waren, beieinandersaßen. Er war einmal in einem Sabbatical vor sechs Jahren, als sie sich einen lebenslangen Traum erfüllte, am Trinity College in Cambridge Geschichte zu studieren, ihr Tutor gewesen. Sie war Psychologin, aber sie hatte immer bedauert, nicht Geschichte studiert zu haben. Sie hatte in London gewohnt und an einer Klinik gearbeitet, aber jeden Dienstagmorgen fast verstohlen in Kings Cross den Zug nach Cambridge genommen, um zu ihrem wöchentlichen Unterrichtskurs zu fahren und zwei Tage in der Bibliothek zu verbringen.

Anfangs hatten sie einige Male hitzige Auseinandersetzungen. Er hatte über ihre Behauptung gespottet, die Industriellen hätten bei der Machtergreifung Hitlers keine eindeutige Rolle gespielt. Er war nicht an Studentinnen gewöhnt, die ihm widersprachen, und daß sie um so vieles älter und in ihrem eigenen Land, wenn auch auf anderem Gebiet, »Professorin« war, hatte er als Herausforderung empfunden. Sie hatte den innigen Wunsch, ihm zu gefallen, aber nicht auf Kosten ihrer intellektuellen Integrität. Beide hatten umfangreiche Recherchen angestellt, um den anderen vom eigenen Standpunkt zu überzeugen. Mit Erleichterung und Triumph stimmten sie schließlich in ihren Meinungen überein und hatten im letzten Moment sogar zusammen eine Arbeit geschrieben. Er war sehr froh und stolz gewesen, als er sie anrief, weil ihr gemeinsamer Aufsatz von einer renommierten britischen Fachzeitschrift angenommen worden war. Als das herrliche Jahr zu Ende war, hatte sie sich in ihn verliebt, während er vorsichtig interessiert war, mit ihr eine Korrespondenz zu beginnen. Bei der ersten Begegnung dieses letzten Sommers brachte sie, um die Fremdheit zwischen ihnen zu überbrücken, rasch die Rede auf den Brief, den sie kurz vor ihrer Abreise von ihm erhalten hatte. Sie hatte aus dem Brief Verzweiflung herausgelesen, aber er hob halb überrascht die Brauen; er könne sich nicht recht erinnern, was er ihr geschrieben haben könnte, alles sei in bester Ordnung. Aber aus geheimnisvollen und undurchsichtigen Gründen hatte er es sich seit ihrem Telefonat anders überlegt und neue Pläne gemacht. Vielleicht brauchte er Unterstützung und spürte ihre Bereitschaft, ihm in jeder Weise zu helfen, was nützlich und annehmbar für ihn sein mochte. Er bat sie, den unvollendeten ersten Entwurf seines Buches zu lesen, das ihm so sehr am Herzen lag und das er wegen seiner vielfältigen Verpflichtungen noch nicht hatte abschließen können. Statt also wie jedes Jahr gemeinsam ins Museum zu gehen, hatten sie nun eine Reihe von Verabredungen, eine für fast jeden Tag der Woche ihres Aufenthalts in Cambridge. Sie konnte es kaum fassen, daß er so viel Zeit mit ihr verbringen wollte. Sie hatte ihn stets als einen Mann gekannt, der jede Viertelstunde nervös auf seine Uhr blickte. Daß ihn das Gefühl der verrinnenden Zeit umtrieb, führte sie auf einen leichten Schlaganfall ein halbes Jahr vor ihrem ersten Zusammentreffen zurück. Er schien ihm die Kürze des Lebens bewußtgemacht zu haben, und seine Gedanken beschäftigten sich seitdem häufig mit seiner Sterblichkeit oder Unsterblichkeit. Geblieben war eine leichte Behinderung des linken Arms und des linken Beins, die ihn zwangsläufig in vieler Hinsicht einschränkte, ermüdete und ohne Zweifel zu seinem Gefühl beitrug, unter Zeitdruck zu stehen. Sie hatte sich im Winter zuvor die Hand gebrochen und erlebt, um wieviel komplizierter und mühsamer das Leben mit nur einer brauchbaren Hand wurde. Das hatte ihr geholfen, sich in seine ständige Belastung besser einfühlen zu können.

Er wollte sie nicht in seiner Wohnung treffen, wo seine magersüchtige Tochter möglicherweise für sie kochen würde, und er wollte sie nicht in seinem Universitätsbüro treffen, wo er sich durch ständige Anforderungen unter Druck gesetzt fühlte. Statt dessen trafen sie sich in der kleinen Wohnung, in der sie jedesmal war, wenn sie in diese Stadt kam. Die Wohnung gehörte ihren Freunden, die kamen und gingen und sich taktvoll im Hintergrund hielten. Er war bereit, die steile Treppe zum ersten Stock hinaufzusteigen, was mühsam und ermüdend für ihn war. Es war schwer für sie, diesen anstrengenden Aufstieg mit anzusehen. Sie fand einen Sessel in diesen bescheidenen vier Wänden, der seinen Rücken hinreichend stützte. Er kam jeden Mor-

gen auf die Minute pünktlich und ließ sich in dem einzigen guten
Sessel nieder, als hätte er einen Ort des Trostes und des inneren
Friedens gefunden.

Sie hatte alle hundertfünfzig Seiten seines Manuskripts am Tag ihrer
Ankunft bis spät in die Nacht hinein gelesen, ihren Jetlag dabei
vergessen und ungeheure Freude und vielleicht auch Erleichterung
darüber empfunden, daß er ein gutes Buch geschrieben hatte. Es ging
um die verräterischen Aspekte des Versailler Vertrages. Er war daran
interessiert, psychologische Konzepte in seine historischen Analysen
einzubringen, was von manchen ernsthaften Wissenschaftlern mit
Skepsis aufgenommen wurde. Es lag ihm besonders an ihrer Bestätigung, daß seine psychologischen Deutungen stichhaltig und sinnvoll
waren, weil das für ihn Neuland war. Er hatte etwas Angst vor der
Aufnahme, die seine neuartigen Ideen bei seinen Kollegen finden
würden, aber gleichzeitig erhoffte er sich so etwas wie einen Nobel-
preis für Historiker.

Tag für Tag saßen sie auf ihrer kleinen Insel beisammen, und obwohl
sie konkrete Vorschläge machte, hoffte sie vor allem, ihn zu ermutigen und seine übertriebenen Größenphantasien und Befürchtungen,
mit denen er sich selbst behinderte, zu dämpfen. Im Laufe der gemeinsam verbrachten Zeit vertraute er ihr seine Sorgen, Befürchtungen
und Ängste an, die es ihm erschwerten, mit seinem Buch voranzu-
kommen. Ihr seine Gefühle zu offenbaren war ein Teil ihrer gemeinsamen Arbeit. Sie war überglücklich, seine Lehrerin und Therapeutin zu
werden, weil dies Lebensrollen waren, in denen sie sich anerkannt und
sicher fühlte. Ab und zu hätte sie sich gern erhoben und ihn geküßt,
und wenn sie an der Lehne seines Sessels vorüberging, spürte sie die
Versuchung, ihre Arme um seinen Hals zu legen. Aber sie beherrschte
sich, weil sie wußte, daß das gegen seine Regeln war.

Sie kaufte für beide ein, und sie kannte seine Gewohnheiten gut
genug, um ihm um elf Uhr vormittags eine Tasse Kaffee zu machen
und um ein Uhr das Mittagessen zu servieren; sie war entzückt, daß sie
ihn in ihrer Inselwohnung so gut bewirten konnte. Um zwei Uhr ging
er, um am nächsten Morgen wunderbarerweise zurückzukehren. Beim
Mittagessen hatten sie Zeit, über ihre schwierige Beziehung zu sprechen. »Sooft ich eine Arbeit schreibe«, sagte sie zu ihm, »ist mein
erster Impuls, sie dir zu schicken. Mein zweiter Gedanke ist Bitterkeit,

daß du dir nicht die Mühe nehmen wirst, sie zu lesen, und ich beschließe, dir meinen Aufsatz nicht zu zeigen. Nach einer Weile möchte ich großzügig und liebevoll zu dir sein, und ich schicke dir die Arbeit doch, deren Empfang du nicht bestätigst. Es ist, als wüßtest du meine Gedanken nicht zu schätzen. Aber da du mich bittest, dir bei deinem Buch zu helfen, gibst du mir andererseits zu verstehen, daß ich dir Dinge beibringen könnte.« Sie nahm sich auch die Freiheit, ihm zu sagen, daß sie ihre Gefühle für ihn als eine ihr fremde Sucht ansehe, einen Fremdkörper in einem sonst sehr disziplinierten Leben. Sie fügte hinzu, umgekehrt glaube sie, daß er sich nur geschmeichelt fühle, weil eine Frau ihres Ansehens ihn so sehr liebe. Sie nahm seine Hände in ihre, als sie ihm diese schwierigen und schmerzhaften Gedanken mitteilte, und sie war dankbar, daß er ihre Gefühle hören konnte, daß er ihr später vielleicht sogar durch irgendein neues Verhalten andeuten würde, daß er sie gehört hatte. Es stimmte auch, daß all ihre schlechten Gefühle weniger giftig wurden, sobald sie sie ihm mitteilen konnte.

Seine Gebrechlichkeit weckte eine besondere Großzügigkeit in ihr. Gerade weil sie die Rolle der unliebenden Frau so sehr störte, die sie viele Jahre lang gespielt und in die sie von ihrem früheren Mann gedrängt worden war, genoß sie um so mehr ihre Gefühle der Offenheit und den Wunsch, ihm zu helfen. Sie wußte von Anfang an, daß er ein gut verheirateter Mann war, daß er seine Frau liebte, aber das hatte keine große Bedeutung. Sie hielt sich für eine Frau, der es wichtiger war, zu lieben als selbst geliebt zu werden.

Sie trafen sich am Samstag, Montag, Dienstag und Mittwoch, und sie verzichtete gern auf alle übrigen Pläne, die sie für ihren Urlaub gemacht hatte. Sie erinnerte sich kaum noch, was es gewesen sein könnte. Er kam auch am Donnerstag, aber das war kein guter Tag mehr, denn inzwischen war sie von der Angst besetzt, daß vor ihrem Wiedersehen erneut ein Jahr vergehen würde. Er brachte ihr einen Riesenstrauß roter Gladiolen und Lilien, eine ungewohnte Erfahrung für sie, da es ihre Rolle in der Beziehung war, Geschenke zu machen, nicht seine. »Oh, wie viele schöne Blumen«, sagte sie, und er lachte wie ein verlegener kleiner Junge. »Ich wollte einmal großzügig sein«, antwortete er.

Sie hatte auch ein Geschenk für ihn. Sie hatte ihm sein Lieblingskonfekt gekauft und die Anweisung beigelegt, immer dann ein Stück Schokolade zu essen, wenn er sich besonders entmutigt fühlte. Es handle sich um »Zauberbonbons«, die ihn sofort daran erinnern würden, daß er das Recht und sogar die Pflicht habe, das Leben zu genießen.

Sie glaubte, er spüre ihren Kummer darüber, daß dies ihr letztes Zusammensein war, aber er wußte sie nicht zu trösten. Ihr eigener Mann war auch immer hilflos gewesen, wenn er mit ihrem Schmerz konfrontiert war. Vielleicht war sie ein Mensch, den niemand trösten konnte. Oder vielleicht konnte er sie nicht trösten, weil er ihren Schmerz nicht teilte. Sie hatte ihm gesagt, wie schwer es für sie sei, die Traurigkeit des Abschieds immer allein zu tragen. Es verwirrte sie, daß er sich bei ihr Trost, Wärme und Bestätigung holte und sie ohne ein Wort des Bedauerns wieder fortgehen ließ.

Bevor sie wegging, um eine Besorgung zu machen, gab sie ihm einen Brief, den sie ihm am Abend zuvor geschrieben hatte. Am Ende dieses Briefes, als Postskriptum, machte sie den Vorschlag, er möge sie am Samstag auf den geplanten Besuch zu seiner Mutter mitnehmen, den er erwähnt hatte. Er hatte ihr erzählt, daß seine 80jährige Mutter nach dem Tod ihres Mannes in ein stattliches Landhaus gezogen sei, das in eine Seniorenresidenz für adlige Herrschaften umgewandelt worden war. Sie hatte diese Bitte um einen gemeinsamen Besuch mit großer Beklommenheit niedergeschrieben, da sie es nicht wagte, sie direkt zu äußern. Als sie zurückkam, dankte er ihr für den Brief, verlor aber sonst kein Wort darüber, und sie fuhren fort, an der Gliederung seines Buches zu arbeiten. Sie fand sogar einen Titel für sein Buch, der ihm wirklich gefiel. Wie würde die Widmung heißen? »Für meine Frau, ohne die dieses Buch niemals hätte geschrieben werden können« – was natürlich stimmte, da seine Frau eine loyale und treusorgende ständige Gefährtin war, während sie nur kurze Auftritte in seinem Leben hatte.

Als die Zeit des Abschieds näher kam und er den Besuch bei seiner Mutter mit keinem Wort erwähnte, stellte sie sich vor, daß ihre Bitte zu unverschämt gewesen sei, um sie auch nur abzulehnen. Dennoch nahm sie noch einmal ihren Mut zusammen und fragte ihn danach. Es stellte sich heraus, daß er ihr Postskriptum gar nicht gelesen hatte. Er überlegte einigermaßen erstaunt und meinte dann, daß er auf Wunsch seiner Mutter mit seiner psychisch kranken Tochter hinfahren werde. Sie wurde jetzt ganz kühn und versicherte ihm, daß sie sich bei seiner Mutter sehr gut benehmen werde; sie fügte hinzu, daß sie auf seinen Anruf warten werde, für den Fall, daß seine Tochter es sich anders überlege. Er schien zu befürchten, daß sie enttäuscht sein werde, und empfahl ihr, nicht mit ihm zu rechnen. Die Gelegenheit, Zeit mit seiner Tochter zu verbringen, hatte Vorrang vor allem. Aber als sie am Freitagabend nach Hause kam, fand sie eine Nachricht vor, daß die Fahrt stattfinde und daß sie eingeladen sei mitzukommen.

Es hatte lange vorher aufgehört zu regnen, und sie hatten eine herrliche Fahrt durch die englische Landschaft. Sie fühlten sich beide in Ferienstimmung, und sie war fest entschlossen, jede Minute dieses kostbaren Tages zu genießen; sie war eine Frau, die die Augenblicke großen Glücks zu speichern suchte, wie andere Leute Kartoffeln im Keller lagern, um möglichen Hungerzeiten vorzubeugen. Sie versuchte, ihm klarzumachen, wie sehr sie diese Wiesen an Bilder aus einem ihrer liebsten Kindheitsbücher über einen Mann erinnerten, der mit den Tieren sprechen konnte. Sie erinnerte sich an die Bilder von alten Pferden, die friedlich auf den Wiesen einer »Farm für pensionierte Pferde« grasten, die Dr. Doolittle für sie gekauft hatte. Er fragte sie selten – offenbar zog er es vor, ihr aus seinem eigenen Leben zu erzählen –, womit sie einverstanden war. Aber manchmal wartete sie nicht auf seine Fragen, sondern erzählte ihm einfach von Dingen, die ihr wichtig waren, und auch er schien damit einverstanden. Sie hatte sich seit Jahren danach gesehnt, eine Reise mit ihm zu machen. »Das ist unsere Probefahrt für die Reise nach Paris, die wir eines Tages machen werden«, sagte sie, auf ihren Wunschtraum anspielend. Von Zeit zu Zeit legte sie ihre Hand auf seine am Lenkrad. Er hatte schöne Finger und schmale Hände. Er zuckte weder zusammen, noch lächelte er, wenn sie das tat. Es war bedrückend für sie, niemals zu wissen, ob ihm diese Berührungen angenehm waren oder ob er sie einfach über sich ergehen ließ, weil er glaubte, für ihre Freundschaft zahlen zu müssen. Sie meinte zu spüren, daß es das letztere war.

Sie hatte ihm erklärt, wie kühn ihr ihre Bitte vorgekommen war, sie zu seiner Mutter mitzunehmen, nicht nur einmal, brieflich, sondern dann noch einmal mündlich. Er stimmte ihr durchaus zu, daß sie ein enormes Risiko eingegangen war. Sie hatte sich anfänglich gesorgt, ihn vielleicht zu etwas genötigt zu haben, was er im Grunde nicht wollte – ein vertrautes Thema für beide in ihrer Beziehung; aber sie hatte sich damit getröstet, daß es leicht für ihn gewesen wäre, ihr zu sagen, daß seine Tochter mitkomme. Dann fragte sie ihn, was so schwierig für ihn gewesen sei. Er erklärte, er hätte seiner Tochter ausnahmsweise die Wahl gelassen, mitzukommen oder nicht, und die Tochter hätte sich gegen den Besuch entschieden. Sie fragte sich, ob der Vater seiner Tochter angedeutet hatte, er würde lieber mit jemand anderem fahren, aber diesen Gedanken behielt sie für sich. Das schwierige daran sei, erklärte er nach weiteren Fragen, wie ein Schuljunge errötend, wie er seiner vornehmen, aristokratischen Mutter eine ausländische Jüdin vorstellen sollte. Er erwähnte einen Vorfall, bei dem seine Mutter eine antisemitische Bemerkung gemacht hatte, und es wurde undeutlich, ob er sich ihrer schämte oder seiner Mutter. Es war eine Mischung aus beiden Gefühlen, was er ihr anvertraute. Was würde sie von seiner Mutter halten, und was würde seine Mutter von ihr halten?

Sie war belustigt und berührt über seine Verlegenheit und Ehrlichkeit. Für sie war es eine selbstverständliche Voraussetzung, daß seine Mutter als britische Aristokratin Vorurteile gegenüber Juden haben würde. Doch sie wußte auch ganz sicher, daß sie das Herz seiner Mutter gewinnen konnte, insbesondere, da sie eine natürliche Vorliebe für alte Damen hatte, und sie verbot ihm, sie über die Themen zu instruieren, die sie mit seiner Mutter erörtern dürfe. »Du wirst sie in deiner üblichen Art ausfragen«, sagte er mit gereizter Stimme, »und ihr werden deine Fragen vielleicht unangenehm sein.«

Die alte Mutter, immer noch eine schöne Frau mit funkelnden blauen Augen und einem Gesichtsausdruck, den sie von ihrem Sohn kannte, empfing sie durchaus liebenswürdig, wenn auch etwas förmlich. Sie hatte ihn um Erlaubnis gebeten, ihr seine Blumen mitbringen zu dürfen, weil sie ohnehin am nächsten Tag abreisen würde. Sie erinnerte ihn daran, daß die Blumen ihr Geschenk sein würden, da es ihre Blumen wären. Die Mutter war entzückt davon und arrangierte sie sehr sorgfältig in einer antiken Vase. Sie bewunderte all die schönen Dinge, Zeugnisse ihres vergangenen Lebens, von denen das Zimmer erfüllt war, und sie war begeistert von den wunderbaren Stickereien, die die Mutter immer noch selbst entwarf und ausführte. Sie hatte selbst Freude am Sticken, und bald waren sie und die Mutter in ein Gespräch über ein gemeinsames Interesse vertieft.

Sie nahmen das Mittagessen in einem eleganten Speisesaal an einem für Gäste reservierten, weiß gedeckten Tisch ein. Die Mutter stellte ihren Sohn und seine Begleiterin mit einem gewissen Stolz einigen anderen, sehr alten Gästen vor. Beim Mittagessen neckte sie die alte Frau vorsichtig, als sie von ihren feministischen Ansichten erzählte, und sie lachten zusammen und machten Scherze. Später gingen sie wieder hinauf, um ihren Kaffee zu nehmen, und die Mutter bot ihrem Sohn an, seinen üblichen Mittagsschlaf auf ihrem Bett zu halten. Lesend saßen sie an beiden Seiten des Bettes und wachten gemeinsam über ihn. Von Zeit zu Zeit lächelten sie einander zu, und sie dachte, die ältere Frau gebe ihr die Erlaubnis, in ihren erlauchten Kreis aufgenommen zu werden.

Der Nachmittag dauerte viel länger als geplant, da die Freude des Sohnes, seine Mutter so lebhaft und angeregt zu sehen, von Stunde zu Stunde zugenommen hatte. Fast vergaß er, auf seine Uhr zu schauen. Als sie bemerkte, daß die Mutter überwiegend historische Tagebücher las, legte sie ihr nahe, ihre eigene Lebensgeschichte für ihre Enkel aufzuschreiben. Und die Mutter nahm den Vorschlag ernst und begann, sich daran zu erinnern, wie gern sie geschrieben hatte, als sie noch ein Schulmädchen war. Als sie sich schließlich verabschiedeten, umarmte die Mutter sie voll Spontaneität, Wärme und mit ein wenig Traurigkeit, daß der Besuch zu Ende war.

Er bemerkte auf dem Nachhauseweg, daß er seine Mutter seit vielen Jahren nicht mehr in so angeregter Stimmung gesehen habe. Vielleicht war sie endlich über den Verlust ihres Mannes vor drei Jahren hinweggekommen. Er schien sehr froh zu sein, sie eingeladen zu haben, und er dankte ihr für ihre Bereitschaft, Risiken einzugehen und ihn auf neue Möglichkeiten aufmerksam zu machen. Sie empfanden Nähe und Glück nach diesem gemeinsam genossenen Nachmittag. Er sprach mit Stolz davon, daß er an den letzten zwei Tagen um sechs Uhr morgens aufgestanden sei, um seine beiden neuen Kapitel zu schreiben. Es war der erste neue Anlauf nach vielen Monaten des Schweigens. Da sie eine unersättliche Frau war, die Dinge gesagt bekommen wollte, statt sich mit Andeutungen zu begnügen, fragte sie ihn, ob sie ihn dazu angeregt habe. Er konnte ihr zustimmen, wenn sie ihn so direkt fragte, doch es lag ihm nicht, ihr spontan in Worten, die sie hören und empfinden konnte, zu sagen, wieviel ihm ihr Beisammensein bedeutet hatte. Das war traurig für sie, weil sie eine Frau war, die Worte brauchte, obwohl sie auch gelernt hatte, seine sprachlosen Signale aufzufangen, sogar über den Ozean hinweg. Sie hatte seine neuen Kapitel gelesen, während er auf dem Bett seiner Mutter schlief, und hatte bemerkt, daß er ihre Ideen und Anregungen aufgenommen hatte. So würden sie schließlich doch ein gemeinsames Kind haben. Er bemerkte dann, seine Frau hätte vorgeschlagen, sie als Dank für ihre Hilfe an seinem Buch zum Abendessen einzuladen. Ob sie einverstanden sei? Sie blieb lange Zeit stumm, da sie den Gedanken nicht mochte, daß etwas, wozu sie keine Lust hatte, eine Belohnung für sie sein sollte. Er tolerierte ihr sehr langes Schweigen in seiner respektvollen Art, nahm aber ihr offenkundiges Mißbehagen nicht zur Kenntnis. Sie meinte schließlich, daß sie nach dem Abendessen vorbeikommen werde, um eine Tasse Tee mit ihnen zu trinken. Doch er rief sie in der nächsten Stunde an, um ihr zu sagen, daß seine Frau auswärts essen wolle und daß er hoffe, sie käme mit. Sie wollte ihm sein Leben nicht schwerer machen und nahm die Einladung an. Es war nicht so, als ob sie seine Frau nicht mochte; im Gegenteil, sie fand sie sehr sympathisch, und außerdem war sie froh, daß er jemand hatte, der so gut für ihn sorgte. Seine Frau war sehr freundlich und schätzte offenbar ihre Hilfe am Buch ihres Mannes. Auch interessierte sie sich sehr für ihren Besuch bei ihrer Schwiegermutter. Ihre einfachere Herkunft war in seiner aristokratischen Familie immer ein Problem für sie gewesen. Während sie sich die gemischten Gefühle seiner Frau anhörte, erinnerte sie sich, wie sehr sie sich von ihrer eigenen Schwiegermutter immer mißbilligt gefühlt hatte. Es war viel leichter, mit der Mutter eines Freundes gut auszukommen.

Das Ehepaar wollte in Kürze eine Urlaubsreise antreten, und im Lauf des Abends wurde dieses Problem vor ihr erörtert: Sollte ihm erlaubt werden, sein Manuskript in den Urlaub mitzunehmen oder nicht? Er versprach, nur in den frühen Morgenstunden daran zu arbeiten, aber sie glaubte ihm nicht. »Ich kann so oder so nicht gewinnen«, sagte seine Frau zu ihr. »Wenn er sein Buch mitnimmt, werde ich im Urlaub nichts von ihm haben, und wenn er es zu Hause läßt, wird er es mir übelnehmen.« Sie nahm ihr Dilemma als einen liebevollen ehelichen

Disput, da es den Wunsch seiner Frau nach seiner Gesellschaft bestätigte, und sie wußte, daß sie irgendeinen Kompromiß finden würden. Sie überlegte, wie befriedigend es für diesen Mann sein mußte, zwischen zwei Frauen zu sitzen, die ihn beide liebten und mehr Zeit mit ihm verbringen wollten. Nach dem Essen ging das Ehepaar Arm in Arm die Straße entlang, was ihm das Gehen zu erleichtern schien. Aber seiner Frau schien es plötzlich unangenehm zu sein, daß die Freundin ihres Mannes allein hinter ihnen ging. Sie löste sich von ihm und bot ihr den Vordersitz des Autos an. Als sie ausstieg, beugte er sich hinüber, um sie zum Abschied auf die Wange zu küssen, aber sie entzog ihm das Gesicht, wandte sich von ihm ab und wünschte seiner Frau, die Autotür rasch hinter sich zuschlagend, einen guten Urlaub.

Nach seiner Rückkehr aus dem Urlaub war sie nochmals zu einem kurzen Besuch in letzter Minute nach Cambridge gefahren, um sich von ihm zu verabschieden und um ein letztes Mal mit ihm zu streiten, über ihre Geschichte.

Jetzt war es sieben Uhr, die Frist, nach der ein Anruf aus England höchst unwahrscheinlich wurde. Die Frau setzte sich an ihre Textverarbeitungsmaschine. Sie mußte das Ende ihrer Geschichte ändern. Zwanzig Minuten später läutete das Telefon; es läutete ziemlich lange. War es eine ihrer Töchter, die sich nach ihrer Gesundheit erkundigen wollte? Oder könnte es sein, daß er es sich anders überlegt hatte und ungewöhnlich spät anrief?

Das Telefon verstummte.

Die Professorin hatte zunächst abgelehnt, als man ihr anbot, auf der kommenden Jahresversammlung das Eröffnungsreferat zu halten. Selbst die Verlockung einer besonderen Auszeichnung reizte sie nicht. Es war ein anstrengendes Jahr gewesen. Später hatte sie das bohrende Gefühl, die falsche Entscheidung getroffen zu haben. Die Bitte, diesen Vortrag zu halten, war von ihrer Berufsvereinigung in Lincoln, Nebraska, ausgegangen. Jemand, den sie früher sehr geliebt hatte, war an der dortigen Universität Professor. Sie war sicher, daß er an dem jährlichen Kongreß seines Bundesstaates auf seinem eigenen Gebiet in seiner eigenen Stadt teilnehmen würde. Da war ihre Chance, ihn wiederzusehen – ob er in den letzten fünfzehn Jahren dick geworden war, ob ihr Herz noch immer schneller schlug, wenn sie ihn sah. Warum konnte sie ihre emotionalen Verstrickungen mit Menschen, die ihr im Laufe des Lebens begegnet waren, nie ganz abschließen? Sie drehte ständig die Zeit zurück, lebte in Gedanken in der Stadt, wo sie geboren wurde, und suchte Menschen auf, die ihr einmal viel bedeutet hatten. Hoffte sie, ein Kindheitsglück wiederzufinden oder vielleicht einfach irgendeine Form von Liebe, die ihr entgangen war und die ihr sicherlich auch weiterhin versagt bleiben würde?
Sie rief das Organisationskomitee an und sagte, sie habe es sich anders überlegt und sei gern bereit, auf dem Kongreß ein Referat zu halten. Der Mann, den sie geliebt hatte, hatte einen französischen Vornamen, Pierre. Seine Mutter war in Frankreich aufgewachsen und hatte mit diesem Namen für ihren Sohn vielleicht ihr Heimweh ausgedrückt. So hatte er ihr die Geschichte seines Namens erzählt, und er hatte auch noch viele andere Beispiele dafür, wie das Heimweh seiner Mutter einen Schatten auf seine ganze Kindheit geworfen hatte. Es war ihr nicht klargeworden, ob die offenbar chronische Depression seiner Mutter bloß mit dem Vermissen ihres Heimatlandes zu tun

hatte oder ob ihre Eheschließung während des Krieges mit einem schneidigen amerikanischen Sergeanten, der nie mehr geworden war als ein unterbezahlter Buchhalter in einem Kaufhaus, zu ihrem Unglück beigetragen hatte.

Pierre und sie hatten ihren ersten Lehrauftrag am gleichen College, er als junger Mann in seiner ersten Stellung und sie als Frau in mittleren Jahren, die eine akademische Laufbahn auf dem Gebiet einschlug, auf dem sie bisher in der Praxis gearbeitet hatte. Pierres Wohnung, in der er mit seiner Frau und den Kindern lebte, lag auf halbem Weg zwischen ihrem Haus und dem College. Da sie mit dem Auto zur Arbeit fuhr und er mit der Straßenbahn, hatte es sich ganz von selbst ergeben, daß sie ihm anbot, ihn auf dem Nachhauseweg mitzunehmen, was er eifrig akzeptierte. Sie liebte es, über ihre gemeinsame Fachabteilung herzuziehen, und sie hatten viel miteinander gelacht. Ob er die subtilen vergifteten Pfeile bemerkt habe, die ein bestimmter Dozent bei der Fachbereichskonferenz auf einen Ordinarius abschoß? Ob sie finde, daß sein Beitrag zum Lehrplanausschuß entsprechend gewürdigt worden sei? Ja, sie stimmte ihm zu, daß die Fachbereichsleiterin ihren englischen Akzent dazu benutzte, um auf ihre vornehme Abstammung hinzuweisen, aber sie fand, daß sein leichter französischer Akzent genauso elegant wäre. Nein, sie sei sicher, daß der Rektor nichts Böses gegen ihn im Schilde führe, da er Pierre erst kürzlich als »ungeschliffenen Diamanten« bezeichnet habe.

Es verbanden sie auch starke Interessen in ihrem gemeinsamen Fach, und beide liebten Bücher. Mit der Zeit begannen sie, davon zu träumen, zusammen einen Buchladen zu eröffnen. Während sie eine erfahrene Lehrerin war, hatte er nie zuvor unterrichtet, und sie fühlte sich geschmeichelt, wenn er sie um praktischen Rat fragte. Sie hatten so viel Gesprächsstoff, daß ihnen die halbstündige Heimfahrt zu kurz wurde. In den Monaten bürgerte es sich ein, daß er in dem vor seinem Haus parkenden Auto einfach weiterredete und ihr, bevor er ausstieg, noch eine letzte interessante Geschichte und später zwei oder drei weitere Geschichten erzählte. Ihr Mann und ihr Sohn warteten zu Hause zweifellos mit hungriger Ungeduld auf sie und auf das Abendessen, aber Beruf ist Beruf, und sie hatte das Recht, spät nach Hause zu kommen, wenn das nötig war. Bevor ihr Pierre begegnet war, hatten sich ihre Gefühle um ihren halbwüchsigen Sohn gedreht, der im letzten High-School-Jahr war, und sie hatte sich darum bemüht, so viel Zeit mit ihm zu verbringen, wie er ihr widerstrebend gewährte. Plötzlich hatte diese ganze Beziehung zu ihrem Sohn ihre Dringlichkeit verloren, und sie wußte zum ersten Mal, daß sie ihn ohne allzu großen Kummer erwachsen werden und seinen eigenen Weg gehen lassen konnte.

Rückblickend erkannte sie, wie sehr Pierre Worte geliebt hatte, besonders seine eigenen, und sie stellte sich vor, daß er niemals eine aufmerksamere Zuhörerin gehabt hatte. Sie hatte ihrerseits viele Jahre in einer schweigsamen Ehe gelebt, und daß jemand in der Intimität eines Autos mit ihr sprach, wurde mit der Zeit ein berauschendes Erlebnis für sie. Sie schwelgte im fließenden Strom seiner Worte. Zwar konnte sie sich nicht mehr erinnern, wie lange sie gebraucht hatte, um sich in ihn zu verlieben, aber es mußte im Vorfrühling gewesen sein, vielleicht bald nachdem er angefangen hatte, ihr die Kämpfe und dramatischen Erfahrungen seiner Kindheit und Jugend zu erzählen. Er sagte, er sei überzeugt, daß die sterile geistige Atmosphäre seiner Jahre zu Hause an seinen enormen Schwierigkeiten schuld sei, seine Dissertation zu beenden. Man werde jetzt von ihm erwarten, wissenschaftliche Artikel zu verfassen, um seine akademische Laufbahn voranzutreiben, und ihn verzehrte die Angst, daß sein Hang, die Dinge endlos vor sich herzuschieben, ihn daran hindern werde. »Du hast es leicht«, sagte er oft zu ihr, »du bist mit einem Silberlöffel im Mund auf die Welt gekommen.« Doch in diesem Winter hatte er einen Artikel begonnen, und dank ihrer fast täglichen Fragen und Ermutigungen war es ihm gelungen, ihn abzuschließen. Das hatten sie gefeiert, indem sie sich auf dem Nachhauseweg ein Icecream-Soda gönnten. Rückblickend gesehen war dies der Höhepunkt ihrer Beziehung gewesen.

Ihre Erkenntnis, daß sie sich verzweifelt verliebt hatte, war der Beginn einer schweren Lebenskrise. Bis dahin hatte sie sich als halbwegs glücklich verheiratet betrachtet. Aber plötzlich war ihre ganze Ehe und damit ihr gesamtes Lebensgebäude in Frage gestellt. Wie konnte sich eine gut verheiratete Frau von 51 Jahren, die am Beginn einer Universitätslaufbahn stand, leidenschaftlich in einen verheirateten Mann verlieben, der jung genug war, ihr Sohn zu sein? Das war etwas, was sie aus ihren vielen Lehrbüchern nicht gelernt hatte; sie war auf ein solches Ereignis nicht vorbereitet. Die schöne Freundschaft hatte sich in eine quälende Leidenschaft verwandelt, die von ihrem Leben Besitz ergriff.

Im Spätfrühling beschloß ihr Sohn, mit einigen Freunden zusammenzuziehen, die ihn einluden, eine Wohnung mit ihnen zu teilen, die sie in der Nähe ihrer High-School gefunden hatten. Sie war dagegen gewesen, weil sie überzeugt war, daß es sich ungünstig auf seine Schulleistungen auswirken würde, aber ihr Mann unterstützte den Plan, und sie mußte sich geschlagen geben.

Sie hätte gern mit Pierre über diese Lebenskrise gesprochen, fand aber keinen Weg, wie. Ihn beschäftigte vor allem die Verlängerung seines Lehrauftrags; er brauchte viel Zuspruch. An dem Tag, als ihr Sohn ausgezogen war, brach ihre Selbstbeherrschung zusammen. »Weißt du, daß ich mich in dich verliebt habe?« sagte sie zu ihm, als sie das Auto vor seinem Haus anhielt. Sie versuchte, sein lockiges dunkelbraunes Haar zu streicheln, und brach in Tränen aus. Nie zuvor hatte Pierre das Auto so überstürzt verlassen. Am nächsten Tag bemühte er sich tapfer, zu ihren alten Spielregeln zurückzukehren, aber sie hatte das Interesse an seinen Gesprächsgegenständen verloren. »Es geht mir nicht um Sex«, sagte sie schließlich, »es geht mir um die Intimität, Gedanken und Gefühle mit dir auszutauschen.« Diesmal blieb er lang genug im Auto, um sich hastig und voll Angst und Nachdruck von ihrer Beziehung loszusagen. Er hatte eine Therapeutin in ihr gesucht, ganz sicher keine Geliebte!

Einige Wochen lang hatte sie ihn unter bitteren Wortwechseln weiterhin nach Hause gefahren. Sich diese jetzt, nach all diesen Jahren, in Erinnerung zu rufen wäre zu schmerzhaft gewesen. Obwohl sie ihren Unterricht fortsetzte – die Arbeit würde sie irgendwie über Wasser halten –, fiel es ihr immer schwerer, eine ganze Stunde zu unterrichten, ohne zu weinen. Zum Glück wurden am Jahresende Themen wie Tod und Trennung und andere menschliche Leiden behandelt, und es erschien daher ganz natürlich, wenn ihr während der Diskussionen gelegentlich Tränen in die Augen traten. Gnädigerweise ging das Schuljahr schließlich zu Ende, und er bekam eine viel besser bezahlte Lehrverpflichtung in seiner Heimatstadt Lincoln, Nebraska.

Sie trauerte zwei Jahre lang um die Beziehung, aber dann hatten neue Projekte und andere Beziehungen eine heilende Wirkung. Doch dieses ganze Intermezzo, das den meisten ihrer Bekannten verborgen geblieben war, hatte ihr Selbstkonzept verändert und ihrer Ehe den Todesstoß versetzt.

An dem bevorstehenden Fachkongreß würde sie als geschiedene Frau teilnehmen. Vielleicht würde sie Gelegenheit haben, ihm zu erklären, wie das alles geschehen war. Und es freute sie, daß sie in Anwesenheit von Pierre eine besondere berufliche Auszeichnung erhalten würde. Ihren Vortrag für den Kongreß, dem sie den Titel »Heilen lernen« gab, hatte sie in vieler Hinsicht für ihn geschrieben – um ihm etwas über ihre berufliche und persönliche Entwicklung zu erzählen, ein Thema, an dem er immer merkwürdig desinteressiert gewesen war. Er hatte ihr nur selten persönliche Fragen gestellt.

Es gab Kaffee und Kuchen vor ihrem Referat, und sie wurde in freundliche Gespräche verwickelt. Dabei behielt sie die Tür des Vortragssaals im Auge. Mehrere Angehörige von Pierres Fachbereich waren anwesend, und sie erwähnten, daß er ihnen empfohlen habe, ihren Vortrag nicht zu versäumen. Auch er habe vor zu kommen, hörte sie.

Die Veranstaltung begann mit der Auszeichnung, die ihre wissenschaftlichen Leistungen würdigte, und ging weiter mit ihrem Vortrag. Sie genoß die Ehrung, und sie freute sich, ihren neuen Vortrag zu halten. Ihre Enttäuschung, daß er nicht gekommen war, beeinträchtigte nicht ihre Fähigkeit, ihre Gedanken mit genügender Eleganz vorzutragen, um den Beifall ihrer Zuhörer zu finden.

An den Vortrag schloß sich ein kurzer Empfang, und die Zuhörer warteten in einer Schlange, um ihr zu danken, ihr die Hand zu schütteln und um sie um ein Autogramm zu bitten. In diesem Augenblick betrat Pierre den Saal; ihr Atem stockte, als sie ihn erkannte. Wie schade, daß er keinen Bauch bekommen hatte! Das hätte alles erleichtert. Sie war inzwischen eine ältere Frau geworden, während die Zeit an ihm scheinbar vorübergegangen war. Pierre drängte sich unverschämt vor und begann gleich, das Gespräch fortzusetzen, das sie vor fünfzehn Jahren unterbrochen hatten. »Seien wir vorsichtig«, sagte er vertraulich, »diese Frau hinter mir hat scharfe Ohren, und außerdem ist sie eine Klatschbase.« Und er fügte mit einer Grimasse hinzu: »Ich könnte dir Sachen über sie erzählen, sie ist in meinem Fachbereich, und die Studenten beklagen sich ständig über sie.« Er steuerte sie schnell in eine Ecke, und sie lachten beide, als sie sich vor der zudringlichen Kollegin sicher fühlten.

»Warum hast du den Brief nicht beantwortet, den ich dir vor acht Jahren schrieb?« fragte er sie.

»Ich hatte dir noch nicht verziehen, und ich wartete auf einen zweiten Versuch, aber du hast sehr schnell aufgegeben«, antwortete sie.

»Ich fühlte mich sehr abgelehnt, als du auf meinen Brief nicht reagiertest«, sagte er. »Ich schrieb dir nach dem Tod meines Analytikers, als ich dringend Trost brauchte.«

»Das hast du in deinem Brief nicht erwähnt. Du hast eine Analyse gemacht?«

»Ja, verstehst du, es lief alles nicht besonders gut bei mir, meine Einstellung zu mir selbst, und ich konnte mich nicht dazu durchringen, diese verdammten Artikel zu schreiben.«

»Nun, hat es dir etwas gebracht?« fragte sie ihn.

»Nein, bei mir hat sich nicht viel geändert, er starb, bevor wir genügend Fortschritte machen konnten, und sein Tod war ein schrecklicher Schlag für mich.«

»Es tut mir leid«, sagte sie.

»Du hast dich ja gut gemacht«, sagte er dann gereizt. »Sooft ich eine Zeitschrift in die Hand nehme, finde ich einen Artikel von dir. Ich glaube, ich werde bald stellvertretender Fakultätsvorstand werden, und als Administrator wird man von mir keine Artikel erwarten; das wird eine Erlösung.«

Zuhörer hatten sie in der Ecke entdeckt, drängten sich um sie herum und erhoben Anspruch auf ihre Anwesenheit.

»Meine Ehe zieht sich immer noch mühsam dahin«, fügte er leise hinzu, »ich hatte eine kurze Affäre, aber sie endete sehr unglücklich. Ich glaube, ich gehe jetzt besser; es war gut, dich wiederzusehen.«

»Warum bist du nicht zu meinem Vortrag gekommen?« rief sie ihm nach, als er sich zum Gehen wandte.

»Tut mir leid, ich hatte zu tun«, rief er, bereits an der Tür, zurück, während sie pflichtschuldig anfing, Programme zu signieren.

Im Laufe der Woche erhielt sie einen wortreichen Brief von Pierre, in dem er sich über seine Machenschaften ausließ, stellvertretender Fakultätsvorstand zu werden, und Zufriedenheit über ihre kurze Begegnung äußerte.

»Lieber Pierre«, antwortete sie, »auch ich habe mich gefreut, Dich nach all diesen Jahren wiederzusehen. Du siehst ebenso gut aus wie früher. Ich war froh, Deine wichtigen Neuigkeiten zu hören. Ich hätte gerne eine neue Freundschaft mit Dir begonnen, denn mein Herz ist immer noch offen für Dich. Ich hatte meinen Vortrag für Dich geschrieben als ein Geschenk eines Stückes von meinem Leben, das ich mit Dir teilen wollte. Du konntest die Stunde nicht erübrigen, die nötig gewesen wäre, um zu kommen und meine Präsentation zu hören, und jetzt kann ich die Zeit nicht erübrigen, um Briefe mit Dir auszutauschen.« Sie schickte ihm ihre besten Wünsche für seine Zukunft und warf den Brief schnell in den nächsten Postkasten.

Denn Männer müssen arbeiten, und Frauen müssen weinen.

»The Three Fishers«
Charles Kingsley

Es war einmal eine Müllerstochter, die hörte man prahlen, daß sie
Stroh zu Gold spinnen könnte. Dies ist ein modernes Märchen, und
die Müllerstochter war weder jung noch schön, sie war auch keine
böse Stiefmutter und keine knorrige Hexe, sie war einfach eine anma-
ßende Frau. Und da es in ihrem Dorf relativ wenige Frauen mit dieser
Fertigkeit gab, die für Männer nicht ungewöhnlich war, wurde sie
aufgefordert, ihre Prahlerei zu beweisen, daß sie manche Dinge genauso gut könne wie diese Männer.
Es war im Monat Mai, zum Glück in einem sehr regnerischen Jahr, als
man die Müllerstochter für eine lange Zeit in ihr Haus einsperrte und
von ihr erwartete, daß sie aus Stroh Gold spinne. In diesem regnerischen Monat Mai hatte das Dorf ein Goldfest nach dem anderen.
Die Müllerstochter saß in ihrem Haus, rang die Hände und wartete auf
Rumpelstilzchen, aber es kam ihr nicht zu Hilfe. Ganz verlassen saß sie
vor Bergen von Stroh. Sie war sehr, sehr müde und sehnte sich danach,
mit ihren Freundinnen zu spielen. Sie glaubte, sich das verdient zu
haben. Sie hatte das ganze Jahr lang Garn gesponnen; die meisten
jungen Frauen im Dorf trugen bereits Kleider aus dem Garn, das sie
gesponnen hatte. Aber Garn zu spinnen war keine sehr ehrenvolle
Tätigkeit in diesem Dorf; Gold zu spinnen war das einzige, was zählte.
Wenn kein Gold da war, wenn der Hahn an drei Morgen hintereinan-
der gekräht hatte, dann würde man sie auf dem Marktplatz an den
Pranger stellen, und die Dorfbewohner würden auf ihre Schande
weisen und sie eine Schwindlerin nennen.

Wenn es ihr jedoch gelingen sollte, dann würde sie einen kurzen Augenblick des Ruhmes erleben. Und da sie die Tochter des Müllers war und nicht sein Sohn, wünschte sie sich nicht bloß diesen Ruhm, sie wollte genauso geliebt werden. Mehr noch, sie sehnte sich nicht nach der Liebe von denen, die bereit waren, sie zu lieben, sondern sie wünschte sich die Macht der Wahl, wen sie lieben wollte. Sie wollte um ihrer selbst willen geliebt werden und nicht bloß wegen ihres Geschicks, aus Stroh Gold zu spinnen. Und dennoch hoffte sie auch, daß die Menschen sie mehr lieben würden, weil sie wußte, wie man Gold spinnt, statt sie zu beneiden oder zu fürchten. Man sieht, daß sie eine unnatürlich gierige Frau war mit widersprüchlichen Wünschen, und es konnte nicht ausbleiben, daß sie eines Tages enttäuscht und gekränkt werden würde.

Denken wir einmal über diese Müllerstochter nach, ihren übertriebenen Narzißmus, ihre Abhängigkeit, ihre geringe Selbstachtung und ihre Anfälligkeit für Depressionen. Welche Folgen hat es für sie, eine Frau mit besonderen Fähigkeiten zu sein? Vielleicht sollten wir sie schnellstens in die nächste psychosoziale Klinik schaffen. Wir stellen fest, daß sie von ihrer Sucht überwältigt ist, mit angesehenen Männern zu konkurrieren, während sie gleichzeitig von ihnen oder zumindest von solchen, die sie wählt, geliebt werden möchte. Sie ist erschöpft von ihren Anstrengungen, Kleider für die Dorfbewohnerinnen zu spinnen und gleichzeitig zu wissen, daß das Spinnen von Gold höher geschätzt wird. Sie ist zerrissen von ihrem Wunsch, Zeit mit ihren Freundinnen zu verbringen, während sie doch gleichzeitig rund um die Uhr arbeiten muß. Sie hat einerseits den Wunsch, mit ihren Leistungen zu prahlen, während sie andererseits denkt, sie seien äußerst bescheiden. Sie möchte ihre Stimme erheben, gehört, gesehen, verstanden und bewundert werden und sehnt sich gleichzeitig nach Ruhe. Zu jeder Minute könnte sie depressiv werden.

Es ist richtig, daß sie ihre innere Aufruhr gut verbirgt; sie ist eine äußerst fähige Spinnerin; ihr Auftreten in der Öffentlichkeit gibt zu keiner Besorgnis Anlaß, und sie macht niemandem jemals Schwierigkeiten – doch man kann sich vorstellen, wie ihr Rorschach-Test ausfallen würde; schließlich hat sie eindeutig ein gespaltenes Selbst.

Jetzt, da viele Frauen die Arena der Leistung und Konkurrenz in der Welt der Arbeit betreten haben, ist es Zeit, daß wir uns mit ihren

Kämpfen auseinandersetzen. Es gibt heute viele Müllerstöchter in der Welt, und unsere Situation verdient eine ernsthafte Analyse.

Selbstachtung

Beginnen wir mit einer Untersuchung des Narzißmus der Müllerstochter.

Wir können uns wahrscheinlich auf eine Definition des Narzißmus einigen, die eine Fixierung und Konzentration auf das Selbst einschließt. Die meisten Theoretiker und Theoretikerinnen würden uns zustimmen, daß narzißtische Personen von Selbstzweifeln geplagt sind und deshalb ständig andere brauchen, die ihren Wert als Menschen bestätigen. Sie sind extrem abhängig von »äußeren Quellen der Bewunderung, Liebe und Anerkennung«, wie Otto F. Kernberg formulierte. Diese Zweifel werden manchmal von Größenwahn und der Einbildung, etwas Besonderes zu sein, überdeckt.

Wenn Sigmund Freud den Ödipuskomplex erfand, um seine eigenen Liebes-, Haß- und Loyalitätskonflikte gegenüber seinen Eltern zu normalisieren, wenn Erik Erikson das Problem der adoleszenten Identität benutzt, um seine eigene Auseinandersetzung mit seiner Herkunftsfamilie zu verstehen, wenn Rollo May seinen Konflikt zwischen Leben und Sterben zu einem universellen existentiellen Dilemma verallgemeinern kann, dann kann ich behaupten, daß meine eigenen Selbstzweifel, mein Bedürfnis nach äußerer Bestätigung und natürlich mein eben demonstrierter Größenwahn genauso universelle Eigenschaften sind.

Sigmund Freud erklärte, daß Frauen narzißtischer seien als Männer. Das war eine merkwürdige Behauptung von einem Mann, der nach den meisten Definitionen selbst äußerst narzißtisch war, wenn wir die Psychoanalyse als einen integralen Bestandteil seiner Identität betrachten. Ich habe keinen Menschen kennengelernt, der im oben definierten Sinne nicht äußerst narzißtisch war. Meine altruistischen Sozialarbeitsstudentinnen weinen, sind verärgert oder deprimiert, wenn sie kritisiert werden, obwohl sich manche hinter einer Fassade der Selbstbeherrschung verbergen. In unseren kleinen Lerngruppen, wo die Studentinnen ihre größten Ängste davor, was in der Gruppe geschehen könnte, zu Papier bringen, schreiben sie: »Ich könnte abgelehnt werden; ich könnte mich blamieren; ich könnte ignoriert werden.« Trotz ihres zur Schau getragenen Selbstbewußtseins haben sie ein intensives Bedürfnis, gesehen, bestätigt, anerkannt und geschätzt zu werden. Das Problem in den meisten Therapiegruppen und ich glaube auch in anderen Gruppen und vielleicht sogar im Leben selbst ist: Wer bekommt Sendezeit? Alle anderen Probleme sind durchaus zweitrangig. Die meisten Menschen, haben wir in diesen Gruppen entdeckt, bekommen die winzigsten nonverbalen Signale mit, wenn es um die Reaktionen anderer auf sie selbst geht. Ich frage mich manchmal, ob paronoide Menschen einfach besonders feine Antennen für die geringsten Anzeichen von Feindseligkeit haben, die die meisten von uns zu ignorieren gelernt haben, die aber durchaus in vielen Interaktionen dasein könnten. Harry Guntrip bestätigte 1969 auch die nahezu universellen Selbstzweifel in unserer Gesellschaft: »›Wovor fürchten sich die Leute am meisten?‹ . . . Die eine allgegenwärtige Furcht ist die Furcht, schwach zu sein oder zu erscheinen, unzulänglich, eine geringere Person als andere oder den Anforderungen der Situation nicht gewachsen, ein Versager: die Furcht, angesichts einer nichtunterstützenden, ja sogar feindseligen Welt von den eigenen Kräften im Stich gelassen zu werden und sich lächerlich zu machen.«

Die Literatur läßt es de facto etwas im ungewissen, ob der Narzißmus mit übertriebener oder ungenügender Selbstliebe einhergeht. Es ist leicht, sich selbst zuviel oder zuwenig oder aus den falschen Gründen zu lieben. Man erwartet von uns, daß wir uns so sehr lieben, daß wir narzißtischen Kränkungen aller Art standhalten können, ohne zu verzweifeln und unsere Selbstachtung zu verlieren. Das ist viel verlangt, sich so sehr zu lieben, und niemand (gewiß nicht unsere Eltern) hat uns darauf vorbereitet. Tatsächlich könnte ja eine Fixierung auf Probleme der Selbstachtung in einer Gesellschaft unvermeidlich sein, in der Kinder im allgemeinen von ihren Müttern und Vätern als narzißtische Schmuckstücke benutzt werden. Die meisten Kinder werden nur unter bestimmten Bedingungen geliebt, nämlich wenn sie gehorsam, brav, klug, attraktiv und generell eine Quelle des Stolzes für ihre Eltern sind. So lernen die Kinder (die zu Erwachsenen werden), sich wegen ihrer Talente oder ihres Aussehens oder ihrer Leistungen zu lieben, lauter Dinge, an denen es ihnen vielleicht fehlt oder die nicht gewürdigt werden und die vor allem vergänglich sind. Das ist eine sehr schwankende Lebensgrundlage.

Dennoch ist es auch nicht hilfreich, Eltern anzuklagen, die ihre Kinder so erziehen wollen, daß sie in unserer Gesellschaft überleben können. Vielleicht ist es nötig für die Sozialisation in einer konkurrenzorientierten und dschungelartigen Gesellschaft wie der unseren, Kinder nur bedingt zu lieben. Daher haben wir nur wenige Erwachsene, die ihren eigenen Wert als integralen Aspekt ihres Selbst für selbstverständlich halten.

Obwohl Probleme der Selbstachtung Männer und Frauen sicher im gleichen Maße beschäftigen, nehmen diese Probleme verschiedene Formen an. Ich glaube, Männer und Frauen wirken manchmal verschieden, weil sie vor verschiedenem Publikum auftreten und deshalb verschiedene Arten von Beifall brauchen. Ein befreundeter Wissenschaftler, der sich über mein »Bedürfnis nach Spiegelung« ein bißchen lustig machte, hat mich darauf hingewiesen. Für sich leugnet er solche Bedürfnisse, weil er seine eigenen inneren Maßstäbe habe, die strenger seien als alle Meßlatten, die andere an ihn legen könnten. Vielleicht könnte man meinen Wissenschaftler-Freund als egozentrisch statt narzißtisch bezeichnen, aber dies warf ein Licht auf zwei entgegengesetzte Arten, Beschäftigung mit sich selbst zu äußern. Mein Wissenschaftler-Freund ist innengeleitet und sicherlich von seinen eigenen Ideen, wenn nicht von sich selbst, in Anspruch genommen. Er spielt vor erlesenem Publikum, einigen wenigen lebenden und toten Auserwählten. Er vergißt leicht, was ihm die Leute erzählen, und beneidet mich um mein Gedächtnis. Ich glaube, das notorisch schlechte Gedächtnis von Männern in mittleren Jahren hängt mit dieser Art der Egozentrik zusammen. Er leidet entsetzlich, wenn er seinen eigenen übertriebenen Maßstäben nicht gerecht werden kann, und reagiert dann mit Scham, Selbstentwertung und zwanghafter Grübelei.

Ich glaube, daß ich wie andere Frauen stärker außengeleitet bin. Weit von ständiger Nabelschau entfernt, sind wir ausgesprochen extrovertiert, in Liebe und Haß mit der Außenwelt verbunden, von der wir uns Bewunderung erhoffen. Ich weiß nicht, wen man als größeren Narzißten bezeichnen könnte. Doch diese Kategorien erscheinen mir sehr künstlich. Die meisten Menschen brauchen in der Tat eine Menge Bestätigung durch andere, aber Männer sind dazu erzogen worden, dieses Bedürfnis vor sich und vor anderen zu verbergen. Vielleicht brauchen Männer mehr Bestätigung in der Arbeit und Frauen in der Liebe – aber ich schreibe schließlich über unsere Müllerstöchter, androgyne Frauen, die in beiden Sphären der Arbeit *und* der Liebe verletzbar geworden sind.

Die Menschen unterscheiden sich in ihrer Fähigkeit, Selbstängste und Selbstzweifel zu verbergen; sie unterscheiden sich in ihren Wertbegriffen, Maßstäben und Lebenszielen und in ihrer Fähigkeit, diesen zu entsprechen. Glücklich sind diejenigen, deren Talente, Fertigkeiten und Chancen mit ihren Zielvorstellungen übereinstimmen. Aber vor allem unterscheiden sie sich in der Art und Weise, wie sie ihre Eigeninteressen definieren. Die persönliche Konzeption des Eigeninteresses kann sich kurzsichtigerweise auf die unmittelbare Person, die Familie und auf naheliegende Ziele beschränken, oder sie kann die Erkenntnis der eigenen wechselseitigen Verbundenheit mit dem Wohlergehen der Studenten und Patienten des oder der Betreffenden, der Organisation, für die man arbeitet, Gerechtigkeit unter den Menschen, die Beendigung des Rüstungswettlaufs und sogar das Überleben der Robben einschließen. Sobald wir erkennen, daß wir in einer hoffnungslos vernetzten und wechselseitig voneinander abhängigen Welt leben, können alle diese Fragen zu ausgesprochen narzißtischen Anliegen werden. Gregory Bateson hat 1972 Weisheit als ein Überblicken des ganzen Schaltkreises statt der Konzentration auf eine enge Schleife definiert. Es ist also vielleicht eher ihr Maß an Weisheit, wodurch sich Menschen auszeichnen, als ihr Grad an Narzißmus.

Man könnte behaupten, daß die größere Neigung von Frauen zur Depression ein Anzeichen ihrer größeren narzißtischen Verletzbarkeit sei. Die nahezu universelle Tendenz von Frauen zur Depression fällt in der Tat auf. Sie ist durch zahlreiche Forschungsberichte bewiesen worden, wobei über die Ursachen viel spekuliert wurde. Ich habe in Seminaren und Vortragssälen wiederholt Gruppen von mehreren hundert Frauen gefragt, wer von ihnen nicht einmal eine mäßig schwere Depression gehabt hat. Keine einzige Frau hat je die Hand gehoben. Vielleicht würde es in einem solchen Rahmen auch einfach als peinlich empfunden, nie depressiv gewesen zu sein. Ich weiß nicht, wie ein männliches Publikum auf eine solche Frage reagieren würde, aber Untersuchungen deuten darauf hin, daß die Antwort anders ausfiele. Der Unterschied könnte zum Teil darauf zurückzuführen sein, daß Männer keinen Kontakt zu ihren eigenen Gefühlen haben, aber es könnten auch echte Unterschiede vorhanden sein. Wir können nach den Gründen suchen, aber ich stimme nicht zu, daß sie durch einen größeren Narzißmus der Frauen bedingt sind.

Erstens müssen wir alle Gründe für realistische Depressionen ausschalten, die mit einer konkreten Mangelsituation, mit Gewalttätigkeit, fehlender Kontrolle über das eigene Leben, Isolierung, schlechter Gesundheit, schwierigen Kindern und überwältigenden sonstigen Problemen zusammenhängen, unter denen Frauen, etwa alleinerziehende Mütter, die in Armut leben, mehr zu leiden haben als Männer.

Zweitens sollten wir in Betracht ziehen, daß Depressionen ein Mittel für Streik sein können, und dennoch bleibt man eine pflichtgetreue, gewissenhafte und opferbereite Frau. Statt ganz und gar außengesteuert und selbstlos zu sein, kann sich eine Frau dadurch ausschließlich mit sich selbst beschäftigen – eine dramatische Umkehrung. Aber Depression ist so schmerzhaft, daß sich die Person, die in Streik tritt, selbst bestraft und es eine freudlose Auflehnung bleibt.

In einer Ehe, in der beide Partner potentiell depressiv sein mögen, ist es gewöhnlich die Frau, die die Depression bereitwillig auf sich nimmt, insbesondere, da sie kulturell eher dazu berechtigt ist. Ehemänner dürfen noch eher Alkoholiker und gewalttätig werden als depressiv. Ich möchte wissen, was geschehen würde, wenn sich Frauen weigerten, die Depression ihres Mannes auf sich zu nehmen.

Wenn wir davon ausgehen, daß Depressionen mit Fragen der Selbstachtung zusammenhängen, könnte es de facto verschiedene Erklärungen für die offensichtlich größeren Selbstzweifel von Frauen geben. Selbstachtung ist von vier verschiedenen theoretischen Schulen auf vier Hauptbedingungen zurückgeführt worden:

1. der gesicherte Aufbau eines autonomen Selbst (Laing; Shapiro; Kohut);
2. früh einsetzende und fortlaufende Erfolgserlebnisse (White);
3. frühe Erfahrungen des Geschätztwerdens durch Bezugspersonen (Erikson; Guntrip);
4. gegenwärtige Wertschätzung, die einem von Bezugspersonen und bedeutungsvollen Mitgliedern der Gesellschaft entgegengebracht wird (Kernberg).

Ich glaube, daß Frauen in jeder dieser Kategorien etwas benachteiligt sind. Erstens, bei der Etablierung eines autonomen Selbst ist darauf hingewiesen worden, daß es schwieriger ist, sich von einer primären Betreuerin desselben Geschlechts abzulösen. Die Formung des Kerns der weiblichen Geschlechtsidentität erfordert nicht die frühe, schmerzhafte und doch so autonomiefördernde Identifikationsablösung des kleinen Jungen von seiner Mutter.

Zweitens, obwohl beide Geschlechter wahrscheinlich die gleiche Gelegenheit zu frühen Kompetenzerfahrungen haben, begünstigen die traditionellen Geschlechterrollen Männer im Hinblick auf spätere Lebenschancen in diesem Bereich.

Am wichtigsten sind in meinen Augen die Punkte 3 und 4. Mädchen suchen Selbstbestätigung bei ihrem Vater, dem Familienmitglied mit der meisten Macht und dem höchsten Rang. Doch nach Seminararbeiten meiner Studentinnen und nach Biographien berühmter Frauen zu urteilen, ganz zu schweigen von meinem eigenen Vater, sind Väter sehr unzuverlässige Quellen der Wertschätzung für ihre Töchter, besonders in der Jugend. Auch als Erwachsene suchen viele Frauen weiterhin bei Männern Unterstützung für ihre Selbstachtung. Ich glaube, daß Frauen insgesamt gesehen die Selbstachtung der Männer viel großzügiger unterstützen als umgekehrt, wenn es auch zugegebenermaßen bemerkenswerte Ausnahmen berühmter Frauen gibt, deren Mentoren Männer waren. Doch während starke, kompetente Männer die Liebe und Bewunderung von Frauen erringen, scheint das Umgekehrte nicht zuzutreffen. Starke, kompetente Frauen scheinen Männern das Gefühl zu geben, bedroht, nutzlos und unzulänglich zu sein – sie scheinen sie an ihre allmächtigen, beherrschenden Mütter in der frühen Kindheit zu erinnern. Mütter scheinen sich ihre narzißtischen Befriedigungen auch eher von ihren Söhnen als von ihren Töchtern zu erhoffen, um auf diese Weise wiederum das Gleichgewicht herzustellen.

Ich möchte jedoch behaupten, daß Frauen in ihrem Leben wiederholten Erfahrungen von Verrat ausgesetzt sind, die allesamt mit narzißtischen Kränkungen einhergehen, und daß diese Erfahrungen durchaus das häufige Vorkommen von Depressionen unter Frauen erklären könnten.

Liebe

Als Verrat definiere ich jede Erfahrung, die die impliziten oder expliziten Annahmen untergräbt, von denen das Leben von Menschen gesteuert wird. Ich möchte drei solche typischen Ereignisse als Beispiele anführen. Ich werde sie mit Hilfe des literarischen Erbes dramatisieren, indem ich das Augenmerk auf bestimmte negative Identitäten richte, die Frauen im Laufe des Lebens häufig annehmen.

Hans Christian Andersens »Kleine Seejungfrau« ist ein Beispiel für das erste Betrugserlebnis im Zusammenhang mit romantischer Liebe in der Jugend. Die kleine Seejungfrau sehnt sich danach, die Liebe des Prinzen und damit eine unsterbliche menschliche Seele zu erringen. Sie fragt die allwissende Meerhexe um Rat (vielleicht eine frühe Psychotherapeutin), und diese sagt ihr, daß sie den Prinzen und eine Seele nur gewinnen könne, wenn sie auf ihren Fischschwanz und ihre schöne Singstimme verzichte. Ich möchte behaupten, daß der Schwanz ihre »männlichen, aggressiven Bestrebungen« und ihre Stimme ihre Identität symbolisieren. Sie bringt diese Opfer aber vergeblich. Der Prinz liebt sie zwar, aber nur wie ein Kind; verstummt, ist sie zu einer inkompetenten Kind-Braut geworden. Seine wahre Liebe gilt einer anderen Frau, vermutlich einer, die ihre eigene Identität behalten hat. Helene Deutsch schrieb, daß es Frauen beigebracht werde, auf ihre Aggressionen zu verzichten, damit sie geliebt werden, und daß sich die Aggressionen dann nach innen wenden als weiblicher Masochismus oder, wie ich glaube, als Depression. Die kleine Seejungfrau erleidet furchtbare Schmerzen, als sie ein Mensch wird. Jeder Schritt, den sie mit ihren neuen Füßen macht, schneidet sie wie ein Messer, das ihr in den Körper gestoßen wird. In meiner Untersuchung leidenschaftlicher Liebe habe ich Erfahrungen im Leben von siebenhundert Frauen studiert. Die Hälfte dieser Frauen hatte sich an irgendeinem Punkt ihres Lebens um therapeutische Hilfe bemüht, und die Hälfte dieser 350 Frauen, die Hilfe in Anspruch nahmen, hatten dies aus Gründen getan, die mit leidenschaftlicher Liebe zusammenhingen. Sie hatten irgendeine Art von Ablehnung, Kränkung, Demütigung oder Nichtbestätigung erfahren, die sie niedergeschmettert hatte.

Das Märchen von Andersen macht im Grunde keine falschen Versprechungen. Im Gegenteil, es warnt das halbwüchsige Mädchen vor den möglichen Folgen, wenn sie ihre Identität für die Liebe eines Prinzen opfert. In den Grimmschen Märchen wird viel eher das Bild der schönen Jungfrau, die geduldig auf den Prinzen wartet, gepriesen. Dornröschen, Aschenbrödel und Schneewittchen wachsen in der Erwartung auf, von einem Prinzen aus ihren Erfahrungen mit Schinderei, dem Leid und dem Bösen, ja sogar vor dem Tod errettet zu werden. Vielleicht heiraten sogar in dieser kühnen neuen Generation noch einige junge Frauen, um genau wie Aschenbrödel einer unerfreulichen häuslichen Situation zu entfliehen. Oft gehen sie mit extrem unrealistischen Erwartungen in die Ehe, deren Quelle sowohl hartnäckige kulturelle Mythen wie auch die Sehnsucht sind, wahrhaft liebevolle Eltern zu finden, die sie nie gehabt hatten. Märchen mit ihrem »ewigen Happy-End« symbolisieren diese Sehnsüchte, aber sie halten sie auch lebendig, weil sie unrealistische Erwartungen wecken, die zu einem bitteren Enttäuschungserlebnis führen können. Obwohl ich die Krise der romantischen Liebe in der Jugend angesiedelt habe, beschränkt sie sich nicht auf diese Periode. Wir wissen von Heldinnen wie Guinevere, der Gattin von König Arthur, oder Anna Karenina, daß eine romantische Leidenschaft in jedem Lebensstadium einer Frau mit einer Vehemenz auftreten kann, die der Liebe im Jugendalter vergleichbar ist oder diese übertrifft, worin sich oft die aufgestauten Emotionen vieler liebloser Jahre äußern.

Die zweite große Krise von Betrug kann sich in den mittleren Jahren ereignen und hat ihr dramatisches Vorbild in dem eindrucksvollen Schauspiel »Medea« von Euripides. Jason und seine Gefährten, die Argonauten, kommen in das ferne Land Medeas, um das Goldene Vlies ihres Vaters zu rauben. Es sind junge Männer auf der Suche nach Abenteuern, die ihrem Geltungsbewußtsein Auftrieb geben. Medea verliebt sich in Jason und hilft ihm, seine Ziele zu erreichen, indem sie ihm ihre berühmten Kenntnisse und Fertigkeiten zur Verfügung stellt. Während sie für ihren Mann Ruhm und Erfolg erringt, entfremdet sie sich in einer Reihe von Abenteuern ihrer eigenen Familie und ihren Freundinnen. Als Jason sie schließlich um einer jüngeren, mächtigeren Frau willen im Stich läßt, rächt sie sich in einem Ausbruch rasenden Zorns und tötet sowohl ihre Rivalin wie auch ihre eigenen Kinder. Dies sind symbolische Akte, die wir nicht wörtlich zu nehmen brauchen. Viele Frauen lassen ihre Kinder in einer Krise des Verrats physisch oder emotional im Stich oder benutzen sie destruktiv als Werkzeuge der Rache. Frauen neigen dazu, Medea zu verzeihen oder zumindest mit ihr mitfühlen zu können. Wir alle erkennen gewisse Aspekte von Medeas Gewalttätigkeit in uns selbst.

Daß Scheidung ein verbreitetes Phänomen in unserer Gesellschaft geworden ist, sollte uns nicht blind für die Tatsache machen, daß sie für jedes Individuum ein leidvolles Drama von Liebe, Haß und zerbrochenen Hoffnungen bedeutet. Sie ist besonders bitter für Frauen in der Lebensmitte, in einem Alter, da ein Mann immer noch als begehrenswert und »in den besten Jahren« gilt, während sie selbst sehr verminderte Chancen hat, einen geeigneten Partner zu finden.

Das Faktum, daß der Wert einer Frau oft an ihrer Jugend und Schönheit gemessen wird, kann nicht als Betrug im Sinne eines unerwarteten Ereignisses gelten. Ein Mädchen lernt schon in der frühen Kindheit, daß ihr Schicksal in geheimnisvoller Weise damit verknüpft ist, schön oder zumindest hübsch zu sein.

Wenn wir die Definition von Betrug als Enttäuschung der Annahmen akzeptieren, auf denen das eigene Leben basierte, dann wird sich eine traditionsgebundene Frau, die in ihrer Ehe Fürsorge, Loyalität und Sicherheit erwartete, nicht nur durch sexuelle Untreue betrogen fühlen, sondern durch alle Umstände, die diese Erwartungen zerstören, sei es die Untüchtigkeit eines Mannes, Alkoholismus oder sogar sein Tod. Vielleicht ist die stürmische Wut, die sowohl in autobiographischen Romanen, wie zum Beispiel von Lynn Caine, als auch in sozialwissenschaftlicher Literatur geschildert wird und die nur bei Witwen und nicht bei Witwern anzutreffen ist, zumindest teilweise eine Reaktion auf die gebrochenen Versprechen von Lebenserwartungen.

Es stimmt natürlich, daß viele Frauen von ihren Ehemännern oder Partnern nicht betrogen werden. Ich habe jedoch den Eindruck, daß sich Frauen in zunehmendem Maß dieser Möglichkeit bewußt werden und sich verschiedene Strategien zu eigen machen.

Manche Frauen schützen sich, indem sie Distanz wahren und nie sich selbst preisgeben. Vielleicht bezieht sich Freuds berühmt-berüchtigte Behauptung, daß Frauen Männer niemals wahrhaft lieben, angeblich wegen ihres übermäßigen Narzißmus, auf Frauen, die sich in dieser Weise panzern. Andere Frauen reagieren auf die ständige Gefahr des Betrogenwerdens, indem sie in täglicher Furcht leben. Sie würden niemals ihre wahren Bedürfnisse in ihrer Beziehung zu einem Mann äußern, um nicht von ihm verlassen zu werden. Diese ständige Angst hindert Frauen daran, die Macht zu benutzen, die sie gewöhnlich in ihrer Ehe haben, um Veränderungen auszuhandeln, die sie sich verzweifelt wünschen. An diese Furcht appellieren auch die Massenmedien in ihrer Werbung für die zahllosen Produkte, die angeblich einen Mann fesseln, von der richtigen Kaffeemarke bis zum Intimspray.

Eine dritte, größer werdende Gruppe von Frauen schützt sich gegen das Trauma des Betrogenwerdens, indem sie von Jugend an sorgfältig eine getrennte Identität bewahren und ein gewisses Maß an emotionaler und finanzieller Unabhängigkeit anstreben. Dabei müssen sie wahrscheinlich gewisse Verluste an Zuwendung und Gemeinsamkeit in Kauf nehmen.

Die dritte negative Identität, für die ich zum Glück eine glänzende Heldin gefunden habe, ist Portnoys Mutter in dem Roman von Philip Roth. Sie ist eine Karikatur der geliebten und gehaßten jüdischen Mutter, aber jüdische Mütter sind inzwischen zum Vorbild des amerikanischen Mittelstandes geworden. Eine solche Mutter hat in all den Büchern gelesen oder zumindest durch mündliche Mitteilung erfahren, daß ihr Kind Erfolg haben und sie mit grenzenloser Freude und Stolz erfüllen wird, wenn sie es nur zärtlich und verständnisvoll liebt und stets bereit ist, jedes persönliche Opfer zu bringen. Gewöhnlich ist es eher der Sohn als die Tochter gewesen, der unter der halb berechnenden Strategie der Mutter zu leiden hatte, ihn schon im frühesten Alter in eine starke Liebesbeziehung einzubinden und ihn dann durch hineingepflanzte Schuldgefühle und Drohungen mit Liebesentzug zu beherrschen. Die ständige leidenschaftliche und narzißtische Anteilnahme der Mutter ruft beim Sohn ein Gefühl großer Auserwähltheit, Ansprüche und vielleicht auch Größenwahn hervor. Er verinnerlicht die hohen Erwartungen seiner Mutter, doch er spürt auch, daß er von ihr benutzt und ausgebeutet wird. Er empfindet eine starke Ambivalenz mit daraus resultierenden Schuldgefühlen, und manchmal gelingt es ihm nur durch Zurückweisung, Distanzierung und Kälte, ein illusorisches Gefühl der Autonomie zu erlangen.

Die Mutter macht nicht nur den Versuch, ihre eigenen gescheiterten Ambitionen auf ihren Sohn zu übertragen, sie ist auch entschlossen, dem kulturellen Ideal vollendeter Mutterschaft gerecht zu werden.

Doch so allumfassende Gefühle der Mutterschaft wie Frustration, Angst, Ressentiments und Langeweile treten oft in recht subtiler Weise auf und müssen als gesellschaftlich inakzeptabel abgetrennt werden. Zu diesen individuellen Gefühlen kommt noch die Notwendigkeit, das Kind nach den Verhaltensnormen einer bestimmten Gesellschaft zu sozialisieren mit all den Zwängen, Einschränkungen und Frustrationen sowohl für die Mutter wie auch für das Kind.

In einer amüsanten Buchbesprechung hat Bruno Bettelheim im Jahre 1970 Portnoy zum vollkommenen Narziß erklärt, und wir können davon ausgehen, daß dies das Ergebnis seiner überliebenden Mutter war. Schließlich war Narziß selbst ein Kind, »in das man sich schon in der Wiege hätte verlieben können«, sagte Virginia Hamilton. Das Problem ist nicht einfach, da die Grenze zwischen Liebe, Ermutigung und hohen Maßstäben und der überliebenden Liebe zu einem Kind schwer zu ziehen ist. Außerdem ist das Ergebnis ungewiß. Während die Geschichte tragische Beispiele für die potentielle größenwahnsinnige Destruktivität narzißtischer Männer wie Hitler bietet, den Helm Stierlin 1977 den »gebundenen delegierten« Sohn seiner Mutter nannte, gibt es auch andere »übervereinnahmte« Söhne wie Winston Churchill, Sigmund Freud oder Franklin D. Roosevelt, die einzigartige Beiträge zu unserer Gesellschaft geleistet haben.

Wie viele andere Mütter ist auch Portnoys Mutter nicht bereit, ihre eigenen negativen Gefühle und die ihres Kindes zur Kenntnis zu nehmen, und die von Schuldgefühlen gebeutelten Widersprüche ihres Sohnes erscheinen ihr als zutiefst unverdiente Undankbarkeit. Sie hat wahrscheinlich etwas über Freuds Ödipuskomplex gelesen und weiß, daß kleine Jungen dazu neigen, sich in ihre Mutter zu verlieben. Mit dem Konzept der ödipalen Liebe hat sie sich seit langem abgefunden; Liebe ist schließlich ein positives, lebenförderndes Gefühl, selbst wenn sie sich auf ein Objekt des Inzests richtet. Freud hat jedoch die dunklere Seite der Mutter-Sohn-Beziehung nicht erforscht, wie sie von Orest verkörpert wird, der im griechischen Mythos seine Mutter ermordet. Mutterschaft ist mit Liebe und Haß von der Seite der Mutter *und* der des Kindes verbunden, und Portnoys Mutter ist darauf nicht vorbereitet.

Der physische und emotionale Verlust des Kindes trifft die Mutter in ihrer Lebensmitte. Portnoys Mutter, die in ihre eigene Entwicklung, aber auch in die Beziehung zu ihrem Mann oder zu Freundinnen wenig investiert hat, bleibt in Bitterkeit und Isolierung zurück. Im Gegensatz zu Medea wendet sie ihre Wut über den Betrug der Mutterschaft gegen sich selbst und wird depressiv.

Es gibt Mütter, die noch schlimmer betrogen werden als Mrs. Portnoy, deren Sohn, so egozentrisch und lieblos er auch sein mochte, in der Welt wenigstens einigermaßen erfolgreich war. Ich denke an Frauen, deren Kinder im Krieg getötet werden oder, noch schlimmer, Selbstmord begehen oder psychisch krank werden und deren untröstlicher Schmerz durch untröstliche Schuldgefühle verschlimmert wird. Ich habe sehr lange nach einer geeigneten literarischen Heldin für diese Art des Betrugs gesucht; ich habe an Mutter Courage von Bertolt Brecht gedacht, die ihre Kinder an den Krieg und »die gute Sache« verlor. Oder vielleicht käme Gertrude in Frage, die Mutter Hamlets, die für alle ihre Fehltritte teuer bezahlen mußte. Vielleicht ist es Frau Alving aus Ibsens *Gespenster*, die sich für den Rest ihres Lebens um ihren syphilitischen Sohn kümmern muß. Ich weiß nicht, warum es so schwierig ist, genau die richtige zu finden, da diese Art des niederschmetternden Betrugs keinesfalls selten ist.

Ich weiß nicht, ob sich Frauen gegen den Lebensbetrug wappnen können, indem sie ihre Erwartungen verändern. Ich habe in einem anderen Kapitel Frauen vor den Märchen und Mythen ewiger Liebe und den Wonnen der Mutterschaft zu warnen versucht, aber es fällt schwer, auf solche Warnungen zu hören. Wir benötigen schließlich eine Menge vernunftswidrigen Optimismus, um uns auf unseren Lebensweg zu wagen.

Ich habe den möglichen Lebenslauf einer traditionellen Frau skizziert, die vor dem Zweiten Weltkrieg geboren wurde. Es ist möglich, daß Frauen, die ihre gesunden oder ungesunden narzißtischen Bedürfnisse in ihrer eigenen Karriere ausleben können, es nicht mehr nötig haben, ihre Kinder im gleichen Maße zu benutzen. Eine weitere Veränderung ist die verstärkte Chance, daß nicht nur Söhne, sondern auch Töchter ausgesucht werden können, die enttäuschten Hoffnungen ihrer Mütter oder Väter zu verwirklichen. Vielleicht ist die Müllerstochter ein solches Kind. Hier ist es vor allem die Entmystifizierung der nichts als seligmachenden Mutterschaft, die heutige und künftige Mütter vor falschen Erwartungen schützen wird. Darüber hinaus wird eine Supermutter heute anders definiert, nämlich als eine Frau, die ihrem Kind nicht nur uneingeschränkte Zuwendung entgegenbringt, sondern auch die Selbständigkeit ihres Kindes fördert, während sie sich gleichzeitig um ihre eigene Entwicklung kümmert.

Arbeit

Angesichts der vielen Hürden in dem Reich der Liebe ist die Arbeit eine willkommene Alternative und auch eine zweite Quelle der Befriedigung für Frauen. Berufstätige Mütter können potentiell das erfüllteste und befriedigendste vorstellbare Leben führen, da sie Sinn und Genugtuung entweder aus der Arbeit oder der Liebe, vielleicht sogar aus beidem beziehen. Dies gilt besonders für qualifizierte Frauen mit herausfordernden Tätigkeiten, aber Untersuchungen zeigen, daß Erwerbstätigkeit auch weniger gebildete Frauen, die in Armut leben, vor Depressionen schützen kann. Nach der Entmystifizierung des Reichs der Liebe müssen wir auch einen warnenden Blick auf das Reich der Arbeit werfen.

Eine junge Freundin, Mutter von drei Kindern unter fünf Jahren, nimmt eine Ganztagsstelle als Sozialarbeiterin an und verfolgt gleichzeitig abends ihre Gesangskarriere. Sie sagt: »Ich möchte ein Buch darüber schreiben, daß man seinen Kuchen haben und ihn gleichzeitig aufessen kann.« Vermutlich wird das Schreiben des Buches ihr vierter Job sein. Wir sind alle sehr gierig und geblendet von den neuen Chancen der Selbstentfaltung und der Teilhabe an der Welt der Arbeit, ohne unsere traditionellen Rollen aufgeben zu wollen. Die Situation führt zu Überforderung und Erschöpfung, aber das ist noch nicht einmal das vollständige Bild.

Ich habe darauf hingewiesen, daß die meisten Menschen immerzu Anstrengung brauchen, um ihre Selbstachtung aufrechtzuerhalten. Sie machen ihr Wertgefühl vom Erfolg in der Arbeit oder der Liebe abhängig. Ich möchte behaupten, daß Mißerfolg auf dem Gebiet, das die erste Stelle einnimmt, niederschmetternd ist, selbst wenn Ersatzbefriedigung im anderen Bereich möglich ist.

Als junge und überliebende Mutter war die Arbeit für mich eine willkommene Ablenkung, ein ausgleichender Einfluß, Spiel und Erholung, aber meine Selbstachtung machte ich vom Wohlergehen

meiner Kinder abhängig. Erfolg in der Arbeit schützte mich nicht vor
Depressionen, wenn meine Kinder Schwierigkeiten hatten. Katastrophen auf dem Gebiet, das den Vorrang hat, sei es die Liebe oder die
Arbeit, können auf das andere Gebiet übergreifen und es völlig sinnlos machen. Eine Freundin von mir war eine erfolgreiche Akademikerin, bis ihr Kind in der Jugend schizophren wurde. Da verlor ihre
Karriere den Sinn für sie, den sie zuvor darin hatte finden können, und
sie gab ihre Professur auf, um sich ganz ihrem Kind zu widmen.

Die Müllerstochter spann sehr gerne, und diese Tätigkeit gab ihrem
Leben Sinn, doch sie arbeitete so hart für Kleider und Gold, daß ihr
keine Zeit mehr für irgend etwas anderes blieb. Ihre Arbeit wurde eine
Tretmühle für sie, eine Kette von Verpflichtungen, wie ich in dem
folgenden Gedicht auszudrücken versuche.

> *Arbeit und Liebe*
>
> Sie sagen
> Arbeit entschädigt für Liebe
> wenn die Liebe enttäuscht hat –
> vielleicht haben sie recht?
> Wenn ich aufwache
> im Morgengrauen,
> dann nicht mit deinem Bild
> in meinem Herzen
> das schlägt statt dessen
> für Buchkritiken
> Leselisten
> Artikel, Berichte
> die dringend warten.
> Vielleicht ist es sicherer
> Liebe zu vergessen.
> Doch Arbeit ohne Liebe
> ist Schinderei,
> freudlos
> sinnlos
> nutzlos
> ohne Halt
> für das Leben auf der Erde.

Qualifizierte Männer ziehen ihre Selbstachtung gewöhnlich aus der Arbeitswelt. Die Forschungsergebnisse von Paula Leventman über die Folgen der Arbeitslosigkeitskrise von 1970 bei Ingenieuren ergänzt frühere Untersuchungen über schwarze »Straßeneckensteher«. Mit dem Verlust der Arbeit gelang es keiner dieser beiden Gruppen von Männern, ihre Fähigkeit, sich selbst und ihre Familie zu lieben, aufrechtzuerhalten. »Meine Ergebnisse zeigen«, schrieb sie, »daß die Bindungen, die die amerikanische Mittelstandsfamilie zusammenhalten, so schwach sind, daß der Verlust des Arbeitsplatzes innerhalb weniger Monate das Gewebe der Zuneigung und des Respekts zerreißen kann.«

Ich habe die Anfälligkeit von Männern hier angeführt, um zu verdeutlichen, daß Männer genauso verletzbar sind wie Frauen, obwohl die Ursachen ihres Leidens und ihre Reaktionen darauf anders sein können. Während Frauen depressiv werden, neigen Männer eher dazu, auf Streß mit Alkoholismus und Gewalttätigkeit zu reagieren. Statt zu fragen, warum Frauen größere Probleme mit ihrer Selbstachtung haben, sollten wir bei beiden Geschlechtern die verschiedenen Ursachen narzißtischer Kränkbarkeit untersuchen. Außerdem beschränkt sich die ausschließliche Investition in die Arbeit nicht auf Männer. Manche hochqualifizierte Frauen widmen sich ihrer Arbeit mit derselben Leidenschaft, die andere Frauen für ihre Liebesbeziehungen aufheben.

Virginia Woolf ist ein eindrucksvolles Beispiel einer brillanten Frau, die von Selbstzweifeln gequält wurde. In einer Biographie von George Spater und Jan Parson steht: »Es ist schwierig, nicht zu dem Schluß zu kommen, daß die Kopfschmerzen, die Schlaflosigkeit und die selbstmörderische Depression von 1913 sowie die Episoden von 1915 vorwiegend eine einzige Ursache hatten: die Veröffentlichung von *Voyage Out*, und daß sie die Hysterien einer höchst sensitiven Schriftstellerin darstellten, die sich immer nahe am Rande des Wahnsinns befand und befürchtete, von unsensiblen Kritikern ›entlarvt‹ und als verrückt erklärt zu werden ...«

Da war also eine weitere Frau, wenn auch zugegebenermaßen eine Kranke, die Angst davor hatte, genau wie die Müllerstochter entlarvt zu werden. Die Annahme liegt nahe, daß Virginias Zweifel an ihrer Arbeit ähnlich wie bei arbeitslosen Männern auch ihre Liebesfähigkeit beeinträchtigten. »Virginias Wutausbrüche in ihren Anfällen von Wahn waren durch Kritik an anderen gekennzeichnet – an Männern im allgemeinen, an Leonard [ihrem Mann] im besonderen . . .« Eine andere Deutung wäre, daß Virginia sowohl in der »Liebe« (die den Haß einschließt) als auch in der Arbeit gleichermaßen verletzbar war. Ihren ersten Selbstmordversuch unternahm sie ein Jahr nach ihrer Eheschließung. Mit einem Mann gesegnet, der ihr völlig ergeben war, konnte sie ihren Haß in keiner anderen Weise äußern; sie mußte den Verstand verlieren. Ronald P. Laing berichtete die Fallgeschichte einer Tochter, die an ihrer Unfähigkeit zerbrach, ihre Wut auf ihre allzu ergebene, selbstlose Mutter zu äußern. »Julies letzter Fetzen Gesundheit in diesem Stadium hing ab von der Möglichkeit, etwas Böses in ihrer tatsächlichen Mutter unterbringen zu können. Die Unmöglichkeit, das zu tun, auf gesunde Weise, war einer der Faktoren, der zu einer schizophrenen Psychose beitrug.« Es ist meine Hypothese, daß Virginia Woolf eine ähnliche Not hatte. Mit der Zeit fühlte sie sich von Leonard so eingeengt, daß für sie der Selbstmord die einzige Möglichkeit war, sich von seiner unablässigen zudringlichen Ergebenheit zu befreien. Es ist nicht so, daß nur Frauen »überlieben«. Unter den richtigen Umständen können Männer das genauso.

Frauen können also ebenso wie Männer entweder Liebe *oder* Arbeit an die erste Stelle setzen mit der daraus resultierenden Verletzbarkeit in dem einen oder anderen Bereich. Aber ich glaube, daß hochqualifizierte Frauen meistens dazu neigen, sich gleichmäßig zu engagieren oder die beiden Bereiche miteinander zu verbinden, und damit doppelt verwundbar sind. Hochqualifizierte Frauen genießen nicht nur ein zweifaches Leben, sie setzen sich auch der doppelten Gefahr narzißtischer Kränkungen aus.

Für mich steht das Tagebuch von Anna Vorontosov, der halbautobiographischen Heldin, die Sylvia Ashton-Warner in *Spinster* beschrieben hat, mit außergewöhnlicher Tiefe und unsentimentalem Mitgefühl für das Schicksal vieler gebildeter Frauen. Anna ist eine wundervoll kreative Lehrerin, die sehr originelle Methoden entwickelt hat, um den kulturell benachteiligten Maorikindern von Neuseeland Lesen und Schreiben beizubringen. Sie ist jedoch völlig abhängig bei der Billigung ihrer unkonventionellen Lehrmethoden von ihrem Schulinspektor. Anna schafft es ebensowenig wie die Müllerstochter, Liebe und Arbeit ordentlich voneinander getrennt zu halten. Sie werden in höchst beunruhigender Weise miteinander vermischt.

»Anna! Du machst den Fehler, nur der Liebe zu folgen! Alle deine Regeln des Verhaltens, der Moral und der Arbeit sind davon in Unordnung geraten. Liebe ist nicht ganz ehrbar, verstehst du ... Zum einen wirkt sie sich störend auf die Organisation aus, und zum anderen ist sie nicht gut für das Denken. Dasselbe gilt für die Leidenschaft: sie hat keinen Platz in einem Klassenzimmer ...«

Obwohl sie den Inspektor in ihrer Phantasie schweigend und leidenschaftlich liebt, will sie von ihm letztlich nichts weiter als Anerkennung und Bewunderung für ihre Arbeit. Er ist blind gegenüber ihrer Liebe und ihren Begabungen und gewährt ihr nicht die Bestätigung, nach der sie so hungert. Tief verachtet beerdigt Anna Vorontosov die zwei schönen Lehrbücher, die sie für ihre Maorikinder geschrieben hatte, und gibt als Zeichen ihrer totalen Niederlage ihre Stelle auf. Nach Frauenart kommt sie zu dem Schluß, daß sie nicht von den anderen im Stich gelassen wurde, sondern daß sie selbst versagt habe.

»Die Summe meiner Anstrengungen hat einfach nicht ausgereicht, um Anerkennung zu rechtfertigen. Und ich gebe ihm nicht die Schuld an meinen vielen ungeschickten und einsamen Fehlern. Man gibt nicht jemand anderem die Schuld an seinen Mißgeschicken. Man trägt den Keim dazu in sich selbst. Man darf nicht andere dafür anklagen.«

Auch Alma Mahler, Gustav Mahlers Frau, vergrub ihre Lieder, als sie von ihrem Mann keine Anerkennung bekam. Würde sich ein begabter junger Mann wegen der fehlenden Zustimmung oder Anerkennung einer Frau jemals ganz geschlagen geben?

Die Tendenz vieler Frauen, überempfindlich für persönlich motivierte und ungerechtfertigte Kritik zu sein oder sich für die Lieblosigkeit anderer Menschen verantwortlich zu fühlen, ist ein eklatantes Beispiel für den obenerwähnten außengelenkten Narzißmus. Sie beweist einen grundlegenden Mangel an Selbstvertrauen und eine verzerrte Einschätzung der eigenen Macht, aber sie kommt auch daher, daß Frauen andere sehr ernst nehmen. Selbst wenn nur wenige meiner Studentinnen meinen Unterricht abfällig beurteilen, muß ich ihre Kritik ernst nehmen, da ich mir nicht vorstellen kann, daß irgend jemandes Reaktion völlig unberechtigt ist. Eine der tüchtigsten

Frauen, die ich je gekannt habe, hat sich wegen der Selbstzweifel, die die Beleidigungen ihres aggressiven ehemaligen Ehemannes in ihr weckten, in psychotherapeutische Behandlung begeben. Die Neigung von Frauen, unfaire Kritik zu verinnerlichen, ist grenzenlos und endlos.

Nach meiner Erfahrung sind hochqualifizierte Frauen die ersten wahrhaft androgynen Menschen in unserer Gesellschaft. Einige von uns sind immer noch fähig, zu lieben und zu weinen – wie könnten wir das je verlernen –, und gleichzeitig haben wir gelernt, zu arbeiten und auf unseren eigenen Füßen zu stehen. Dazu erzogen, Wert auf Liebe und Bindung zu legen, gehorsam und selbstlos, sanft und fürsorglich zu sein, treten wir in eine Arbeitswelt, in der wir Werten wie persönliche Leistung, Konkurrenz und Selbstbehauptung begegnen. Es ist schwierig, so widersprüchliche Neigungen und Erwartungen miteinander zu vereinbaren. Doch soziale Systeme können nicht unverändert bleiben, wenn sie neue Mitglieder aufnehmen. Ich glaube, daß sich die Arbeitswelt durch die vollständige Eingliederung der Frauen zwangsläufig verändern wird.

Starke Frauen spüren, daß niemand in der Welt, besonders nicht ihre Männer, nicht ihre Liebhaber und Therapeuten, ihre Liebe, Wut und Verzweiflung ertragen können. Es ist leichter, sich in den Wahnsinn zu flüchten, wenn die eigenen Gefühle zu explodieren drohen. Eine starke Frau zu werden ist immer noch eine einsame Position, denn wir Müllerstöchter fühlen uns weder so mächtig noch so unabhängig, wie andere von uns glauben.

Das gespaltene Selbst

Eine starke Frau möchte das Recht haben, Stärke *und* Schwäche, Autonomie *und* Abhängigkeit zu zeigen, und sie möchte trotz der widersprüchlichen Aspekte ihres *gespaltenen Selbst* akzeptiert und geliebt und nicht dafür bestraft werden.

In seinem Buch über Eleanor Roosevelts Korrespondenz ging Joseph Lash auf die erstaunlichen Diskrepanzen zwischen dem privaten und dem öffentlichen Selbst von Menschen ein. »Wenn die privaten Papiere angesehener Viktorianer – sowohl Amerikaner als auch Briten – zugänglich werden, ist es oft ein Schock, die Kluft zwischen ihren

Lippenbekenntnissen gegenüber der öffentlichen Moral und ihrem Privatleben zu entdecken.«

Eleanor Roosevelt, Virginia Woolf, Anna Vorontosov, Simone de Beauvoir, Anna Freud – dies sind meine Vorbilder und meine Heldinnen, doch keine von ihnen repräsentiert die gesellschaftlichen Ideale der Weiblichkeit und sozialen Angepaßtheit oder der sogenannten Normalität. Simone de Beauvoir hat einen intellektuellen Seelengefährten gefunden, doch ihre sexuellen Leidenschaften richteten sich auf andere Männer; Anna Vorontosov und Virginia Woolf hatten schöpferisches Feuer, doch sie waren beide auch unreif. Virginia war verrückt und depressiv, und Anna trank zuviel und hatte absurde und unrealistische Phantasien von Leidenschaft. Anna Freuds dominierende Leidenschaft galt ihrem Vater. Eleanor Roosevelt war verheiratet und hatte fünf Kinder, doch emotional blieb sie eine ledige Frau, und ihre Leidenschaften richteten sich unter Ausschluß ihrer eigenen Familie auf Freundinnen und Freunde. Sie pflegte in romantischem Überschwang das Foto einer Freundin zu küssen, bevor sie auszog, um gegen Armut und Arbeitslosigkeit zu kämpfen.

Frauen sind nicht die einzigen, die ein gespaltenes Selbst haben. Sooft wir Gelegenheit bekommen, hinter die Fassade eines Lebens zu blikken, stoßen wir auf die erstaunlichsten Widersprüche. Erst kürzlich wurde bekannt, daß der große humanistische Psychologe Carl Jung sexuelle Beziehungen zu einigen seiner Patientinnen unterhielt und dies als eine mögliche Form der Bezahlung für seine Dienste rationalisierte. Freilich ist Jung auch in einigen anderen Hinsichten nicht bewundernswert; ich benutze ihn nur als Beispiel, weil er schon tot und zum Glück nicht mit mir verwandt ist.

Harry Guntrip hat über das schwache, kindliche Ich geschrieben, das von der angepaßten Hülse des falschen Selbst überbaut wird. Er benutzte das Bild einer Zwiebel mit einem faulenden, verdorbenen Kern. Meine Metapher des Selbst sieht anders aus, weil ich glaube, daß Gegensätze zusammengehören. Ich sehe das narzißtische und das altruistische Selbst, das private und das öffentliche Selbst, das abhängige und das autonome Selbst und alle unsere anderen verschiedenen Selbsts nebeneinander und jedes gleichermaßen gültig. Manchmal gelingt es uns, diese vielen Selbsts zu integrieren, und dann fühlen wir uns heil, und in anderen Momenten der Belastung fühlen wir uns in viele Richtungen gerissen und haben das Gefühl eines gespaltenen Selbst.

Es gibt keinen Grund, warum unsere primitiven Selbsts notwendigerweise als gültiger angesehen werden sollten als unsere sozialisierten Identitäten. Ich habe mich sogar gefragt, ob die »Reaktionsbildung«, die auf der Vorstellung eines *aus Schichten bestehenden* Selbst basiert, dessen tiefste Schicht die höchste Wahrheit repräsentiert, ein nützliches Konzept ist. Wenn wir es durch die Metapher eines *gespaltenen* Selbst ersetzen, implizieren wir damit, daß Menschen widersprüchliche, gleichzeitig positive und negative Gefühle haben, die gleichermaßen echt sein können. Ich habe früher geglaubt, daß meine Selbstsicherheit ein bloßer Deckmantel für meine Selbstzweifel sei, bis es mir möglich wurde, mich zu beiden Extremen zu bekennen.

Obwohl die Beschreibungen der Entwicklungsstadien im menschlichen Wachstum wichtige theoretische Stufen enthalten, haben manche Beobachter in letzter Zeit verstärktes Augenmerk auf den gleichzeitigen oder rasch abwechselnden Erwerb und die Äußerung verschiedener Fähigkeiten und Bedürfnisse gerichtet. So haben wir zum Beispiel festgestellt, daß das erste Lebensjahr durch Bindung *und* Trennung, Vertrauen *und* Autonomie gekennzeichnet ist, während andererseits auch Generativität und Intimität, insbesondere im Leben von Frauen, Hand in Hand gehen. Obwohl Erik Erikson das Aufziehen von Kindern dem Stadium der Reproduktion und nicht dem der Intimität zuzurechnen schien, fällt es schwer, sich eine intimere Beziehung als die zwischen Mutter und Kind vorzustellen. In ähnlichem Sinn wird Piagets Vision eines unaufhaltsamen Fortschreitens zu immer größerer Rationalität zunehmend in Frage gestellt. So hat zum Beispiel K. F. Riegel auf Hegels Theorie hingewiesen, daß Widersprüche »die grundlegendste Eigenschaft der Natur und des Geistes ... [und eine] ... notwendige Vorbedingung des Denkens« seien. Die meisten Menschen, meinte Riegel, »operieren gleichzeitig auf verschiedenen Ebenen der Kognition, vielleicht, indem sie zwischen ihnen hin und her pendeln oder die eine für den einen Aktivitätsbereich und die andere für einen anderen Bereich wählen«. Ungeachtet der Theorie der kognitiven Dissonanz leben die meisten von uns mit einem großen Maß an Ambiguität und

Widersprüchen in unserer Betrachtungsweise und unserem Denken. Sicherlich kommen viele Menschen durch Streß dazu, zu magischem und egozentrischem Denken zu regredieren. Derselbe Vorgang scheint in der emotionalen Entwicklung vorzuherrschen. Die meisten Menschen sind gleichzeitig klug und töricht, reif und unreif, aktiv und passiv, feige und mutig, gehorsam und rebellisch, geizig und großzügig.

Daniel Levinson hat die Ausgeglichenheit einer Reihe grundlegender Dichotomien in den mittleren Jahren hervorgehoben, aber ich glaube, dieses Ringen um ein labiles Gleichgewicht zieht sich durch das ganze Leben. Auseinandersetzungen um bestimmte Gegensatzpaare sind vielleicht für manche Epochen kennzeichnender als andere. Im frühen Erwachsenenalter sind oft Konflikte zwischen dem Hang zum Abenteuer und dem Bedürfnis nach Sicherheit zu beobachten, während ältere Menschen eher mit dem Konflikt zwischen Aktivität und Passivität oder zwischen Großzügigkeit und Geist zu kämpfen haben. Doch eröffnen sich jetzt, da der Lebenszyklus fließender geworden ist, in der Lebensmitte neue Optionen und stellen uns erneut vor die Entscheidung zwischen Risiko und Sicherheit. Relative geistige Gesundheit scheint von einer gewissen Fähigkeit abzuhängen, diese inneren Widersprüche miteinander zu vereinen oder in eine Balance zu bringen. Menschen mit sehr ausgeprägten zwanghaften oder hysterischen Persönlichkeitsstilen scheinen dieses Gleichgewicht eingebüßt zu haben.

Manchmal, wenn ich mich zwischen starken widersprüchlichen Tendenzen hin und her gerissen fühle wie meinem Wunsch, auf Menschen zuzugehen, aber auch Distanz zu halten, oder zu verzeihen, aber auch nie zu vergeben, dann spüre ich das Gespenst meiner Mutter in mir, das mich in Richtungen zieht, die ich eigentlich hatte vermeiden wollen. Solche inneren Kämpfe könnten der Preis dafür sein, in Opposition zu einem internalisierten Elternteil zu leben. Von den Eltern zu widersprüchlichen Missionen ausersehen zu sein könnte ebenfalls zu einem gespaltenen Selbst beitragen. Frauen sind ständig widersprüchlichen Botschaften ausgesetzt gewesen, wie das Beispiel dieses alten Kinderreims zeigt.

Mutter, darf ich schwimmen gehen?
Ja, meine liebe Tochter.
Häng deine Kleider auf einen Nußbaumzweig,
und halt dich fern vom Wasser.

Männer und Frauen haben manche dieser Gegensätze unter sich aufgeteilt. In Widerspruch zu manchen Theoretikern bin ich *nicht* der Meinung, daß solche Aufspaltungen primär auf die unterschiedliche Sozialisation in der Kindheit und frühe Lernerfahrungen zurückzuführen sind, weil ich zu viele Menschen rasch und recht mühelos von einem Extrem in das andere umschwenken gesehen haben, falls die Umstände es erfordern. Wir haben es erlebt, daß passive, abhängige Frauen nach dem Verlust ihrer Männer stark und selbständig werden. Die Verteilung dieser Gegensätze scheint vielmehr durch gesellschaftliche Gebräuche, Rollenvorschriften und Lebensumstände diktiert zu sein. Vielleicht ist die Fähigkeit, je nach den Lebensumständen zwischen Extremen hin und her zu pendeln, ein weiteres Zeichen relativer geistig-seelischer Gesundheit.

Intimität ist zum Beispiel für die meisten Paare schwierig. Traditionell sucht die Frau, Nähe herbeizuführen, während der Mann Distanz wahrt und die Möglichkeit zur Intimität sorgfältig begrenzt. In einer Ehe wie der zwischen Virginia und Leonard Woolf, in der die Frau die distanzierende Rolle übernimmt, kann der Mann leicht zum Werbenden werden. Systeme haben im allgemeinen die Tendenz, beide Pole in sich zu vereinigen, und es wird relativ willkürlich, wer die komplementären Attribute übernimmt. Probleme scheinen bei der projektiven Identifizierung zu entstehen, nämlich wenn ein Partner irgendeinen Aspekt des gespaltenen Selbst bei sich völlig verleugnet und ihn an den anderen Partner abtritt.

Ich habe darzulegen versucht, daß die Diskrepanz zwischen »normal« im utopischen Sinn und »normal« im statistisch vorherrschenden Sinn so groß geworden ist, daß unsere Konzepte von Normalität und Pathologie revidiert werden sollten. Ich muß deshalb die Entscheidung, ob die Müllerstochter in psychiatrische Behandlung gehört, Ihnen überlassen. Vielleicht könnte ein letztes Stück dieser Fallgeschichte nützlich für Sie sein. Das ist ein Gedicht, das sie und ich in einer Stunde des Rückblicks auf das Dilemma der Müllerstochter geschrieben haben. Es entstand in einem Augenblick der Desillusionierung in bezug auf ihr Leben. Wir haben es auch als Antwort auf Sigmund Freuds Frage geschrieben: »Was will das Weib?« Freud meinte damit, was wollen Frauen von Männern? Das ist eine Frage, die andere Männer ständig wiederholen.

Lieber
lang-leidender Gatte
Sohn
Bruder
Männerfreunde
in aller Welt.

Danke,
daß Ihr
in meinem Leben
wart
mir versichert habt
daß ich
gut genug war,
ein männliches Kind aufzuziehen,
von einigen Männern
geliebt
oder bewundert
oder respektiert zu werden
ohne Euren Beifall
hätte ich
niemals gelernt
mich selbst zu lieben.

Aber jetzt
sind wir alle
erwachsen
älter geworden
und ich merke
daß ich
zu stark
zu selbständig

zu mächtig
zu schwach
zu kindlich
gierig und fordernd bin
um mit Euch
Schritt zu halten.

Jetzt können wir
getrennte Wege gehen
in der Hoffnung,
daß sie sich in den Jahren
die kommen
für Augenblicke
kreuzen.

Sobald die Lehrerin aufwachte, wußte sie, daß etwas nicht in Ordnung war. Unbehagen war in ihrem Körper. Es war nicht, daß sie nicht genügend geschlafen hatte. Es war Samstag, und sie hatte ihren Wecker nicht stellen müssen. Nein, das war auch nicht das Vorgefühl eines Migräneanfalls; das hätte sie sofort erkannt, es war etwas ganz anderes. Die Lehrerin stand auf und nahm ihr Bad. »Badest du lange oder kurz?« rief ihr Mann aus der Küche. Seine Stimme klang merkwürdig fern, aber es war nicht nötig, auf seine Worte zu achten, da er ihr seit Jahren jeden Morgen dieselbe Frage gestellt hatte. Die Lehrerin hätte es vorgezogen, ihr morgendliches Bad zu nehmen, ohne sich vorher über seine Länge den Kopf zerbrechen zu müssen. Aber sie wußte nicht, wie sie diesen Wunsch ihrem wohlmeinenden und fürsorglichen Mann, der ihr jeden Morgen ein Vierminutenei kochen wollte, vermitteln könnte.

»Irgendwas stimmt mit mir nicht«, sagte die Lehrerin zu ihrem Mann, nachdem sie nur ein kurzes Bad genommen hatte. »Vielleicht kriegst du eine Erkältung«, antwortete er. »Nimm Vitamin C, das wendet es vielleicht ab. Erwarte mich heute nicht zum Abendessen, wir haben eine Bürokrise wegen des Regierungsauftrags. Weiß der Himmel, was uns passiert, wenn wir ihn nicht kriegen«, fügte er in seinem üblichen gramvollen Ton hinzu. Die Lehrerin schaltete rasch die Frühnachrichten ein, um die chronischen Geschäftssorgen ihres Mannes zu übertönen. Als junge Mutter hatte sie die ständige Gefahr, daß ihr Mann seine Arbeit verlieren könnte, in panische Angst versetzt, aber sie hatte sich schließlich gegen dieses Damoklesschwert geschützt, indem sie selbst genug Geld verdiente und den Haushalt bestreiten konnte, ganz egal, was mit ihm, seiner Firma und seinen Regierungsaufträgen geschehen würde. Sie fragte sich, warum sie sich überhaupt dazu hatte hinreißen lassen, ihr Unbehagen zu erwähnen, da sie sich doch immer wieder geschworen hatte, keinen Trost mehr von ihm zu erwarten. Gleichzeitig erinnerte sie sich, daß seine Stimme anders als sonst, so entfernt geklungen hatte. Und dasselbe war jetzt mit der Stimme im Radio. Nachdem ihr Mann zur Arbeit gegangen war, überprüfte die Lehrerin mit dem Radio ihre Ohren. Sie stellte fest, daß sie auf dem linken Ohr nichts hörte. Sie war ratlos, was sie in dieser Situation tun sollte.

Das Telefon klingelte gedämpft. Ihre siebtbeste Freundin rief an, um ihr guten Tag zu sagen. »Ich glaube, ich bin auf einem Ohr taub«, sagte die Lehrerin in Panik. »Mach dir keine Sorgen«, antwortete ihre Freundin, »man kann ja lernen, von den Lippen zu lesen.« Sie sprach von ihrem Mann, der partiell taub war und behauptete, daß er damit sehr gut zurechtkam. Die Lehrerin wußte, daß der Mann in den Katakomben einer Bibliothek arbeitete und daß er im Gegensatz zu ihr nicht davon abhängig war, mit Menschen zu reden und ihnen zuzuhören. »Ich fühle mich auch in letzter Zeit nicht wohl«, fügte ihre Freundin hinzu. »Nach dem Essen habe ich häufig Magenkrämpfe.« In diesem Augenblick relegierte die Lehrerin ihre siebtbeste Freundin auf den 34. Rang und beendete das Telefonat so schnell wie möglich.

Die Lehrerin rief dann ihre Tochter an. Als einzige ihrer drei Kinder war sie mit ihrem Studium bereits fertig und wohnte in der Nähe. Sie erklärte ihr die Situation, und ihre Tochter ließ sie nicht im Stich. Sie zeigte große Besorgnis und bot ihr an, sofort zu kommen. Aber die Lehrerin hatte sich vorgenommen, am Wochenende die Seminararbeiten ihrer Studenten zu lesen. Sie wollte sie am Montag zurückgeben, um sie nicht noch weiter warten zu lassen. Außerdem wußte sie, daß ihre Tochter eben eine Beziehung beendet hatte und selbst sehr litt. Wenn ihre Tochter sie besuchte, dann würde sie sich ihre traurigen Geschichten anhören müssen, und in ihrem gegenwärtigen Zustand konnte sie sich mit keinem anderen Leiden außer ihrem eigenen auseinandersetzen.

Die Lehrerin zögerte, ihre beste Freundin anzurufen, da diese die irritierende, aber unerschütterliche Überzeugung vertrat, daß man alle Unfälle und Krankheiten selbst verursacht und sie daher auch selbst in der Hand hat. Sie rief sie trotzdem an, und auch ihre Freundin war sofort bereit vorbeizukommen. Sie wollte ihr helfen, die feindlichen Kräfte, denen sie gestattet hatte, von ihrem Körper Besitz zu ergreifen, auszutreiben. Vielleicht könnten sie zusammen meditieren. Oder vielleicht würde die Lehrerin ihrer Freundin endlich erlauben, sie in Trance zu versetzen, aus der heraus sie die Kraft finden würde, der Krankheit zu widerstehen. Die Lehrerin empfand nicht die geringste Bereitschaft, die Verantwortung für das Unglück zu übernehmen, das sie befallen hatte. Sie untersagte sich weitere Anrufe.

Statt die Seminararbeiten zu lesen, setzte sich die Lehrerin hin und schrieb einen Brief an einen Mann jenseits des Ozeans, den sie vor drei Jahren während ihres Sabbaticals kennengelernt hatte und den sie seit dieser Zeit unerwidert liebte. Da sich dieser Mann von den jeweiligen Ängsten, die sie ihm anvertraute, keineswegs erschüttern zu lassen schien, konnte sie ihm unbesorgt in einem Brief ihr Herz ausschütten. Sie wußte inzwischen auch, daß sie wahrscheinlich in vier bis sechs Wochen eine freundlichere Antwort bekommen würde. Entweder würde er seine Hoffnung ausdrücken, daß sich ihr Gehör gebessert habe, oder, und das war wahrscheinlicher, er hatte die Angelegenheit inzwischen vergessen und würde über anderes sprechen. Das Schreiben dieses Briefes dauerte fast den ganzen Vormittag und brachte ihr einige Erleichterung.

Den Rest des Wochenendes widmete sie sich pflichtgemäß den Prüfungsarbeiten. Die Lehrerin freute sich, daß ihre Studentinnen so gut gelernt hatten und daß sie niemanden durchfallen lassen mußte. Sie flüchtete in die Lektüre dieser Arbeiten, wie sich andere vielleicht in Musik oder auch in Alkohol flüchten.

Die Lehrerin hatte ihre erste Unterrichtsstunde am Montagnachmittag und beschloß, an diesem Morgen einen Arzt aufzusuchen. Sie bekam einen Notfalltermin in der Ambulanz eines großen Universitätskrankenhauses, an dem viele ihrer Studentinnen Praktika machten, und tatsächlich traf sie einige in den Gängen. Nach einem Audiogramm und verschiedenen Tests wurde festgestellt, daß sie an irgendeiner mysteriösen Nerventaubheit litt. Der Arzt meinte, daß es sich um das Menière-Syndrom handeln könnte und daß die Gefahr des Übergreifens auf das zweite Ohr bestehe. Eine spezielle Behandlung konnte er nicht vorschlagen. Er fragte sie, ob sie Tranquilizer brauche, und überlegte kurz, ob ein Krankenhausaufenthalt notwendig sei, um eine Reihe diagnostischer Tests zu machen, aber nach einem Blick auf die Lehrerin gab er beide Gedanken rasch auf.

Die Lehrerin verließ den Behandlungsraum und sah sich nach der medizinischen Bibliothek um. Die freundliche Bibliothekarin, die sie aus der Ferne kannte, beschwor sie, nichts über ihre vermeintliche Krankheit nachzulesen. Die Lehrerin dachte daran, daß diese Frau, wäre sie ihre Studentin gewesen, gelernt hätte, daß bestimmte Menschen aus Wissen Kraft schöpfen. Nachdem sie den Namen ihrer Diagnose in einem medizinischen Wörterbuch nachgeschlagen hatte, war sie sich einigermaßen sicher, daß sich der Arzt irrte; dieser Gedanke war ihr jedoch nur ein geringer Trost, da sie keine alternative Erklärung hatte. Sie fuhr vom Krankenhaus zur Schule und traf in der Eingangshalle einige Studentinnen in Tränen an. Das Gerücht hatte die Runde gemacht, daß man die Lehrerin aus der neurologischen Abteilung des Krankenhauses hatte kommen sehen und daß sie wahrscheinlich einen Gehirntumor habe. Die Lehrerin umarmte ihre Studentinnen und beruhigte sie. Sie unterrichtete ihre Klasse so gut wie gewöhnlich, obwohl sie die Richtung, aus der die Stimmen der Studentinnen zu kommen schienen, verwirrte. Es war eine sehr aktive und lebendige Stunde, was die Lehrerin auf den Wunsch zurückführte, ihre Schüler wollten ihr Anteilnahme und Zuneigung zeigen. Falls sich die Taubheit auf ein Ohr beschränkte, dann konnte sie damit umgehen.

»Ich bin auf einem Ohr taub«, sagte sie beim Abendessen zu ihrem Mann, »und der Arzt meinte, die Taubheit könne auch auf das andere Ohr übergreifen.« Ihr Mann sah sie traurig und hilflos an. Die Lehrerin dachte, er wisse wahrscheinlich, daß das Ende ihrer Berufstätigkeit für sie das Ende eines sinnvollen Lebens bedeuten könnte, und empfinde tiefes Mitgefühl. Sie fragte sich, ob er stumm blieb, weil er fürchtete, daß seine Worte des Trostes die falschen Worte sein würden. Sie hatte ihm die Macht weggenommen, sie zu trösten, und vielleicht gab es wirklich keine Möglichkeit für ihn, die richtigen Worte zu finden. Die Lehrerin versuchte, sich in den nächsten Tagen darüber klarzuwerden, was sie mit ihrem Leben anfangen sollte, falls sie ganz taub würde. Mit ihrem Lehrberuf würde sie ihre Identität, ihre Gemeinschaft und die einzige Art und Weise verlieren, wie sie sich in der Welt nützlich machen konnte. Selbstmord war natürlich die richtige Antwort, aber die Lehrerin wußte, daß sie ein Feigling war, und sie glaubte nicht, daß sie das fertigbringen würde.

Manche Freundinnen versuchten, sie zu beruhigen, und gaben ihr zu bedenken, daß man den Lehrberuf auch als Gehörlose weiter ausüben könne. Sie habe schließlich ein Talent für Lehrauftritte vor einer großen Zuhörerschaft, die keine Diskussion benötigen. Ihre Stimme, versicherte man ihr, werde sich erst nach einigen Jahren verschlechtern. Ihre Freunde waren töricht, zu glauben, daß sie Dinge tun würde, die sie nicht länger gut tun konnte. Sie würde definitiv aufhören zu unterrichten. Nun, sie hatte sich seit Jahren gewünscht, in Bibliotheken zu recherchieren und Bücher und Artikel zu schreiben, zu denen ihr der Lehrberuf keine Zeit ließ. Das war ihre Chance, aber sie erschien ihr nicht mehr einladend.

Die Lehrerin spielte gern Tennis, und es hatte ihr immer die Zeit gefehlt, genügend zu üben, um erstklassig zu spielen. Wenn sie sich in ein tägliches Training stürzte, dann konnte sie vielleicht die beste Tennisspielerin in ihrer Altersgruppe werden. Sie fragte sich, ob man den Aufschlag des Balles hören mußte, um eine erstklassige Tennisspielerin zu werden. Aber sie war 52 Jahre alt, und sie würde bestenfalls eine Frau werden, die für ihr Alter erstaunlich gut spielte.

Die Lehrerin hatte sich immer vorgestellt, daß sie im Alter ein Guru werden würde. Dann würden vielleicht aus allen Teilen der Welt Menschen zu ihr kommen und sie um Rat bitten, wie man ein genügend gutes Leben führt. Jetzt würde sie diese Vorstellung davon, wie sie alt werden könnte, ändern müssen. Sie war sich auch nicht sicher, wie sie ihre Freundschaften weiter pflegen könnte. Wie konnte sie Freundinnen behalten, wenn sie keine Gedanken und Gefühle mit ihnen austauschen konnte? Sie war froh, daß sie viele Menschen in anderen Ländern liebte, mit denen sie auch weiter Briefe wechseln konnte. Trotzdem, ohne Menschen um sie herum würde sie vielleicht hohl und leer werden, und schließlich würde ihre Taubheit mit einer inneren Stille korrespondieren. Der stille Tod ihrer Ehe würde den Rest ihres Lebens verschlingen.

Am neunten Tag ihrer partiellen Taubheit fiel der Lehrerin ein, daß sie Zeichensprache lernen und gehörlose Studentinnen in den Sozialwissenschaften unterrichten könnte. Der Gedanke beflügelte sie sehr. Es würde eine große Herausforderung sein, psychologische Konzepte in Zeichensprache zu übertragen. Sie erinnerte sich, wie schwierig das für die Dolmetscher gehörloser Studenten in ihren Seminaren gewesen war. Sie würde im Alter von 53 eine Expertin in Zeichensprache werden, so wie sie im Alter von 18 mit der englischen Sprache fertig werden mußte. Es war durchaus möglich, daß sie eine genauso ausgezeichnete und anregende Taubstummenlehrerin werden und bei ihren gehörlosen Schülern dieselbe Begeisterung für Ideen wecken würde wie bei ihren bisherigen.

Am zehnten Tag schaltete die Lehrerin das Autoradio ein und hörte es mit beiden Ohren. Da begann sie zu weinen.

Sabbatical
»Der Sommer vor der Dunkelheit«

Was schert mich Weib, was schert mich Kind? . . .
Laß sie betteln gehn, wenn sie hungrig sind –
»Die Grenadiere«, Heinrich Heine

Ein großer Teil unseres Lebens ist ausgefüllt mit Trennungen
und neuen Anfängen, Abgängen und Auftritten, mit Weggehen
und Ankommen. Wendezeiten sind ein natürlicher Teil der
Entwicklung, aber sie sind oft schmerzhaft.
Daniel J. Levinson

Die persönliche Äußerung im öffentlichen Raum bestätigt
unsere übereinstimmenden Erfahrungen, durch die wir uns
selbst zu finden beginnen.
Deena Metzger

In der Mitte meines Lebens packte ich meine Koffer, verließ meine
Familie und meine Freunde, meine Studenten und meine Arbeit
und flog 5000 Kilometer über den Ozean. Ich verließ mein Zuhause
nicht, um niemals zurückzukehren, obwohl mir dieser Gedanke auch
durch den Kopf ging. Ich begann eine rechtmäßige, gesellschaftlich
erlaubte Reise, ein Sabbatical oder Freijahr, das ich mir nach achtjähri-
ger gewissenhafter Lehrtätigkeit redlich verdient hatte. Schon in meiner Jugend hatte ich neben der Schule gearbeitet, ich bin berufstätig
gewesen, als ich meine Kinder großzog, und hatte mich in der Hoffnung auf illusorische Anerkennung schonungslos zur Arbeit angetrieben. Plötzlich wurde mir das phantastische, überwältigende Geschenk eines ganzen Jahres zuteil. Ich konnte tun, was ich wollte. Ich
beschloß, die Stadt zu verlassen.

Ich ging weg, um dem ständig eskalierenden Druck der Pflichten und Aufgaben, der Strukturen und Erwartungen zu entfliehen, die selbst eine bescheidene akademische Karriere umgeben. Ich ging weg, um einige neue klinische Qualifikationen zu lernen. Ich ging weg auf der Suche nach Erfahrungen und Erkenntnissen, die sich von jenen unterschieden, mit denen mein Leben als Professorin und Guru verbunden war. Ich ging weg, um die Verbindung zu meiner europäischen Vergangenheit wiederzuerwecken und um Erfahrungen zu machen, die ich im Leben versäumt hatte. Ich ging weg, um die Jahre der Sorglosigkeit nachzuholen, die mir in meiner Jugend im Schatten des Krieges, der Emigration, der Armut und Entfremdung entgangen waren.

Warum sollte ich über eine Erfahrung schreiben, die nur Akademiker machen, eine kleine elitäre Gruppe unserer Gesellschaft? In unserer Welt zunehmend gleitender und wechselnden Lebensabteilungen gibt es viele Menschen mit ähnlichen Lebenserfahrungen. Manche, wie Kate Brown in Doris Lessings Roman »Der Sommer vor der Dunkelheit«, haben nur einen freien Sommer. Andere nutzen eine Genesungszeit oder steigen als Halbwüchsige aus, gehen als Erwachsene in die Schule zurück oder machen ähnliche »außergewöhnliche« Erfahrungen: ein Lebensintervall, das die tägliche Routine unterbricht und in dem ein nachdenklicher Blick nach innen sowohl erlaubt als auch erwünscht ist.

Anselm Strauss sagte: »... viele Menschen erklären Moratorien ... Sie erklären auch Perioden für die Konsolidierung psychologischer Erkenntnisse, Perioden, um sich nach einem Erfolg auf ihren Lorbeeren auszuruhen, Perioden zur persönlichen Erprobung bzw. für Experimente, Perioden zur Tilgung von Sünden, Perioden der Besinnung, Perioden für eine gründliche Selbsterforschung.«

Solch eine Unterbrechung, so lang oder kurz sie auch sein mag, kann ein ganzes Leben im kleinen zusammenfassen. Es gibt einen Eintritt in ein neues Leben, Entscheidungen darüber, wie man die verfügbare Zeit gebrauchen soll, die Bemühung, aus den gewählten Betätigungen Sinn zu ziehen, und das schließliche Ende der Zeitspanne, eine Form des Todes. Existentielle Antworten, die man während dieser Zeit findet, können einem einen kurzen Blick auf einen alternativen, schöpferischen Gebrauch des Selbst ermöglichen, der später vielleicht in das »eigentliche Leben« integriert werden kann oder, was wahrscheinlicher ist, mit jener einmaligen Periode der Freiheit identifiziert bleiben wird.

Ich habe Theorien herangezogen, um meine Erfahrungen zu ordnen. Innerhalb eines Jahres habe ich mich mit all den Hauptproblemen auseinandergesetzt, die die sozialwissenschaftliche Literatur für die Lebensmitte hat. Ich war verblüfft, daß die Literatur über die männliche wie über die weibliche Entwicklung meiner eigenen Erfahrung zu entsprechen schien, und ich habe beide ausführlich zu Rate gezogen. Ich erlebte den entgegengesetzten und doch ähnlichen Sog von Arbeit und Liebe (Smelser & Ericson); Konflikte über den Gebrauch von Zeit (Smelser; Neugarten; Levinson); das Bedürfnis, verleugnete Aspekte des Selbst sich wieder anzueignen (Fiske; Levinson; Gould; Neugarten); wechselnde Prioritäten des Lebens und Engagements (Fiske); Wandel der Identität (Strauss); und Veränderung der Abwehrmechanismen (Gould; Vaillant); das Ringen um Selbstliebe (Gould; Levinson); die Auseinandersetzung mit Gegensätzen wie Intimität und Freiheit (Neugarten), Bindung und Eigenständigkeit (Levinson), Altwerden und Jungbleiben (Levinson); und Anerkennung der männlichen und weiblichen Aspekte des Selbst (Levinson). Und vielleicht können wir die Gegensätze hinzufügen wie Lieben und Geliebtwerden und Werden und Umworbenwerden.

Ich habe gesagt, daß ich in der Mitte meines Lebens war, als ich mein Zuhause verließ, aber das stimmt nicht ganz. Zwei Drittel der mir erlaubten Lebenszeit lagen bereits hinter mir. Deshalb hatte ich nicht nur das Problem, eine bestimmte Lebensunterbrechung kreativ zu nutzen, sondern es war mir auch bewußt, daß dies der letzte Abschnitt sein würde, in dem ich noch nicht vollständig die Identität einer »alten Frau« verkörperte, zumindest nicht in meinem eigenen Selbstverständnis. Es war eine letzte Chance, ungeschehene Abenteuer zu erleben, mit ungelösten Problemen umzugehen, den vielfachen Zwängen reifer Erwachsenheit zu entfliehen, eine letzte Chance, jung zu sein. Ich durchlebte diese Periode mit all der Leidenschaft und Intensität, die solch eine Erfahrung verlangt.

Ich hatte meine Jugend in drei verschiedenen Sprachräumen und ebenso vielen Kontinenten verbracht und mich dabei nach einem stabilen, sicheren und geregelten Leben gesehnt. In den vielen Jahren, die folgten, hatte ich nicht den Wunsch gehabt zu reisen. Es war mir wichtiger gewesen, mich einzuwurzeln, ein Gefühl von Gebraucht-werden zu bekommen und dazuzugehören, ein geachtetes Mitglied einer Familie, einer Schule, ja einer ganzen Fachkollegschaft zu werden. Und dann plötzlich, als ich all das erreicht hatte, fühlte ich mich unerträglich eingeengt. Ich fühlte mich gefesselt und eingesperrt von all den Menschen, die mich liebten und bewunderten, genau jenen Menschen, die meinem Leben Sinn gegeben hatten. Deshalb beschloß ich, sie alle zu verlassen – für eine Zeit.

»Drei Tage zuvor war er noch daheim. In seinem Haus, mit einer sanften und melancholischen Frau. Und Kollegen, von denen manche freundlich, andere neidisch waren ... dieselben Bürden, dieselben Alibis. Plötzlich hatte er den Wunsch, alles zu verlassen. Ohne ein Wort. Einfach weggehen. Auf ein paar Tage. Oder ein paar Jahre. Und aufzuatmen. Und zu schweigen; endlich zu schweigen«, schreibt Elie Wiesel.

»Ich werde mein Sabbatical im Ausland nehmen«, sagte ich mit lauter und klarer Stimme, ohne im mindesten daran zu glauben, daß ich das tun könnte. »Dein Platz ist bei deinem Mann und bei deinen Kindern«, erklärte meine alt gewordene Mutter, deren Platz nie besonders bei ihrem Mann und ihren Kindern gewesen war. »Bitte mach nichts Verrücktes oder Irrationales«, schrieb mein Bruder, dessen Leben durch einen Mangel an Unternehmungsgeist verarmt war. »Natürlich wirst du das nicht tun«, meinte meine schlechteste Freundin. »Du bist viel zu verantwortungsvoll, um all die Menschen, die von dir abhängig sind, zu verlassen.« »Deine regelmäßigen Besuche sind die Freude und der Trost meiner letzten zehn Jahre gewesen«, sagte meine immer kränkere alte Freundin. »Far out«, meinte meine Tochter, ein Ausdruck, den ich nicht kannte, der aber zustimmend klang. Mein Mann, ein wortkarger Mensch, sagte gar nichts. Und inmitten der neidischen, mißbilligenden und ermutigenden Kollegen, Freunde und Angehörigen wurde mir klar, daß alle meine Ankündigung ernst genommen hatten und mich ziehen lassen würden. Meine Kinder waren natürlich alle bereits erwachsen und lebten ihr eigenes Leben. Man möge mir glauben, daß ich immer eine peinlich gewissenhafte Mutter gewesen bin. Ich weiß selbst nicht, warum ich in diesem Sabbatical verreisen mußte. Ich war immer eine rechtschaffene Frau gewesen, womit ich meine, ich hatte immer getan, was von mir erwartet wurde; dennoch sehnte ich mich danach, den persönlichen und beruflichen Fesseln meines täglichen Lebens zu entfliehen. Vielleicht wird meine Geschichte die Antwort liefern.

In eine fremde Stadt zu kommen erinnert mich immer an die Zeit, als ich dreizehn Jahre alt war und nach der Emigration von Wien in Paris eintraf. Von einem Tag zum anderen war ich ohne Familie und Freunde. In dieser Zeit wurde aus einem kleinen Mädchen, das weinte, sooft jemand die Stirn runzelte, ein zum Überleben entschlossener Mensch. Jetzt kam es mir vor, daß ich mein Leben nur dazu verwendet hatte, nach bestem Gewissen Kinder großzuziehen, mir eine Karriere aufzubauen und einen geachteten Platz in der Gesellschaft zu finden, und daß manche meiner tiefsten emotionalen Bedürfnisse zu kurz gekommen waren. Vielleicht war es kein Zufall, daß meine Rückkehr nach Europa die größere Offenheit und Verletzbarkeit meines leidenschaftlicheren Kindheitsselbst wiedererwecken sollte.

Als ich mit 56 Jahren in London ankam, wurde ich wieder das ängstliche kleine Mädchen. Ich mußte den Wert fremden Geldes und die Rätsel eines neuen Verkehrssystems kennenlernen. Selbst das Telefonieren bot kaum zu überwältigende Schwierigkeiten. Diesmal betrat ich jedoch die neue Umgebung mit in Jahrzehnten erworbenen emotionalen und intellektuellen Reserven. Zum Teil ging es mir darum, die alten traumatischen Zustände der Anpassung an eine fremde Kultur noch einmal zu durchleben, aber unter Umständen, von denen ich wußte, daß ich sie meistern konnte.

Viele Wochen lang beobachtete ich mich auf meinen Spaziergängen durch die große Stadt und bei meinen mechanischen Besuchen von »Sehenswürdigkeiten«, leitete gewissenhaft wöchentliche Seminare, nahm an Konferenzen teil und empfand gar nichts. Meine Kollegen nahmen mich freundlich auf, waren aber im Grunde doch gleichgültige Fremde für mich. Ich konnte nicht begreifen, warum ich eine Stadt voller Freunde verlassen und mich absichtlich einer unvertrauten Umgebung preisgegeben hatte. Doch mein Entfremdungsgefühl war so stark, daß es gewöhnliche Gefühle von Einsamkeit in den Schatten stellte. Ich vermißte niemanden, kam niemandem näher und schien nichts zu brauchen.

Bald nach meiner Ankunft wurde ich krank. Zum Glück schaffte ich es, jeden Morgen aufzustehen und in die Klinik zu gehen. Obwohl ich ihr nur am Rande angehörte, hatte ich dort einen bestimmten Platz und eine bestimmte Rolle. Ohne zu einem sozialen System zu gehören, hätte ich nicht im Ausland bleiben können. Wie die Krankheit der Heldin von *Der Sommer vor der Dunkelheit* in dem Roman von Doris Lessing war meine ähnlich rätselhaft, schleichend und entkräftend. »Sie war sicher, sie würde sterben, hoffte es, und wurde, als sie in London ankam, nur noch von dem Gedanken an ihr eigenes Bett, an ihr eigenes Zimmer aufrechtgehalten, an ihr Zimmer mit den geblümten Vorhängen ... – oh, sie konnte es nicht erwarten, wieder zu Hause zu sein, vielleicht war ja eines der Kinder von irgendwoher schon zurückgekommen und konnte sie pflegen.«

Kate Brown wußte, daß sie nicht nach Hause zurückkehren konnte, und ebensowenig konnte ich eine solche Lösung in Betracht ziehen. Ich bildete mir ein, daß meine außerordentliche Mattigkeit und die Fülle der Infektionen ein Zeichen von Leukämie seien; und ich war genauso darauf vorbereitet zu sterben. Das war eine Möglichkeit, über die ich schließlich ohne unerträgliche Angst nachdenken konnte. Es war sicher leichter, als mit dem grenzenlosen Gefühl, gescheitert zu sein, heimzukehren. Niemals wieder wollte ich ein abhängiges kleines Mädchen sein, das andere Menschen braucht, die sich um sie kümmern.

Außerdem erinnerte ich mich inzwischen nicht mehr an die Menschen zu Hause. Es kam heraus, daß ich Mononukleose hatte – diese Diagnose war doppelt hilfreich: Sie beseitigte meine Angst und half mir, wieder gesund zu werden.

Sobald wir anfangen, die Zeit als nach Bernice Neugarten »verbleibende Lebenszeit« zu betrachten und nicht als Zeit vom Anfang an, wird sie zu einem höchst kostbaren Gut, zur stärksten und widerruflichsten Begrenzung, unter der wir leben. Die Entscheidung, was ich in meinem Sabbatical machen sollte, ging mit der ganzen Panik einher, die sich bei der Vergegenwärtigung von Unerreichtem angesichts von schwindender Lebenszeit einstellt. Diese Panik erfaßte mich nach wenigen Wochen der Eingewöhnung in meine neuen Umstände. Ich hatte 25 Bücher mitgenommen sowie die Rohdaten einer Untersuchung, über die ich ein Buch schreiben sollte. Und plötzlich wurde mir bewußt, daß ich, wenn ich meine neue Umgebung erkunden wollte, weder Zeit haben würde, meine 25 Bücher zu lesen noch mein eigenes

Buch zu schreiben; ich würde nicht einmal Zeit haben, mich beruflich zu qualifizieren, was ich an der Londoner Klinik gehofft hatte. Außerdem merkte ich, daß ich andere Bücher lesen wollte als die mitgenommenen und auch nicht Bücher, die früher oder später für meine Lehrtätigkeit nützlich sein konnten.

Jahrelang hatte ich ein völlig von der Uhr geregeltes Leben geführt. Ich hatte mich zwanghaft bemüht, keine Stunden, ja nicht einmal Minuten zu verschwenden, und plötzlich hatte sich all das geändert. »Die Stunden verflogen. Er war sich der Zeit nicht bewußt. Vorher hatte sie ihn mit Angst erfüllt. Zeitbewußt? Mehr als das: zeitbesessen. Das war vorbei. Er lebte jetzt außerhalb der Zeit. Keine Uhr, keine Verpflichtungen. Keine Notwendigkeit, vorzugeben, daß er beschäftigt, vergnügt, interessiert, betroffen sei. Er stand auf und ging schlafen, wann immer es ihm gefiel.« (Wiesel)

Zwei Wochen lang rang ich mit der Möglichkeit, nach Hause zurückzukehren und den Weg der hektischen Produktivität weiterzugehen, der irgendwann zu Erfolg und Ruhm führen würde, dem endgültigen Beweis, daß ich ein wertvoller Mensch war. Dann entschloß ich mich mit Hilfe der mir zugeteilten Tutorin an der Klinik – o welche Freude, sich an eine Frau wenden zu können, die älter und weiser war als ich – fürs *Sein* statt fürs *Tun*.

»Er lebt mehr in der Gegenwart und zieht größere Befriedigung aus den Lebensvorgängen – aus dem Sein statt dem Tun und Haben.« (Levinson)

Und wenn bloßes »Sein« meinem gewohnten Lebensstil zu fremd war, dann konnte ich zumindest mit neuen Arten des »Tuns« experimentieren. Natürlich hörte ich nicht auf, ein paar Artikel zu schreiben, einige Seminare zu halten und mich um die notwendige Arbeit in der Klinik zu kümmern, aber verglichen mit meinem sonstigen Tempo, gehörten diese Tätigkeiten zu einer fabelhaften Ferienzeit. Im Grunde erlaubte ich mir, neun Monate meines 56. Lebensjahres zu vergeuden. Es war das großzügigste und extravaganteste Geschenk, das ich mir auf meiner Lebensreise geleistet hatte.

Erst nachdem ich mich zu dieser Entscheidung durchgerungen hatte, fühlte ich mich innerlich frei genug, um die vielen Möglichkeiten des Lernens, die meine neuen Lebensumstände mir boten, schätzen und genießen zu können.

Wenn man eine Zeitlang in ein soziales System eingebunden war, dann gehören Schulden und Verdienste in ein Netz wechselseitiger Rechte und Pflichten. Wenn man sich in ein neues System einbringt, muß entschieden werden, wie man sich nützlich machen kann. Ich war in ein klinisches Ausbildungsprogramm aufgenommen worden und hatte eine Position zwischen Ausbilder und Anlernling. Meine Lehrverpflichtungen in dem Programm halfen mir, meine Identität als Erziehende aufrechtzuerhalten, aber mein Doppelstatus führte auch zu einiger Verwirrung und Unsicherheit in mir. Ich fühlte mich als ein liebenswürdig aufgenommener Gast, der einen der begrenzten Ausbildungsplätze in Anspruch nahm. Die Notwendigkeit, mich bei meinen Gastgebern für ihr Entgegenkommen zu revanchieren, mich als nützliches Mitglied der Gemeinschaft zu etablieren und dadurch ihren großzügigen Empfang zu rechtfertigen, war immer in meinem Kopf.

Jetzt erkenne ich, daß ich nur in meine übliche Lebenshaltung zurückfiel. Ich bin es gewohnt, meine Schulden sehr genau zu nehmen, vielleicht weil ich mir in der Jugend die ungeheure Schuld aufgeladen habe, als Gastflüchtling in die Vereinigten Staaten zu kommen, statt im Holocaust ermordet zu werden.

Wenn ich in Europa mit meinem Bruder, meinem alten Wiener Fräulein und Freunden aus der Kindheit und Jugend zusammentraf, staunte ich immer noch über das Wunder und den Triumph, daß wir den Krieg überlebt hatten. Wir sind eine Generation von Überlebenden. Dies ist ein wesentlicher Bestandteil meiner Identität.

In gewisser Hinsicht bin ich nach wie vor jeder Institution, die mir einen Platz gegeben hat, jeder Schule, die mich als Studentin oder Lehrerin akzeptierte, dankbar. Ich versuche, wie gesagt, mich im Rahmen meiner Möglichkeiten zu »revanchieren«. Es ist nicht immer bewundernswert, sich zu revanchieren. Die Extreme gleichen einander, und meine geistige Buchhaltung hat etwas Kleinliches, das nicht zu meinem kritischen, rebellischen und revolutionären Selbst paßt. Als Mitglied eines sozialen Systems revanchiere ich mich durch emotionales Engagement, das sich auf der niedrigsten Stufe durch die Bemühung auszeichnet, jeden vielleicht in übertriebener Weise herauszufordern, aufzurütteln und lebendig zu halten.

Obwohl der Wunsch und die Hoffnung, gebraucht zu werden, eine

Triebkraft in meinem Leben war, hat die Einlösung dieses Wunsches bei mir Ressentiments und ein Gefühl entwickelt, von meinen Mitmenschen benutzt und ausgenutzt zu werden. Ich ging ins Ausland, um dem »Ausgelaugtwerden« zu entgehen, aber sobald ich mich eingerichtet hatte, begann ich, systematisch genau die Anonymität wieder abzubauen, die ich mir so heftig gewünscht hatte.

Eine mächtige Frau

Meine Familie und meine Mitmenschen haben mir nicht nur Achtung und Zuneigung entgegengebracht, sondern mir auch das Gefühl gegeben, eine mächtige, kraftvolle Frau zu sein, eine Vorstellung, die einen in der Lebensmitte mit Selbstvertrauen und Zuversicht erfüllt. Ich habe nie einen Gegensatz zwischen Macht und Liebe oder zwischen Macht und Weiblichkeit empfunden, obwohl andere mein Bedürfnis, Dinge selber zu übernehmen und »Ergebnisse zu erzielen« (Levinson), als männliche Eigenart betrachten mögen. Mein Interesse war, herauszufinden, ob mir die Macht lediglich von meinen Mitmenschen verliehen wurde oder ob ich auf sie als integralen Bestandteil meines Selbst zählen konnte.

Ich hatte genügend Selbstzweifel und verließ mich nicht darauf, bloß wegen meiner persönlichen Eigenschaften willkommen geheißen zu werden. Als ich meine Koffer packte, mußte ich schon meine akademischen Titel, die Publikationen und den berühmten Mädchennamen mitnehmen. Einen Teil dieses Gepäcks schickte ich sogar voraus; ich wollte von meiner neuen Gemeinschaft gut aufgenommen werden. Glücklicher- oder bedauernswerterweise verschafft einem solch schmückende Zutat zwar hier und da Zutritt, doch mehr nicht. Anerkennung und Achtung müssen überall neu erworben werden. Ich war Teilnehmer eines Gestalt-Workshops bei einer sehr tüchtigen Gruppenleiterin in meinem Alter, und sie wandte sich an mich und fragte: »Warum mustern Sie mich so?« »Es interessiert mich, einen anderen weiblichen Guru in Aktion zu sehen«, antwortete ich. »Einen anderen? Wie viele kennen Sie denn?« »Ich bin der andere«, sagte ich. Das führte zu spöttischem Gelächter in der Gruppe. Mein unfairer Machtanspruch hatte Ressentiments und Skepsis ausgelöst.

Muß ich daraus schließen, daß ich Macht nicht habe, sondern sie mir vielmehr von meinem sozialen Umfeld übertragen wird und ich sie ausüben darf, solange ich der Gemeinschaft gut diene? Es ist möglich, sich im Leben zurückzulehnen und zu hoffen, daß erfreuliche Dinge geschehen mögen. Das ist nicht meine Art. Ich bin bereit, für Ergebnisse sehr hart zu arbeiten. Ich setze meine Energie für die Menschen und Projekte ein, mit denen ich zu tun habe. Als ich die Klinik, an der ich arbeitete, wieder verließ, hatte ich mich auch dort als mächtige Frau profiliert. Ich war mir nicht sicher, ob mir dies gelingen würde. Ich werde niemals die Großzügigkeit meiner britischen Kollegen vergessen, die bereit waren, meine Beiträge entgegenzunehmen und zu respektieren.

Paradoxerweise erinnerte mich meine neue Rolle als Anlernling auch daran, was es bedeutet, eine Studentin zu sein, und welche Risiken in dieser Rolle liegen. Da ist das Risiko, Fragen zu stellen, die Ressentiments auslösen können; das Risiko, Dinge zu fordern und als allzu anspruchsvoll zu gelten; das Risiko, daß die eigenen Kenntnisse und Erfahrungen als Bedrohung empfunden, nicht anerkannt oder abgewertet werden. Als Lehrkraft erwachsener Studenten, die nach einigen Jahren erfolgreicher Arbeit weiterstudieren, fand ich es äußerst hilfreich, selbst zu erleben, womit sich Studenten herumquälen müssen: das Gefühl der Ohnmacht und Hilflosigkeit, die Angst vor Bloßstellung und die Furcht, der Autorität zu mißfallen.

Nachdem ich die Übergangskrise der Anpassung an einen anderen Umgang mit Zeit oder den Umgang mit dem Selbst gelöst hatte und wieder gesund geworden war, fühlte ich mich von einer neuen Woge der Energie und Lebensfreude emporgehoben. Wenn ich auch nicht meine gesamte Energie einem gnadenlosen Arbeitstempo opfern wollte, so war ich doch bereit, mich neuen Herausforderungen zu stellen. Ich war dabei, die Idee zu bestätigen, daß Arbeit und Liebe im Grunde keine so sehr verschiedenen Lebenszwecke sind, sondern im Gegenteil ganz ähnliche Talente und Einsätze erfordern.

»Angesichts dieser offenkundigen Ähnlichkeiten zwischen den Prozessen des Arbeitens und Liebens könnte es angebracht sein, die beiden als verschiedene Namen eines sehr ähnlichen Vorgangs menschlicher Anpassung zu betrachten, da beide eine Verschmelzung unterschiedlicher psychischer Kräfte erfordern – Antrieb, Disziplin oder Kontrolle, Integration und Objektbindung ... tatsächlich sind die beiden Orientierungen so unauflösbar verflochten, daß es schwierig wird, zwischen ihnen zu unterscheiden. Zum Beispiel kann man seine Arbeit lieben, und man kann – ja man tut gut daran, an der Liebe zu arbeiten.« (Smelser)

Im Laufe der Jahre habe ich mir ein großes und sicheres Netz von Freundschaften mit Frauen aufgebaut. Wir können einander mit unseren Ängsten und unserem Kummer belasten und bieten einander Nachdenklichkeit, Unterstützung und praktische Hilfe in schweren Zeiten. Wir können uns unsere Mordphantasien über unsere »Lieben« erzählen, und wir kümmern uns gegenseitig um unser physisches Wohlergehen.

»Mit einer gleichaltrigen Freundin tausche ich mich heiter über die schlimmsten Symptome und die schwärzesten Ängste aus.« (Scott-Maxwell)

Wir verzeihen einander sogar unsere Triumphe, indem wir uns mit Haltung zum Neid bekennen. Nachdem jedoch meine Familie, meine Freunde und meine Studenten alle um meine begrenzte Zeit ringen, fehlte mir sowohl die Energie als auch die Lust zu neuen und vielleicht herausfordernden Beziehungen. Ich hatte mich daran gewöhnt, daß meine Freundschaft eine begehrte Auszeichnung war, die geachtet und geschätzt wurde. Ich hatte mich daran gewöhnt, umworben zu werden. Aber im tiefsten Inneren bin ich eine Frau, die lieber wirbt als umworben wird. Meine vorübergehend unbefriedigten Bedürfnisse nach menschlichen Beziehungen, nach Bestätigung und Zuwendung entwickelten diesen Teil meines Selbst. Mit außerordentlichem Risiko suchte ich Kontakt, und ich widmete mich der Aufgabe mit all der Energie, dem Talent und der Leidenschaft, die ich zuvor in die Arbeit investiert hatte.

Es war eine aufregende Herausforderung, an mir fremden Orten um Menschen zu werben, und meine Bemühungen wurden gut belohnt. Wenn ich durch die Welt reise, habe ich zwei wichtige Identitäten, die es mir erleichtern, mit Menschen Kontakt zu bekommen. Die erste ist meine Zugehörigkeit zur internationalen Berufsgenossenschaft der Sozialarbeit, eine Gemeinschaft, deren Interesse und Bereitschaft, mich aufzunehmen, ich sehr zu schätzen weiß. Die zweite ist meine Identität als Frau, die fähig ist, die meisten Erfahrungen anderer Frauen zu akzeptieren, auszutauschen und mitzuerleben. Ich möchte von anderen Frauen lernen, und ich bin bereit, sie Dinge zu fragen, die sie lange gefragt zu werden hoffen.

»Wenn ich mit anderen Menschen zusammen bin, versuche ich, sie zu finden, oder ich versuche, einen Punkt in mir zu finden, von dem aus ich eine Brücke zu ihnen bauen kann, oder ich gehe auf Eierschalen der Zuneigung, bemüht, nicht zu verletzen oder falsch zu beurteilen.« (Scott-Maxwell)

Töchter und Söhne

Ich merkte sehr bald, daß in meiner neuen Umgebung wie zu Hause junge Frauen meine Freundschaft suchten. »Zu den Motiven der mittleren Jahre ... zählt das Bedürfnis, junge Menschen zu fördern und ihnen als Vorbild, Führerin oder Mentorin zu dienen«, sagt Neugarten. Akademikerinnen meiner Generation, die im mittleren Alter sind, sind nicht bloß Mentoren für einige junge Menschen, wie das für männliche Akademiker zutrifft. Wir müssen für eine Generation junger Frauen, die neue Vorbilder suchen, Führerin, Erlaubende und Inspiration sein.

»Wer sind die Matriarchinnen – die Demeters? Das können nicht die Mütter sein, die uns im Geiste von Pluto erzogen haben. Sind es die einsamen Riesinnen, die sich wie eine Fata Morgana über den Müllhaufen männlichen Wissens und männlicher Anerkennung abzeichnen? Anaïs Nin, Margaret Mead, Eleanor Roosevelt, Greta Garbo, Eva Curie? Wer soll unser Vorbild sein?« (Cooper)

Junge Frauen, die den traditionellen Lebensstil ihrer Mütter ablehnten, brauchen Hilfe, um in einer sich wandelnden, unvorhersagbaren Gesellschaft neue Lebensformen zu finden. Hin und her gerissen zwischen den widersprüchlichen Aufgaben und Zielsetzungen ihrer Mütter, reagieren diese Frauen oft mit Verwirrung und Ambivalenz. Sie sollen die Mißerfolge und Enttäuschungen im Leben ihrer Mütter rechtfertigen und wiedergutmachen, aber ohne Verachtung für deren Lebensstil, ohne allzu große Risiken und ohne Verstoß gegen die soziale Ordnung. Man kann alles sein, was man wirklich sein will ... [aber] man darf nicht zu weit gehen, meinten Rich, Rubin und Stierlin.

Frauen erkennen in mir die potentielle »Kontrast-Mutter«, die ihnen erlaubt und sie ermutigt, ein anderes Leben zu führen. Da ich seit langem jeglichen Glauben an eine einzig richtige und gute Lebensweise verloren habe, kann ich ihnen manchmal von Nutzen sein. Jedoch ich empfinde mich auch als eine schlechtbemutterte Tochter.

»Aber die mutterlose Frau kann auch durch Verleugnung ihrer eigenen Verletzbarkeit reagieren, indem sie leugnet, einen Verlust oder das Fehlen mütterlicher Fürsorge empfunden zu haben. Sie kann ihr Leben damit verbringen, ihre Kraft durch das ›Bemuttern‹ anderer zu beweisen … das Bemuttern von Männern … deren Schwäche ihr das Gefühl gibt, stark zu sein, oder durch mütterliche Zuwendung in der Rolle der Lehrerin, Ärztin oder Psychotherapeutin.« (Rich)

Das dreifache Vermächtnis meiner Mutter hat mein ganzes Leben lang schwer auf mir gelastet. Erstens mußte ich die öffentliche Anerkennung erringen, die sie sich so verzweifelt gewünscht hatte und ohne die sie sich nicht selbst lieben konnte. Zweitens mußte ich ihre Rache an dem berühmten Namen ihres Mannes weiterführen, und drittens mußte ich diesem Namen Ehre machen, der die Hauptgrundlage für ihre eigene Selbstachtung war. Ich bin in diesem Sinn eine artige Tochter gewesen, aber meine Sehnsucht nach einer guten Phantasiemutter hat mich zu einer lebenslangen Suche angetrieben.

»Ich wollte eine andere Mutter haben … als ich klein war. Ich wollte eine Mutter haben, die sich selbst mochte, die ihren Körper mochte und somit auch den meinen mögen würde … meine Mutter mochte sich selbst nicht … dies ist ein Teil ihrer Identität und auch der meinen. Sie war meine Mutter.« (MacDonald)

Wie üblich war es viel schwieriger für mich, bedeutende Beziehungen zu Männern aufzubauen, die mein Leben kreuzten, als wichtige Verbindungen zu Frauen. Der Mangel an Begabung zur Freundschaft bei vielen Männern der Mittelschicht ist häufig beschrieben worden.

»Du scheinst in dieser Stadt in einem halben Jahr mehr Freundschaften geschlossen zu haben als ich in den letzten vierzig Jahren«, sagte mein Bruder neidvoll zu mir. Obwohl er mein Freund sein möchte und sich mir gegenüber treu und loyal verhält, ist er nicht bereit, ja fürchtet sich vielleicht davor, mich wirklich kennenzulernen. Echte Freundschaft mit ihm war deshalb anfangs schwierig. Aber wir arbeiten daran, und die Dinge beginnen, sich zwischen uns zu verändern, ich bin hoffnungsvoll.

Meine wichtigsten emotionalen Bindungen hatte ich immer zu Frauen. Obwohl ich mit Männern als Studenten und Kollegen zusammenarbeitete, entsprachen nur wenige dieser Männerbeziehungen meinen Ansprüchen an gegenseitige Offenheit, Anteilnahme, Verfügbarkeit und Unterstützung, wie dies für meine Beziehungen zu Frauen gilt. Ich habe mich gefragt, ob mir Freundschaft mit Männern überhaupt möglich ist.

Wir arbeiteten in kleinen klinischen Teams, und ich wurde einer Gruppe von zwei männlichen Kollegen und einem Mann als Chef zugeteilt, die alle drei meine Söhne hätten sein können. Es ist mir peinlich, zugeben zu müssen, daß ich nicht damit zufrieden war, in dieser Gruppe die Rolle einer gleichberechtigten Kollegin anzunehmen.

».. . doch merkte man, daß die Sache nicht mehr so reibungslos verlief, wenn sie bei einer Sitzung fehlte. ... nur deshalb ..., weil sie nicht imstande war, ihre Rolle als Quelle des unsichtbaren Mannas, des Trostes, der Wärme und der ›Sympathie‹ aufzugeben. ... Die gut zwanzig Jahre als Frau und Mutter hatten sie festgelegt wie eine Maschine.« (Lessing)

Waren es *meine* Bedürfnisse oder die der drei Männer, weshalb ich die Verantwortung für das emotionale Wohlergehen dieser kleinen Familie übernahm? Ich kümmerte mich um Gruppensolidarität, sorgte für die Kommunikation zwischen den Mitgliedern und wurde ihre fördernde, unterstützende Mutter und ihre kritische, lobende und herausfordernde Lehrerin. Die Männer akzeptierten meinen Beitrag und belohnten mich mit Zuneigung und Wertschätzung, die eine gute Mutter/Lehrerin erhält, hatten dabei aber relativ wenig Kenntnis von meiner persönlichen Identität und meinen Bedürfnissen, Hoffnungen, Befürchtungen und Wünschen. Natürlich waren ihnen untereinander die Bedürfnisse der anderen noch gleichgültiger.

»Da er keine starre Trennung zwischen Arbeit ... und persönlicher Beziehung aufrechterhalten muß, kann er Beruf und Freundschaft in verschiedenen Mischungen miteinander kombinieren.« (Levinson)

Als Frau in mittleren Jahren setzte ich mich über die starren Schranken zwischen Arbeit und Freundschaft hinweg, an denen diese jüngeren Männer festhielten. Es gab Zeiten, in denen ich die Anstrengung, zu diesen verschlossenen Männern Kontakt zu bekommen, als ermüdend empfand. Aber das Vergnügen, mich um drei attraktive, intelligente junge Männer zu kümmern, überwog andere Überlegungen. Es war eine ernüchternde Erkenntnis für meine feministische Auffassung, als ich merkte, daß ich um die Freundschaft dieser *Männer* mit mehr Initiative und Beharrlichkeit warb als gewöhnlich um *Frauen*. »Die Kluft zwischen der intellektuellen Bejahung neuer Rollen und dem emotionalen Wohlbefinden ist oft schwer zu schließen.« (Lemkau; auch Rubin)

Mit 56 Jahren suchte ich immer noch eine Frau, die nicht nur intellektuell ein Vorbild für mich sein konnte, sondern die mir auch zeigen würde, daß man ohne Furcht vor dem Alter sein und sogar mit einem Gefühl inneren Friedens sterben kann. Das müßte eine Frau sein, die sich genügend selbst liebte und mich auch, aber nicht zu sehr, da sie in genügender Entfernung und eigenständig bleiben mußte. Eine solche Frau zu finden und mit Leidenschaft und Klugheit um sie zu werben wurde zur größten Herausforderung und schließlich auch schönsten Freude in meinem Sabbatical.

Man kann sich in Kinder, in Frauen, in Männer, in Tätigkeiten und in Ideen verlieben. Ich verliebte mich in meinem Sabbatical in zwei Menschen, und einer von ihnen war meine 82jährige Tante, Anna Freud. Ich wußte, daß ich, wenn ich ihre Liebe erringen und ihren Segen erhalten würde, meinem Vater verzeihen und mich mit dem schweren Erbe der Familie Freud aussöhnen könnte.

»Vielleicht hat er das Gefühl, in seiner Jugend von dem Familienclan betrogen oder verraten worden zu sein. Hatte er sich als Jugendlicher von seinen Ursprüngen losgesagt, so bemühte er sich jetzt um irgendeine Form der Annäherung.« (Levinson)

Obwohl weder meiner Tante noch mir bewußt war, daß wir uns voneinander enttäuscht oder verraten fühlten, stellte sich heraus, daß vieles verziehen werden mußte. Ich erfuhr durch andere von ihrer Enttäuschung, daß ich keine Psychoanalytikerin geworden war oder wenigstens um einen Studienplatz an ihrer Klinik gebeten hatte. Ich meinerseits fühlte mich von meiner mächtigen Familie verstoßen und während des Krieges im Stich gelassen. Therapeuten ermutigen die einzelnen Familienmitglieder, über ihren Groll miteinander zu sprechen, um einander schließlich verzeihen zu können. Das war nicht unser Weg.

Anfangs war ich bescheiden: Ich wollte, daß sie mir eine Tasse Tee anbot und mir einen Kuß gab. Die Mühe, sie mehrfach anrufen zu müssen, empfand ich als sehr kränkend, weil ich das Gefühl bekam, eine unwillkommene Last zu sein. Mich ermutigte nur, daß mich mein Leben lang viele Menschen geliebt und akzeptiert hatten und ich in der Lage war, zu Menschen Kontakt zu bekommen und außerdem eine innere Überzeugung von der Wichtigkeit und Reinheit meines Anliegens. Ich scheine den Kampf um das wohlgehütete Herz meiner alten Tante nicht weniger sorgfältig geplant zu haben als Napoleon seine Schlacht von Waterloo. Aber während Napoleon seinen Vernichtungsfeldzug verlor, gewann ich meinen Liebesfeldzug.

In diesem Freijahr im Ausland verliebte ich mich auch in einen Mann. Ich erlebte ihn als abwechselnd zugewandt und distanziert, empfänglich für Gefühle und sie fürchtend, als abwechselnd bestätigend und ausweichend und vielleicht seelisch und körperlich verletzbar. Er schien mir ein komplexer und interessanter Mensch zu sein. Wir begegneten einander mit wechselnden massiven Projektionen. Ich war seine Mutter, Schwester und Mentorin. Er war mein Vater, Bruder, Sohn und Mann. Er bewunderte mich mit all der innewohnenden Ambivalenz. Wir arbeiteten gelegentlich zusammen und tauschten kreative Gedanken aus. Ich war bezaubert von seiner Fähigkeit, nicht bloß Worte zu hören, sondern das, was sie eigentlich meinten. Er stellte mir nicht viele Fragen, nur wenn es wichtig war. Wir hatten auch Meinungsverschiedenheiten, und es gab die Wahrscheinlichkeit eines Streits. Ich war älter als er, und meine Stimme war lauter. Um diesen Konflikt zu lösen, verliebte ich mich in ihn, und die Gefahr ging vorbei. Freiwillig zog ich mich auf die masochistische Position einer alternden Frau zurück, die einen Mann liebt, der nicht für sie da ist. Er sagte: »Es ist von Vorteil, über die Arbeit mit einem objektiven Beobachter zu sprechen.« Er sagte auch: »Manche Menschen kommen und gehen, aber andere hinterlassen tiefe Spuren.«

Es hätte mich unendlich glücklich gemacht, mit diesem Mann Offenheit, liebevolle Freundschaft, vielleicht Zärtlichkeit zu erleben. Er ließ all das nicht zu. Mich auf so lächerliche Weise zu verlieben, nachdem zwei Drittel meines Lebens hinter mir lagen, war ein bohrender Schmerz, der nicht vergehen will. Doch diese Liebe konfrontierte mich auch mit meinem leidenschaftlichen Selbst, das ich in den

Jahren verloren hatte. Viele Monate lebte ich in einem halben Rausch-zustand. Es war sicher den Preis wert, den ich dafür bezahlen mußte. Ist dies das Antlitz von später Liebe?

Während die Beziehungen zu Männern problematisch waren, gab es auf meinen Reisen auch einige bedeutsame Ereignisse, die die Mög-lichkeit nicht ausschlossen, daß die Seelen von Männern und Frauen sich treffen können.

Der erste Tag in einer neuen Stadt erfüllt mich nicht mit Freude und Neugier, sondern mit Furcht und Entfremdung. Ich warte auf eine Konferenz am Abend, und vor mir liegt ein langer und einsamer Nachmittag. Ich gehe in ein Studentencafé und setze mich neben den Tisch eines jungen Mannes, der allein da ist. »Ich bin fremd in dieser Stadt«, sage ich zu ihm, »und ich fühle mich verloren und einsam. Möchten Sie ein bißchen mit mir über sich sprechen?« Er überwindet seine Verblüffung ziemlich schnell und setzt sich neben mich. Er schreibt seine Dissertation über ein Thema, das eng mit meinem eigenen Gebiet verbunden ist. Wir sind beide begierig, Perspektiven und Informationen auszutauschen. Er ist sichtlich erfreut, mit einer amerikanischen Professorin zu sprechen. Die Stadt ist freundlich ge-worden. Eine einzige Begegnung kann eine ganze Stadt menschlich machen.

Die Post bringt mir einen Brief von einem Franzosen, den ich in meiner Jugend gekannt hatte. Er hat mich durch einen Zeitungsartikel aufgestöbert. Wir verabredeten uns. Während des Krieges waren wir in Casablanca zusammengekommen, wohin er, selbst kein Jude, vor den Deutschen geflohen war. Er lebte dort bei einer Familie, die ihn aufgenommen hatte, bis er zur Fremdenlegion gehen konnte. Diese Familie mußte er plötzlich verlassen, ohne den Leuten je danken zu können, und das belastete jetzt sein Gewissen. Sein Sohn war vor einem Jahr durch einen Autounfall ums Leben gekommen. Er selbst hatte ein unheilbares Knochenleiden und war vorzeitig in den Ruhe-stand getreten. Er war ein stiller, tief verzweifelter Mann. Wir verbrach-ten einen Tag zusammen, an dem ich nicht viel redete. Aber ich ermutigte ihn, zu seiner Familie in Marokko Kontakt aufzunehmen, was gar nicht schwer war. Später schrieb er mir: »Ich bin nach Marok-ko gefahren, um Mr. und Mrs. L. zu danken, die jetzt 85 und 95 Jahre alt sind. Wir hatten ein großes und freudiges Familientreffen. Nach meiner Rückkehr ging es mir so viel besser, daß ich wieder eine Teilzeitarbeit ausüben kann. Das Wiedersehen mit Ihnen hat mein Leben verändert.«

Wir alle machen Erfahrungen, bei denen unsere Anwesenheit im Leben anderer oder deren Gegenwart in unserem, und sei sie noch so flüchtig, tiefe Spuren hinterläßt. Die wechselseitige Abhängigkeit für unser emotionales Überleben ist ehrfurchterregend.

Obwohl ich während meines Englandaufenthalts mit Männern arbeitete und mich in einen von ihnen verliebte, waren es Frauen, die für mich da waren. Da war meine ältere Beraterin, die mir Kraft gab in den aufeinanderfolgenden Krisen durch Ankunft, Krankheit, Kummer und Abschied; da waren meine jüngeren Freundinnen in der Selbsthilfegruppe, die mir die Bestätigung und Unterstützung gaben und die mir so viel bedeuteten; und da begann eine wichtige enge Freundschaft mit einer deutschen Frau.

Ich hatte geglaubt, daß man sich jahrelang kennen und viele Stunden zusammensein muß, um zu einer tragfähigen und dauerhaften Freundschaft zu finden. Jetzt, wo mein Leben rasch kürzer wird, ist mir klargeworden, daß nicht soviel Zeit nötig ist. Es ist möglich, daß sich zwei Menschen, die einander vertrauen, in kurzer Zeit sehr nahekommen und daß dann auch dauerhafte Bindungen entstehen können. Durch diese vielen Beziehungen in vielen Teilen der Welt habe ich meine Weltbürgerschaft erneuert.

Der Begriff »bezogene Individuation« drückt ein Prinzip aus, demzufolge »ein höheres Niveau an Individuation auch ein jeweils höheres Niveau an Bezogenheit sowohl verlangt als auch ermöglicht. Er bezeichnet also eine Versöhnungsaufgabe, die allen höheren Lebensformen, und ganz besonders dem Menschen, gestellt ist.« (Stierlin)

Beziehungen zu deutschen Kolleginnen und Kollegen aufbauen können und mit ungeheurem Vergnügen die Sprache meiner Kindheit zurückerobert. Herzliche Begegnungen in Israel haben meine jüdische Identität gestärkt. Mein Lebensraum schließt jetzt das Schicksal zahlreicher Menschen in verschiedenen Ländern ein, und mein Gefühl der wechselseitigen Abhängigkeit in der Welt ist nicht länger ein theoretisches Konzept.

Die Schrecken meiner Einsamkeit hatte ich in der Jugend überwunden, als ich einen Genossen fand, der mir in jeder Hinsicht verwandt war. Als jüdische Immigranten – er aus Deutschland und ich aus Österreich – waren wir uns schon in Frankreich begegnet und hatten ein tiefes Verständnis für den kulturellen Hintergrund des anderen. Wir hatten eine enge Partnerschaft und richteten uns gemeinsam ein recht gutes Leben ein, denn zusammen schafften wir es, die Gespenster der Armut, des Alleinseins und der Fremdheit in einem neuen Land zu vertreiben.

In den mittleren Jahren sehnte ich mich nach der Erfahrung des Alleinlebens. In unserer verpaarten Gesellschaft ist es gefährlich, Bedürfnisse dieser Art zu äußern. Dies sind tabuisierte Wünsche, die verheiratete Frauen leugnen und unterdrücken müssen. Ich würde mich noch schuldiger und andersartig fühlen, wenn nicht andere Frauen ähnliche Gefühle heimlich und mit Scham geäußert hätten.

»Ich frage mich, ob Alleinleben einen lebendiger macht. Keine kostbare Energie geht für Meinungsverschiedenheiten oder Kompromisse drauf. Es ist nicht nötig, andere aufzubauen; da bist nur du selbst, bloß die Wahrheit – eine Kostbarkeit – und du.« (Scott-Maxwell)

Die Freiheit, sein eigenes Leben ohne Rücksicht auf einen anderen planen zu können, kann erleichternd sein: die Freiheit, abends nach Hause zu gehen oder in der Stadt zu bleiben, ins Kino zu gehen oder eine Freundin zu besuchen; die Freiheit, zu Abend zu essen oder es sein zu lassen; ohne Erklärung um 7 Uhr schlafen zu gehen oder bis tief in die Nacht aufzubleiben, um einen Artikel zu Ende zu schreiben.

»Er stand auf und ging schlafen, wann immer es ihm paßte. Niemand fragte ihn: Wo warst du? Oder: Wen hast du getroffen? Oder: Warum kommst du so spät? Niemand versuchte, ihn an etwas zu erinnern oder etwas vergessen zu machen. Er war allein in der Abenddämmerung und immer noch allein im Morgengrauen. Nicht wie ein Gefangener in seiner Zelle; wie ein Flüchtling im Wald.« (Wiesel)

Ich genoß mein Alleinsein, den ruhigen Abend nach einem geschäftigen Tag voller Menschen. Ich war sogar froh, als ich erfuhr, daß ich kein Telefon bekommen konnte. Dadurch würde meine Ungestörtheit, wenn ich sie wollte, noch mehr geschützt. Sosehr ich die Einsamkeit gefürchtet hatte, als ich jung war, so sehr brauchte ich das Alleinsein in der Lebensmitte.

».. . er kann jetzt mehr auf seine inneren Reserven zurückgreifen und ist dadurch weniger abhängig von äußeren Anregungen. Er genießt die Einsamkeit mehr, da er innerlich Gesellschaft hat.« (Levinson)

Ich geizte mit diesen neun Monaten der Unabhängigkeit und bat meine Angehörigen und Freunde, mich nicht zu besuchen, obwohl mir unser Briefaustausch wichtig war. Ich hatte mir neun Monate meines Lebens gegönnt, um für mich zu sein, und ich wollte, daß niemand dieses Stück Zeit betreten sollte. Sie gehörte ganz mir. Ich schätzte auch mein Single-Dasein, weil es mir Gelegenheit gab, die Welt nicht als Paar kennenzulernen, sondern als eine Frau, die anderen bei Begegnungen allein gegenübertreten kann. Meine alleinlebenden Freundinnen, die mich beneideten, weil ich eine Ehefrau war, versicherten mir, daß ich mein Single-Dasein nur genießen könne, weil es vorübergehend und unwirklich war. Das ist sicher richtig, weil wir sowohl Eigenständigkeit als auch Bindung brauchen. Ich habe immer Simone de Beauvoir und Sartre als ein Paar bewundert, denen es gelungen ist, beides zu vereinen. Ich möchte ehrliches Zeugnis von meinem etwas skrupellosen und unweiblichen Drang nach Autonomie und Unabhängigkeit in der Lebensmitte ablegen. Vielleicht ist dieser Drang nach Eigenständigkeit ein Grund für die Scheidungen in der Lebensmitte. Vielleicht sollte unsere Gesellschaft Möglichkeiten schaffen, um diesen Midlife-Bedürfnissen zu genügen, ohne daß lebenslange menschliche Bindungen zerbrechen müssen.

»Als alles vorbei war, hätte sie sich bestimmt nicht gewünscht, es anders erlebt zu haben. Aber im voraus konnte sie es sich so nicht wünschen, dazu fehlte es ihr an Erfahrung und Phantasie. . . . Wählen? Wann wähle ich überhaupt? Hab ich je gewählt?« (Lessing)

Wieder bin ich in einer fremden Stadt, aber diesmal ist es jene, in der ich den größten Teil meines erwachsenen Lebens verbracht habe. Ich sitze zwischen Bäumen, und die Raupen des Schwammspinners fressen die Blätter, die Rinde, die Sträucher und die Blumen auf. Die Bäume sterben, und in der Stille kann ich die Kaugeräusche der Raupen und das Fallen ihrer Exkremente hören wie unablässigen Regen. Ich bin mit dem Verlust einer ganzen Gemeinschaft von Menschen konfrontiert, in die ich meine Gefühle hineingegeben hatte. Ich warte auf die Post, und ich bin erleichtert, wenn Briefe kommen. Sie sind mein einziger Beweis, daß ich das Ganze nicht erfunden habe, daß es kein bloßer Traum von einem sorglosen, unbekümmerten Urlaub war. Wie andere Träume ist er im Begriff zu entschwinden. Meine Freunde versichern mir, daß sie mich vermißt haben und daß ich mich bald besser fühlen werde. Sie sind Fremde, und sie verstehen mich nicht. Ich erinnere mich nicht mehr an die Freuden und Befriedigungen, die ich in meinem früheren Leben fand. Wird mein Leben daraus bestehen, ein Seminar nach dem anderen zu halten und einen Artikel nach dem anderen zu schreiben?

»Wenn ein Mensch mit der Erkenntnis konfrontiert ist, daß seine berufliche Karriere den Höhepunkt überschritten hat, dann wird er sich wahrscheinlich nicht bloß bedrückt und unsicher fühlen, sondern es wird ihn vielleicht auch veranlassen, über seine Arbeit in Form von Fragen nachzudenken wie ›Wozu war das alles gut?‹« (Fiske)

Der Sinn meines Lebens ist mir verlorengegangen, und ich kann ihn nicht wiederfinden. Ich muß mich in Ruhe niederlassen und in Würde alt werden, aber es ist schwer, erwachsen zu werden. »Gute Dinge sind entschwunden, und gute Dinge werden immer entschwinden, wenn neue Dinge kommen und wir trauern. Wir trauern zu Recht, denn die Aussichten sind ungewiß, vielleicht sehr düster.« (Scott-Maxwell)

Es gab diese Sorge wegen der biologischen Uhr. Natürlich erinnerte sich die Professorin aus ihren Büchern, daß Sex nicht wirklich eine biologische Uhr hat, aber vielleicht hatten die Bücher unrecht. Vor langer Zeit hatte sie nach Psychologiebüchern gelebt, aber die hatten sie so oft im Stich gelassen, daß sie jetzt nicht mehr aus ganzem Herzen an sie glaubte.

Aber selbst ohne eine biologische Uhr würde sie älter und älter werden und verwelken, und dann würde die Chance, einen Partner, der ihr gefallen könnte, für Sex zu finden, noch geringer sein als in diesem Augenblick.

Die Professorin hatte ordnungsgemäß Kinder geboren, die erforderliche Quote sogar noch um eins übertroffen, und da sie gewissenhaft und ökologisch dachte, entschuldigte sie sich häufig dafür und erklärte, daß es in ihrer Generation in Ordnung gewesen sei, drei Kinder in die Welt zu setzen. Die Verpestung der Welt war noch nicht ganz so offenkundig gewesen. Sie hatte einen Mann gehabt und die Mutterschaft und manchmal sogar ihre Ehe genossen. Aber jetzt waren die Kinder groß, und sie hatte ihren Mann verlassen, oder vielleicht hatte er sie verlassen, bevor sie ihn verließ; man kann bei solchen Dingen nicht sicher sein. Sie hatte zweifellos ein äußerst bevorzugtes Leben geführt. Seit sie erwachsen war, wählte sie sich ihre Schmerzen und Leiden überwiegend selbst.

Sie hatte sogar leidenschaftliche Liebe erfahren. Sie hatte ihre Kinder leidenschaftlich geliebt, später eine Frau, noch später zwei gut verheiratete Männer und als letzte ihre alte und sterbende Tante. Sie hatte diese Kinder und Frauen und Männer leidenschaftlich und wild mit der Tiefe ihres Inneren geliebt. Sie hatte großzügig und beharrlich um sie geworben, und verschiedene von ihnen gehörten noch zu ihrem Leben. Sie schien sich auf unerwiderte Leidenschaften spezialisiert zu haben und fragte sich oft, ob sie jemand wirklich lieben könnte, der voll auf ihre Liebe antworten würde. Allein schon die Vorstellung bereitete ihr Mißbehagen, denn sie dachte, daß eine so ausschweifende Liebe, wenn erwidert, rasch ein Gefängnis werden würde.

Für Sex war keines ihrer Liebesobjekte ein geeigneter oder auch nur phantasierter Partner gewesen. Sie hielt sich selbst nicht für ein sexuelles Wesen. Sie sah sich vielmehr als ledige Frau, und sexuelles Ausleben war nie ihr Ziel gewesen. Doch mit der plötzlichen Freiheit einer frisch geschiedenen Frau war ihr die Möglichkeit eines sexuellen Abenteuers in den Sinn gekommen. Schließlich hatten viele ihrer Bücher die Möglichkeit eines Erwachens nach der Menopause gepriesen, und alle waren sich darin einig, daß die Zeit nach der Scheidung besonders günstig sei für sexuelle Experimente. Das war unbekanntes Terrain, das sie vielleicht erforschen könnte.

Die Professorin hatte absolut keine Erfahrung mit sexueller Verführung und fragte ihre Tochter um Rat, die sich auf diesem Gebiet gut auszukennen schien. Beim nächsten Besuch ihrer Tochter blickte sie von ihrem Artikel über vaginalen Orgasmus und den G-Spot auf und fragte: »Wie stellt man es an, einen Mann zu verführen?« Sie wußte, ihre Tochter hätte es gerne gesehen, wenn ihre alternde Mutter glückliche sexuelle Erfahrungen machen würde. »Denkst du an jemand Bestimmten?« fragte die Tochter hoffnungsvoll. »Nicht unbedingt«, antwortete die Professorin ausweichend. »Dann ist es schwer zu beantworten«, entgegnete die Tochter. »Verstehst du, das wichtigste ist, daß es von selbst passiert. Es ist kein Forschungsprojekt.« Die Professorin bestand darauf, Ratschläge zu bekommen. »Okay«, lenkte die Tochter ein. »Du könntest ihn zum Abendessen einladen und für Kerzenlicht und Musik sorgen, verstehst du?« Die Professorin war nicht sicher, wie das funktionieren könnte. »Warum geht ihr nicht ins Kino zusammen, nach dem Essen. Da fällt es einem leicht, sich zum ersten Mal anzufassen«, fügte die Tochter hinzu, »und wenn ihr dann nach Hause kommt, entwickelt sich alles von selbst.«

Die Professorin beschloß, in ihrer üblichen systematischen Weise vorzugehen. Sie ging innerlich ihre kurze Liste unverheirateter und nicht zu unattraktiver Bekannter durch. Sie wählte einen bestimmten Mann, der ihr rücksichtsvoll und sogar ein bißchen spielerisch erschien und der den Eindruck machte, Frauen bedient zu haben, wenn auch nicht unbedingt in sexueller Hinsicht. Die Professorin wußte, daß Frauen, abgesehen von Sex, oft auf Bedienungen angewiesen waren. Der Mann nahm ihre Einladung zum Abendessen gern an. Er hatte keine Professur, sondern war an ihrer Fakultät Teilzeit-Lehrbeauftragter und schien sehr an ihrem Rat und ihrer Unterstützung für seine junge akademische Karriere interessiert zu sein. Vielleicht benötigte auch er gewisse Bedienste.

Die Professorin war im Grunde nicht der Kerzenlichttyp, aber sie kochte diesem nicht üblen Mann ein schönes Essen, das er sichtlich zu schätzen wußte. Sie führten ein interessantes Gespräch über einen wissenschaftlichen Artikel, den er zu veröffentlichen suchte. Sie beriet ihn, welche Zeitschriften seine Arbeit am ehesten annehmen würden. Ins Kino zu gehen schien wie eine natürliche Fortsetzung ihres Abends. Sie saßen nebeneinander und sahen sich einen Film an, in dem ein Mann geisteskrank wird, weil ihn seine Frau zu verlassen droht. Die Professorin merkt, daß der Mann neben ihr voll Mitleid für den armen Ehemann in dem Film war. Er hatte beim Essen angedeutet, daß er einst von einer Frau verlassen worden war, die er sehr geliebt hatte. Die Professorin dachte an ihre verheirateten Freunde, die ihren Mann bedauerten. Wenn ihr rücksichtsvoller, gütiger und ergebener Mann von seiner Frau verlassen werden konnte, dann war kein Mann davor sicher.

Sie selbst brachte wenig Interesse für den Film auf. Sie war damit beschäftigt, den Rat ihrer Tochter zu beherzigen. Wann würde der richtige Moment kommen, um ihre Hand in seine zu legen? Das schien eine komplizierte und schwierige Entscheidung. Als sie es schließlich tat, reagierte seine Hand etwas zögernd und überrascht, aber sanft. Er drückte ermunternd ihre Hand und hielt sie in seiner. Also so war es, wenn eine Frau einen Mann verführt! Die Professorin freute sich über ihre Kühnheit.

Nach einer Weile begann sie, sich in ihrer Stellung unbehaglich zu fühlen, und zog ihre Hand zurück. Sie fragte sich, was sie als nächstes tun sollte. Sie hätte ihre Tochter um weitere Ratschläge bitten sollen. Vielleicht hatte sie es nicht richtig gemacht.

Die Professorin versuchte es noch einmal, diesmal zögernder und mit weniger Überzeugung. Dieses Spiel wurde rasch langweilig und unmöglich. Was zum Teufel tat sie hier in einem Kino und hielt Händchen mit einem Fremden? Sie zog ihre Hand abrupt zurück und beschloß, sich auf den Film zu konzentrieren. Die Heldin wurde jetzt von ihrem verrückten Mann erpreßt. Sie sollte ihre Freiheit nicht bekommen; dazu liebte er sie zu sehr.

Nach dem Kino war es zu spät, um noch eine Tasse Tee zu trinken, und so verabschiedeten sie sich in der Einfahrt zum Haus der Professorin. Die Professorin dachte daran, daß alle Menschen Möglichkeiten haben, die sie nicht entwickeln. Manche könnten vielleicht große Musiker werden, aber sie lernen niemals, auch nur ein Instrument zu spielen. Es gibt Millionen von Menschen mit einem großen geistigen Potential, das ungenutzt verkümmert. Es hat immer Frauen gegeben, denen die Mutterschaft vielleicht viel bedeutet hätte, aber das Schicksal hatte es anders gemeint. Nicht jeder Mensch kann erwarten, alle Erfahrungen zu machen, die das Leben vielleicht zu bieten hätte. Sie konnte es ertragen, eine ledige Frau zu bleiben.

Die Unmöglichkeit,
vollkommene Eltern zu sein

Aussagen von Eltern:

Als mein Sohn zur Welt kam, hoffte ich, daß er Präsident werden würde. Jetzt bin ich schon froh, wenn er kein Mörder wird.

Meine Eltern haben die erste Hälfte meines Lebens ruiniert und meine Kinder die zweite Hälfte.

Der Anfang meiner Elternschaft war die Gewißheit, daß ich meine Kinder in der bestmöglichen Weise erziehen würde. Ich betrachtete mich als liebevoll, großzügig und grenzenlos geduldig. Ich nahm mir vor, die richtigen Bücher zu lesen und mich nach ihren Ratschlägen getreulich zu richten. Unter meiner Führung würden meine Kinder psychisch gesunde, glückliche und produktive Menschen werden. Ich war überzeugt, daß ich all die Fehler vermeiden würde, die meine Eltern gemacht hatten. Ich hatte unbegrenztes Vertrauen in meine Fähigkeit, eine perfekte Mutter zu werden.
In dieser Zeit hatte ich keine Ahnung, welche Hybris sich hinter diesen hochfliegenden Zielen verbarg. Nicht zu versuchen, im Rahmen der begrenzten Fähigkeit die bestmöglichen Eltern zu sein, ist gedankenlos, herzlos und unverantwortlich. Doch beim Aufziehen von Kindern nach Vollkommenheit zu streben ist ein selbstschädigendes Ziel, das nur katastrophal enden kann.
Ich möchte Lesern, die junge Eltern sind, erklären, warum der vor ihnen liegende Weg, so gut er auch von den besten Absichten begleitet werden mag, dornig sein wird. Meine Gedanken haben aber auch den Zweck, mich selbst und andere Eltern in mittleren Jahren zu trösten. Ich hoffe, unsere Schuldgefühle darüber, daß wir nicht ganz

so erfolgreich waren, wie wir das hofften, zu zerstreuen. Ich möchte alle Eltern trösten, die sich entweder zu sehr oder nicht genug anstrengten, gute Eltern zu sein, und möchte uns überzeugen, daß es nicht unser Fehler war, wenn wir an der unmöglichen Aufgabe scheiterten, unsere Kinder perfekt zu erziehen.

Da ist das lästige Problem der schwer dingfest zu machenden Ziele. Tatsächlich gibt es keine klare Vorstellung vom idealen Menschen, der das Ergebnis einer so vollkommenen Erziehung sein könnte. Außerdem verfügen wir gegenwärtig, selbst wenn wir ein solches Idealbild zeichnen könnten, über keine wirksamen Techniken, um es zu erreichen, und es ist ernsthaft zu fragen, ob wir, falls wir sie erfinden, so effektive Techniken einsetzen sollten. Milan Kundera hat in seinem Buch »Die unerträgliche Leichtigkeit des Seins« geschrieben: »Was aber kann das Leben wert sein, wenn die erste Probe für das Leben schon das Leben selber ist.« Niemand kann von einer ersten Probe eine ausgefeilte Darbietung erwarten. Ich werde die Behauptung vertreten, daß die Elternrolle eine Reihe unvereinbarer Anforderungen enthält, die einer befriedigenden Lösung entgegenstehen.

Historische Überlegungen

Es erhebt sich die Frage, ob das ehrgeizige Ziel, vollkommene Eltern zu werden, nur in dieser individualistischen westlichen Kultur entstehen konnte, und zwar zu einem Zeitpunkt, da rascher gesellschaftlicher Wandel und extreme kulturelle Vielfalt sowohl Unsicherheit als auch neue Chancen in bezug auf unsere Erziehungsbemühungen hervorrufen. Dazu kommt auch ein Klima der Angst: Unsere Kinder werden sich in dieser komplexen und schwierigen Gesellschaft nicht behaupten können, wenn wir sie nicht in jeder Hinsicht auf die beste Weise ausrüsten, damit sie mit allen Hindernissen diesseits der atomaren Vernichtung fertig werden können.

Wir mögen mit Nostalgie auf unsere Vorfahren zurückblicken, die nach unserer Überzeugung in stabilen, voraussagbaren Zeiten lebten. Sie brauchten auf die Erziehung ihrer Kinder wenige Gedanken zu verschwenden, sei es, weil sie sich ihrer elterlichen Verantwortung kaum bewußt waren oder weil die kulturellen Vorschriften für das elterliche Betragen genau festgelegt waren.

Neuere historische Forschungen widersprechen diesen mißgünstigen Vorstellungen. Es gibt inzwischen Belege, daß das Verständnis für die Kindheit als eine besondere Entwicklungsperiode und die sich daraus ergebende Güte und Fürsorge gegenüber Kindern keine neuen kulturellen Errungenschaften sind. In *Forgotten Childhood* legte Linda Pollock überzeugend dar, daß Menschen schon seit der Antike wußten, daß Kinder besondere Bedürfnisse und Empfindlichkeiten haben und eines speziellen Schutzes bedürfen. Die Evidenz, daß »Eltern innerhalb ihres kulturellen Rahmens immer versucht haben, das Beste für ihre Kinder zu tun«, könnte ein Schlag für die ethnozentrische Anmaßung unseres 20. Jahrhunderts sein. Wir lernen, daß manche Eltern verschiedener Kulturen in allen Zeiten ihre Kinder mit großer Zärtlichkeit behandelten und daß sie ihnen sehr viel bedeuteten, während sich andere Eltern sowohl früher als auch heute streng und grausam verhielten oder ihre Kinder vernachlässigten.

Es gibt auch Belege dafür, daß diese Eltern die Verantwortung für das Betragen ihrer Kinder und vielleicht sogar für ihr künftiges Wohlergehen übernahmen. Es wird Sigmund Freud zugeschrieben, erkannt zu haben, welche Auswirkungen der Umgang mit dem Kleinkind auf die psychische Gesundheit des Erwachsenen haben kann. Doch die Vorstellung der elterlichen Verantwortung für die Weitergabe der wichtigsten Werte unserer Kultur ist uralt. Wir finden Sprüche in der Bibel wie jenen von Salomo, der die Eltern ermahnt: »Wie man einen Knaben gewöhnet, so läßt er nicht davon, wenn er alt wird.«

Pollock stellte dar, daß Eltern mindestens vom 16. Jahrhundert an sich um all die Funktionen kümmerten, die wir heute mit Elternschaft verbinden wie die Vermittlung von Wissen, das Beschützen und Disziplinieren, die Versorgung mit allem Lebensnotwendigen, die Beratung, Schulung und Hilfeleistung. Sie zitiert aus dem Tagebuch einer Mutter aus dem 18. Jahrhundert, um das Engagement und das enorme Verantwortungsbewußtsein mancher Eltern zu veranschaulichen:

»Es gibt kaum einen Gegenstand, der mir größere Sorge macht als die richtige Erziehung meiner Kinder ... Die Person, die es unternimmt, den kindlichen Geist zu prägen, die mißratenen Triebe zu beschneiden und jene zu lenken und zu formen, die nach entsprechender Zeit zu fruchtbaren und schönen Zweigen werden können, sollten ein tiefes und zutreffendes Wissen über die menschliche Natur besitzen.«

Das Streben nach »vollkommener Erfüllung der Elternrolle« scheint in der einen oder anderen Form seit sehr langer Zeit vorhanden zu sein und sich nicht auf unser Zeitalter zu beschränken. Dennoch ist es *möglich*, daß dieses Streben in letzter Zeit noch komplexer, befangener und frustrierender wurde als in früheren Zeiten.

Ungreifbare Ziele. Wenn wir uns das wundervolle menschliche Wesen vorstellen, auf dessen Hervorbringung unsere perfektionistischen Erziehungsanstrengungen abzielen, dann denken wir sofort an die positiven Werte, die ein solcher Mensch verkörpern sollte, und da befinden wir uns bereits auf heiklem Boden. In bezug auf Werte hatten unsere Vorfahren, glaube ich, eine klarere Vorstellung. Bis vor relativ kurzer Zeit stellten wir selten die Vorzüge eines Patriotismus in Frage, der die Bereitschaft, für sein Land zu sterben, ebenso einschloß wie eheliche Treue, voreheliche Keuschheit, Tapferkeit im Krieg, Selbstaufopferung und Ergebenheit gegenüber anderen, Gehorsam und Respekt gegenüber Älteren, religiösen Glauben, Ehrgeiz und Leistung durch sehr harte Arbeit. All diese Werte sind inzwischen hinterfragt und gelegentlich radikal abgelehnt worden, nicht bloß von isolierten Außenseitern, sondern von gewichtigen Gruppen in unserer Gesellschaft. Eltern, die ihre Aufgabe tadellos erfüllen wollen, müssen unter konkurrierenden Werten wählen und sich entscheiden, welche sie versuchen wollen ihren Kindern weiterzugeben.

Ich habe in meine Liste sowohl stereotype männliche (Tapferkeit) wie auch weibliche (Selbstaufopferung und Ergebenheit) Werte aufgenommen. Noch vor kurzem wurde es als selbstverständlich angesehen, daß Jungen und Mädchen unterschiedliche Wertvorstellungen beigebracht wurden, von denen sie sich als Erwachsene leiten lassen sollten. Heute treten manche Menschen, wenn auch nicht die Mehrheit der Amerikaner, für androgyne Werte mit gleichen Maßstäben der Sensibilität, Durchsetzungsfähigkeit, des Mutes und der Wärme für beide Geschlechter ein. Doch diese Bemühungen können auch zurückschlagen.

Ich kenne Eltern, die sich anschickten, ihren Sohn im Geiste der Androgynie zu erziehen, aber mit ihren Bemühungen scheiterten. Als ihr kleiner Junge im Kindergarten mit Puppen spielte, wurde er von seinen Altersgenossen gehänselt und begann zu weinen. Man hatte ihn auch ermahnt, sich nicht zu prügeln. Die Mutter wollte nicht, daß ihr Sohn ein Außenseiter wird. So riet sie ihm, nicht mehr mit Puppen zu spielen, und machte ihm klar, wie schön ein rotes Feuerwehrauto ist. Der Vater wollte nicht, daß sein Sohn gehänselt wird. Er zeigte ihm, wie er jedem, der ihn verspottete, einen Denkzettel verpassen konnte.

Eine andere Mutter ging mit ihrem Sohn auf Friedensmärsche und brachte ihm bei, seine Stimme gegen Ungerechtigkeiten zu erheben. Eine Gruppe von Green Berets kam in seine Schule und verherrlichte den Vietnamkrieg. Er stand auf, protestierte und brachte sich in eine gefährliche Lage. »Verbrenn dir nicht die Zunge«, warnte ihn seine besorgte Mutter. »Du mußt lernen, den Mund zu halten.« An der Hochschule nahm er später an »Studenten-Sit-ins« teil. »Bring dich nicht in Schwierigkeiten«, sagte sie zu ihm, »denk an deine Zukunft, und kümmere dich um dein Studium.«

Es ist schwierig für Eltern, ihren Kindern unpopuläre Wertvorstellungen zu vermitteln. Obwohl Eltern ihren Kindern vielleicht bestimmte Wertbegriffe beibringen wollen, haben sie auch die möglicherweise dringendere Aufgabe, den Kindern zu helfen, einen sicheren und geachteten Platz in der Gesellschaft zu finden, in der sie leben werden. Vielleicht sollten sich Eltern mit dem einfacheren Ziel zufriedengeben, glückliche Menschen großzuziehen, und damit auf den Versuch verzichten, ihre Kinder die »richtigen« Werte zu lehren und ihnen statt dessen »nützliche« Werte beizubringen, die ihrem Glück oder zumindest ihrer Popularität und ihrem Erfolg in der Welt dienlich sind. Das Problem ist, daß wir in einer sich so rapide wandelnden Gesellschaft leben, daß sogar pragmatische Werte unvorhersagbar werden. Die Frauengeneration, der ich angehöre, wurde im Geiste von »Aschenbrödel und der Märchenprinz« und eines »ewigen Glücks« aufgezogen mit dem Ergebnis, daß sie sich in der Lebensmitte obsoleszent, verwirrt und oft allein wiederfanden.

Doch selbst wenn wir eine Übereinstimmung und Gewißheit erzielen könnten, *was* wir unseren Kindern beibringen sollten, wäre da immer noch das Problem, *wie* wir unsere Ziele erreichen können.

Lehren und Lernen. Jane Loevinger hat 1959 auf ein großes Problem im Bereich der Wertvermittlung hingewiesen. Sie ging davon aus, daß Lernen auf drei Hauptwegen stattfindet: durch kognitives Verständnis, durch Beobachtung von Vorbildern und durch Belohnung und Bestrafung. Das Problem sei, daß Eltern vielleicht nur eine dieser Methoden anwenden und daß Kinder unbegreiflicherweise und hartnäckig darauf bestehen, nach einer anderen Methode zu lernen, mit dem Ergebnis, daß die gelernte Lektion das Gegenteil der beabsichtigten sein kann. So verfahren Eltern vielleicht nach dem Prinzip der Belohnung und Bestrafung und maßregeln ihre Kinder für eine Missetat, während die Kinder in diesem Fall durch das Beobachten von Vorbildern lernen und zu dem Schluß kommen, daß Macht und Recht immer auf seiten des Stärkeren sind. Umgekehrt könne ein Elternteil, das auf kognitive Prinzipien schwört, einem Kind *erklären*, was es falsch gemacht hat, während sich das Kind an Belohnung und Strafe orientiert und daraus folgert, daß schlechtes Betragen außer Worten keine Konsequenzen hat.

Ich glaube, das Problem kann in noch allgemeineren Begriffen gefaßt werden. Verhalten kann als Form der Kommunikation mit verschiedenen Bedeutungsebenen einschließlich der Inhalts- und Beziehungsebene gesehen werden. Wer uns beobachtet bzw. uns zuhört, kann sich auf die ihm angenehme Ebene konzentrieren, und das ist oft nicht diejenige, die wir beabsichtigten oder deren Übermittlung uns auch nur bewußt war. Ein Schelten kann auf der Beziehungsebene als »Zuwendung« oder »Beachtetwerden« erlebt werden und somit eine Belohnung darstellen. Lob kann als Ausüben von Druck zugunsten künftiger Leistungen und somit als Bedrohung empfunden werden. Auch Gesten der Selbstlosigkeit können als zweideutig erlebt werden. Unsere Hilfe kann als Akt der Freundlichkeit oder aber als eine Form der Herablassung bzw. eine Bestätigung unserer Hilflosigkeit empfunden werden.

Robert Kegan erzählt die amüsante Geschichte von einem Vater, der seinen erwachsenen Sohn empört zur Rede stellt, weil dieser faul und ohne Ehrgeiz ist. Der Vater glaubt, seinem Sohn ein Vorbild harter Arbeit gegeben zu haben, aber den Sohn hatten in all den Jahren nur der Streß und die Klagen des Vaters beeindruckt.

Die richtige Disziplin. Wie man Kindern etwas beibringt, ist somit ein ebenso großes Problem, wie *was* man ihnen vermittelt, und viele Eltern sind immer noch der Auffassung, daß »die richtige Disziplin«

der Schlüssel zum Erziehungserfolg sei. Irgendwie haben sie diesen Schlüssel aber verloren und wenden sich an Experten, um ihn wiederzufinden. Es ist eine Ironie, daß uns zwei renommierte heutige Autorinnen, die beide behaupten, Fürsprecherinnen der Kinder zu sein, widersprüchliche Ratschläge geben. In drei aufeinanderfolgenden Büchern hat Alice Miller den Eltern vorgeworfen, jahrhundertelang entschlossen gewesen zu sein, den Willen ihrer Kinder zu brechen, sie zu demütigen, ihnen das Gefühl der Herrschaft über ihr Leben zu rauben und ihren Elan, ihre Wißbegier und ihre Vitalität zu zerstören. Nach ihrer Meinung tun die Eltern all dies, um aus den Kindern gehorsame, anpassungsbereite und gefühllose Erwachsene zu machen. Miller verachtet jede Form von *Erziehung* (im Original deutsch – A. d. Ü.), ein Wort, das Sozialisation, Pädagogik, Disziplin und Bildung bedeutet, da sie Erziehung als unvermeidlich Zwang ausübend und manipulativ ansieht. Sie ist überzeugt, daß gegenseitiger Respekt zwischen dem Kind und seiner Bezugsperson als zwei separate Menschen und Anerkennung der echten Gefühle des anderen mit der Erlaubnis, sie zu zeigen, die Entwicklung einer humanen, ganzen und vitalen Persönlichkeit sichert.

Doch in *Children Without Childhood* äußerte Marie Winn Besorgnis über den vorzeitigen Kontakt von Kindern mit der häßlichen Realität des Erwachsenenlebens. Sie beklagte die Toleranz der gegenwärtigen Elterngeneration und wertete den Mangel an Regeln, Strukturen und festen Erwartungen als destruktive und gefährliche Vernachlässigung und als ein Versäumnis der elterlichen Pflicht, die Kinder zu beschützen. In direktem Gegensatz zu Miller sieht Winn die Ursache des Problems in zu geringer, nicht zu starker elterlicher Kontrolle. Sie scheint sich nach der »gutartigen Diktatur« der Eltern in früheren Zeiten zurückzusehnen und fordert mehr Autorität von den Erwachsenen und weniger egalitäre Beziehungen.

Beide Autorinnen vertreten ihre Argumente in leidenschaftlicher und überzeugender Weise. Welchen Schluß soll eine wohlmeinende Mutter oder ein Vater daraus ziehen? Obwohl Miller und Winn zu verschiedenen Schlußfolgerungen kommen, erkennen sie beide die psychische Verletzbarkeit der Eltern an: ihr Dilemma, Kinder disziplinieren zu müssen, während sie gleichzeitig deren Liebe und Zustimmung brauchen. Miller glaubt, die meisten Eltern seien deshalb nicht bereit, den Schmerz, die Angst, die Traurigkeit oder die Wut ihrer Kinder anzuerkennen, weil diese Gefühle ihre eigene Unvollkommenheit als Eltern offenbaren würden, eine unerträgliche Möglichkeit. Die Eltern verlangten, daß solche Gefühle nicht zur Kenntnis genommen werden, und die Gefühle wurden dann abgespalten, nur um im Erwachsenenleben als selbstschädigende, selbstzerstörerische oder antisoziale Impulse wiederaufzutauchen.

Winn glaubt, daß manche Eltern unfähig sind, angemessene Disziplin auszuüben, weil sie in diesen Zeiten hoher Scheidungen so überwältigt sind von ihrem eigenen Kampf ums Überleben, daß sie bei ihren Kindern emotionalen Trost und Unterstützung suchen und dadurch ihre elterliche Autorität untergraben.

Ich glaube, daß die Feststellungen beider Autorinnen zutreffend sind, aber ich betrachte das Dilemma, die Notwendigkeit zu disziplinieren mit dem Wunsch nach Liebe und Zustimmung in Einklang zu bringen, als ein universelles Dilemma der Eltern-Kind-Beziehung und nicht als eine Folge bestimmter pathologischer Umstände. Wir sind jetzt auf ein weiteres Paradox der Elternrolle gestoßen: Die Fähigkeit der Eltern, ihre Kinder zu disziplinieren, setzt eine positive, liebevolle Bindung zwischen Eltern und Kind voraus, doch die Disziplinierung droht ständig dieses Band zu zerreißen.

Die neue hinreichend gute Mutter. Bevor ich mich von der Unmöglichkeit der elterlichen Aufgabe ganz und gar fortreißen lasse, muß ich anerkennen, daß wir ein neues Verständnis der Eltern-Kind-Beziehung erreicht haben, das den Eltern als Orientierungshilfe dienen kann. Vor einer Generation wurde das Schwergewicht auf bedingungslose Liebe und Bindung gelegt und vielleicht sogar »überliebende« elterliche Hingabe gefördert. Das gegenwärtige Stichwort für elterliche Vollkommenheit ist der synchrone Tanz. Bindung, heißt es, entstehe durch zwischenmenschliche Sensibilität und Aufmerksamkeit. Beachtung und Stimulierung, die durch die persönlichen Belange des Erwachsenen bedingt und nicht auf die Bedürfnisse und die Bereitschaft des kleinen Kindes abgestimmt sind, seien entweder nutzlos oder zudringlich und liefen Gefahr, das Kind zu einem ängstlichen Rückzug zu veranlassen. Bedingte Empfänglichkeit beachte sowohl die Bedürfnisse des Kindes nach intimem Kontakt als auch nach einem privaten

Raum, signalisiert beispielsweise durch das Abwenden des Blickes. Elterliche Liebe und Ergebenheit äußerten sich am besten durch die Bereitschaft, das eigene Kind kennenzulernen und seine oder ihre Einzigartigkeit, Komplexität und Andersartigkeit zu respektieren. Vollkommenheit ist nicht nötig. Im Gegensatz zur besten aller Mütter ist die bloß hinreichend gute Mutter nicht immer aufmerksam. Manchmal ist sie mit anderem beschäftigt und wendet dem Kind den Rücken zu, um sich um ihre eigenen Belange zu kümmern. Manchmal hat sie es eilig und setzt ihre eigenen Interessen durch, übersieht subtile Signale und wird unzuverlässig und unvorhersagbar. Das Kind muß lernen, daß die Mutter immer noch da ist, auch wenn sie ihm den Rücken zuwendet, und daß Gutes und Schlechtes zu ein und derselben Mutter gehören. Die ausreichend gute Mutter könnte letzten Endes besser sein als die allerbeste Mutter, da es eines der Paradoxe der Elternschaft ist, daß zu sehr lieben letzten Endes nicht genügend lieben bedeutet.

Dieses Dilemma, gleichzeitig Bindung und Trennung fördern zu müssen, ist vielleicht die schwierigste elterliche Aufgabe. Sie erfordert, daß man Individuation und Autonomie, zwei wesentliche Lebensziele, fördert und gleichzeitig dem Kind eine Bindungserfahrung vermittelt, die tief und bedeutungsvoll genug ist, um es mit der lebenslangen Fähigkeit auszustatten, zu lieben, zu fühlen und an anderen Anteil zu nehmen.

»*Überliebende*« *Eltern.* Wir haben gehört, daß Eltern ihren Kindern schaden können, wenn sie sie nicht zu wenig, sondern zu sehr lieben. Vom »überliebten« Kind wird erwartet, daß es dem Leben des Vaters oder der Mutter Sinn und Inhalt gibt. *Überlieben* bedeutet Besitzergreifen, ängstliche Überbehütung und intensive Einmischung. Das Verhalten und die Gefühle des Kindes werden überwiegend im Hinblick auf die eigenen Bedürfnisse, Hoffnungen und Ängste erlebt. Auch Kindesmißhandlungen können eine Form von *Überlieben* sein. Eltern, die einem weinenden Kind gegenüber gleichgültig sind, ignorieren vielleicht einfach sein Unwohlsein. Nur bei mangelhafter Abgrenzung wird das Weinen als eine persönliche Anklage gehört, die um jeden Preis zum Schweigen gebracht werden muß. Wir wissen jedenfalls, wie verzweifelt sich solche Eltern der Entfernung ihrer

Kinder widersetzen, ähnlich dem gewalttätigen Ehemann, der sich an die von ihm verprügelte Frau klammert.

Die psychoanalytische Theorie hat uns gelehrt, daß *Überlieben* ein Deckmantel für *Unterlieben* ist, daß z. B. eine überbeschützende Mutter ihr Kind als Reaktionsbildung gegen feindselige Wünsche »verwöhnt«. Ich lehne inzwischen das ganze Konzept der Reaktionsbildung ab, das von der Annahme ausgeht, ein Gefühl (gewöhnlich das aggressivere) sei notwendigerweise grundlegender als das andere. Man könnte auch behaupten, wie es Searles 1965 getan hat, »daß die mächtigste Antriebskraft des Menschen das Bemühen ist, sich in einer liebevollen, konstruktiven Weise zu äußern«. Tatsächlich müssen manche Menschen die Äußerung liebevoller Gefühle eher meiden als die haßerfüllter, da sie gelernt haben, Liebe mit *Überlieben* und also mit gefährlichen Konsequenzen für sich selbst und andere zu verbinden. Searles beschrieb, daß manche Mütter ihre schizophrenen Kinder mit Gleichgültigkeit oder Aggressivität behandelten, weil sie fürchteten, ihre Liebe könnte ihren Kindern schaden. Man könnte sagen, daß sie ihre Kinder *unterlieben* aus Angst, sie zu sehr *überzulieben*, was erneut auf die enge Verbindung zwischen diesen beiden Extremen hinweist.

Helm Stierlin sprach 1972 von Eltern, die die Ausführung bestimmter Missionen an ihre Kinder delegieren. Diese Kinder müßten bestimmte Ziele erreichen, die ihre Eltern bewußt oder unbewußt gern angestrebt hätten, woran sie jedoch innere oder äußere Zwänge gehindert haben. Dazu können beruflicher Erfolg, sexuelle Abenteuer, Verbrechen und vielleicht auch Rache oder Buße zählen. Überliebende, bindende oder delegierende Eltern haben sich von ihren Kindern nicht gelöst. Sie dringen narzißtisch in den Lebensraum ihrer Kinder ein und behindern diese bei der Entwicklung eines getrennten, unabhängigen Selbst-Bewußtseins.

Wenn wir Kinder sind, finden solche Theorien bei uns eine starke Resonanz, aber können wir in unseren Elternrollen soviel Verantwortung akzeptieren?

Wer ist der Boß? Jetzt, da wir erkannt haben, daß schon kleine Kinder an der Gestaltung der Eltern-Kind-Interaktion mitwirken, entwickeln wir einen größeren Respekt vor der Gegenseitigkeit der Eltern-Kind-

Beziehung. Sobald ein bestimmter Interaktionszyklus etabliert wurde, verschwimmen die Grenzen zwischen Ursachen und Wirkungen.

Eltern jeglichen Alters fühlen sich zutiefst abhängig vom Wohlergehen ihrer Kinder, da die Elternrolle einen recht zentralen Platz in der Identität der meisten Menschen einnimmt und »ein guter Vater oder eine gute Mutter zu sein« in den eigenen Augen wie auch in den Augen anderer entscheidend für das Selbstwertgefühl ist. Der Erfolg in der Wahrnehmung der Elternaufgabe kann sowohl am jeweiligen Wohlergehen des Kindes bis ins Erwachsenenalter als auch an der Beziehung gemessen werden, die zu dem Kind aufrechterhalten wird. Eine junge Mutter ist glücklich, wenn ihr Kind sich gut entwickelt, und ihre Freude steigert ihre Fähigkeit, dem Kind zu geben, was es braucht. Am anderen Ende des Lebenszyklus bewerten Mütter und Väter ihr Leben in den späteren Jahren häufig danach, wie gut sich ihre Kinder entwickelt haben. Kinder, die in den Augen ihrer Eltern in einer wichtigen Hinsicht versagen, können die Fähigkeit ihrer Eltern, ihr späteres Leben mit positivem Sinn zu erfüllen, ernsthaft gefährden. Die Schicksale von Eltern und Kindern sind über Generationen hinweg miteinander verschränkt.

Viele Eltern haben insgeheim das Gefühl, daß allen Theorien und dem äußeren Anschein zum Trotz ihr Kind sie beherrscht; aber sie können sich auch zu ihren Schuldgefühlen und Fehlern bekennen. Tatsächlich ist ja die Überzeugung, daß Eltern für das spätere Leben und letztendliche Schicksal ihrer Kinder verantwortlich seien, der große Trugschluß, gegen den sich dieser ganze Aufsatz richtet. Als Eltern neigen wir dazu, die angeborenen emotionalen und intellektuellen Dispositionen unserer Kinder zu ignorieren, da es sich nur um Potentiale handelt, die von der betreuenden Umgebung geprägt werden. Wir neigen auch dazu, den größeren soziokulturellen Kontext zu ignorieren, der unsere Fähigkeit, kluge und liebevolle Eltern zu sein, einengt, deformiert und prägt. Wir beharren darauf, daß es ungeachtet aller äußeren Umstände unsere elterliche Verantwortung sei, unsere Kinder perfekt zu erziehen.

In meinen Augen handelt es sich bei der elterlichen Rolle um »Verantwortung ohne Autorität«, und jeder Administrator weiß, daß dies eine Situation erzeugt, in der man nicht gewinnen kann. Verantwortung sollte mit Autorität und Kontrolle einhergehen; und je mehr Verantwortung man empfindet, desto mehr Kontrolle wünscht man sich. Ich glaube, daß das Problem der elterlichen Kontrolle, die leicht in ein Übermaß ausartet, aus diesem Dilemma heraus entsteht.

»Ich muß euch vor euren eigenen Fehlern schützen«, pflegte eine meiner Freundinnen zu ihren Kindern zu sagen. »Ich muß euch zu eurem eigenen Besten disziplinieren.« Sie hetzte sie an die Hausaufgaben, bestach sie zu guten akademischen Leistungen, zwang sie, Musikinstrumente zu üben, beschämte sie, damit sie Fremdsprachen lernten. Sie bewies ihnen Zuneigung nur, wenn sie ihren Erwartungen entsprachen. Ihre Kinder sind tüchtige und erfolgreiche Akademiker geworden. Doch ihr Selbstwertgefühl hängt von den Leistungen ab, die sie sich gnadenlos abfordern, während ihre Selbstachtung recht labil ist. Sie werden ihr nie verzeihen, sie nur bedingt geliebt zu haben und eine so beherrschende Mutter gewesen zu sein.

Eltern, die unter großen Entbehrungen aufwuchsen, sind oft besonders entschlossen, ihren Kindern zu einem besseren Leben zu verhelfen. Kein Opfer ist ihnen zu groß, um dieses Ziel zu erreichen. Sie unterdrücken ihre Kinder zu deren eigenem Schutz, wobei sie vor allem mit Schuldgefühlen arbeiten. Es gehört zum Drama sozialer Beziehungen, daß übertriebene Resolutheit das Gegenteil erreicht.

Jetzt, da ich erkannt habe, daß der Respekt für die Andersartigkeit eines Kindes die wichtigste Voraussetzung ist, um in der Erziehung perfekt zu sein, habe ich die geheime Überzeugung, daß ich meine Aufgabe sehr gut lösen könnte, wenn ich eine zweite Chance erhielte. Auf meiner nächsten Lebensreise werde ich die Autonomie meiner Kinder so sehr respektieren, daß ich als verantwortungslose Mutter erscheinen werde.

Eine andere Freundin stellte die Bedeutung der Selbststeuerung über alles. Sie respektierte die Entscheidungen ihrer Kinder voll und ganz. Sie erlaubte ihnen, ihre Hobbys aufzugeben, wenn die Anstrengungen momentan schwerer zu wiegen schienen als der Nutzen. Sie erlaubte ihnen, die Schule zu verlassen, wo sie doch nur sinnlose Dinge lernten, und ihren eigenen Leitsternen zu folgen. Sie erlaubte ihnen, mit Drogen zu experimentieren, als das in Mode war. Ich weiß nicht, was aus ihren Kindern wurde. Wir zerstritten uns, weil ich ihr vorwarf, eine wenig fürsorgliche Mutter zu sein und ihre Kinder zu vernachlässigen.

Loslassen. Wie können Eltern den Anforderungen einer Rolle genügen, in der sie lernen müssen, die Kontrolle abzugeben, während sie gleichzeitig für den Erfolg verantwortlich sind? Wir sollten unsere eigenen unvollendeten Lebensaufgaben nicht an unsere Kinder delegieren, doch Kinder brauchen eine feste Führung, damit sie nicht von ihrem Weg abkommen.

»Wie haben Sie sich als Eltern verändert?« fragten meine Studentinnen und ich die Mütter und Väter mittleren Alters, die wir interviewten. Viele der Eltern sagten, sie hätten gelernt, ihre Kinder so zu akzeptieren, wie sie sind, statt sie weiterhin in ihre eigenen Träume und Erwartungen einzubeziehen.

Eltern müssen sich bei der Geburt des Kindes von Erwartungen verabschieden, und dasselbe werden sie ihr Leben lang tun müssen. Sie müssen das Geschlecht ihres Kindes akzeptieren (oder mußten es wenigstens bis zur Einführung der Amniozentese), selbst wenn dies ihre Erwartungen enttäuscht. Meine schwarzhaarigen Eltern wünschten sich eine blonde Tochter. Drei Jahre lang färbte mir meine Mutter die Haare, wenn sie nachwuchsen, und die Fotos aus meiner frühen Kindheit zeigen ein blondes kleines Mädchen. Später mußten sie sich mit einem dunkelhaarigen Kind abfinden. Anpassungen, Resignationen und Kompromisse kommen in jedem Lebensbereich eines Kindes vor. »Mein Sohn, der künftige Arzt«, der schließlich Krankenpfleger wird, ist nur ein naheliegendes Beispiel. Eine meiner Freundinnen freute sich darauf, Großmutter zu werden. Ihr Sohn wurde homosexuell, und ihre verheiratete Tochter beschloß, kinderlos zu bleiben. Der Satz über den Mörder zu Beginn dieses Aufsatzes bezieht sich auf diesen unerwarteten und erstaunlichen Vorgang, daß man seine Phantasien aufgeben und sich auf ein wirkliches Kind einstellen muß.

Solnit und Stark haben über die Trauerarbeit geschrieben, die bei der Geburt eines behinderten Kindes geleistet werden muß. Aber die Verzweiflung über das unvollkommene Kind veranschaulicht nur die subtileren Prozesse, die ein unvermeidlicher Bestandteil jeder Elternaufgabe sind. Manche Eltern sind sich ihrer Notwendigkeit zu trauern bewußt, während die meisten Eltern dies intuitiv, aber ohne bewußte Absicht tun – jeder auf ihre oder seine eigene kreative Weise.

Trauerarbeit bedeutet, sich den eigenen Verlust einzugestehen – jede Enttäuschung ist der Verlust irgendeiner Hoffnung – und sich zu

seinen Gefühlen der Trauer und der Wut zu bekennen, sie sich »anzueignen«, statt sie zu verleugnen oder zu unterdrücken. Ein solches
Anerkennen von Gefühlen kann bedeuten, sie einer engen Freundin,
einem Freund oder vielleicht einer Therapeutin/einem Therapeuten
anzuvertrauen, die sie mit Verständnis und ohne Verurteilung akzeptieren. Manchmal kann das Gespräch über Enttäuschungen auch in
einer Gruppe von ähnlich trauernden Eltern stattfinden, die einander
Unterstützung und Bestätigung bieten. Andere Eltern verarbeiten
ihre Trauer vielleicht künstlerisch, oder sie schreiben eine gelehrte
Abhandlung über perfekte Elternschaft.

Andere Eltern werden zu chronisch Trauernden. Sie lernen niemals,
loszulassen und ihre unvollkommenen Kinder in unvollkommener
Weise zu lieben. Sie sterben, ohne ihren Kindern vergeben zu haben,
daß sie sich von ihrer religiösen Erziehung lossagten, einen Partner
der falschen Rasse heirateten oder vielleicht andere sexuelle Neigungen entwickelten. Wenn Eltern ein solches Verhalten als unver-
zeihlichen persönlichen Verrat erleben, dann bedeutet dies, daß sie es
nicht geschafft haben, sich von ihren Kindern zu differenzieren. Wenn
sich Eltern und Kinder emotional völlig gegenseitig »abschneiden«,
dann geschieht dies nie wegen zu großer Distanz, sondern vielmehr
wegen überwältigender Verschmelzung. Man muß sich von jemandem gelöst haben, um seine Trauerarbeit abzuschließen und dem oder
der Betreffenden zu vergeben.

Eine Bindung an ein unerwartet »anderes« Kind aufrechtzuerhalten
kann wichtige Veränderungen der eigenen Werte und Wahrnehmungen der Welt erfordern und eine mögliche Verwandlung der eigenen
Identität zur Folge haben.

Trennung und Verlust mit ihrer notwendigen Trauerarbeit sind de
facto ein zentraler Bestandteil der Elternrolle. Das Ziel der Eltern-
Kind-Beziehung ist von Anfang an ein allmähliches Auseinanderrük-
ken und eine Lockerung der Bindung. Elterliche Liebe muß bewiesen
werden, indem man nicht zuviel liebt und in eine Beziehung, die einen
völlig beansprucht, eine gewisse Distanz einführt. Die weisesten Eltern schicken ihr Kind in die Welt hinaus, begrüßen die neuen Bindungen des Kindes und treten in den Hintergrund. Erfolg im Hinblick auf
das Wohlergehen des Kindes kann einen Verzicht auf den Wunsch
bedeuten, eine enge und primäre Bindung aufrechtzuerhalten. Das

Kind, das in der Welt scheitert, klammert sich weiterhin an seine Eltern als primäre Bezugspersonen. Leider werden solche Beziehungen dann von den Schuldgefühlen und gegenseitigen Schuldanklagen, die das Versagen des Kindes hervorruft, zerfressen.

Loslassen ist keine einseitige elterliche Aufgabe. Ich habe zuvor von dem zweifachen Wunsch der Eltern gesprochen, ihr Kind erfolgreich zu sehen und eine liebevolle Bindung zu ihm aufrechtzuerhalten. Das konfrontiert uns mit einem weiteren Paradox der Elternschaft: Ernüchterung in bezug auf die Eltern und Auflehnung gegen sie ist ein notwendiger Teil der Beziehung; die Eltern-Kind-Beziehung ist ungesund, wenn sie konfliktfrei und scheinbar völlig harmonisch verläuft. Der Vorgang der Desillusionierung gegenüber zuvor idealisierten Eltern ist ein notwendiger Entwicklungsschritt der Heranwachsenden, aber irgendeine Form der Selbstbehauptung sollte in einer hinreichend guten Eltern-Kind-Beziehung ständig vorhanden sein. Wir würden uns über eine Zweijährige Sorgen machen, die sich elterlichen Forderungen nicht widersetzt und keinen wachsenden Eigensinn entwickelt; wir wären über ein Schulkind besorgt, das die Meinung seiner Lehrerin oder seiner Altersgenossen niemals über die seiner Eltern stellt.

Die nachgiebigsten und tolerantesten Eltern sind dabei in der schlechtesten Position. Ihre Kinder müssen größere Verrenkungen machen, um Ansatzpunkte für Kritik, Mißbilligung und Provokation zu finden. Darüber hinaus können solche Eltern so guten Willens sein, daß sie ihren Kindern sogar dabei helfen möchten, sich aufzulehnen; ein Versuch, der an seinen eigenen inneren Widersprüchen scheitern muß.

Im späteren Leben fühlen sich Eltern manchmal vernachlässigt und überflüssig. Die Kinder heiraten, schlagen eine Laufbahn ein, ziehen in einen anderen Teil des Landes; sie scheinen ihre Eltern nicht mehr zu brauchen. Der äußere Anschein kann jedoch täuschen. Die Eltern-Kind-Beziehung mit ihren ambivalenten Gefühlen von Liebe und Haß, dem Wunsch nach Abhängigkeit und der Furcht davor, dem Wunsch nach Zustimmung und Bestätigung dauert das ganze Leben lang an. Selbst nach dem Tod der Eltern bleibt die Beziehung lebendig und im Leben der Kinder aktiv. Allen Eltern ist diese Form der Unsterblichkeit gesichert.

Gescheiterte Absicht. Es wird immer unmöglich sein, vollkommen zu sein, weil unsere Handlungen nicht immer unseren Absichten entsprechen. Unsere verinnerlichten Eltern kommen unserem Vorsatz in die Quere, die aufgeklärtesten und verantwortungsvollsten Eltern zu sein. Wir neigen dazu, diese internalisierten Figuren auf unsere Kinder zu projizieren und schließlich in irgendeiner Form alte und vertraute Beziehungsmuster zu wiederholen, was uns den Schmerz erspart, uns von unseren Eltern verabschieden zu müssen. Und obwohl wir bewußt wünschen mögen, es besser zu machen als unsere Eltern, würde es einen solchen Akt der Respektlosigkeit und Illoyalität bedeuten, daß nur wenige von uns das wagen könnten.

Sind wir somit dazu verdammt, die Fehler unserer Eltern von Generation zu Generation zu wiederholen? Meine Studentinnen bitten mich, ihnen zu zeigen, wie sie diesem traurigen Schicksal entgehen können. In der familientherapeutischen Literatur gibt es Belege dafür, daß ehrliche Gespräche zwischen Eltern und Kindern die nötige Ablösung fördern können. Das sollten Gespräche sein, in denen schwierige Fragen gestellt und echte Gefühle ausgetauscht werden können. Ein Versuch muß unternommen werden, die intergenerationalen Rechnungen zu begleichen, damit die Kinder nicht für alle Zeiten mit den emotionalen Schulden ihrer Eltern belastet sind. Ich glaube, solche Gespräche wären nützlich.

Meine Eltern sind beide tot, und ich hatte nicht den Mut, sie in solche Gespräche zu verwickeln. Meine Kinder mögen mich; sie wissen, wie empfindlich ich gegenüber ihren Meinungen über mich bin; sie wollen mich nicht verletzen, und auch sie führen keine solchen Gespräche mit mir. Sie sind zu schwierig.

Bilanz

Ich möchte einen letzten Versuch machen, um die Balance zwischen dem Möglichen und dem Unmöglichen herzustellen. Nicht alles ist möglich. Wir müssen lernen, Unmöglichkeiten zu respektieren. Die bedenkenlose Entschlossenheit unserer technischen Kultur, das Unmögliche möglich zu machen, hat uns an den Rand eines Abgrunds geführt. Übertriebene Zielstrebigkeit hat die empfindliche Ökologie unseres Planeten aus dem Lot gebracht. Schon die Vorstellung, daß wir unsere eigene Vervollkommnung, geschweige denn die unserer Kinder, in der Hand haben, ist größenwahnsinnig und anmaßend. Das Ziel, perfekte Eltern zu werden, trägt die Keime von Schuld und Anklage, enttäuschten Erwartungen und Scheitern in sich.

Wenn ich es mir recht überlege, glaube ich, daß es *möglich* ist, als Eltern perfekt zu werden, indem man Unvollkommenheiten – unsere eigenen und die unserer Kinder – toleriert, verzeiht und transzendiert. Wir können perfekte Eltern werden, indem wir die Unmöglichkeit eines solchen Ziels akzeptieren.

Der Mutter ging das Herz über, als die beiden Türme des Jacobi-Krankenhauses vor ihnen auftauchten. Sie waren endlich angekommen, nachdem sie sich stundenlang, wie es schien, verirrt hatten und im Kreise herumgefahren waren. »O Gott, ich glaube, ich bin falsch abgebogen«, sagte ihre Tochter neben ihr ängstlich, als die Türme wieder entschwanden. Aber die Mutter lachte bloß erleichtert, weil nicht soviel auf dem Spiel stand, nicht diesmal und weil sie früh genug weggefahren waren. Warum hätte ihre Tochter sich in dem furchtbaren Labyrinth enger Gassen und verschlungener Autobahnen der Bronx besser zurechtfinden sollen als die Mutter vor vierzehn Jahren. Schließlich war die Tochter ein Kind gewesen, das bis zum siebten Lebensjahr nicht rechts und links unterscheiden konnte, das die Uhr erst nach jahrelangen Anstrengungen kannte und das in Geographie durchfiel, obwohl sie ein ganzes Jahr lang jeden Abend mit ihr gepaukt hatte.

Vielleicht lachte sie jedoch vor allem, weil sie die Rundheit des Lebens, sosehr sie sie fürchtete, auch zu schätzen wußte. Sie fand Trost in dem Gedanken, daß es eine Ordnung in der Welt gab, die so häufig willkürlich und sinnlos erschien. Ihre Tochter hatte sich eineinhalb Tage von ihrer hektischen Lehrtätigkeit freigenommen, um ihre Mutter zu einem berühmten Krebsspezialisten zu bringen, während sie selbst im Alter von 63 dabei war, die Lebenshaltung und die Lebensform ihrer eigenen Mutter anzunehmen. Sie hatte sich gerade scheiden lassen und würde jetzt wie ihre eigene Mutter alleine alt werden.

Es hatte viele Jahre gegeben, in denen sie jedes ernsthafte Gespräch mit ihrer Mutter vermieden hatte, um nicht mit dem Abgrund der emotionalen Isolierung ihrer Mutter konfrontiert zu werden. Es war möglich, daß sie sich so viele Jahre an die Fiktion eines Mannes an ihrer Seite geklammert hatte, um nicht das Leben ihrer Mutter wiederholen zu müssen. Doch sobald sie geschieden war, waren ihr das Alleinsein und auch das ihrer Mutter weniger schrecklich erschienen. Es war ihr ein Trost, daß ihre älteren Jahre denen ihrer Mutter ähneln würden. Sie war nicht sicher, wohin sie ihr Schicksal führen würde. Sie konnte ein Leben für sich voraussehen, in dem Achtung an die Stelle von Liebe und Intimität treten würde, ein Leben, in dem sie ihre Bedürftigkeit und Verletzbarkeit sorgfältig beherrschen mußte, damit sie und andere nicht davon überwältigt wurden. Sie hatte endlich den dringenden Auftrag ihrer Mutter erfüllt, berufliche Anerkennung zu erringen – wie traurig, daß ihre Mutter nicht alt genug geworden war, um das noch zu erleben –, und sie war auch ihre eigene Mutter geworden. Sie war in jeder Hinsicht eine loyale Tochter gewesen. Gab es noch irgend etwas, was sie tun mußte? Vielleicht würde diese berühmte Spezialistin, die sie wegen ihrer unerklärlichen Blutungen konsultieren wollte, schlechte Nachrichten für sie haben und ihr Problem lösen, in ihrem nahen Alter weiterhin einen Sinn im Leben zu finden.

»Wie albern von dir, einen Tag freizunehmen, bloß um mit mir nach New York zu fahren«, sagte sie. »Glaubst du, daß alles zweimal passieren muß?« »Ich glaube, ich sehe die Türme wieder«, antwortete ihre Tochter, »wir werden rechtzeitig zu deinem Termin dasein.«

Seltsam, dachte die Mutter, wie ihr Leben von Anlässen betont gewesen war, bei denen sie und diese Tochter zusammen an irgendeinen Bestimmungsort gefahren waren, wo das Leben davon abzuhängen schien, zur Zeit hinzukommen. Da waren die vielen furchtbaren Morgen gewesen, an denen das Kind ihren Schulbus versäumt hatte und sie sie mit bösen, vorwurfsvollen Worten zur Schule fuhr. Später dann das Begräbnis ihres Schwiegervaters, das ebenfalls in New York stattfand. »Nein«, hatte sie zu ihrem Mann gesagt, »ich möchte nicht im Haus deiner Mutter übernachten. Aber ich verspreche dir, rechtzeitig zum Begräbnis dazusein.«

Das Begräbnis war für 10 Uhr vormittags angesetzt, und sie und ihre Tochter hatten Boston um 4 Uhr früh verlassen, wobei sie für die vierstündige Fahrt nach New York sechs Stunden gerechnet hatten. Die Fahrt nach New York hatte sie an diesem Morgen an eine Ballade von Schiller erinnert, die sie als Schülerin eines Wiener Gymnasiums auswendig lernen mußte. In der Ballade muß ein Mann rechtzeitig von einem fernen Ort zurückkehren, um die Hinrichtung seines liebsten Freundes zu verhindern. Während er, so schnell es geht, dahinreitet, ereilt ihn eine Katastrophe nach der anderen. Er muß einen Fluß überqueren, dessen Brücke von einem Hochwasser weggerissen wurde, er wird von Wegelagerern überfallen, und sein Pferd stolpert und bricht sich ein Bein. Dennoch ist er rechtzeitig da, um seinen Freund zu retten. Mutter und Tochter wurden durch umfangreiche Straßenarbeiten aufgehalten; auf der Strecke hatte sich ein Unfall mit sechs Autos ereignet, wodurch der Verkehr fast für eine Stunde zum Erliegen kam; und schließlich ging ein Reifen kaputt. Sie trafen im gleichen Augenblick am Tor der Leichenhalle ein wie die restliche Familie, aber sie wußte, daß ihr Mann es ihr nie verziehen hatte, »fast zu spät« gekommen zu sein.

Woran sie sich im Zusammenhang mit dieser Fahrt am deutlichsten erinnerte, war jedoch die Tatsache, daß ihre Tochter, damals ein Teenager, ihre Sorgen wegen einer möglichen Verspätung für sich behielt. Sie war im Gegenteil voll amüsanter Teenager-Klatschgeschichten gewesen und hatte dadurch die fast unerträgliche Nervosität ihrer Mutter gemildert. »Ich werde nie vergessen, wie du mich am Tag von Papas Begräbnis aufgeheitert hast«, sagte sie jetzt zu ihrer Tochter, »habe ich mich je dafür erkenntlich gezeigt?« »Manchmal denke ich, diese erste Fahrt war eine Art Generalprobe für unseren gemeinsamen späteren Ausflug«, antwortete ihre Tochter.

Sie war überlegt und besonnen gewesen, auch damals vor vierzehn Jahren auf der zweiten Fahrt, als sie ebenfalls im Jacobi-Krankenhaus, aber nicht in der Krebsklinik, gewesen waren. Statt mit einer Lebensbedrohung konfrontiert zu sein, hatte ihnen damals eine unerwünschte Geburt gedroht. Sie waren schon am Abend zuvor nach New York gefahren, damit nichts im letzten Augenblick schiefgehen konnte. Es war kein Problem, in New York zu übernachten, weil ihre Mutter und ihre Schwester dort lebten. Sie hatten jedoch beschlossen, ihre alte Mutter mit aufregenden Nachrichten zu verschonen. Deshalb hatten sie bei der Familie ihrer Schwester übernachtet. »Nun, was ist das für ein Gefühl, beinahe Großmutter zu sein?« hatte ihr Schwager sie in seiner üblichen witzigen Art gefragt. »Haßt du nicht auch den Onkel und seine dummen Witze?« hatte die Tochter später zu ihr gesagt. »Er möchte bloß freundlich sein«, hatte sie geantwortet, »sei nicht immer so empfindlich.« Aber der arme Mann würde nie erfahren, daß sie ihn bei dieser sehr komischen Frage aus der Liste ihrer Freunde gestrichen hatte. Die Leute behaupteten immer, daß sie sie Prüfungen unterziehe, die unmöglich zu bestehen seien, aber sie hatte diesen speziellen Test nicht erfunden, und es war nicht ihre Schuld, wenn Menschen sie in Krisenmomenten ihres Lebens enttäuschten.

Diese besondere Krise hatte zwölf Wochen vor ihrer Fahrt begonnen, als die Tochter mit empfindlichen und vergrößerten Brüsten und ängstlichen Vorahnungen von Schwangerschaft von ihrer nahe gelegenen Universität nach Hause gekommen war. Es war ein Glück, daß sie eine Art von Beziehung hatten, in der sich die Tochter sofort an sie wenden konnte. Es war schließlich in jedem Fall kein Anlaß für ärgerliche Vorhaltungen. Die Mutter war glücklich gewesen, daß ihre Tochter, für die die Jungen nie viel übrig gehabt hatten, in einen intelligenten und fürsorglichen jungen Mann verliebt war. Sie war recht stolz auf sich gewesen, eine moderne Mutter zu sein, die sexuelle Experimente billigte, und sie hatte sich gefreut, daß ihre Tochter in jeder Hinsicht erwachsen wurde. Außerdem wußte sie, daß das Mädchen und auch der Junge verantwortungsvoll gehandelt hatten und daß diese Mißgeschicke auch verantwortungsvollen Menschen zustoßen.

Die Mutter versuchte, auch nach all diesen Jahren noch, sich nicht daran zu erinnern, was sie schließlich gesagt hatte. »Du ersparst mir aber auch gar nichts«, hatte sie gesagt, wahrscheinlich im Tone des Selbstmitleids, und ihre Tochter hatte in Scham und Schuld den Kopf gesenkt. Jetzt, da das viele Jahre zurücklag, wunderte sie sich, wie empört sie gewesen war, mit einem doch recht häufigen Problem Jugendlicher fertig werden zu müssen. Inzwischen hatten Kinder von ihren Freunden schizophrene Zusammenbrüche gehabt und waren in Heilanstalten gekommen, hatten mit Drogen gehandelt oder Selbstmord begangen, und sie hatte eine ganz andere Vorstellung davon erworben, welchen Schmerz Kinder ihren Eltern zufügen können.

Aber damals hatte sie, eine 49jährige, scheinbar reife und tüchtige Frau, eine Sozialarbeiterin, die anderen Menschen in ihren Lebenskrisen helfen sollte, zu ihrer 19jährigen, aufs höchste beunruhigten Tochter gesagt: »Du ersparst mir aber auch gar nichts.«

Der erste Schwangerschaftstest war negativ. Erleichterung? Nun, im

Grunde nicht wirklich. Die Mutter wußte, daß sehr frühe Schwangerschaftstests unzuverlässig sind; schließlich war auch ihr eigener Schwangerschaftstest bei dieser bestimmten Tochter anfangs negativ gewesen. Das war im Augenblick eine große Enttäuschung gewesen, doch sie hatte damals gewußt, daß das Ergebnis falsch war und daß ihre körperlichen Empfindungen recht hatten, so wie sie auch diesmal in ihrem eigenen Körper spürte, daß ihre Tochter sicher schwanger war. Diese Ereignisse dauerten mehrere Wochen.

Der Entschluß zum Abbruch war für sie beide ein sofortiger, naheliegender und unbesprochener Entschluß gewesen. Es war unvorstellbar, daß die Tochter mitten in ihrem Studium ein ungeplantes Kind bekommen würde. Sie waren nicht diese Art von Familie. Ausgerechnet in diesem Jahr waren Schwangerschaftsabbrüche im Staat New York legalisiert worden. Sie brauchten also nicht nach England, Schweden oder in ein anderes fernes Land zu fliegen, und sie brauchten nicht einmal das Gesetz zu brechen. Die Mutter war eine Expertin darin, sich die richtigen Informationen darüber zu verschaffen, was in verschiedenen Lebenskrisen zu tun ist. Nach vielen Telefonaten hatte sie die beste unter vielen Möglichkeiten auszuwählen. Es war eine einsame und belastende Entscheidung. Sie entschied, daß die ausgezeichnete Ambulanz, die der Arztfreund eines Arztfreundes der Familie am Jacobi-Krankenhaus eingerichtet hatte, der beste Ort für ihre Abtreibung sei.

Die Tochter und ihr Freund hatten zunächst beschlossen, die Dinge selbst in die Hand zu nehmen. Der verantwortungsvolle junge Mann war per Autostopp von seiner entfernteren Universität gekommen, um der Tochter bei ihrer Abtreibung im Jacobi-Krankenhaus beizustehen. Das junge Paar wurde jedoch wegen dringenderer Fälle abgewiesen, und die Tochter erhielt einen anderen Termin zehn Tage später, und das bedeutete, daß sie dann in der zwölften Woche war, der letzten Woche des ersten Dritteljahres, in dem ein relativ einfacher ambulanter Abbruch durchgeführt werden konnte.

Der Freund hatte an seine Universität zurückkehren müssen, und sie und die Tochter fuhren allein nach New York, was ihnen auch recht war. Es war eindeutig ihre gemeinsame Sache, die niemanden etwas anging. Nicht den Freund und ganz sicher nicht ihren Mann. Er war zwar ein recht liebevoller und gewissenhafter Vater gewesen, der immer hart gearbeitet hatte. Aber nicht einmal in ihren wildesten Träumen wäre sie auf die Idee gekommen, ihren Mann zu bitten, sich einen Tag von seiner harten Arbeit freizunehmen, um sie und ihre Tochter nach New York zu fahren. Sie waren nicht diese Art Familie, er war nicht diese Art Vater, und sie war nicht die Art Frau, die von ihrem Mann Unterstützung erwartete. Auch sie arbeitete recht hart, aber bei ihrer Art von Arbeit konnte sie sich stundenweise freinehmen, um ihre Kinder zur Musikstunde, zum Kinderarzt und zum Psychiater zu bringen und sich die Klagen ihrer Lehrer anzuhören. Und sie hatte es sogar geschafft, sich für die Abtreibung ihrer Tochter eineinhalb Tage freizunehmen.

Mutter und Tochter waren also zusammen nach New York gefahren. Es war eine recht schweigsame Fahrt gewesen. Sie hatte sich so bemüht, nicht vorwurfsvoll zu sein, daß ihr die Gesprächsthemen ausgingen. Sie standen dies gemeinsam durch, doch die richtigen Worte hatten ihr gefehlt, um dem verängstigten Mädchen an ihrer Seite Mut zu machen, so wie sie auch nicht Worte des Trostes für ihre alte Mutter hatte finden können, als diese im Sterben lag. Sie hatte die Betreuung ihrer Mutter sachkundig arrangiert und sie auch im letzten Augenblick noch besucht, und sie hatte für ihre Tochter sachkundig eine Abtreibung arrangiert und fuhr sie nach New York, aber die richtigen Worte des Trostes hatten ihr bei beiden Anlässen gefehlt.

Nun, das Ganze war wirklich eine ziemliche Routineangelegenheit. Sie hatte immer für das Recht der Frauen auf Abtreibung gekämpft. Sie hatte keine moralischen Bedenken wegen des ganzen Vorgangs. Sie fuhren nach New York, um dort einen kleinen ärztlichen Eingriff von geringer Bedeutung vornehmen zu lassen.

»Hast du Angst vor dieser Untersuchung?« fragte ihre Tochter sie jetzt. »Nein, natürlich nicht, sei nicht kindisch, das ist bloß eine Routinesache«, antwortete sie.

Am Abend vor der Abtreibung hatten sie mit ihrer Schwester und deren witzigem Ehemann zu Abend gegessen, und beide hatten sich auf fremdem Boden gefühlt. Doch das Haus der Schwester in Queens war überaus günstig gelegen. Die Tochter sollte um 9 Uhr früh im Krankenhaus sein, und die Mutter hatte von ihrer Familie genaue Anweisungen mitbekommen. Man hatte ihr gesagt, daß das Krankenhaus auf der anderen Seite des Flusses liege und daß die Fahrt höchstens eine halbe Stunde dauern werde. Sie hatte in ihrer üblichen überlegten und vorausschauenden Art beschlossen, zwei Stunden vor der festgesetzten Zeit loszufahren. Sie verließen das Haus der Schwester um 7 Uhr früh mit allen Fahrtanweisungen auf einem Zettel und fest eingeprägt im Gedächtnis der Mutter.

Am Ende der Brücke war sie auf eine unerwartete Gabelung der Straße mit verwirrenden Tafeln gestoßen und war falsch abgebogen. Sie hatte das nicht sofort erkannt, obwohl sie sich bald unsicher fühlte und sich bemühte, die panische Angst zu bekämpfen, daß sie sich verfahren habe. Ihre Anweisungen paßten nicht mehr zu der Straße, die sie jetzt entlangfuhren, und als sie auf der Autobahn waren, konnten sie meilenweit nicht umkehren. Es gab damals keine Tankstellen auf diesen New Yorker Schnellstraßen. Sie nahm aufs Geratewohl die erste mögliche Ausfahrt und kurvte in den Straßen von Manhattan oder Queens oder in der Bronx umher, sie wußte nicht, um welches Viertel es sich handelte, bis sie eine Tankstelle fand, wo man ihr neue Anweisungen gab.

Sie erinnerte sich immer noch, daß sie sich die Erklärungen mit äußerster Konzentration angehört und dabei gegen die Panik angekämpft hatte, die in ihr hochstieg. Sie versuchte, auf die Schnellstraße zurückzukommen, in entgegengesetzter Richtung, aber inzwischen hatte die New Yorker Rush-hour eingesetzt, und die Autos krochen nur noch dahin. Als sie schließlich die Einfahrt der Schnellstraße erreichte, war sie durch Bauarbeiten und Umleitungstafeln versperrt. Sie mußte eine andere Zufahrt suchen, die sie in die Bronx bringen würde. Inzwischen war es 8 Uhr.

Sie hatte eine andere Auffahrt gefunden und sich in den Strom der Autos hineingezwängt, merkte aber nach einiger Zeit, daß sie nach Norden statt nach Süden fuhr. Oder vielleicht fuhr sie nach Süden statt nach Norden, aber es war sichtlich nicht die richtige Richtung zur Bronx. Wie ihrer Tochter fehlte ihr ein guter Orientierungssinn. Sie hatte sich immer mehr für Ideen als für ihre materielle Umgebung interessiert. Jetzt waren sie also im Schnellstraßensystem von New York gefangen und fuhren mitten in der Rush-hour einem unbekannten Ziel entgegen.

Sie war sicher, daß ihnen das Krankenhaus keinen weiteren kostbaren Termin in derselben Woche gewähren würde. Ihre Tochter würde sich einer Abtreibung im zweiten Dritteljahr unterziehen müssen und vielleicht ein lebenslanges Trauma davontragen, weil ihre Mutter zu dämlich gewesen war, den Weg von Queens in die Bronx zu finden. In verzweifelten Schleifen fuhr sie von Schnellstraße zu Schnellstraße, und auf den falschen Schnellstraßen nahm sie die falschen Ausfahrten in falscher Richtung. Es war jetzt 8 Uhr 35.

Sie war in den Kriegsjahren in Europa aufgewachsen. Ihre Mutter und sie hatten mehrere Jahre in der tödlichen Gefahr gelebt, entdeckt und in ein Konzentrationslager verschleppt zu werden. Sie hatten in Gräben Zuflucht gesucht, um während des französischen Exodus aus Paris den deutschen Bomben zu entrinnen. Keines dieser Erlebnisse hatte ihr damals unerträgliche Angst gemacht. Sie waren ihr als bloße Abenteuer erschienen, verglichen mit der Lebenskatastrophe, zu dieser Abtreibung zu spät zu kommen.

Vielleicht hatte ihre eigene Mutter damals die Angst für sie beide getragen. Sie hatte nie gewußt, wie sich ihre eigene Mutter gefühlt hatte. Sie hatten niemals darüber gesprochen; sie waren nicht diese Art Familie. Ihre Mutter hatte es geschafft, ihre Tochter inmitten eines Weltkriegs und eines Holocaust von Europa nach Amerika zu bringen, und jetzt schaffte es diese Tochter nicht, ihre eigene Tochter von Queens in die Bronx zu fahren. Sie hatte das Mädchen neben ihr angesehen, die mit ihren eigenen Ängsten beschäftigt war und der es gar nichts auszumachen schien, daß sie sich verfahren hatten. Sie wußte, daß ihr Kind oft wütend auf sie und enttäuscht von ihr war, aber in ihr auch eine zuverlässige Mutter sah, auf die man zählen konnte, daß sie einen rechtzeitig an die Orte bringen würde, wo man hinmußte.

Vor ihnen war eine Betonmauer, zweifellos wieder irgendein Bauvorhaben. Sie dachte einen Augenblick lang daran, die Augen zu schließen, das Gaspedal bis zum Boden durchzutreten und gegen diese Mauer zu fahren. Was für ein Glück, daß sie immer eine gut funktionierende Frau gewesen war, die in allen Situationen einen kühlen Kopf behielt und selten ihren Impulsen nachgab. Neben der Betonmauer befanden sich, aus der Entfernung unkenntlich, Straßenschilder, die zur Bronx wiesen. Sie nahm die nächste Ausfahrt, fand den Weg zum Jacobi-Krankenhaus und lieferte ihre Tochter um 8 Uhr 55 an der Klinikpforte ab. Ihre Tochter mußte mehrere Stunden warten, bis sie an die Reihe kam, aber am späten Nachmittag konnten sie sich auf den Heimweg machen.

»Da sind wir«, sagte ihre Tochter jetzt in triumphierendem Ton. »Ich habe dich rechtzeitig hergebracht.« Die Mutter lachte wieder und gab ihrer Tochter einen Kuß. »Du sorgst sehr gut für mich«, sagte sie. »Danke, daß du dir die Zeit genommen hast, mitzukommen.« Während sie das Auto parkten, ging ihr der Gedanke durch den Kopf, daß sie jetzt ein dreizehnjähriges Enkelkind hätte, das ihr wie alle Kinder Freude oder wahrscheinlicher Schmerz bereiten würde. Sie hatte immer die Vorstellung gefürchtet, Großmutter zu werden. Es war eine solche Erleichterung gewesen, als die Kinder groß wurden, ohne daß eines von ihnen ein größeres Mißgeschick ereilte. Wozu das Schicksal ein zweites Mal herausfordern, in der nächsten Generation? Ihre Tochter hätte den jungen Mann heiraten können und wäre inzwischen vielleicht geschieden, sie hätte das Studium abbrechen und später fortsetzen können. Ereignisse, die Fragen von Leben und Tod zu sein scheinen, verändern sich im Laufe der Zeit.

»Willkommen im Jacobi-Krankenhaus«, sagte die Sekretärin der Ärztin. »War es schwer, hierher zu finden?«

»Wir können uns in der Tat glücklich schätzen, eine so renommierte Pädagogin in unserer Stadt zu haben«, hörte sie den Direktor sagen. Man mußte diese endlosen Einführungen aussitzen und weder allzu erfreut noch allzu gelangweilt erscheinen; sich bei diesen Anlässen genau richtig zu benehmen war eine Kunst für sich. Die Mutter sah sich in dem Raum um, an den sie sich sehr gut erinnerte: ein schöner Vortragssaal, holzgetäfelt, Teppichboden, bequeme, moderne Sessel, dezente, aufeinander abgestimmte Farben. Draußen vor den großen Panoramafenstern zeigten Lampen des Schulgebäudes schneebedeckte Bäume. Sie konnte sehr stolz sein, daß sie ihrem Kind die Gelegenheit gegeben hatte, eine so gute Schule zu besuchen.

Merkwürdig, daß der Raum bei ihrem ersten Besuch in dieser Schule ähnlich geschmückt gewesen war. Auch damals war es kurz vor Weihnachten, der ganze Raum voller Stechpalmenzweige und Buntpapiersterne, und in einer Ecke hatte sich ein glitzernder Weihnachtsbaum mit einer Krippe darunter befunden. Sie erinnerte sich nur allzu gut an die Krippe wegen des Lammes aus Papiermaché, an dem Rachel, ihre Tochter, Abend für Abend so fieberhaft zu Hause gearbeitet hatte. Rachel wollte, daß dieses Lamm im Stall neben dem kleinen Jesus steht, aber alle ihre Lämmer glichen eher Hunden, und Mrs. Fitzpatrick, die Lehrerin, hatte nicht vor, in ihre schöne Krippe ein Lamm zu stellen, das wie ein Hund aussah. Die Mutter erinnerte sich, daß Rachel jeden Abend geweint hatte, bis sie selbst schließlich ein lammähnlicheres Geschöpf zustande brachte. Sie hatte kein besonderes Talent zu Papiermachélämmern, aber besser als ihr achtjähriges Kind konnte sie es doch. Vielleicht lag es an der Bemalung, das es aussehen ließ wie ein Vlies.

Jetzt hatten sie neben dem Christbaum eine Menora, einen silbernen siebenarmigen Leuchter, deutlich sichtbar aufgestellt. Die Zeiten hatten sich geändert seit ihrem ersten Besuch in dieser Schule. Der Direktor schloß jetzt seine einführenden Worte. »Unser Gast ist besonders bekannt als Expertin in der Beratung von Eltern und Lehrern, wie die kindliche Kreativität zu fördern sei. Sie ist gern bereit, anschließend Fragen zu beantworten.«

Die Mutter hatte sich unter den versammelten Lehrern und Eltern umgesehen und Mrs. Fitzpatrick entdeckt. Ach ja, sie hatte gehört, daß Mrs. Fitzpatrick aus dem Ruhestand zurückberufen worden war. Die Schule war einfach nicht mehr dieselbe ohne diese wundervollen Shakespeare-Inszenierungen, die Mrs. Fitzpatrick Jahr für Jahr herausgebracht hatte. Nichts war je schiefgegangen mit Mrs. Fitzpatricks Stücken. Keines der sorgfältig ausgewählten Kinder – Spitzenschüler und Spitzenschülerinnen – hatte sich je versprochen oder, Gott bewahre, gar einen Satz vergessen. Dafür hatte Mrs. Fitzpatrick gesorgt. Zweifellos wurden diese Stücke, der Stolz der Schule, immer noch aufgeführt. Zum Glück brauchte sie nicht mehr hinzugehen und sie sich anzuschauen.

In ihrem ersten Jahr in dieser Stadt war sie am Ende des Schuljahres in diese Schule bestellt worden. »Ich freue mich sehr, Sie kennenzulernen, Mrs. Fleishberg. Bitte nehmen Sie Platz«, hatte Mrs. Fitzpatrick sie begrüßt.

»Fleischman«, korrigierte sie automatisch und dachte dabei, daß sie diese Lehrerin genausogut Mrs. Flaherty oder Mrs. Finnerty oder sonstwie hätte nennen können. Ein irischer Name klang für sie wie der andere. Nicht daß sie an dem Namen Fleischman besonders hing, da es schließlich bloß der Name war, den sie angeheiratet hatte, nicht der, mit dem sie geboren wurde. Selbst das unvermeidliche »Mrs.« ging ihr auf die Nerven.

Mrs. Fitzpatrick wies ihr einen Stuhl auf der anderen Seite ihres Schreibtisches an. Sie erinnerte sich, daß sie es schon damals verabscheut hatte, auf der falschen Seite des Schreibtisches zu sitzen. Sie hielt schon damals für untere Semester einen Kurs in Entwicklungspsychologie und achtete darauf, mit ihren Studenten und Studentinnen stets ohne einen Schreibtisch dazwischen zu sprechen. Sie hatte vor, ihr Doktorat zu machen, dann würde man sie nicht mehr *Mrs.* Irgendwas nennen. Aber in ihrer Angst vor dieser Lehrerin, die ihr Kind zerstören konnte, erinnerte sie sich pflichtschuldig daran, daß sie nicht da war, um auf ihren Rang und ihren Status zu pochen, sondern um vor Mrs. Fitzpatrick zu Kreuze zu kriechen und sie um Gnade anzuflehen.

Mrs. Fitzpatrick schien zumindest an Gnade interessiert. »Der Kaufmann von Venedig« war ihr Lieblingsstück. Rachel berichtete, daß die Klasse die »Gnaden«-Rede studiert und sie im Chor rezitiert hatte. Rachel war gebeten worden, nicht im Chor mitzusprechen, weil Mrs. Fitzpatrick es für ein jüdisches Kind unpassend fand, die »Gnaden«-Rede zu rezitieren. Zuerst hatte sie eine so absurde Geschichte nicht geglaubt, aber Sally, Rachels blonde und blauäugige Freundin, hatte sie bestätigt. »Wir haben Rachels Stimme vermißt«, sagte sie. »Sie ist so gut im Rezitieren.«

Komisch, wie das Leben zu Wiederholungen neigte. Als kleines Mädchen in Wien hatte sie das nationalsozialistische »Horst-Wessel-Lied« mitgesungen, bis die Lehrerin ihr erklärt hatte, daß sie ein solches Lied nicht singen sollte. Aber das war freundlich gemeint gewesen.

»Zunächst, Mrs. Fleischman, möchte ich Ihnen sagen, daß ich selbst eine Mutter bin und weiß, wieviel Schwierigkeiten einem ein Kind machen kann«, hatte Mrs. Fitzpatrick mit heller und aufrichtiger Stimme gesagt. Das war zuviel für sie. »Eigentlich ist Rachel ein stilles Kind, das gar nicht so viele Schwierigkeiten macht«, hatte sie geantwortet und dabei gespürt, daß es die falsche Bemerkung war. War sie nicht gekommen, um diese Frau zu überreden, Rachel nicht durchfallen zu lassen, was bedeutet hätte, daß sie im nächsten Schuljahr nicht mehr im Leistungskurs und damit von ihren Freundinnen getrennt sein würde?

»Glauben Sie mir, Mrs. Fleischman, es schmerzt mich mehr, als ich sagen kann, wenn ich ein Kind durchfallen lassen muß.« Rachels verhängnisvolles Gedicht mit einer großen roten »5« darauf lag zwischen ihnen auf dem Schreibtisch. »Ich habe Rachel die Chance gegeben, das Gedicht mit meinen Korrekturen umzuschreiben. Sie hat sich geweigert«, fuhr Mrs. Fitzpatrick fort. Die Mutter wußte genau, daß sie nur zuzugeben brauchte, daß Rachel ein störrisches Kind war, das einen zur Verzweiflung trieb, und dann würden die zwei erwachsenen Frauen gemeinsam das Kind zur Unterwerfung zwingen.

Sie fragte sich während dieses Gesprächs immer wieder, ob sie einen

Menschen erwürgen könnte. Sie hatte es in Filmen gesehen, mit Nylonstrümpfen, nicht mit bloßen Händen. Sie hatte sich bemüht, diese Lehrerin zu besänftigen. »Rachel respektiert Sie sehr und möchte Sie zufriedenstellen. Aber sie wollte ihr Gedicht nun einmal so schreiben, und ein Gedicht ist schließlich eine persönliche Äußerung.« Die Mutter hatte damals gewußt, so wie sie es heute wußte, daß sie ein Feigling war, dem es bloß darum ging, zu überleben und mit anderen auszukommen, statt für Dinge einzustehen, die ihr wichtig waren. Aber ohne es zu beabsichtigen, hatte sie ein Kind großgezogen, das im Alter von acht Jahren nicht bereit war, ein paar Zeilen in einem Gedicht zu ändern, um eine gute Note zu bekommen.

»Es wäre so schade, wenn sie nicht im Leistungskurs bleiben könnte. Sie möchte um keinen Preis von Sally getrennt werden«, sagte die Mutter in einem flehentlichen Ton, durch den sie sich unvorsichtig eine Blöße gab. »Rachel wird sich neue Freundinnen suchen müssen, die eher ihrem Kaliber entsprechen«, antwortete Mrs. Fitzpatrick. »Wissen Sie überhaupt, wie schlecht ihre Rechtschreibung ist? Vielleicht ist sie es nicht gewöhnt, zu Hause Englisch zu sprechen?«

Selbst wenn die Mutter einen Revolver in der Tasche gehabt hätte, wäre er nutzlos gewesen, weil sie nicht den Mut aufgebracht hätte, abzudrücken. Sie hatte nicht einmal die moralische Kraft, Mrs. Fitzpatrick eine runterzuhauen oder Tinte über ihre toupierte Frisur zu gießen. Sie war eine Frau ohne Schneid.

Sie waren in diesen vornehmen alten Yankee-Vorort gezogen, ohne sich darum zu kümmern, ob es andere jüdische Familien in der Stadt gab. Es war nur wichtig, das Kind in eine gute Schule zu schicken, und die ländliche Umgebung war ihnen wie ein Wunder erschienen. Ihr Kind würde unter Bäumen aufwachsen! Sie selbst war in einer Stadt groß geworden, in der sie abends das Quietschen und Rasseln der Straßenbahn in den Schlaf lullte. Sie liebte die Stille des Morgens, in der nur Vogelgezwitscher sie weckte. Sie liebte den freien Blick und die grünen Wiesen und daß sie von ihrem Fenster aus die rote Sonne über dem See aufgehen sah. Jetzt, nach all diesen Jahren, war dieser Ort ihre Heimat geworden.

Anfangs hatte sie sich nicht zu Hause gefühlt. Sie war eine junge Frau gewesen, die darum kämpfte, die akademische Leiter emporzuklettern, die in wenigen Jahren eine fremde Sprache lernen mußte – eine

Fremde in diesem Land, in dieser Stadt. Als Ausländerin hatte sie sich bemüht, ein amerikanisches Kind aufzuziehen, das jeden Tag die Flagge grüßte und jeden Morgen in der Schule das Vaterunser aufsagte. Was machte es, wenn Rachel Gefallen daran fand, eine ausgewählte Bibelstelle vorzulesen, wenn sie an die Reihe kam?

Sie war ohne Religion aufgewachsen. Sollen sie doch in den Schulen Religion unterrichten; ihr hatte sie nichts bedeutet, und sie wußte, daß auch Rachel das überwinden würde. Man war auch zu ihrem Haus gekommen und hatte sie um ihre Unterschrift unter eine Petition gegen Schulgebete ersucht. Die beiden anderen jüdischen Familien in der Stadt hatten sie aufgefordert, ihre Bitte zu unterstützen, daß eine Menora neben dem Christbaum aufgestellt wurde. Sie hatte es abgelehnt, zu diesen Fragen Stellung zu beziehen. Sie war ein Gast in diesem Land und hatte nicht vor, seine Bräuche und Gesetze in Frage zu stellen. Sie war ein Gast in dieser Stadt und zitterte bei der Vorstellung, daß ihr Kind isoliert und vielleicht von Leuten wie dieser Lehrerin verfolgt werden könnte.

»Mrs. Fitzpatrick«, hatte sie an jenem fernen Tag gesagt, »ich bin selbst Lehrerin, und ich erwarte von meinen Schülern ebenfalls Respekt. Ich werde mit Rachel sprechen und sie auffordern, ihr kleines Gedicht zu ändern.«

Was für eine Chance, sich nach all diesen Jahren zu rächen. Es war ein Walter-Mitty-Traum, der wahr würde. Sie würde ihre vorbereitete Rede wegwerfen. Statt dessen würde sie den versammelten Eltern und dem Lehrerkollegium die Geschichte über Rachel und Mrs. Fitzpatrick erzählen.

Nun, das war eine absurde Idee. Aber vielleicht konnte sie, wenn sie von der Gefahr sprach, die kindliche Kreativität zu zerstören, Mrs. Fitzpatrick so strafend wie möglich anblicken?

Die Zuhörer hatten angefangen zu applaudieren. Die Mutter erhob sich. Sie dachte, was für eine freundliche Stadt dies war, der letzte Hafen in einer gewalttätigen und unsicheren Welt. Sie würde hier alt werden, und freiwillige Helfer würden ihr Bücher aus der Bibliothek bringen, wenn sie nicht mehr Auto fahren konnte. Wie friedlich es sein würde, an ihrem großen Panoramafenster zu sitzen und den Wechsel der Jahreszeiten zu beobachten.

Die Mutter ging zum Podium. »Liebe Kolleginnen und Kollegen, liebe

Nachbarn«, begann sie. »Es ist mir eine Ehre, in der Schule meiner eigenen Stadt zu sprechen. Hierher zurückzukehren weckt viele glückliche Erinnerungen an die Zeit, als ich selbst ein Kind in dieser Schule hatte.« Sie holte tief Luft – und dann fing sie an, ihre vorbereitete Rede zu halten.

Wirkungen

In dieser Zeit des physischen und sozialen Niedergangs unserer Gesellschaft, ja unseres ganzen Planeten, und der ständigen Drohung der Apokalypse im Hintergrund sind wir in Gefahr, der Verzweiflung zu erliegen. Dies gilt besonders für Angehörige der psychischen Heilberufe, die von ihrem Gebiet oft in der Hoffnung angezogen wurden, einen Unterschied in der Lebensqualität anderer Menschen und damit indirekt in der eigenen bewirken zu können. Ich glaube, daß viele von uns in Gefahr sind, diese Anstrengungen als unbedeutend, vergeblich und hoffnungslos anzusehen. Das hat mich dazu veranlaßt, über unsere fortbestehende Notwendigkeit, Verantwortung und Fähigkeit, Unterschiede zu bewirken, nachzusinnen. Ich werde mich auf simple, alltägliche Interaktionen beschränken und es anderen überlassen, sich mit anderen Aspekten zu beschäftigen. Ich hoffe, daß uns die Konzentration auf die Komplexität dieses Lebensprozesses, auch in ihren trivialeren Äußerungen, helfen wird, den Sinn zu bewahren, den wir in unserem persönlichen und beruflichen Leben finden.

Dabei möchte ich drei Gedanken entwickeln: das Thema des Lernens und Lehrens über die Wirkung, die man ausübt; die Rückmeldung an andere über die Wirkung, die sie ausüben; und die Beschränkung unseres Wunsches, auf andere Wirkung auszuüben, damit aus einem solchen Wunsch keine Herrschaft über andere und er damit konterproduktiv wird.

Verantwortung übernehmen

Sooft ich reise, werde ich nach einer Weile unruhig. Ich mache mir Sorgen, daß ich nach meiner Rückkehr nicht mehr gebraucht werden könnte. Es beruhigt mich dann einigermaßen, wenn Anforderungen auf mich herunterprasseln, sobald ich zu meinem Arbeitsplatz zurückkehre. Ich glaube, die meisten von uns brauchen das Gefühl, gebraucht zu werden, um sich ein grundlegendes Selbstwertgefühl zu bewahren. Das Gefühl, »verschwunden« zu sein, und das Erlebnis, sich unsichtbar zu fühlen, sind sehr erschreckend. Schon Säuglinge scheinen eine angeborene Motivation zu haben, einen Eindruck auf ihre Umwelt zu machen. Tatsächlich lernen wir aus der kybernetischen Theorie, daß unsere Sinnesorgane so geartet sind, daß wir nur einen Unterschied wahrnehmen, hören, fühlen oder schmecken können, der groß genug ist, »um einen Unterschied zu machen« (Bateson). Und die größten »Unterschiede«, die Wirkung auf unser Leben ausüben und unser Schicksal formen, sind jene Menschen, denen wir begegnen, die wir für uns gewinnen können, die sich für uns interessieren, die Botschaften, die wir mit diesen Menschen austauschen, und die Bedeutung, die wir diesen Botschaften zugestehen.

Ich hatte beschlossen, einmal einen geschlechtslosen Aufsatz zu schreiben. Sowohl Frauen als auch Männer möchten schließlich »einen Unterschied machen«, d. h. Wirkung und Einfluß ausüben, einen Beitrag leisten, Spuren hinterlassen. Doch wenn ich dieses Thema mit Kollegen erörterte, hatte ich den Eindruck, daß mein Ringen und meine Ungewißheit hinsichtlich meiner eigenen Versuche, Wirkung auszuüben, den Männern, mit denen ich sprach, fremd zu sein schien. Sie hatten nicht in derselben Weise darüber nachgedacht.

Ein sehr angesehener Wissenschaftler sagte mir, er hätte früher gehofft, daß seine Bücher die Welt revolutionieren würden, aber inzwischen habe er sich damit abgefunden, daß sie bloß auf manche Menschen eine geringfügige Wirkung ausübten. Männer schienen sich daran gewöhnen zu müssen, geringere Spuren zu hinterlassen, als sie einst gehofft hatten. Außerdem konzentrierten sie sich auf die Erschaffung großer Monumente, Bücher oder Filme über soziale Ungerechtigkeiten, die die Welt reformieren sollten. Als Frau mußte ich mich an die Erkenntnis gewöhnen, daß ich vielleicht größeren Einfluß ausübe, als ich je erwartet hatte oder mir je bewußt war. Darüber hinaus hatte sich mein Interesse daran, Wirkung auszuüben, nie auf irgendwelche Schriften konzentriert, die ich verfaßt hatte, sondern nur auf den Einfluß, den ich bei persönlichen oder beruflichen Begegnungen auf Menschen haben könnte. Ist es denkbar, daß qualifizierte

Männer und Frauen nicht nur verschiedene Wege beschreiten, sondern vielleicht sogar in entgegengesetzte Richtungen gehen, wenn sie sich über die Wirkung klarzuwerden versuchen, die sie auf die Welt ausüben?

Es ist freilich möglich, daß sich andere Menschen deutlich ihrer Wirkung auf andere bewußt sind und daß es nur meine Selbstzweifel waren, was mir im Weg stand. Aber es dauerte viele Jahre, bevor ich mir ganz über den Einfluß im klaren war, den ich auf meine Studenten und Studentinnen ausübte.

Die Lernfortschritte in diesem Bereich mögen somit langsam und schwierig sein, aber mit der Zeit überzeugen uns eindringliche Erlebnisse in Form von Beobachtungen und verbalen Rückmeldungen, daß unsere intimen oder öffentlichen Äußerungen oder vielleicht unsere Schriften oder ein Standpunkt, den wir öffentlich eingenommen haben, andere in tiefer und dauerhafter Weise beeinflussen. Die meisten von uns haben die Erfahrung gemacht, Menschen unmittelbar in dramatischer und überaus sichtbarer Weise zu helfen wie auch von Dritten über langfristige Ergebnisse zu hören. Wir kennen die Begegnung mit früheren Patienten, die einen vor zehn Jahren gesagten Satz zitieren, der ihre Verzweiflung in Hoffnung verwandelt hat. Oder als Pädagogen begegnen wir ehemaligen Studenten, die es uns hoch anrechnen, sie in einem entscheidenden Augenblick ermutigt oder ein persönliches Interesse an ihnen gezeigt zu haben, wodurch sich ihnen neue Perspektiven der Selbst-Entwicklung eröffneten. Dies sind ebenso beflügelnde wie beunruhigende Erfahrungen, insbesondere, wenn der zitierte Satz nicht besonders sorgfältig überlegt gewesen war oder man die Studentin längst vergessen und ihre Bedürfnisse nicht einmal damals deutlich wahrgenommen hatte.

Viele kennen vielleicht die übermäßige Bedeutung, die wir insbesondere signifikanten Beziehungen, in denen wir von Zweifeln und Unsicherheit geplagt werden, Tonfall, Formulierungen und kleinen Gesten beimessen. In solchen Beziehungen können geringfügige Anzeichen der Vergeßlichkeit oder Gleichgültigkeit für den abhängigeren Partner großes Gewicht bekommen. Ich glaube manchmal, daß sich Freuds Theorie über die unbewußte Bedeutung von »Fehlleistungen« in erster Linie auf die Bedeutung bezieht, die solche Akte in Übertragungsbeziehungen annehmen. Zwischenmenschliche Geschehnisse sind in solchen Beziehungen niemals trivial, und kleine Handlungen wie die Art und Weise, wie wir guten Morgen sagen oder zu sagen vergessen, können großes Gewicht haben. Ich werde nie die Studentin vergessen, die ein ganzes Semester lang schwieg, weil ich, wie sie mir später erklärte, während ihres ersten Diskussionsbeitrags auf die Uhr geschaut hatte.

Verantwortung, Verdienst und Schuld für den Verlauf des Lebens anderer Menschen zu übernehmen ist das Schicksal aller Eltern, aller in der psychosozialen Versorgung Tätigen und vieler anderer in unterschiedlichem Maß. Eine solche Macht kann eine schwere Belastung werden, da sie von der Angstvorstellung begleitet wird, andere zu enttäuschen, ihre Erwartungen zu betrügen und ihnen durch leichtsinnige oder gedankenlose Akte des Tuns oder Lassens nachhaltig zu schaden. Sobald wir uns voll unserer Möglichkeiten bewußt sind, eine Wirkung auszuüben, werden wir wahrscheinlich vorsichtiger werden. Ich habe meine Studenten früher gern ein bißchen aufgezogen, aber ich überlege mir das jetzt zweimal, da ich das große Risiko erkannt habe, mißverstanden zu werden. In meinen ersten Jahren als Lehrerin habe ich die Aspekte der Rolle, die Bewertung, Kritik und Herausforderung nötig machten, als recht schwierig empfunden, besonders dann, wenn sie Tränen und Verzweiflung auslösten. Die Angst, die falsche Wirkung auszuüben, kann Spontaneität, berechtigte Kritik und ehrliche Auseinandersetzungen hemmen. Ich brauchte einige Jahre, bis ich diese Herausforderungen als potenziell ebenso hilfreich und von Anteilnahme zeugend begreifen konnte wie Ermutigungen. Ich habe mich mit meiner Feigheit auseinandergesetzt und sie zum Teil überwunden.

Unlängst begegnete ich einer ehemaligen Studentin, die ich nicht erkannte, aber sie erinnerte sich allzugut an mich und lief auf mich zu. Vor zehn Jahren hatte ich ihr offenbar gesagt, daß ihre Leistungen nicht gut genug seien und daß sie keine gute Sozialarbeiterin werden würde, und sie war systematisch und erfolgreich darangegangen, mich zu widerlegen. Am Ende des Gesprächs betonte sie, wieviel sie von mir gelernt habe. Ich hatte offensichtlich eine prägende Wirkung auf ihr Leben gehabt. Es ist somit durchaus möglich, daß manche unserer schlimmsten Fehler nicht so fatal sind, wie wir erwarten würden. Nachdem wir uns voll und ganz über den großen Einfluß klargeworden sind, den wir ausüben können, ist es eine enorme Erleichterung, zu erkennen, daß wir schließlich nicht allmächtig sind, daß wir Fehler machen dürfen und daß unsere Studenten und Klienten findig und flexibel sind.

Neue Unterscheidungen treffen zu lernen ist das Wesentliche am Wachstum und an der Entwicklung. Dank der Sprache lernen wir, eine fast unbegrenzte Zahl neuer Unterscheidungen zu machen, zu denen wir ohne Worte nicht fähig gewesen wären. Mit der Entwicklung unserer Sinnesorgane lernen wir, zwischen schön und häßlich zu unterscheiden; wir lernen, Musik zu schätzen und sie von Lärm zu unterscheiden; wir lernen auseinanderzuhalten, wie verschiedene Dinge riechen und sich anfühlen. So gesehen glaube ich auch, daß unser Leben erfüllter und aufregender sein wird, wenn wir uns die Unterscheidungen bewußtmachen, die unsere Gegenwart im Leben anderer Menschen bewirkt. Je genauer wir dies erkennen, desto eher können wir negative Wirkungen abändern und uns mit positiven identifizieren.

Wirkung ausüben in komplementären Beziehungen. In unserer Gesellschaft herrscht die merkwürdige Illusion, daß Führer eine größere Wirkung ausüben als Gefolgsleute, obwohl das eine ohne das andere nicht möglich wäre. Kommunikationstheoretiker wie zum Beispiel Paul Watzlawick haben Beziehungen, die durch offensichtlich ungleiche Macht, aber ineinandergreifende Bedürfnisse gekennzeichnet sind, als »komplementäre« Beziehungen bezeichnet. Wir können drei prototypische komplementäre Beziehungen – Eltern-Kind, Schüler-Lehrer und Therapeut-Patient – im Hinblick auf emotionale Betreuung, instrumentelle Dienstleistung und Anfälligkeit für narzißtische Kränkungen untersuchen und uns die vorhandenen Muster der Gegenseitigkeit und der Machtverteilung ansehen.

Was emotionale Betreuung betrifft, ist es oft unklar, wer wen betreut. Die Familientherapie konzentrierte sich in ihren Anfängen auf die Pathologie des »parentifizierten« (wörtlich: zu Eltern gemachten) Kindes, von dem erwartet wird, daß es für seine Eltern sorgt. In neuerer Zeit wurde erkannt, daß Familienrollen flexibel sind und daß alle Rollenfunktionen in der Familie jedem Familienmitglied zur Verfügung stehen sollten. Ein gewisses Maß an emotionaler Fürsorge von

Kindern gegenüber ihren Eltern erscheint mir als ein unvermeidlicher Bestandteil einer Eltern-Kind-Beziehung, abgesehen davon, daß viele Kinder dem Leben ihrer Eltern seine wichtigste Bedeutung verleihen. An anderer Stelle habe ich von der Art und Weise berichtet, wie ich für jede meiner drei Mütter sorgte, um ihre Liebe zu erringen. Ich habe, besonders unter Frauen, große Zustimmung für diesen Gedanken gefunden. Es ist mein Eindruck, daß es eher Töchter als Söhne sind, die für diese lebenswichtige Aufgabe der Fürsorge ausgewählt werden.

Robert Langs schrieb über die emotionale Betreuung des Patienten um seinen Therapeuten, damit der Therapeut für den Patienten verfügbar bleibt. Das ist mit dem Versuch des Kindes vergleichbar, Vater oder Mutter zu heilen, um die Beziehung zu ihm/ihr zu erhalten oder zu verbessern. Viele Patienten weichen jeder offenen Konfrontation mit ihren Therapeuten aus, nicht nur, weil es ihnen schwerfällt, mit Aggressionen umzugehen oder sich durchzusetzen, sondern weil sie die Gefühle des Therapeuten oder der Therapeutin nicht verletzen wollen.

Es ist auch oft ganz ungewiß, wer wem die größten Dienste leistet. Ich habe von einem Experiment gehört, bei dem Oberschüler mit Leseschwierigkeiten angehalten wurden, Erstkläßlern das Lesen beizubringen. Es stellte sich heraus, daß nicht die kleinen Schüler, sondern die großen erstaunlichste Fortschritte in ihrer Lesekompetenz machten. Dieses Beispiel legt den Schluß nahe, daß man am besten daran tut, den Lehrerberuf zu ergreifen, wenn man etwas gründlich lernen will. Es ist auch wahr, daß viele aus einem Bedürfnis nach Selbstheilung den Therapeutenberuf wählen. Um geheilt zu werden, ist es vielleicht tatsächlich sicherer, Therapeut und nicht Patient zu werden. Vertrauen zu unserer Fähigkeit, eine gewünschte Wirkung zu erzielen, hilft uns, effektiver zu sein. Ich versuche deshalb, meine Studenten in der Sozialarbeit davon zu überzeugen, daß sie die Macht haben, tiefe Wirkungen zu hinterlassen. Ich beginne diese Lektion in unserem Hörsaal. Sie glauben manchmal, weil sie so viele sind und ich nur allein bin, daß der einzelne nur wenig bewirken kann. Meine Studenten brauchen mich zweifellos, aber ihr Bedürfnis nach mir steht in keinem Verhältnis zur Dimension meines Bedürfnisses nach ihnen. Ohne mich hätten sie eine Lehrerin weniger, während ich ohne meine

Studenten keine Pädagogin sein könnte und damit geradezu meine Identität einbüßen würde. Tatsächlich drehen sich meine schlimmsten Alpträume – und ich glaube, daß es keine untypischen Lehrerinnenalpträume sind – um die Vorstellung, in einen Hörsaal zu kommen und ihn leer zu finden oder erleben zu müssen, daß die Studenten während meines Vortrags nacheinander den Raum verlassen.

Die Kommunikationstheorie vertritt auch die Auffassung, daß Konflikte in einer komplementären Beziehung zur emotionalen Vernichtung des Partners mit der geringeren sozialen Macht führten. Obwohl wir uns die Verwundbarkeit dieser unterlegenen Position deutlich bewußtmachen müssen, sollten sich Personen in überlegenen Positionen auch die Möglichkeit einer emotionalen Vernichtung ihrer eigenen Rollen vor Augen halten. Kinder, Patienten, Studenten und Arbeitnehmer können die Selbstdefinition ihrer Eltern, Therapeuten, Lehrer oder Vorgesetzten bedrohen. An meiner Universität werden die Studenten von den Lehrkräften und die Lehrkräfte von den Studenten beurteilt. Ich habe es wiederholt erlebt, daß Studenten eine Lehrperson »abschossen«. In anderen Fällen kann man feststellen, daß autistische Kinder die Liebesbereitschaft einer Mutter zunichte machen und Patienten ihre Therapeuten aller Macht berauben. Die narzißtischen Kränkungen des »überlegenen« Partners in diesen zugegebenermaßen mit Pyrrhussiegen endenden Auseinandersetzungen können tiefreichend und nachhaltig sein.

Wir müssen deshalb zu dem Schluß gelangen, daß in allen bedeutsamen Beziehungen eine wechselseitige Verletzbarkeit und Abhängigkeit vorhanden ist. Wirkung ausüben ist kein einseitiger Vorgang.

In meinem Unterricht mache ich Bemerkungen über die Abwesenheit von Studenten. Das ärgert sie zwar, aber schmeichelt ihnen auch. Als sie nachmittags eine Prüfung in einem anderen Fach hatten, erschienen mehrere Studentinnen einmal nicht in meiner Vormittagsvorlesung; ich fragte sie später, wie sie sich gefühlt hätten, wenn niemand erschienen wäre. Sie wirkten betroffen. Ich möchte nicht, daß sie Sozialarbeiterinnen werden, ohne zu der tiefen Überzeugung gelangt zu sein, daß jeder einzelne von ihnen eine große Wirkung hat und die Verantwortung dafür übernimmt.

Wir sollten davon ausgehen, daß jeder von uns die Welt zu einem besseren Ort für andere machen kann. Es ist nicht ehrlich, vorzuschützen, daß unsere Handlungen unerheblich seien. Die Gesellschaft besteht aus eng miteinander verwobenen Netzwerken von Menschen, in denen sich jede Handlung wie eine konzentrische Welle auf alle übrigen auswirkt. In den berüchtigten Milgram-Experimenten stellte sich heraus, daß die Anwesenheit eines einzigen Menschen, der sich weigerte, dem vermeintlichen Opfer, das dadurch etwas »lernen« sollte, gefährliche Elektroschocks zu verabreichen, drastisch die Zahl der Personen verringerte, die dazu bereit waren. Die erste Person, die sich weigerte, bei dem Versuch mitzumachen, vermittelte die Erkenntnis, daß Menschen mehr Möglichkeiten zur Wahl haben, als ihnen bewußt ist. Wir wissen, daß schon ein einziger Mensch, der gegen einen Akt der Ungerechtigkeit protestiert, wie die Schwarze Rosa Parks, die sich weigerte, in einem Bus hinten in der für Schwarze vorgesehenen Abteilung Platz zu nehmen, die Weltgeschichte verändern kann.

Es ist nicht immer leicht, die Annahme aufrechtzuerhalten, daß man tatsächlich eine Wirkung hat und etwas bewirken kann. Wenn ich nicht die innere Überzeugung hätte, daß mein Unterricht Spuren hinterläßt, könnte ich nicht auf regelmäßiger Anwesenheit bestehen. Um die Verantwortung dafür zu übernehmen, muß man sich selbst gegenüber ein hinreichend gutes Gefühl haben. Es könnte als anmaßend betrachtet werden, sich selbst für so wichtig zu halten. Oft erzielen wir weniger Wirkung oder, wie ich bereits bemerkte, eine völlig andere Art von Wirkung als die von uns beabsichtigte oder vorgestellte. Es scheint nur eine schmale Linie zwischen Größenwahn auf der einen Seite und dem Übernehmen von Verantwortung für den eigenen Platz in der Welt auf der anderen Seite zu bestehen. Ich werde noch auf andere ähnliche Drahtseilakte zu sprechen kommen.

Als Praktiker der psychosozialen Versorgung und Pädagogen sind wir somit nicht nur aufgerufen, Studenten zu unterrichten oder Patienten bei der Lösung ihrer Lebensprobleme zu helfen; noch wichtiger ist, daß wir ihnen ein größeres Bewußtsein der Wirkung vermitteln, die sie bereits haben, und des neuen Einflusses, den sie gewinnen können. Menschen zu einem Bewußtsein ihrer eigenen Macht zu verhelfen könnte der wichtigste Beitrag sein, den wir zu ihrer Entwicklung leisten können.

Ich hätte mir, als ich diese beiden Berufswege einschlug, mehr Hilfe gewünscht, um mir über meinen Einfluß klarzuwerden. Auch bei meinen eigenen Kindern war ich mir klarer bewußt, wieviel sie mir bedeuteten als ich ihnen. Ich habe mich deshalb für drei Möglichkeiten entschieden, wie wir anderen und uns selbst helfen könnten, um ein genaueres Bild von der Wirkung zu bekommen, die wir alle ausüben.

Andere lehren, daß sie eine Wirkung ausüben. Erstens geht es darum, sich an Menschen zu erinnern, die eine Wirkung auf uns ausgeübt haben. Zunächst sind da unsere Eltern. Wir könnten Eltern helfen, sich der tiefreichenden Wirkung bewußt zu werden, die sie auf ihre Kinder haben, indem wir sie an den Einfluß erinnern, den das Leben und die Botschaften ihrer Eltern auf *ihr* Leben hatten; etwa Botschaften der Bestätigung, die über Jahre hinweg Kraft geben, oder vorenthaltene Zustimmung, die lebenslange Selbstzweifel auslöst. Es stimmt aber auch, daß die Botschaften unserer Eltern eine andere Bedeutung für uns annehmen, wenn wir älter werden, insbesondere nach ihrem Tod.

Dann sind da unsere Mentoren und Mentorinnen, für die wir, vielleicht weniger ambivalent als unseren Eltern gegenüber, eine tiefe und anhaltende Dankbarkeit empfinden. Viele sind wahrscheinlich überzeugt, daß sie es ohne ihre Unterstützung im Leben nicht geschafft hätten. Meine Mentorin in der Sozialarbeit, Virginia Turner, hat mich während meiner ganzen Vorbereitung auf das Doktorat stets liebevoll und anteilnehmend unterstützt und wurde später eine enge Freundin. Im Gegensatz zu Daniel. L. Levinsons Männern brauchen sich manche Frauen nicht von ihren Mentorinnen loszusagen, um autonom zu werden. Statt dessen schließen sie oft lebenslange Freundschaften, in denen sich die Rollen des Unterstützens oder Empfangens von Unterstützung später umkehren können.

Die meisten von uns tragen Erinnerungsbilder an geliebte, gefürchtete oder gehaßte Lehrer mit sich herum. Ich hatte in meinen ersten drei Grundschuljahren einen enthusiastischen jungen Lehrer, den ich zusammen mit den siebzehn anderen kleinen Mädchen dieser Klasse (und ich glaube auch den vier kleinen Jungen) leidenschaftlich liebte. Seit damals ist die Schule für mich mit Glücksgefühlen verknüpft. Ich habe jede Lehrerin und jeden Lehrer, die nur im mindesten liebenswert waren, geliebt. Schließlich wurde ich selbst Lehrerin, um das Klassenzimmer niemals mehr verlassen zu müssen.

In den ersten Klassen des Gymnasiums hatte ich einen Religionslehrer, den ich ebenfalls sehr liebte. Als Hitler in Wien einmarschierte, fragte ich den Lehrer, warum Gott Hitler erlaubte. Er erklärte mir, daß wir, wenn mein Großvater eine Entscheidung träfe, sie alle ohne Frage akzeptieren würden. Dasselbe gelte für die Entscheidungen Gottes. Später zeigte sich, daß alle drei, Gott, mein Großvater und Hitler, eine große Wirkung auf unser Jahrhundert ausüben sollten.

Ich habe einen Einfluß von Freunden nicht erwähnt, weil das ein ganzer Essay für sich wäre. Jeder Freund und jede Freundin üben eine wichtige neue Wirkung auf unser Leben aus. Eine Studentin erzählte mir, daß sie plötzlich ihrem Impuls gefolgt war, eine Freundin aus ihrer Kinderzeit anzurufen, mit der sie viele Jahre keinen Kontakt hatte. Es stellte sich heraus, daß ihre Freundin zur Zeit ihres Anrufs daran dachte, sich das Leben zu nehmen. Dieser Vorfall mag ein Beispiel für die lebensbejahende Rolle von Freundschaften sein.

Der zweite Weg, wie wir uns ein Bild von der Wirkung machen können, die wir ausüben, besteht darin, sich die Bedeutung zu vergegenwärtigen, die unsere unzähligen Alltagskontakte für uns haben und die unsere Lebensqualität beeinflussen. Ich mache einen Umweg, um in einem bestimmten Postamt Briefmarken zu kaufen, weil ich die hilfreiche Beratung und das freundliche Plaudern mit der dortigen Schalterbeamtin schätze. Sie übt Wirkung auf mein Leben aus. Unser ganzes Städtchen wird traurig sein, wenn sie in den Ruhestand geht. Wir gewöhnen uns oft an die Wirkung, die wir in der Familie, am Arbeitsplatz oder in der Freizeit haben. Es besteht die Gefahr, daß wir die Menschen unserer Umgebung als selbstverständlich annehmen. Auf Reisen oder in anderen Situationen, in denen uns das gewohnte soziale Netz fehlt, werden wir uns oft plötzlich der alltäglichen Kontakte bewußt, die für unser Leben von Bedeutung sind. In diesem Sommer habe ich ein Schiff verpaßt, und ein italienisches Ehepaar, das mein Mißgeschick bemerkte, bot mir in gebrochenem Deutsch an, mich in die Stadt zu fahren, von wo aus ich den Zug nehmen konnte. Während der Fahrt unterhielt ich mich mit dem Mann auf deutsch und mit der Frau auf französisch. Er war im Ruhestand und drängte sie offenbar auch dazu, obwohl sie ihren Lehrberuf liebte. Ich machte mich zu ihrer Fürsprecherin. Als wir zusammen auf meinen Zug warteten, umarmte sie mich mit Tränen in den Augen. Ich hatte mich zuvor recht einsam gefühlt, und plötzlich begann ganz Italien für mich zu leuchten. Ich versicherte ihnen, daß ich sie nie vergessen würde, und ich halte hiermit mein Versprechen. Wir alle sind wie Tennessee Williams' Blanche Du Boi in »Endstation Sehnsucht« oft auf die Freundlichkeit von Fremden angewiesen.

Wir können uns unsere eigene einzigartige Bedeutung auf dramatische Weise vor Augen führen, indem wir an Menschen denken, die uns nahestehen und die gestorben sind. Wir wissen aus Erfahrung, daß sie eine bleibende Lücke im Gebäude unseres Lebens zurückließen. Meine Mentorin Virginia Turner ist gestorben. Ich sehne mich oft danach, ihr etwas zu erzählen; niemand wird sie je ersetzen können. Solche Gedanken machen deutlich, daß jeder Mensch einen einmaligen Platz in der Welt hat und daß niemand je wirklich die Stelle eines anderen einnehmen kann.

Revision gesellschaftlicher Unterscheidungen. Wenn wir andere die Möglichkeit, Wirkung auszuüben, und die damit verbundene Verantwortung lehren, dann könnten wir auch das Bewußtsein unserer Kollegen, Klienten, Studenten und anderer dafür schärfen, daß viele unserer Annahmen in bezug auf unsere Gesellschaft nicht Bestandteil einer »natürlichen, gottgegebenen Ordnung«, sondern nur Maßstäbe sind, auf die man sich gesellschaftlich geeinigt hat. Damit würde die Möglichkeit entstehen, daß Individuen und Gruppen neue und andere Unterscheidungsmerkmale heranziehen könnten, um eine bessere Gesellschaft zu errichten.

So könnten wir zum Beispiel die in unserer Gesellschaft übliche Unterscheidung so grundlegender Kategorien wie Rasse, Geschlecht und sexuelle Orientierung in Frage stellen. Wenn es dreizehn Kategorien von Hautfarbe gäbe statt bloß drei oder vier (was jedenfalls näher an der Realität wäre), dann könnte die Diskriminierung gegen Farbige komplizierter werden. Wenn es neun verschiedene Geschlechter, basierend auf verschiedenen Kombinationen stereotyper Männlichkeit, Weiblichkeit und sexueller Orientierung, gäbe, dann könnte es schwieriger werden, zu definieren, wer von der Norm abweicht und wer »normal« ist. Ich bin fasziniert von E. J. Langers Idee, daß das Konzept der Abweichung von der Norm bald verschwinden würde, wenn wir nicht weniger, sondern mehr Unterscheidungskriterien unter den

Menschen einführten. Man könnte sich auch eine Gesellschaft vorstellen, in der all die Kategorien, die gegenwärtig unsere Identität definieren, bloß von geringem Interesse wären und neue Kategorien wichtig würden.

Ich führe diese Ideen als Beispiele für das Maß an, in dem das Ausüben von Wirkung, nämlich »Unterschiede machen«, das Verändern ein soziokultureller Prozeß ist, an dem wir alle teilnehmen können, statt das, was wir vorfinden, als starr und unveränderlich anzusehen. Solche Veränderungen würden viele andere gesellschaftliche Umwälzungen wie eine neue Sprache nach sich ziehen, da eine veränderte Weltsicht und eine veränderte Sprache innerlich miteinander zusammenhängen. Ich glaube, daß der gegenwärtige Versuch, eine weniger männerorientierte Sprache zu schaffen, für Frauen sehr wichtig ist.

Eine Zweibahnstraße. Sozialarbeiterinnen und Lehrerinnen versuchen, anderen zu helfen und sie zu »ermächtigen«. Wir versuchen, eine Wirkung auszuüben, indem wir Wissen, Informationen, konkrete Dienstleistungen oder Dinge anbieten oder Aufmerksamkeit, Trost, Rat und Ermutigung. Wir können helfen, das soziale Umfeld der Klienten zu verändern, so daß diese mehr Wahlmöglichkeiten haben. Doch auf einer tieferen Ebene können wir diese guten Dinge anderen Menschen nur verfügbar machen; wir können sie ihnen nicht wirklich geben. Der andere Mensch muß selbst entscheiden, welche Wirkung unsere Anstrengungen auf ihn haben sollen. Für Menschen mit verschiedenen Landkarten der Welt ist es oft schwierig, Einfluß aufeinander auszuüben. Ich habe Menschen gekannt, die behaupteten, mich zu lieben, doch ich konnte ihre Liebe nicht empfinden, weil unsere Vorstellungen davon, was es bedeutet, jemanden zu lieben oder gern zu haben, zu verschieden waren. Es ist durchaus möglich, daß unsere professionellen Versuche, unseren Klienten und Studenten Anteilnahme, Interesse und Hilfsbereitschaft zu signalisieren, sich nicht mit deren Definitionen von Hilfeleistung und Zuwendung decken. Es ist gut, daß wir in letzter Zeit versucht haben, Wege zu finden, unsere Methoden an unsere Klienten so anzupassen, daß wir sie dann besser erreichen können.

Unser Geschick und unsere Findigkeit bei der Kontaktaufnahme und Hilfe sind ein weiterer wichtiger Faktor. Man kann die meisten Menschen erreichen, vorausgesetzt, daß man Geduld und Respekt für ihre Verschiedenheit aufbringt. Wir mögen verletzt sein, wenn unsere Studenten oder Klienten nicht immer für unsere Bemühungen *aufgeschlossen* sind. Aus dieser Verletztheit heraus bezeichnen wir solche Menschen als »resistent« oder »hoffnungslos«, und wir fühlen uns entmutigt. Doch die Fähigkeit, selbst zu entscheiden, wann man die Bemühungen anderer, Einfluß auf einen auszuüben, akzeptiert oder ablehnt, kann mit Respekt, als eine Quelle der Kraft betrachtet werden. Die Macht, uns zu erlauben, ihnen etwas beizubringen oder ihnen zu helfen, liegt im Ermessen unserer Studenten und Klienten, nicht in unserem eigenen.

Bei meinem Versuch, diesen Prozeß der Einflußnahme zu analysieren, habe ich ihn verzerrt und über professionelle Bemühungen gesprochen, als ob es sich um Einbahnstraßen handle. Es ist jedoch die Interaktion und der Dialog, was die Atmosphäre schafft, um Wirkung auszuüben, und Einbahnstraßen führen nicht zum Dialog. Wie ich früher bemerkt habe, finden wir Bestätigung und Identität durch unsere komplementären Beziehungen, aber dies ist nicht das ganze Bild. Wir wissen, daß uns unsere Klienten Trost bieten und emotionale Kraft geben und daß die größte Freude am Unterrichten in der Chance besteht, von unseren Studenten und Studentinnen zu lernen. Ich glaube, daß wir nur durch Offenheit zur Wirkung, die andere auf uns ausüben, und durch die Anerkennung dieser Wirkung hoffen können, bei ihnen Wirkungen auszuüben.

Auch in unserem persönlichen Leben sollten wir uns als professionelle Helfer davor hüten, so darauf fixiert zu sein, Wirkung auf andere auszuüben, daß wir die Bemühungen anderer, auf uns Wirkung auszuüben, aus dem Blick verlieren. Wir sollten Situationen suchen, in denen wir abwechseln können zwischen helfen und uns helfen lassen, wählen und gewählt werden, lieben und geliebt werden. Das beste wäre, diese Gegensätze kämen in ein und derselben Beziehung zur Wirkung, aber vielleicht ist das zuviel erwartet. Wenn wir uns nur genügend aufgeschlossen zeigen, merken wir, daß die Welt voller Menschen ist, die uns als Freundin, Mentorin, Ersatzmutter oder zusätzliches Kind gewinnen wollen. Doch professionelle Helfer sind in der Gefahr, sich von der Bedürftigkeit anderer Menschen auszehren zu lassen; wie unsere Studenten und Klienten müssen wir Entscheidungen darüber treffen, wann und mit wem wir »Wirkungen aus-tauschen«.

Ich beschränke meine Überlegungen hier auf die Offenheit gegen-über Menschen und lasse die Welt der Objekte und Ideen außer acht, die mit ihren unbegrenzten Möglichkeiten, zu lernen, zu wachsen und den Geist zu erneuern, so prägende Spuren in uns hinterlassen kann.

Unbeabsichtigte Wirkungen. Wie ich oben bemerkte, können viele Wir-kungen, die wir ausüben, unbeabsichtigt sein. So hat unser Gegenüber jeweils die Wahl, auf den Inhalt oder die zwischenmenschliche Bot-schaft unserer Kommunikationen zu achten. Ich habe früher ge-glaubt, meine Tätigkeit bestehe in erster Linie darin, meine Studen-tinnen in Entwicklungstheorie zu unterrichten. Nach jahrelangen Rückmeldungen von den Studentinnen und durch persönliche Beob-achtungen bin ich zu dem Ergebnis gekommen, daß der Inhalt als wichtige Selbstverständlichkeit vorausgesetzt wird. Mit zumindest gleich großem Interesse achten meine Studentinnen auf den Grad meiner Sensibilität für ihre individuellen Bedürfnisse, auf das Maß meiner Fairneß, meine Offenheit oder meine Abwehrhaltung gegen-über ihren Beschwerden und andere ähnlich wichtige Botschaften. Eine jüngere Freundin nimmt an einem Kurs für die College-Lehr-personen über Lehrmethoden teil. »Was hast du gelernt?« fragte ich sie gespannt. »In meinem Kurs sind viele bedeutende Professorinnen. Ich lerne, meine Schüchternheit zu überwinden und den Mund auf-zumachen«, antwortete sie.

Die effektivste und doch unbeabsichtigte Weise, wie wir Wirkung aufeinander ausüben, scheint mir ganz einfach die Art zu sein, wie wir unser Leben führen und uns der Welt präsentieren. Wir alle suchen ständig nach Vorbildern, und gleichzeitig sind wir Vorbilder für an-dere. Die intergenerationale Vorbildfunktion ist besonders wichtig, weil wir Orientierungshilfen für künftige Lebensstadien brauchen. In diesem Abschnitt meines Lebens beobachte ich den Tod meiner älte-ren Angehörigen – meiner Mutter, meiner Tanten –, und ich sammle gute und schlechte Eindrücke davon, wie man stirbt. Ich habe das bisher nicht gewußt. Eine meiner Mentorinnen hat eine chronische Krankheit. Ich beobachte ihren Mut, und ich lerne von ihr.

Wir suchen oft nach Vorbildern, die neue Unterscheidungsmerkmale gefunden haben, auf die wir selbst nicht gekommen sind. Ich habe den Eindruck, daß viele schwarze Kinder anfingen, Tennis zu spielen, nachdem Arthur Ashe ihnen gezeigt hatte, daß dieser Sport eine entwicklungsfähige Alternative für Schwarze ist. Mut, Güte und Großzügigkeit regen immer wieder zur Nachahmung an. Bedauerlicherweise haben negative Taten der Gewalt und Grausamkeit dieselbe Wirkung.

Ich möchte ein ganz triviales, aber komisches Beispiel erwähnen, wie ich einst inspiriert wurde. Ich hörte eine keineswegs unternehmungslustige Frau in meinem Alter vom Motorradfahren sprechen; plötzlich wußte ich, daß ich mir das immer gewünscht hatte; und wenn sie das schaffte, dann konnte ich das auch. Von nun an fuhr ich mit einem Motorroller zur Arbeit, was mein Parkproblem löste und mir an meinem College ein gewisses Renommee eintrug. Später erfuhr ich, daß die Frau, die mich inspiriert hatte, nur einmal mit ihrem Mann auf dem Rücksitz seines Motorrads mitgefahren war, aber das war inzwischen nicht mehr wichtig. Wir können Menschen als Vorbilder benutzen, die für diese Rolle gar nicht so geeignet sind. Manchmal bedarf es nur eines Funkens, einer Inspiration, um neue Wege zu gehen.

Obwohl wir alle Vorbilder suchen, die wir bewundern und nachahmen können, brauchen wir genauso dringend Menschen, die uns durch ihr unvollkommenes Leben bestätigen. Ich glaube, Frauen haben einander als Vorbilder beider Arten gedient. Wir können auf eine Generation von Pionierinnen zurückblicken, die neue Wege erschlossen haben. Frauen haben auch beschämende Geheimnisse, Zweifel und Unvollkommenheiten offenbart und damit Mythen zur Explosion gebracht, mit denen wir zu lange gelebt haben und die uns den Blick verstellten. Es ist sehr wichtig, daß wir fortfahren, uns in dieser Weise mitzuteilen. Sooft eine Frau aus ihrem jeweiligen Versteck hervorkommt, ob dieses nun mit ihrer Sexualität, ihrer Mutterschaft, ihrer Ehe oder ihren Erfahrungen mit Wahnsinn, Inzest und Vergewaltigung zu tun hat, atmen viele andere Frauen vor Erleichterung auf, weil sie spüren, daß sie nicht allein sind, und weil sie weniger Scham und Schuldgefühle empfinden und sich nicht mehr so gedemütigt fühlen. Unsere Bereitschaft, unser verborgenes Selbst zu offenbaren, kann für andere eine sehr befreiende Wirkung haben.

Anderen von der Wirkung berichten, die sie auf uns haben. Es ist höchst bedauerlich, daß wir die Wirkung, die wir aufeinander ausüben, oft gar nicht kennen, weil wir es nicht gewohnt sind, diese Informationen auszutauschen, besonders nicht in unserem Berufsleben. Oft hören wir erst, wie wichtig wir für einen Menschen, eine Gruppe oder eine Institution waren, wenn wir im Begriff sind, sie zu verlassen – oft verärgert und entmutigt, daß man uns nicht zu schätzen wußte.

Viele Institutionen geben üblicherweise Abschiedsfeste, bei denen Reden über die großartigen Beiträge des scheidenden Mitglieds gehalten werden. Dies ist der falsche Zeitpunkt, seine Wertschätzung zu äußern, besonders dann, wenn es zuvor nicht geschehen ist. Ich finde, man sollte Menschen öffentliche und private Anerkennung aussprechen, solange sie einer Gemeinschaft angehören, statt zu warten, bis sie weggehen. Ich beziehe in diesen Gedanken auch Begräbnisse ein. Ich hatte einmal eine Mentorin, die eine berühmte Kinderpsychiaterin in Boston gewesen war; als sie älter wurde und ihr Geist sich verwirrte, mußte sie in ein Pflegeheim gehen, wo sie mehrere äußerst bittere und einsame Jahre verbrachte. Als sie gestorben war, kam das ganze Establishment der psychischen Heilberufe zu ihrem Begräbnis und hielt eine Eloge nach der anderen. Mir ging diese Ironie der Situation sehr nahe, weil sich meine alte Freundin nach dieser Anerkennung gesehnt hatte; ihr Gefühl, verlassen und vergessen zu sein, hatte dazu beigetragen, ihren Geist zu zerstören. Als Individuen und als Gesellschaft sollten wir neue Wege finden und uns Nahestehenden, Eltern und Kindern, Freunden und Kollegen, unseren Arbeitgebern und Arbeitnehmern sagen, daß sie Wirkung ausgeübt haben, bevor sie uns verlassen.

Es ist auch ein Heilungsvorgang, Menschen zu sagen, was sie für uns bedeutet haben, selbst wenn die Beziehung schwierig war. Manchmal können wir uns, nachdem wir Menschen eine negative Wirkung mitgeteilt haben, die sie auf uns hatten, plötzlich auch an die guten Aspekte erinnern und vielleicht einen Weg finden zu verzeihen. Für die verärgerte Studentin, die ich zuvor erwähnte, muß es eine große Genugtuung gewesen sein, mir zehn Jahre später vorzuwerfen, wie sehr ich sie verletzt hatte.

Ich hatte einen Vater, den ich als gleichgültig erlebte. Als jemand, der ihm nahestand, mir einmal erzählte, daß er liebevoll von mir gespro-

chen habe, war das eine große Überraschung für mich – aber damals
war er schon tot, und nichts konnte mehr geklärt werden. Ich wünschte, mein Vater hätte es fertiggebracht, mir vor seinem Tod zu sagen,
was ich ihm bedeutete, und ich wünschte, ich hätte es geschafft, ihm
zu sagen, welche guten und schlechten Wirkungen er auf mein Leben
ausgeübt hat – es hätte uns vielleicht beiden geholfen.

Zu große Wirkung ausüben

Obwohl der Vorgang des Lebens mit dem Ausüben von Wirkung
gleichgesetzt werden kann, paßt das wichtige kybernetische Prinzip,
daß mehr *nicht* besser ist, gut zu unserem Thema. Man sagt, daß sogar
zuviel Gesundheit oder Glück ökologisch ungesund werden kann.
Unser gelegentlicher Wunsch, eine zu große Wirkung auszuüben,
droht unsere besten Absichten zunichte zu machen.
Die Versuchung, eine zu große Wirkung auszuüben, hängt oft mit
unserem Wunsch zu helfen und unserer Bereitschaft zu lieben zusammen. Es ist verblüffend, zu erkennen, daß Liebe und Hilfsbereitschaft
toxisch werden können, wenn sie eine gewisse Grenze überschreiten.
Ich habe das Wort »*überlieben*« geprägt, das den Wunsch ausdrückt,
Menschen zu deren eigenem Besten zu besitzen, zu beschützen, zu
beherrschen, zu kontrollieren und sie unter Druck zu setzen, weil man
sie so sehr liebt. Manche Leser und Leserinnen werden vielleicht
gegen meinen Mißbrauch des Begriffs Liebe protestieren, die schließlich das hoffnungsvollste Gefühl in dieser Welt ist. Man könnte einwenden, daß ich narzißtische Überinvestition mit Liebe verwechsle.
Man könnte darauf hinweisen, daß Selbstaufopferung und übermäßig
beschützendes Verhalten gegenüber unseren Kindern, Klienten oder
Studenten aus unserem narzißtischen Bedürfnis entsteht, andere als
schmückendes Beiwerk und zur Bestätigung unseres Selbstwerts zu
benutzen. Ich behaupte, daß Überinvestition eine bestimmte Form
von Liebe ist, die toxisch wurde, weil sie alle Fesseln gesprengt hat. Wir
können sie mit dem Phänomen des Zauberlehrlings oder mit einem
Krebsgeschwür vergleichen, das durch den Versuch des Körpers entstanden sein kann, eine Wunde durch neue Zellproduktion zu heilen.
Das Wort »*überlieben*« trifft phänomenologisch für beide zu, sowohl für
die Person, die das Gefühl empfindet, als auch für die Person, die es

empfängt. Wenn das geäußerte und empfangene Gefühl nicht durch allgemeine Übereinkunft als Liebe definiert würde, dann würde es in der Tat keine solchen Verheerungen anrichten. Ein Besitzergreifen, das nicht als Liebe definiert wird, könnte ohne Schuldgefühle zurückgewiesen werden. Und Menschen, die das Gefühl haben, andere zu *überschützen* und zu kontrollieren, wären nicht so gekränkt durch Ablehnung, wenn sie ihre Gefühle nicht als Liebe definiert hätten.

Das Wort *überlieben* ist nicht nur ökonomisch, anschaulich und beziehungsreich, es ist auch äußerst nützlich in klinischen Situationen. Eine Frau, die ich Mrs. Kennedy nennen will, konsultierte mich wegen ihres halbwüchsigen Sohnes. Sie wollte, daß ich ihr einen Gruppentherapeuten oder eine -therapeutin empfehle. Sie hatte bereits die verschiedensten Nachhilfen und andere therapeutische Betreuungen für ihn arrangiert und versuchte, ihn in jeder möglichen Weise zu »reparieren«, aber er reagierte nicht entsprechend. Ich sagte, sie liebe ihn sicherlich zu sehr und Halbwüchsige seien allergisch gegen Mutterliebe. Ihr nächster Liebesbeweis sollte darin bestehen, ihre Kontrolle über ihn aufzugeben und ihn sein Leben selbst verpfuschen zu lassen. Mrs. Kennedy war mir sehr dankbar, daß ich so großes Verständnis für sie hatte. Sie versprach mir, nach dieser Erkenntnis zu handeln. Sie erklärte mir auch, ihr früherer Therapeut habe sie der verborgenen Feindseligkeit gegenüber ihrem Sohn bezichtigt, was völlig den Kernpunkt verfehlt hatte.

Es stimmt, daß das Wesentliche der Liebe Anerkennung und Achtung für *das Anderssein* des geliebten Partners ist, während narzißtische Überinvestition genau das Gegenteil ist. Doch Gegensätze berühren sich auf der Gefühlsskala. Denken wir an die Inquisition, bei der Menschen zur höheren Ehre Gottes gefoltert und getötet wurden; an die Abtreibungsgegner, die bereit sind zu töten, um die Unantastbarkeit des Lebens zu bewahren; oder an den Rüstungswettlauf um des Friedens willen. Es scheint, daß jedes zum Fanatismus eskalierte Ideal sich schließlich selbst ad absurdum führt. Warum nicht die Liebe?

Die Welt ist ein erschreckender Ort geworden, und ich kann die Katastrophen nicht aufhalten, die sich überall um mich herum ausbreiten. Ich fühle mich machtlos. Nur im Lehrsaal habe ich das Gefühl, bei einigen wenigen Studentinnen eine geringe Wirkung erzielen zu können. Aber manchmal befürchte ich, im Unterricht zu große Wirkung auszuüben. Ich bringe meinen Studentinnen viel Energie und Leben und Enthusiasmus mit. Ich wecke sie jede Woche auf und animiere sie zum Lernen. Es funktioniert. Aber manchmal, wenn ich müde oder deprimiert bin, dann kann ich diese Energie nicht mobilisieren, und dann geschieht überhaupt nichts – alles und alle brechen zusammen. Deshalb ist es vielleicht besser, die Verantwortung für Leben in bestimmten Situationen auf mehrere Schultern zu verteilen. Langer hat uns auf die Gefahr des Überlebens in der Pflegeheimbetreuung hingewiesen. Viele alte Menschen in Pflegeheimen werden nicht zu maximaler Selbstversorgung ermutigt. Ich spreche hier nicht von Situationen, wo es sich das Personal möglichst leichtmacht, sondern von Situationen echter Fürsorge, die auf der irrigen Annahme beruht, daß die vollständigste Betreuung auch die beste sei. Auf diese Weise werden alte Menschen geschwächt und zunehmend hilflos und demoralisiert. Autonomie und Selbststeuerung sind wichtige Lebensziele von der frühen Kindheit bis ins hohe Alter, auch wenn sie größere Mühe kosten.

Es gibt noch viele andere Beispiele, die veranschaulichen, wie eine potentiell gute Sache ins Gegenteil umschlagen kann. Zu lange dauernde Therapie kann suchterzeugend wirken und zu starke Abhängigkeit von einem anderen Menschen hervorrufen. Eine solche Therapie könnte von *überliebenden* Therapeuten vorgezogen werden, die vielleicht als Kinder nicht genügend gute Wirkung auf ihre Eltern ausüben konnten. Vielleicht sind manche von uns Therapeuten geworden, um unser Versagen auf diese Weise zu kompensieren.

Aus wohlwollendem Interesse kann Eindringlichkeit werden, die in all ihren Formen ein besonders toxisches Phänomen zu sein scheint. Ich habe an anderen Stellen in diesem Buch auseinandergesetzt, daß sich das Bemühen, als Vater oder Mutter, als Therapeut oder Lehrer zu viel Wirkung auszuüben, zurückschlagen kann. Es ist das höchste Ziel, wachstumsfördernde Beziehungen, Unabhängigkeit und Autonomie zu begünstigen.

Die Gefahr, zu starke Wirkungen auszuüben, ist besonders problematisch in der Kindersozialarbeit, obwohl dies auch ein Bereich ist, in dem Sozialarbeiterinnen die dramatischsten, ja lebensrettende Wirkungen ausüben können. Aber unser Bedürfnis zu retten kann zu übertriebener Einmischung führen. Die Kinderwohlfahrt ist ein Gebiet, in dem es furchtbar schwierig ist, weder zuwenig noch zuviel einzugreifen. Es ist auch ein Gebiet, das verdeutlicht, wie wichtig es ist, die richtige Art von Unterscheidungen zu treffen, nämlich solche, die das ganze Umfeld eines Kindes innerhalb seiner Familie, innerhalb einer Gemeinde einschließen, statt den Blick auf ein einzelnes Kind zu verengen. Ich habe Fälle erlebt, wo von seiten einer Kinderhilfsorganisation große Aufmerksamkeit auf ein bestimmtes Kind konzentriert wurde, während das Nachbarkind (und manchmal sogar die Geschwister), die vielleicht ähnliche Bedürfnisse hatten, nicht berücksichtigt wurden. Es ist sehr wichtig, daß wir als Sozialarbeiter unsere Wirkung im Einklang mit unserer eigenen Fachkunde und unserem ethischen Kodex ausüben. Wenn wir uns dem Druck der Öffentlichkeit beugen, der auf Unwissenheit, Sündenbockdenken und Bigotterie beruht, statt die bestmögliche Wirkung für die Kinder im Auge zu haben, versagen wir in unserem beruflichen Auftrag. Ich denke hier mit Empörung an einen kürzlichen Fall in Boston, bei dem zwei Kinder, die einem homosexuellen Paar in Pflege gegeben worden waren, diesem auf Druck der Öffentlichkeit wieder weggenommen wurden. Ich wünschte, der ganze Berufsstand der Sozialarbeiter ware in Proteststreik getreten. Das hätte vielleicht eine wünschenswerte Wirkung auf unsere Gesellschaft ausgeübt.

Wir erwarten somit von Therapeuten, Lehrern und Eltern, daß sie ihre narzißtischen Bedürfnisse unter Kontrolle halten – dabei sind die Anforderungen dieser Rollen so groß, daß wir sie sicher ohne eine gewisse persönliche narzißtische Investition nicht angemessen erfüllen könnten; damit meine ich, daß wir bereit sind, für das Gelingen dieser Beziehungen unsere Selbstachtung aufs Spiel zu setzen. Wenn wir andere dazu benutzen, um unsere Bedürfnisse nach emotionaler Stärkung zu befriedigen, nach Selbstbestätigung und dem Gefühl, lebendig und nicht tot zu sein, nach dem Gefühl, nützlich, nicht nutzlos zu sein und die Dinge selbst in der Hand zu haben, statt der Kontrolle anderer zu unterliegen, dann ist die Beziehung in Gefahr, sich zu emotionaler Ausbeutung zu entwickeln. Dennoch ist es schwierig, sich eine Situation vorzustellen, in der einige dieser Faktoren nicht existieren. Es ist somit ein Problem des Gleichgewichts, und das Umschlagen dieses Gleichgewichts in Richtung auf eine zu große narzißtische Investition endet in *Überliebe* – dem Ausüben einer zu großen Wirkung.

Wirkung ausüben besteht aus einem Prozeß: »Ausüben« und einem Ziel: »Wirkung«, und ich möchte Ihnen nahelegen, daß das Ziel niemals den Prozeß überschatten sollte. Manchmal sind wir so fixiert auf ein Endergebnis, daß der Prozeß vernachlässigt und als unwichtig betrachtet wird. Die monomanische Verfolgung des Ziels kann leicht zu einem konterproduktiven und sogar schädlichen Unternehmen werden. Bei seiner Erörterung kreativer Elternschaft warnte Anthony vor der Gefahr, daß Eltern die Kreativität eines Kindes als Selbstzweck kultivieren, und vertrat die Auffassung, daß solche Bemühungen de facto die spontane Kreativität eines Kindes behindern könnten.

Ich erkläre meinen Studenten am ersten Tag des ersten Semesters, daß sie die Ausbildung in Sozialarbeit nicht bloß machen sollten, um ein Diplom zu bekommen. Ich versuche, ihnen klarzumachen, daß der Weg ebenso wichtig ist wie das Ziel, insbesondere, da jedes Ziel zwangsläufig Ausgangspunkt weiterer Wege ist. Unsere Klienten mögen mit einem bestimmten Wunsch nach Veränderung zu uns kommen, aber ich glaube, der Weg, auf dem wir sie zu diesem Ziel begleiten, könnte als ebenso bedeutsam angesehen werden wie das Ziel selbst.

Obwohl der Prozeß des Lebens zwangsläufig mit sich bringt, daß man Wirkung ausübt, können wir uns fragen, ob der Wunsch, Wirkung auszuüben, unbedingt das beste Lebensziel ist. Vielleicht ist es ebenso wichtig, Dinge zu tun, weil es Spaß macht, gute Arbeit zu leisten, oder aus Neugier und nicht in der Absicht, die Welt zu verändern. Kinder so aufzuziehen, daß wir stolz auf sie sein können, oder anderen in der Hoffnung zu helfen, daß sie dankbar sein werden, wird in der Regel zu Enttäuschungen führen. Bedeutet dies, daß es weniger narzißtisch ist, sich selbst wichtig zu sein und nicht anderen?

Die ganze Situation erzeugt ein unlösbares Dilemma. Einerseits wissen wir, daß übertriebene Träume von Ruhm und Bewunderung echtes künstlerisches Schaffen behindern. Andererseits müssen wir an unser Talent glauben, um uns die Disziplin und Mühe aufzuerlegen, es zu fördern, und wir müssen an unsere Botschaft glauben, um das Risiko, uns eine Blöße zu geben, auf uns zu nehmen. Wie können wir unseren Narzißmus überschreiten und uns auch auf ihn stützen, wenn unser Glaube an uns selbst in Gefahr ist? Künstler sind zu allen Zeiten mit diesem Dilemma konfrontiert gewesen. Wir können uns erleich-

tert Gregory Bateson und seinen Überlegungen zu diesem schwierigen Problem zuwenden. »Der Künstler mag den bewußten Zweck
verfolgen, sein Bild zu verkaufen, vielleicht sogar einen bewußten
Zweck, um es zu malen. Aber bei der Arbeit an dem Bild muß er diese
Arroganz unbedingt zugunsten einer kreativen Erfahrung aufgeben,
in der sein bewußter Verstand nur eine geringe Rolle spielt.«
Auch ein relativ bescheidenes Unternehmen kann ähnliche Probleme
aufwerfen. Es war nicht in meinem Lebensplan enthalten gewesen, ein
Buch zu veröffentlichen. Als sich dann die Gelegenheit dazu ergab,
wurde das Projekt so wichtig für mich, daß ich mich angespannt, leer
und erdrückt davon fühlte. Ich mußte meinen Wunsch aufgeben, mit
einem Buch Wirkung auszuüben. »Nichts ist im Spiel«, dachte ich
schließlich und begann zu schreiben.

Der Titel dieses Essays *(Making a Difference as a Therapist)* lehnt sich an den Gedanken von Gregory Bateson, daß wir nur eine Wirkung wahrnehmen können, die »eine Wirkung ist«, d.h., die ins Gewicht fällt. Wahrgenommen zu werden und eine Wirkung auf die Welt auszuüben ist ein grundlegender Wunsch jedes Menschen. Ob wir als Psychotherapeuten tatsächlich eine Wirkung ausüben und wie wir die erreichen, ist somit eine Kernfrage für uns alle.

Für uns Therapeuten und Therapeutinnen ist es die erste Aufgabe, daran glauben zu lernen, daß wir auf andere Menschen tatsächlich eine Wirkung ausüben; ich habe mich mit dieser Frage schon auseinandergesetzt. Aber sobald wir die Überzeugung oder zumindest die Illusion erworben haben, daß wir das bei manchen Menschen tatsächlich tun können, müssen wir uns mit der Angst auseinandersetzen, die falsche oder eine zu starke Wirkung zu haben. Die Furcht, ineffektiv und nutzlos oder im Gegenteil allmächtig und vielleicht gefährlich zu sein, führt zu Selbstzweifeln und Angst, und beides kann unsere Fähigkeit beeinträchtigen, eine »hinreichend gute« Wirkung auszuüben. Es scheint das beste zu sein, wenn wir die innere Gewißheit haben, daß wir tatsächlich Wirkung ausüben können, ohne ein überwältigendes Bedürfnis danach zu haben.

Der Begriff »Wirkung« bezieht sich auch auf die Gestalt annehmende konstruktivistische Vorstellung, daß die Welt von Menschen geschaffen wird, die in einer chaotischen Welt Unterscheidungen zwischen Wahrnehmungen und Empfindungen treffen, und daß wir Menschen dadurch die Schöpfer unserer eigenen Welt werden. Im Prozeß des Heranwachsens in einer bestimmten Kultur und Familie lernen wir, bestimmte Arten von Unterscheidungen zu treffen, wie die Unterscheidung zwischen dem Selbst und anderen und all die anderen Unterscheidungen, die uns die Sprache, in der wir heranwuchsen, auferlegt. Diese Unterscheidungen machen letztlich unsere Annahmen über die Welt aus.

Als Individuen sind wir weitgehend von den Unterscheidungen eingeschränkt, die andere für uns getroffen haben. Doch eine Erkenntnis der Willkürlichkeit dieses Vorgangs könnte es uns ermöglichen, uns in die Vorstellungswelt anderer Menschen einzuleben, ohne zu dem Schluß zu kommen, daß diese verrückt, böse oder krank seien. Wir können begreifen, daß ihre Erfahrungen sie dazu veranlaßt haben, andere Unterscheidungen zu treffen und sich eine andere Wirklichkeit zu erschaffen, die weder mehr noch weniger richtig sein mag als unsere eigene. Auf diese Weise würden wir niemals den Wahrheitsgehalt einer bestimmten Wirklichkeit in Frage stellen, sondern nur ihre Nützlichkeit, um in Einklang mit den Hoffnungen und Wünschen des Klienten oder der Klientin ein hinreichend gutes Leben zu führen. Allein schon an eine therapeutische Begegnung in diesem Geist der Erkundigung heranzugehen könnte therapeutische Ergebnisse bewirken.

Nach diesem Verständnis der Welt sind sowohl Erziehung als auch Therapie Prozesse, die Menschen helfen, neue Unterscheidungen zu treffen oder alte und nutzlose aufzugeben. Vielleicht sollte die Überschrift dieses Kapitels deshalb lauten: »Als Therapeut zu lehren, neue Unterschiede zu schaffen«.

Der Vorgang, neue Unterscheidungen zu lernen, ist so fundamental, daß er in so unterschiedlichen Denksystemen enthalten sein kann wie die strukturelle Veränderung in der Ich-Psychologie, der Aufbau eines kohärenten Selbst in der Selbst-Psychologie, der Erwerb semiotischer Kompetenz in der Kommunikationstheorie und das Erlernen neuer Verhaltensreaktionen in der Verhaltenstherapie. Aber selbst wenn wir die zentrale Aufgabe der Therapie darin sehen, anderen beizubringen, neue Verhaltensmuster und Bezugsrahmen, neue Möglichkeiten und Optionen zu erkennen, bleibt die Frage bestehen, wie Therapeuten diese Aufgabe denn eigentlich bewältigen. In dieser Zeit des Paradigmenwechsels werden neue Fragen gestellt und neue vorläufige Antworten auf dieses sehr grundlegende Problem vorgeschlagen.

Um diese langjährigen Fragen etwas aufzufrischen, habe ich unter meinen weiblichen wie männlichen Doktoranden, die alle erfahrene Therapeuten sind, und unter anderen Studenten und Freunden, die ich dazu gewinnen konnte, positive oder negative Vorfälle aus ihrer Erfahrung als Patient und Therapeut gesammelt, die eine prägende Wirkung auf sie hatten. Außerdem habe ich auch sehr viele Arbeiten von erwachsenen Teilnehmerinnen an Fortbildungskursen über die Psychologie von Frauen erneut durchgesehen, in denen sie über ihre jahrelangen therapeutischen Erfahrungen berichteten. In diesen Arbeiten wurden mehr hilfreiche Themen untersucht als bedeutsame Vorfälle. Ich werde dieses Fallmaterial selektiv, wenn auch vielleicht etwas gewaltsam, zur Veranschaulichung neuer Überlegungen zur Psychotherapie heranziehen, die im Vordergrund der heutigen Praxis zu stehen scheinen.

Prozeß kontra Inhalt

Die Kommunikationstheorie hat darauf hingewiesen, daß jede verbale Kommunikation Botschaften auf der Sachebene und auf der Beziehungsebene enthält. Freud spaltete diese zwei Botschaftsebenen weiter auf und bezeichnete die eine als Übertragung und Gegenübertragung und die andere als freie Assoziationen und Deutungen. Er scheint angenommen zu haben, daß die beiden Ebenen nichts miteinander zu tun haben. Da uns die kybernetische Theorie ein größeres Verständnis des wechselseitigen, komplementären Charakters von Prozeß und Struktur, Substanz und Form mitgegeben hat, stellen wir diese Annahme in Frage. Ich glaube, daß das Konzept der Übertragung als eine zu separate Dimension in der Psychoanalyse und Psychotherapie gesehen wird, wodurch der Prozeß aus dem Blick gerät, in dem die Erwartung der und die Gelegenheit zur Selbstenthüllung in einer hilfesuchenden Beziehung bestimmte Arten starker Gefühle hervorrufen, die dann alles, was in der Behandlung vor sich geht, prägen und färben einschließlich der Träume des Patienten, seiner freien Assoziationen und seiner selektiven Erinnerung der Vergangenheit. Die Reaktionen der Therapeuten sind ebenfalls nicht sauber getrennt in objektive Deutungen versus Gegenübertragung, sondern können besser als Bestandteil einer sich entwickelnden Beziehung angesehen werden.
Wir haben immer tiefer verstehen gelernt, daß Nahrung, die Säuglin-

gen außerhalb eines Beziehungskontexts gegeben wird, im Grunde steril ist. Sie ernährt kaum den Körper eines Säuglings und sicher nicht seinen Geist und seine Seele. Ich habe als Lehrerin viele Jahre gebraucht, um die zentrale Bedeutung der Beziehung zwischen mir und meinen Studenten zu begreifen. Wenn diese Beziehung gestört ist, dann tritt der zwischenmenschliche Aspekt der Botschaften der Lehrperson in den Vordergrund, die übermittelte Information wird zum Hintergrund, und die Studenten können nicht lernen. Beziehungen sind in der Psychotherapie immer als sehr wichtig anerkannt worden, doch es kostet immer noch Mühe, voll und ganz zu würdigen, in welchem Ausmaß der Inhalt in der Therapie Hintergrund gegenüber dem Prozeß sein dürfte.

Die Frage der therapeutischen *compliance,* der Mitwirkung des Patienten beim Heilprozeß, hat zum Beispiel interessante Verlegenheiten hervorgerufen. So fühlen wir uns gekränkt und frustriert, wenn sich unsere Patienten unseren kreativen Einsichten und unserer subtilen Anleitung verschließen – und dabei sind Selbstbehauptung und Autonomie häufig zentrale therapeutische Ziele. Unsere Klientin hat Fortschritte gemacht, wenn sie sich weigert, an ihrem Selbstsicherheitstraining teilzunehmen. Die Anekdote einer therapeutisch tätigen Studentin veranschaulicht ihr Verständnis von Widerstand als therapeutischem Fortschritt. Ihre in der Entwicklung leicht zurückgebliebene Klientin erscheint jede Woche mit der Ankündigung bei ihr, daß sie nicht in der Stimmung sei, zu reden. Meine Studentin stimmt ihr zu, daß es Tage gibt, an denen man keine Lust hat, viel zu reden, und daß es vielleicht Dinge gibt, die man anderen einfach nicht mitteilen möchte, und sie sagt, sie respektiere die Klientin wirklich, wenn sie selber entscheiden will, was sie mitteilen möchte und was nicht. Danach ist die Klientin gern bereit, ihr anzuvertrauen, was sie gerade beschäftigt, selbst wenn ihre Mitteilungen nicht besonders aufschlußreich sind. Aber sobald sie sich selbst als eine autonome Person definiert hat, die sich nicht herumschubsen lassen möchte, und darin verstärkt und respektiert wurde, wird der Rest der Stunde zu bloßem Hintergrund.

Die Themen über die Erfahrungen in der Therapie, die sich in meinem Psychologie-Seminar für erwachsene Studenten ergeben, betreffen in der Regel Beziehungspunkte. Viele der Teilnehmerinnen äußern sich positiv über eine kreative Beziehung, die fürsorglich, anteilnehmend oder vielleicht sogar liebevoll, bestätigend, unterstützend, auf keiner Ebene ausbeutend und nicht beurteilend war und in der die Person das Gefühl hatte, daß man ihr zuhörte, sie zutiefst verstand und ihre Stärken zu schätzen wußte. Psychotherapie scheint im günstigsten Fall die Art von Beziehung zu sein, die man idealerweise mit seiner Familie, seinen Geliebten und Freunden haben möchte, aber dies scheint angesichts der persönlichen, gewöhnlich konkurrierenden Bedürfnisse anderer Menschen selten in dieser Weise zu funktionieren. Therapeuten werden dafür bezahlt, ihre eigenen Bedürfnisse beiseite zu lassen, und dies gelingt ihnen in unterschiedlichem Maß.

Darüber hinaus bietet die Therapie eine Situation, in der irrationale Projektionen und zwischenmenschliche Konflikte, die in unseren intimen Beziehungen oft unüberwindlich erscheinen, bearbeitet und gelöst werden können. Manche Psychotherapieforscher wie zum Beispiel Edgar Levenson haben die Auffassung vertreten, daß dies der eigentliche Kern der Psychotherapie sei.

Psychotherapie als Elternersatz

Da die meisten von uns vergeblich hofften, diese Art von idealer Beziehung zu unseren Eltern zu haben, wird die Psychotherapie in wichtigem Maße zu einer Erfahrung mit Ersatzeltern. Diese neue Elternbeziehung kann sehr partiell sein und bloß bestimmte Defizite ausfüllen, oder sie kann eine umfassende Erfahrung sein wie in der folgenden Situation, von der eine Therapeutin berichtet. Sie behandelte acht Jahre lang ein halbwüchsiges Mädchen, genauer gesagt von deren 13. bis 21. Lebensjahr. Die Klientin war eine emotional stark verkümmerte junge Frau ohne Beziehungen, die sich in eine Phantasiewelt zurückgezogen hatte. Die Therapeutin lehrte sie, wie man Emotionen empfindet und bezeichnet, wie sich Menschen umeinander kümmern und wie sie miteinander kommunizieren. Die Klientin fühlte sich, als ob alle anderen von Geburt an eine Sprache gelernt hätten, die man ihr nie beigebracht hatte. Sie lernte diese Sprache mit der Zeit, aber sie wird immer einen Akzent haben. Diese Therapeutin scheint ihrer jungen Klientin viele der wesentlichen Unterscheidungen beigebracht zu haben, die von unserer Kultur getroffen werden.

Viele Befragte sagten, der Therapeut oder die Therapeutin sei im Bereich der Alltagsprobleme und der Kommunikation besser gewesen und habe sie die praktischen Aspekte des Lebens gelehrt und dabei gleichzeitig dem ganzen Spektrum emotionaler Probleme die entsprechende Aufmerksamkeit geschenkt. So wurden zum Beispiel Therapeutinnen als neue Rollenvorbilder begrüßt, die sich von den eigenen Müttern der Klientinnen unterschieden. Im allgemeinen wurde die therapeutische Beziehung als eine Gelegenheit betrachtet, den Horizont zu erweitern, ein festeres und authentischeres Selbst-Bewußtsein zu erwerben, neue Risiken einzugehen und ein überprüftes statt unerforschtes Leben zu führen. Vor allem hatten die Befragten neue Einsichten gewonnen. Dinge, die ihnen sinnlos und rätselhaft erschienen waren, hatten jetzt Bedeutung gewonnen. Therapeutinnen und Therapeuten hatten vielen Frauen Mut und Hoffnung gegeben, wie es diese 47jährige ehemalige Studentin beschreibt: »Er lehrte mich, über meine Depression zu lachen und an die Möglichkeit von Liebe zu glauben. Während einer schwierigen Zeit in meiner zweiten Ehe war meine Beziehung zu ihm das wichtigste in meinem Leben.«

Eine andere Klientin erwähnte, daß es zu den wichtigsten Augenblicken in ihrer Therapie gezählt habe, als ihr die Therapeutin an einem Regentag eine Tasse Tee anbot, eine besonders bedeutsame Geste, weil sie wußte, daß es gegen die Regeln ist, Klienten zu »füttern«. Das bewies ihr, daß ihre Therapeutin sich wirklich um sie kümmerte. Wichtig waren den Befragten auch Äußerungen der Therapeuten zur Gesundheit und zum Wohlergehen der Klienten. Eine Befragte schrieb, sie sei wegen großer Schwierigkeiten, die sie mit ihrem Auto hatte, immer zu ihrer Psychoanalyse zu spät gekommen. Ihr Analytiker empfahl ihr eines Tages unter Verzicht auf alle dynamischen Deutungen ihres Zuspätkommens, ein verläßlicheres Auto zu kaufen. Meine Freundin erwarb ein neues Auto, begann insgesamt, besser für sich zu sorgen, und kam nie wieder zu spät.

Diese Beispiele geben einem das definitive Gefühl von »verwandelnden Internalisierungen« (Heinz Kohut). Die Fürsorge des Therapeuten verwandelt sich in Selbst-Fürsorge. Viele Befragte wußten die therapeutische Erlaubnis zu schätzen, mehr an sich selbst zu denken, sich mehr um sich zu kümmern und mehr Eigenliebe zu entwickeln, was die Konflikte widerspiegelt, die Frauen in diesen Bereichen haben.

Bei mehreren anderen entscheidenden Vorfällen ging es um Verstöße gegen die Regeln oder darum, daß die Therapeutin mehr tat, als die Pflicht von ihr verlangt hätte, und die Klientin auf diese Weise spüren ließ, daß ihre »Anteilnahme« mehr als rein professioneller Art war. Es stellt sich der Verdacht ein, daß es wichtig ist, Regeln zu haben, nur damit wir sie überschreiten können.

Körperliche Berührungen, nicht routinemäßig oder verführerisch, sondern in bedeutsamen Augenblicken, wurden ebenfalls als Anteilnahme gedeutet und könnten als Bestandteil der Ersatzelternrolle angesehen werden. Für mehrere Frauen waren das starke und zutiefst bedeutungsvolle Kontakte, Liebesbeweise, vielleicht ebenfalls besonders in Situationen, wo der Therapeut gewisse Risiken einging. In einem von einer Therapeutin berichteten Fall entlockte ein tröstend um die Schultern gelegter Arm der Klientin das Geheimnis ihrer sexuellen Belästigung durch einen Pfleger ihrer Krankenhausabteilung und durchbrach ihre mürrische Verschlossenheit.

Dennoch stimmt es auch, daß körperliche Berührungen eine so unmittelbare Kontaktaufnahme mit einem anderen Menschen sind, daß wir sie mit Vorsicht gebrauchen müssen. Das folgende von einer ehemaligen Studentin berichtete Beispiel machte mir Unbehagen. Suzanne ist eine 34jährige geschiedene freiberufliche Redakteurin. Es fällt ihr schwer, sich auf intime Beziehungen einzulassen. Ihre herzliche, vertrauensvolle vierjährige Beziehung zu ihrem Psychiater, einem verheirateten Mann ihres Alters, ist gegenwärtig ihr wichtigster zwischenmenschlicher Kontakt. Sie hat das Gefühl, in der Behandlung große Fortschritte gemacht zu haben, und äußert Respekt und Bewunderung für ihren Arzt. Sie haben beide ein »exquisites Verständnis der Nuancen von Kommunikation«. Nach zwei Jahren ohne jeglichen Körperkontakt hatten sie eine besonders schwierige und erfolgreiche Sitzung; er gab ihr spontan die Hand, und danach fingen sie an, sich regelmäßig die Hand zu geben. Ein Jahr später fing er an, ihre Hand in seine Hände zu nehmen, um ihr Anerkennung und Einfühlung zu bezeugen, und ein halbes Jahr später umarmte er sie gelegentlich freundschaftlich. »Ich bin stolz auf dich, danke« war ihre Deutung dieser Gesten. Dann wurden diese Umarmungen noch anders, mehr wie Äußerungen von Zärtlichkeit; eines Tages stöhnte er leise, als er sie umarmte, und küßte ihr dann beide Hände. Inzwischen haben sie über diese Vorfälle gesprochen und sind sich einig, daß sie eine »sexuelle Beziehung« vermeiden wollen. Suzanne fühlt sich in dieser Beziehung glücklich, geschätzt und geliebt.

Der schließliche Ausgang dieser therapeutischen Erfahrung bleibt ungewiß. Man muß sich fragen, wie mit der Beendigung der Therapie umgegangen werden wird, falls sie je ein angestrebtes Ziel in der Zukunft ist.

Es gibt auch ein Beispiel aus einer Haftsituation, in der die unbeabsichtigte Berührung der Hände unrealistische Erwartungen weckte.

Man kann sehen, daß Berührungen leicht zurückschlagen können, aber Therapie ist so und so ein riskantes Unternehmen. Wir sollten das Tabu der traditionellen Psychotherapie in bezug auf Berührungen vielleicht überdenken und es selektiv anwenden.

Bestätigung und Entwertung. Obwohl viele Frauen einen starken Wunsch äußern, geliebt und gemocht zu werden, wünschen sie sich noch dringlicher Bestätigung und Anerkennung – beides gute Wege, um Liebe und Anteilnahme zu zeigen. Bestätigung nimmt für verschiedene Klientinnen verschiedene Formen an.

Ich glaube, daß der Nutzen, frühere Leiden mitzuteilen, nicht so sehr in der katharistischen Reinigung von persönlichem Schmerz besteht, sondern im Akt, Zeugnis abzulegen von Leiden, wobei geglaubt, zugehört und urteilslos verstanden wird – alles bestätigende Erlebnisse. Die Mitteilung oft sexueller Geheimnisse kann auch eine Prüfung der äußersten Bereitschaft sein, akzeptiert zu werden, vielleicht gefolgt von impliziten und expliziten Ermutigungen der Therapeutin und ein Versuch, die Klientin von Schuld und Scham freizusprechen.

Es wird manchmal als zutiefst bestätigend erlebt, wenn »gute Fragen« gestellt werden, insbesondere wenn die oder der Fragende wirklich an der Antwort interessiert ist. Gute Fragen verraten ein Bemühen, den anderen zu verstehen, ein Geschenk echten Interesses. Fragen können unsere Gedanken in unerwartete und erstaunliche Richtungen führen. »Hast du gehofft, daß er sterben würde?« könnte eine Therapeutin fragen und dadurch implizit die Erlaubnis für tabuisierte Gefühle geben und sogar nahelegen, daß mörderische Gefühle gegenüber »geliebten Personen« etwas ganz Normales sind. »Wie hast du dich gefühlt, als deine Mutter starb?« Fragen nach Dingen, die manchmal als selbstverständlich angesehen werden, implizieren ebenfalls, daß wir nicht die Art von konventionellen Gefühlen und Reaktionen zu haben brauchen, die andere von uns erwarten.

Interessanterweise schloß diese Kategorie der Bestätigung die meisten der ausgesprochen negativen wichtigen therapeutischen Erfahrungen ein, Vorfälle, bei denen sich die Frauen entwertet fühlten oder den Eindruck hatten, daß man ihnen nicht glaubte. Eine meiner Doktorandinnen berichtete, wie mißverstanden sie sich fühlte, als ihr Therapeut darauf bestand, daß ihr kritisches und distanziertes Bild von ihrem Vater bloß eine Reaktion auf seinen Verlust sei. In Wirklichkeit wäre ihre Beziehung anteilnehmend und liebevoll gewesen. Ihr Therapeut war ein freundlicher, beschützender und väterlicher Mann, den man nicht in Frage stellen durfte und den sie in seiner wohlwollenden Art zuletzt als genauso nichtbestätigend erlebte wie ihren eigenen Vater. Noch bedenklicher ist jedoch die abwehrende Reaktion eines Therapeuten gegenüber einer kritischen Beobachtung von seinem Patienten. Die folgende Episode ist ein Beispiel dafür. Frau A. beschuldigte einen männlichen Therapeuten, ihr in der Therapiegruppe eine andere Frau vorzuziehen. Der Therapeut deutete, Frau A.s Beschuldigung hänge mit ihrer alten Eifersucht zusammen, daß ihr Vater ihre Schwester zu bevorzugen schien. Aber Frau A. war wütend und forderte, daß man ihre Wahrnehmung bestätige. Bei einer Beratung gab der Therapeut zu, daß sie Gründe gehabt haben mochte für ihren Glauben, er bevorzuge das andere Gruppenmitglied. Aber er beharrte darauf, daß für Frau A.s eigene Therapie die Auseinandersetzung mit ihren Gefühlen gegenüber ihrem Vater wichtig sei. Die Situation endete damit, daß Frau A. die Gruppe verließ.

Ich glaube, daß dieser Vorfall interessante therapeutische Fragen aufwirft. Ich habe zuvor erwähnt, daß wir gegenwärtig mehr dazu neigen, Übertragung und Gegenübertragung als die Gefühle und gewohnheitsmäßigen Verzerrungen zu betrachten, die in jeder intensiven und intimen menschlichen Begegnung entstehen.

Einige neuere Autoren vertreten die Auffassung, daß die Psychotherapie im Idealfall keine archäologische Expedition sei, sondern der

Versuch, die gesamte therapeutische Transaktion ehrlich und in einer nicht abwehrenden Weise zu erforschen. Dieser Dialog befähige sowohl Klient als auch Therapeut, zwischen der Mißdeutung und Verzerrung und der berechtigten Reaktion des Klienten auf vielleicht sehr subtile Signale des Therapeuten zu unterscheiden. Es ist nützlich, sich bewußtzumachen, wie überempfindlich wir alle in emotional aufgeladenen Beziehungen gegenüber nonverbalen Signalen sind und wie gut es uns oft gelingt, diese Signale richtig zu deuten. Es wird weiterhin darüber debattiert, ob es klug sei, therapeutische Mängel einzugestehen, statt sich auf die übermäßige Verletzbarkeit des Klienten zu konzentrieren und sein Bedürfnis, den Therapeuten anzugreifen, zu kritisieren und statt der Hilfeleistung des Therapeuten negative Bagatellen hervorzuheben. Mein eigener starker Eindruck ist, daß das Eingestehen von Fehlern, sei es in der Rolle der Therapeutin, der Geliebten, der Freundin, der Mutter oder der Lehrerin, günstiger ist als abwehrende oder ablenkende Manöver, so berechtigt diese sein mögen. Es gibt sogar Belege dafür, daß das Eingeständnis eines therapeutischen Fehlers und das sorgfältige Nachdenken darüber, wie es dazu kam und wie er erlebt wurde, ein Motor für bedeutende therapeutische Fortschritte sein kann. Klienten mit entwertenden, mystifizierenden Eltern, die ihnen beibrachten, ihren eigenen Wahrnehmungen nicht zu trauen, können es als wahrhaft befreiend empfinden, sich bestätigt zu fühlen. Dies wirft das therapeutische Paradox auf, daß wir vollkommene Therapeuten sein wollen, aber daß der wichtigste therapeutische Fortschritt eintreten könnte, wenn wir Fehler machen, solange wir diese zugeben und erörtern.

Auf Stärke und nicht auf Schwäche zu reagieren war eine wichtige Methode, wie die Therapeutinnen meiner Befragten bestätigten. Es ist ein Axiom der Sozialpsychologie, daß der Glaube die Realität hervorbringt. Kinder erschaffen sich ihre Identität durch die reflektierten Bewertungen anderer, d. h. von deren Erwartungen an das Kind; sobald eine Identität entstanden ist, verstärkt sie diese Erwartungen, die ihrerseits die Identität bestätigen und wieder einmal einen günstigen oder ungünstigen Kreislauf in Gang setzen. Als Therapeuten können wir Bezugspersonen sein, die diesen (im negativen Fall) Teufelskreis durchbrechen, eine bestimmte Form der Selbstdarstellung in Frage stellen und ganz andere Erwartungen schaffen.

Eine meiner Studentinnen stellte ihre Arbeit mit einer Frau vor, die ein »gespaltenes Selbst« hatte und ein vernachlässigtes und mißhandeltes Kind alkoholkranker Eltern gewesen war. Obwohl Al-Anon und AA ihr Verhalten durch einen Krankheitsprozeß erklärt hatten, umging die Therapeutin die Opferrolle und deutete ihre Vorgeschichte als eine Erfahrung um, die ihr zu besonderen Stärken und Überlebenskünsten verholfen habe. Sie blühte unter diesem Ansatz auf und benutzte effektivere Bewältigungsstrategien. Eine andere Therapeutin begann die Behandlung eines chronischen Grenzfalls. Die Patientin hatte sich seit vielen Jahren in selbstschädigender Weise ins Aus gebracht. Nach einigen Sitzungen mit langen Geschichten über ihren rücksichtslosen Partner und einer Litanei von Klagen, daß sie nie bekommen habe, was sie für sich selbst gebraucht hätte, bemerkte die Therapeutin entschieden, daß sie es in Wirklichkeit sehr gut verstehe, zu bekommen, was sie brauche. Die Patientin war zunächst verblüfft und verwirrt und lachte dann. Sie fragte: »Meinen Sie, daß ich glaube, ich brauche die Dinge, die ich bekomme? Vielleicht muß ich dann das anders definieren, was ich brauche.« Bald danach gab sie diese sie mißbrauchende Beziehung auf, ein spektakulärer Schritt für sie.

Ich habe den Eindruck, daß unser Interesse an Pathologie und diagnostischen Etiketten manchmal eine alte Realität verstärkt, statt eine neue zu schaffen. Eine sehr beunruhigende Seminararbeit einer Psychologiestudentin legte den Schluß nahe, daß durch eine vielleicht übereilte Einweisung in eine psychiatrische Klinik in der Jugend eine »Patientenidentität« verstärkt oder vielleicht sogar erst geschaffen wurde, was zum Teufelskreis zunehmender Unfähigkeit, immer häufigerer Hospitalisierungen und einer Verschlechterung ihres Zustands führte. Es bleibt eine offene Frage, ob die Verschlechterung zur Hospitalisierung führte oder gerade das Gegenteil. Wir sollten uns der möglicherweise schädlichen Auswirkungen unserer in guter Absicht erfolgenden Interventionen genau bewußt sein.

Bestätigung kann auch in normalisierenden Erfahrungen bestehen, wenn man ein psychisches Leiden zum Beispiel auf ganz allgemein belastende Umstände zurückführt und dadurch Gefühle der Schuld und Scham vertreibt, statt es als abnorme Reaktion zu bezeichnen. Eine mit strengem Über-Ich belastete Klientin schilderte, wie ihre

Therapeutin darauf beharrte, daß sie das Recht hätte, sich in ihrer Situation verstört und deprimiert zu fühlen; das milderte ihre gewohnheitsmäßigen Selbstbezichtigungen und rief eine beruhigende statt einer schimpfenden inneren Stimme ins Leben. Eine meiner Studentinnen erzählte die Bemerkung eines Therapeuten, als sie eine junge Frau war: »Das klingt, als hätten Sie alle Verpflichtungen und keine Freuden in Ihrer Ehe.« Sie hatte sich in den vielen Jahren ihrer gesellschaftlich korrekten, aber sterilen Ehe an diesen Satz geklammert, der ihre geheime Unzufriedenheit bestätigte und rechtfertigte.

Die populärpsychologische Literatur hat oft solche normalisierenden Ziele. Viele Frauen empfanden große Erleichterung, nachdem die feministische Literatur über den Mythos von der beglückenden Mutterschaft erschienen war, in der der von vielen Müttern erlebte Streß, die Ambivalenz und Isolierung als universelle Phänomene bezeichnet wurden. Bestätigungen dieser Art führen uns auf das gesamte Feld, dem eigenen Leben Sinn zu verleihen, und darin wird oft das zentrale Anliegen der Psychotherapie gesehen. Vom Augenblick der Geburt strengen sich Menschen an, dem Leben Bedeutung zu verleihen, es zu organisieren und Verhaltensmuster zu schaffen. Sinnverlust ruft tiefe Unsicherheit und Angst hervor, und Menschen wenden sich der Therapie zu, um den Sinn im Leben wiederzufinden. Vor einigen Jahren leitete ich Gruppen für Personen, die sich kürzlich von ihrem Partner getrennt hatten. Ich versuchte, der Tatsache psychologischen Sinn zu verleihen, daß die meisten Gruppenmitglieder unerwartet unter Leidensdruck gerieten, nachdem sie einen ungeliebten und manchmal sogar gehaßten Partner verlassen hatten. Wegen dieser unerwarteten Gefühle fragten sich die Teilnehmer, ob sie die richtige Entscheidung getroffen hatten. Ich bot ihnen die weitverbreiteten psychologischen Theorien an über die allgemeine Schwierigkeit von Lebensveränderungen, die Notwendigkeit, auch das Ende schlechter Beziehungen zu betrauern, und die Vorstellung, daß Bindungen weiterbestehen können, selbst nachdem die Liebe gestorben ist. Die Teilnehmerinnen fühlten sich beruhigt und getröstet.

Eine der wesentlichen Funktionen psychologischer Theorien ist es, sowohl Therapeuten wie auch Klienten eine Struktur für diese Sinnfindung zu bieten. Unsere Theorien über die Trauerarbeit haben uns in dieser Hinsicht äußerst gute Dienste geleistet. Eine meiner Studentinnen beschrieb, daß sie mehrere geliebte Menschen verloren hatte und danach von Verzweiflung überwältigt wurde:

»In meiner Therapie wurde ich ermutigt, die Gefühle auszudrücken, die mir solche Angst gemacht hatten und die jetzt als normale ›Trauer‹ bezeichnet wurden. Sobald diese Gefühle einen Namen hatten, fühlte ich mich irgendwie erleichtert. Obwohl der Schmerz über die Verluste blieb, bekam der Vorgang durch eine Bezeichnung für das, was ich durchmachte, einen Sinn. Die Finsternis um mich herum hatte jetzt absehbare Dimensionen und Grenzen. Sobald ich dies wußte, fand ich den Mut, dem voll entgegenzublicken und mich damit auseinanderzusetzen.«

Die vorübergehende Verzweiflung dieser Frau mochte mit ihren Verlusten zusammenhängen oder auch nicht, aber sie fühlte sich jedenfalls besser, sobald ihre Gefühle normalisiert wurden und sie »einen guten Grund« dafür wußte.

Menschen neigen dazu, sich an bestimmte Arten der Sinnfindung zu gewöhnen. Die Umdeutung, das Herangehen aus einer neuen Perspektive, ist ein wirksames Mittel, um neue Unterscheidungen zu treffen und alternative Bedeutungen anzubieten. Ich habe bereits zwei Beispiele des Umdeutens zitiert, als ich davon sprach, Stärken mehr hervorzuheben als Krankheitserscheinungen. Die folgenden zwei umdeutenden Illustrationen gefielen mir besonders gut, weil sie auf Menschen Wirkung ausübten, die mir wichtig waren. Sie zeigen auch, daß therapeutische Interaktionen keine geheimnisvollen technischen Abläufe sind, sondern einfach wohlüberlegte Wege, um schwierige Situationen zu bewältigen, die innerhalb oder außerhalb der Therapie eintreten können. Eine Studentin kündigte an, daß sie ihre Ausbildung als Sozialarbeiterin abbrechen müsse, weil der Lehrstoff soviel alten Ballast und Kummer in ihr aufwühle, daß sie Zeit benötige, um das alles zu verarbeiten. Nach längerer Nachforschung fragte ich sie, ob sie den nächsten Sommer als Alternative in Betracht ziehen könne, um sich mit dem Ballast auseinanderzusetzen. Sie änderte ihre Meinung nach unserem Gespräch, und bei der Feier zum Studienabschluß erklärte sie mir, daß der Vorschlag, den Sommer zu benutzen, für sie den Ausschlag gegeben habe.

Meine alte Tante litt nach ihrem Schlaganfall sehr darunter, bei den einfachsten Lebensaufgaben so abhängig von anderen Menschen zu sein. Ich sagte ihr, sie habe ihr ganzes Leben lang hart gearbeitet und habe genügend Geld verdient, um sich eine Pflegerin leisten zu können, was bedeute, daß sie nicht abhängig sei, sondern einfach Dienstleistungen kaufe. Am nächsten Morgen erklärte sie mir, sie habe in der Nacht darüber nachgedacht und stimme mir zu. Danach schien sie ihre Abhängigkeit leichter ertragen zu können.

Metaphern, Deutungen und paradoxe Verschreibungen

Oft bilden wir Sinn durch den Gebrauch von Metaphern. Die Psychoanalyse hat uns die ödipalen Metaphern gebracht, die uns lange Zeit gute Dienste geleistet haben, aber inzwischen zu abgegriffen sind. Andere Zeiten brauchen andere Metaphern. So wie die Anorexia nervosa die Stelle der hysterischen Lähmung eingenommen zu haben scheint, sind offenbar auch die ödipalen Metaphern anderen »Mythen« gewichen, die das Fehlverhalten eines Menschen irgendwie mit dem Verhalten anderer in seinem Leben in Beziehung setzen. Von einer schwierigen Halbwüchsigen nimmt man beispielsweise an, daß sie sich aufopfert, um ihre Eltern beisammenzuhalten – quasi in einer gemeinsamen Front gegen sie. Metaphern über intergenerationale Loyalitäten besitzen gegenwärtig einen besonderen emotionalen Reiz. Es kann sein, daß der Gebrauch von Metaphern als Mittel zu neuer Sinnfindung das Deuten ersetzt, was allmählich in Verruf gerät. Manche haben die Auffassung vertreten, daß Deutungen mit der linearen Vorstellung verknüpft seien, im früheren Leben des Patienten die eine und einzige Wahrheit zu finden. Jetzt wird hingegen davon ausgegangen, daß die Vergangenheit wandelbar sei und während des Erinnerungsvorgangs ständig neu erfunden und umgedeutet werde.
Autoren haben Deutungen auch im Hinblick auf ihre zwischenmenschliche und nicht auf ihre inhaltliche Botschaft angeschaut und sie als potentielle Verstöße gegen die Autonomie des Patienten oder aber als therapeutische *one-upmanship*, als Überlegenheitsgehabe, gewertet. Von der psycholinguistischen Schule der Psychotherapie sind Deutungen auch als indirekte Anweisungen zur Veränderung gewertet worden und nicht als bloße Erklärungen über Zusammenhänge in den Lebenserfahrungen der Patienten. In der Kybernetik werden An-

weisungen *(prescriptions)* zu Beschreibungen *(descriptions)*, die sich
wiederum in Anweisungen verwandeln, und es ist unmöglich, diesen
Kreislauf zu interpunktieren. Obwohl keine der von mir Befragten
erhellende Deutungen als entscheidende Vorfälle anführten, enthält
mein Material eine Reihe von Sätzen, die eine katalytische Wirkung
gehabt zu haben scheinen. »Studentinnen als Patientinnen« identifi-
zierten die folgenden Sätze als Wendepunkte, die sie veranlaßten, sich
aus ihrer verfahrenen Ehe zu lösen: »Du kannst ewig in einem Sarg
leben, wenn du willst.« – »Er wird jemand anderen zum Bedienen-
lassen finden.« – »Jetzt weißt du, daß *er* bei dir bleiben möchte, und
du kannst anfangen, darüber nachzudenken, was *du* willst.«
Diese Sätze wurden als dramatische, herausfordernde Aussagen erlebt, die die latenten, aber unformulierten Gefühle der Patientin zum
Ausdruck brachten und somit als Deutungen angesehen werden können. Einer davon ist auch eine eindrucksvolle Metapher, die die Klientin veranlaßte, sich als Leiche zu sehen. Alle drei Sätze sind gewissermaßen Ratschläge, verpackt in eine andere linguistische Form.

Widerstand

Der Entschluß, durch Therapie Veränderung zu suchen, bedroht die
Art und Weise, wie man bisher im Leben Sinn gefunden hat, und löst
dadurch einen Wunsch nach Nichtveränderung aus. Therapeutinnen
bezeichnen diesen Konflikt zwischen dem Wunsch nach einer neuen
Situation und der Furcht vor Veränderung als »Widerstand«. Aus
diesem Grund werden viele therapeutische Begegnungen zu einem
subtilen Disput, in dem der Therapeut für Veränderung eintritt und
der Klient gleichbleiben möchte. Um eine so frustrierende Auseinandersetzung zu vermeiden, bei der sich der Therapeut schließlich stärker für Veränderung engagiert als der Klient, werden inzwischen neue
Verfahren benutzt, um ein solches Tauziehen zu vermeiden. Wir
haben entdeckt, daß das Paradox der Anweisung »keine Veränderung« in einem Kontext, der als veränderungsorientiert definiert ist,
ein starkes Ungleichgewicht hervorrufen kann. Der Therapeut macht
sich das Zögern des Klienten zu eigen, und statt ihn zur Veränderung
zu drängen, gibt sie oder er zu bedenken, daß Veränderung zu schwierig und vielleicht nicht ratsam sein könnte. Plötzlich wird die »Keine-

Veränderung«-Haltung so kopflastig, daß die Klientin einen Veränderungsstandpunkt einnehmen muß, um das Gleichgewicht wiederherzustellen. Andere Erklärungen der Wirksamkeit dieser paradoxen Taktik beziehen sich auf die Ausschaltung des Machtkampfes zwischen Klient und Therapeut, die Erzeugung günstiger Doppelbindungen (die man als »Doppelmühle« bezeichnen könnte), das Unwirksammachen des Symptoms als Mittel der zwischenmenschlichen Manipulation und anderes. Hier ist ein Fall, in dem ich »das Symptom verschrieben« habe: Eine Studentin beklagt sich, daß ihr der Unterricht keinen Spaß mehr mache, weil sie das Gefühl habe, sie solle sich einbringen, sei aber dazu zu schüchtern. Statt aufmerksam zu sein, quäle sie sich während der ganzen Stunde. Ich verbiete ihr, sich in den nächsten sechs Wochen an den Diskussionen zu beteiligen, wir lachen beide, und damit ist das Problem behoben. Das war eine wirksame Therapie, entweder weil ich das Symptom verschrieb oder weil sich die Spannung zwischen uns dadurch verminderte oder weil ich ihre Selbstquälerei wegen ihres Schweigens ansprach, ihre Lösung, die problematischer geworden war als ihr Symptom. Vielleicht war es einfach unser gemeinsames Lachen, was den Teufelskreis unterbrach.

Ein recht dramatisches Beispiel für die Wirksamkeit einer unbeabsichtigten paradoxen Intervention ist eine amüsante Geschichte, die der 86jährige Russe, den Freud als den Wolfsmann bezeichnete, bei einem Rückblick auf sein Leben einer Journalistin erzählte. Nachdem er Freuds »berühmtester Patient« gewesen war, wurde er ein lebenslanger Patient anderer Psychoanalytiker mit geringen therapeutischen Ergebnissen mit Ausnahme der dramatischen Heilung seiner zwanghaften Beschäftigung mit seiner mißgestalteten Nase. Dr. Ruth Mack Brunswick, seine damalige Analytikerin, bezeichnete seine Obsession als ein paranoides Symptom, was ihn so empörte, daß er es überwand. Wir könnten viele andere Beispiele von Situationen anführen, in denen das Verhalten eines Therapeuten eine ganz andere als die beabsichtigte Wirkung hatte.

Mir gefällt sehr die Definition von Pathologie als Vorgang »eskalierender Gleichförmigkeit« (Keeney), wobei die Verhaltensmuster dieselben bleiben und die Gefühle eskalieren. Das Geheimnis besteht darin, das monotone Im-Kreis-Gehen in kreativer, einfallsreicher und überraschender Weise zu durchbrechen.

Ich weiß, daß diese massive Technik ethische Probleme aufwirft. Ungehorsam gegenüber therapeutischen Intentionen könnte als ein Ausdruck von Autonomie angesehen werden, zu der man wie in dem früheren Beispiel der zurückgebliebenen Klientin einen Klienten beglückwünschen könnte. Dieses Beispiel zeigte auch, wie leicht es war, diese Klientin zu überlisten und ihre unbewußte Mitwirkung an unseren Intentionen zu erreichen. Das Dilemma zwischen der Förderung von Autonomie und der Förderung therapeutischer Kooperation ist ein weiteres Paradox der Psychotherapie.

Die traditionelle Psychotherapie war immer auf die Notwendigkeit eingestellt, den therapeutischen Machtkampf zwischen Veränderung- und Keine-Veränderung-Haltungen zu vermeiden, und die Verschreibung von Symptomen ist immer, wenn auch vielleicht unabsichtlich, ein zentrales Ingrediens wirksamer Psychotherapie gewesen. Wenn wir unsere Klienten ersuchen, über ihre depressiven Gefühle zu sprechen, statt sie aufzuheitern, oder ihre ärgerlichen oder irrationalen Gefühle herauszulassen, statt sie hinunterzuschlucken, und wenn wir uns diese Gefühle mit Einfühlung und Interesse anhören, dann machen wir im Grunde nichts anderes, als Symptome zu verschreiben. Wir bestimmen sogar, daß diese Symptome sich während der Therapiestunde und nicht zu irgendeiner anderen Zeit ereignen sollten. Es stimmt auch, daß viele Menschen, die sich in Psychotherapie begeben, zu zwanghaftem Grübeln und narzißtischer Nabelschau neigen, und man könnte die Psychoanalyse und viele Formen der Psychotherapie durchaus als Erlaubnis und Einladung kennzeichnen, genau dies mit einer aufmerksamen Zuhörerin zu tun. Es gibt Therapeuten, die die Psychotherapie als eine Gelegenheit ansehen, das Drama der Beziehung mit den ursprünglichen Elternfiguren erneut zu durchleben, indem sie es in der Therapie neu inszenieren. Nach dieser Formulierung könnte man die Therapie als Verschreibung des Symptoms des Wiederholungszwangs betrachten.

Therapeutische Neutralität

Die Frage von zuviel oder zuwenig Liebe in der Psychotherapie wird gegenwärtig unter dem Stichwort der therapeutischen Neutralität erörtert. Manche feministischen Therapeutinnen haben in letzter Zeit die Auffassung vertreten, daß die teilnahmslose, frustrierende Neutralität eine typisch männliche Erfindung sei, aber viele männliche Therapeuten verdammen gegenwärtig die traditionelle therapeutische Neutralität als eine potentiell sadistische Abwehr. Wir hören, daß Freud selbst selten neutral war und daß Neutralität keinen Mangel an Wärme, Einfühlung oder aktivem Engagement bedeute, sondern nur Neutralität in bezug auf den Konflikt der Patienten. Ich habe an früherer Stelle geschildert, daß viele meiner weiblichen Befragten in der Therapie die Art von Liebe, Anerkennung und Zuwendung suchten, die sie in ihrer Kindheit vermißt und vielleicht niemals erhalten hatten. Ist es möglich, daß diese gegenwärtige Debatte durch Unzufriedenheit mit teilnahmslosen Therapeutinnen entfacht wurde?

Überliebende Therapeuten. Ich weiß nicht, ob Patienten mehr Hilfe von liebevollen, anteilnehmenden und Wärme ausstrahlenden Therapeuten erhalten als von neutralen, aber ich bin überzeugt von der destruktiven Wirkung übermäßig beteiligter Therapeuten. Meine Erfahrung deutet darauf hin, daß viele von uns immer noch darum ringen, sich von überliebenden Eltern zu erholen, und überliebende Therapeuten werden uns kaum helfen, dieses Ziel zu erreichen. Tatsächlich scheint die therapeutische Erfahrung die Entwicklung äußerst leidenschaftlicher Gefühle zu begünstigen, insbesondere in der Begegnung zwischen männlichem Therapeuten und weiblichem Patienten. Ebenso wie im Falle der Eltern ist unter dem Begriff der überliebenden Therapeuten ein wohlmeinender, aber übertriebener therapeutischer Eifer und eine narzißtische Überinvestition zu verstehen, und das Ergebnis kann eine ganz ähnliche Form der emotionalen Ausbeutung sein. Patienten werden von überliebenden Therapeuten abhängig, und die Trennung wird endlos hinausgeschoben oder zu einem lebenserschütternden Trauma, das weiterer Therapie bedürfen kann. Was noch schlimmer ist, Aggressionen und Kritik sind in einer solchen Beziehung fehl am Platz, und die Patientin ist in einer weiteren scheinbar wechselseitigen, wenn auch fürsorglichen Bindung gefangen. Wie eine Frau schrieb: »Ich wurde zu der Person, die ich für den Therapeuten darstellen wollte.«
Überliebend in der Therapie ist ein potentiell ernstes therapeutisches

Problem, das unsere weitere Aufmerksamkeit verdient. Es ist viel aus verschiedenen Perspektiven über die potentielle Betrugserfahrung in der therapeutischen Begegnung geschrieben worden. Ich will mich hier nicht mit dem zunehmend populären Thema sexueller Verführung in der Therapie befassen, weil ich das Gefühl habe, daß die Verärgerung, die Frauen über sexuelle Verführung durch Therapeuten geäußert haben, im Grunde auch Verärgerung über die in die sexuelle Arena verschobene emotionale Verführung ist. »Du berührst mich ständig emotional, und der Wunsch nach der anderen Form von Berührung kommt davon«, ist ein Zitat aus einem Liebesbrief einer Frau an ihren Therapeuten.

Ein erschütterndes menschliches Dokument zu diesem Thema ist Sarah Fergusons Buch, das ihrem verstorbenen Psychiater gewidmet ist, ein weiterer langer Liebesbrief und eine anschauliche Schilderung der Gefahren intensiver Therapie, auch bei einem verantwortungsbewußten Therapeuten, der für sexuelle Verführung nur Verachtung übrig gehabt hätte. Ferguson scheint in einer Laingschen Art von Psychoanalyse gewesen zu sein, in der tiefe Regression und völlige Abhängigkeit geduldet und sogar gefördert werden. Im Laufe ihrer Analyse drehte sich Sarah Fergusons gesamtes Gefühlsleben schließlich um ihren Analytiker. Nichts und niemand anderer hatte für sie mehr Bedeutung, so wie Menschen das Interesse an allem anderen in ihrem Leben verlieren, wenn sie verliebt sind. Der Analytiker starb plötzlich vor Ende der Analyse an einem Herzinfarkt, ihr Leben wurde völlig leer, und sie ging beinahe daran zugrunde.

In meiner eigenen Forschung über leidenschaftliche Liebeserlebnisse fand ich viele Beispiele von Frauen, die ihre Therapeuten zu sehr geliebt hatten und in der Folge verschiedene emotionale Desaster erlebten. Manchmal hatten sich diese Frauen ursprünglich wegen eines Verlusts, einer Enttäuschung oder einer Zurückweisung in Zusammenhang mit einer *überliebenden* Erfahrung in ihrem Leben in Therapie begeben. Unter den 91 Frauen in meiner Stichprobe, die von einer nichtsexuellen »Leidenschaft« für ihren Therapeuten berichteten, erwähnten 15 beträchtliche Schmerzen, oft in so gedämpfter Weise wie der folgenden: »Es fiel mir sehr schwer, ihn aufzugeben«; »ich mußte schließlich weggehen, da ich nichts daran ändern konnte«; »ich verstrickte mich völlig in diese Therapie, hatte aber schließlich die Kraft, mich aus dieser Abhängigkeit zu befreien«; »wir hatten eine wechselseitige Identifizierung und Gefühle füreinander. Wir blieben nach der Therapie Freunde, aber er machte schließlich Schluß und ging ins Ausland. Meine Leidenschaft dauerte noch drei Jahre, nachdem er gesagt hatte, er könnte die Beziehung zu mir nicht fortsetzen.« Die letzte Befragte berichtete, daß sie sich wütend, in ihrer Selbstachtung beschädigt und emotional sehr verstört gefühlt habe. Eine 32jährige unverheiratete Sozialarbeitsstudentin berichtete: »Ich war drei Jahre bei ihm in Therapie und verließ ihn eines Tages« und beschrieb dann eine lange Periode tiefer Verzweiflung und Selbstmordgedanken nach dieser Erfahrung. Von Leuten, die beim Suizidnotruf tätig waren, weiß ich, daß zahlreiche Anrufe von Patientinnen stammen, die wegen ihrer unglücklichen Leidenschaft für ihren Therapeuten zum Suizid neigen.

Zwei Befragte hatten ein intensives Leidenschaftserlebnis, als sie sich nach einer Pause von mehreren Jahren wieder zum gleichen Psychiater in Therapie begaben. Ihre Leidenschaft, die in ihrer ursprünglichen Behandlung bereits vorhanden, aber unterdrückt gewesen war, scheint in den Jahren dazwischen in den Hintergrund getreten, aber nicht vergessen worden zu sein und vielleicht die spätere Konsultation motiviert zu haben. Eine verheiratete Akademikerin Anfang Fünfzig kehrte zu einem Therapeuten zurück, bei dem sie sechs Jahre zuvor über einen Zeitraum von drei Jahren wegen ihrer Depressionen in Behandlung gewesen war. Obwohl er ihr nicht wirklich geholfen hatte, war die Therapie eine emotional positive Erfahrung für sie gewesen. Diesmal erzählte sie ihrem Therapeuten von einer außerehelichen Affäre, in der sie nach kurzer Zeit abgelehnt worden war und mit einem Gefühl der Unzulänglichkeit und Isolierung zurückblieb. Der Therapeut hatte sich sehr erfreut gezeigt, seine alte Patientin wiederzusehen. Er verglich ihre Lebenssituation mit seiner eigenen Einsamkeit in der Lebensmitte und mit seiner Enttäuschung über seine Ehe. Die Patientin mißdeutete diese Geständnisse. Sie lösten eine Flut leidenschaftlicher Gefühle und Phantasien über eine mögliche Liebesbeziehung in ihr aus, die sie zuvor unter Kontrolle gehalten hatte. Sie fing an, den erschrockenen Therapeuten in gesellschaftlich unpassender Weise zu verfolgen, was für diese sozial angepaßte und gehemmte Frau sehr ungewöhnlich war. Die Geschichte endete damit, daß sie sich beschämt, gedemütigt und abgelehnt fühlte.

Joseph Finney erörterte die Ambivalenzen dieser Beziehungen im Anschluß an Therapien vom Standpunkt der Therapeuten, wobei er zugab, daß es keine präzisen Richtlinien für solche Situationen gebe. Von einem idealen menschlichen Standpunkt aus könnte eine kreative therapeutische Begegnung zu einer schönen und tiefen Freundschaft führen; dies ist keine ungewöhnliche Situation in gleichgeschlechtlichen therapeutischen Beziehungen, aber in gemischtgeschlechtlichen Therapien könnte es sich als schwieriger erweisen.

Ich möchte noch ein weiteres Beispiel anführen für die manchmal wirklich katastrophalen Folgen einer überliebenden therapeutischen Beziehung. Diese Episode wurde mir von einer 46jährigen geschiedenen Freundin, einer hochqualifizierten Frau, erzählt. Obwohl sie schon zehn Jahre zurücklag, war die ganze Geschichte ein schweres Lebenstrauma gewesen und ihr äußerst lebhaft in Erinnerung geblieben. Sie hatte sich nach einer Totgeburt im Alter von 36 Jahren in Therapie begeben, da sie in ihrer äußerst unglücklichen Ehe Hilfe brauchte. Auch sie empfand die Kommunikation mit ihrem Psychiater als außergewöhnlich, ja einmalig. Zum ersten Mal lehrte sie jemand, ihre Gefühle zu verbalisieren, was eine befreiende Erfahrung für sie war. Sie fühlte sich zutiefst gehört und verstanden, in einer Weise, die mit ihrem Mann nie möglich gewesen war. Sie hatte ihr Studium an derselben renommierten Universität etwa zur selben Zeit wie ihr Therapeut abgeschlossen, und sie sah ihn gewissermaßen als gleichrangig an. Manchmal hatten sie heftige Auseinandersetzungen über Geld – sie empfand diese Dispute von »gleich zu gleich« höchst anregend. Sie neckten einander und hatten ihre eigenen kleinen Späße, und sie meinte zu spüren, daß auch er sich von ihr angezogen fühlte.

Als nach dreijähriger Therapiezeit seine Frau starb, geriet ihre Leidenschaft für ihn außer Kontrolle. Er versuchte, sie zu beruhigen, indem er ihr dies als eine normale, erwartete Übertragungsreaktion erklärte, aber sie hatte das Gefühl, den Verstand zu verlieren. Weil sie darauf bestand, begaben sich beide zu einem Berater, der einen sofortigen Wechsel des Therapeuten empfahl. Sie war jedoch rasend verliebt und sah keine Möglichkeit, das umzukehren. Sie fand keinen Kontakt zu ihrer neuen Psychiaterin und auch nicht zu dem folgenden Psychiater, die beide offenbar ihre Verzweiflung nicht verstehen konnten. Innerhalb von 18 Monaten unternahm sie vier Selbstmordversuche, zwei davon im Auto ihres ersten Therapeuten. Sie drang auch wiederholt in sein Wartezimmer ein und drohte, sich etwas anzutun, wenn er nicht mit ihr rede, bis er eines Tages die Polizei rief. Meine Freundin entriß dem Polizisten die Pistole, um sich zu erschießen, und landete schließlich unter der Anklage des bewaffneten Angriffs vor Gericht.

Ich habe diesen außergewöhnlichen Fall berichtet, weil er uns mehrere nützliche Warnungen gibt. Eine Lektion ist, daß sich eine plötzliche Trennung nicht immer empfiehlt, wenn die Übertragung »Amok läuft«. Im Grunde ist es bedrückend, daß manche Praktiken aus der Zeit, als Breuer Anna O. verließ, immer noch andauern. Meine Freundin meint, daß eine dritte Person in der Behandlungssituation und die Gelegenheit, ihre wilden Emotionen allmählich durchzuarbeiten, eine Lösung gewesen wäre. Auch heute sehnt sie sich noch danach, sich mit ihrem Therapeuten über diese ganze Erfahrung auszusprechen, und hofft, daß er meinen Bericht lesen wird. Eine zweite Lehre ist, daß nicht ausreichend verstanden wurde, welche Bedeutung der Tod der Ehefrau dabei hatte, daß die Phantasie meiner Freundin nicht mehr zu zügeln war. Vielleicht übersehen Therapeuten oft die Bedeutung, die Ereignisse ihres Privatlebens für ihre Patientinnen haben können. Die Tatsache, daß der Therapeut ein angesehener, intelligenter Mann ist, der in Wirklichkeit wahrscheinlich ein durchaus geeignetes Liebesobjekt für die Patientin darstellt, ist ein weiteres wirkliches Problem. Verglichen mit dem eigenen Ehemann, kann einem der Therapeut als wesentlich bessere Alternative erscheinen. Diese Beziehung wird nicht durch die entmutigenden Aspekte des geteilten Alltags zerfressen. Meine Freundin wurde schließlich als eine Grenzfall-Persönlichkeit mit Übertragungspsychose diagnostiziert. Wie Sarah Ferguson war sie sicherlich besonders anfällig für Verschmelzungs- und Verlusterlebnisse. Zehn Jahre später ist meine Freundin von ihrem Mann geschieden; als hochqualifizierte Computerwissenschaftlerin ist sie imstande, ihren Unterhalt selbst zu verdienen, sie hat zwei Söhne erfolgreich durch die Jugend gesteuert und hat einen sicheren Freundeskreis. Sie ist inzwischen zu der Überzeugung gekommen, daß ihre psychische

Gesundheit davon abhängt, ohne Ehemann oder Psychiater zurecht-zukommen. Die letzten zwei Berichte dokumentieren auch Robert Langs' Behauptung, daß extreme Übertragungsreaktionen gewöhn-lich auf therapeutische Fehler und Gegenübertragungsprobleme zu-rückzuführen seien und nicht notwendigerweise eine Manifestation emotionaler Probleme des Patienten darstellten. Obwohl einige der von mir zitierten Frauen als hysterisch oder als *Grenzfälle* angesehen werden könnten, charakterologisch jene Art von Frauen, die zu nega-tiven therapeutischen Reaktionen neigen, lassen ausführlichere Be-schreibungen der Interaktionen vermuten, daß der Therapeut erheb-liche Verantwortung für solche »therapeutischen Leidenschaften« tragen könnte, selbst wenn er sich nicht lärmend verführerisch ver-hält.

Freud sterilisierte starke Gefühle, die in der Therapie entstehen, in-dem er sie als Übertragung bezeichnete. In einer Schrift (1915) gab er jedoch zu (vielleicht in einem schwachen Moment, da er dies spä-ter wahrscheinlich aus politischen Gründen widerrief), daß sich die Übertragungsliebe mit ihren irrationalen, infantilen Projektionen, ih-rem Suchtcharakter, ihrer Abhängigkeit und ihren zwanghaften Ver-schmelzungswünschen nicht viel von anderen Arten der Liebe un-terscheidet. Er bagatellisierte nicht das Risiko psychoanalytischer Beziehungen, sondern räumte ein, »der Psychoanalytiker weiß, daß er mit den explosivsten Kräften arbeitet und derselben Vorsicht und Gewissenhaftigkeit bedarf wie der Chemiker«. In dem von Aldo Caro-tenuto, einem italienischen jungianischen Analytiker, herausgegebe-nen Band *The Secret Symmetry* wird die Problematik der Übertra-gungsliebe bzw. einer Liebe, die im Verlauf einer Psychotherapie entsteht, weiter dokumentiert. Er enthält Tagebuchauszüge und Brie-fe einer jungen Russin, Sabina Spielrein, die im Keller einer Schweizer Klinik entdeckt wurden. Sie war von ihren Eltern nach Burghölzli gebracht worden, in das Schweizer Sanatorium, wo Carl Jung seine psychiatrische Laufbahn begonnen hatte, um wegen einer Gemüts-krankheit behandelt zu werden, und war Jungs Patientin geworden. Der Titel bezieht sich auf die geheime Leidenschaft zwischen Carl Jung und seiner Patientin, vielleicht in der Annahme, daß eine solche Leidenschaft eine symmetrische Beziehung bewirke. Spielreins Tage-bücher und Briefe schildern ihre verzweifelte Liebe zu ihrem Therapeuten, die er vorsichtig erwidert zu haben scheint. Jung heilte seine Patientin zwar von ihrer psychischen Krankheit – sie wurde später eine produktive Psychoanalytikerin –, aber sie bezahlte den Preis, viele Jahre lang für Jung unter quälenden Gefühlen zu leiden. Dazu bemerkt Carotenuto: ». . . wenn der Analytiker glücklich ist und seine Liebe außerhalb der Analyse bleibt, dann ist er für seine Patientin ›tot‹. Wenn er statt dessen in der analytischen Beziehung Liebe erleben will, dann bedeutet die Beendigung der Analyse den Tod.« Carotenuto meint, daß Spielrein Jung zu einigen seiner kreativsten Ideen inspiriert habe, und erinnert uns damit an Bertha Pappenheim (Anna O.), die »die Redekur« erfand.

Die Macht und Dramatik suchtartiger Übertragungsliebe scheint nicht ausschließlich mit sexuellen Wünschen verknüpft zu sein. Ich habe an früherer Stelle in diesem Essay bereits vom Wolfsmann gesprochen. Sein ganzes Leben wurde von seiner Haßliebe, seiner Abhängigkeitsbeziehung zu seinem berühmten Analytiker, überschattet. Er empfand eine lebenslange Leidenschaft für Freud, die auf ihre eigene, völlig andere Art ebenso verzehrend war wie Spielreins Leidenschaft für Jung.

Tatsächlich ist die Lebensgeschichte des Wolfsmannes, der trotz seiner Unbedeutendheit einer der meistdiskutierten Männer des 20. Jahrhunderts war, ein verblüffendes Beispiel für Langs' Behauptung, daß die therapeutische Beziehung frühere Beziehungskonflikte wiederholen und sogar verstärken könne, statt sie zu lösen. Etwas überspitzt könnten wir sagen, daß sich der Wolfsmann von einem *übergeliebten* Kind zu einem *übergeliebten* und *überliebenden* Patienten entwickelte. In der Tat wurde er von seiner Mutter, die er als sehr kalt und dabei sehr besitzergreifend beschrieb, sowohl zuwenig als auch zuviel geliebt, und vielleicht wurde er von Freud auch über- und unterliebt. Auf jeden Fall übertrug er seine unaufgelösten Abhängigkeitsbedürfnisse von seinen Eltern auf Freud und dann eine Reihe anderer Psychoanalytiker und Psychoanalytikerinnen und entwickelte niemals ein Gefühl der Ganzheit oder das Bewußtsein, für sein eigenes Gefühlsleben verantwortlich zu sein.

Ich trete nicht für resonanzlose therapeutische Neutralität ein. Die optimale Regulierung emotionaler Distanz ist die schwierigste Aufgabe in menschlichen Beziehungen einschließlich der therapeutischen.

Wir haben das Pendel von der traditionellen reaktionslosen psycho-analytischen Neutralität über Kohuts zärtlich-liebevolle Einfühlung zu Habib Davanloos aggressiver Zudringlichkeit schwingen sehen. Es gibt somit ein großes Spektrum therapeutischer Distanzen, auf dem jeder von uns einen komfortablen Platz finden kann, der die besten Interessen unserer Patienten mit unseren eigenen emotionalen Vorlieben kombiniert. Eltern lernen heutzutage, daß sie ihre Liebe am besten durch emotionale Einfühlung, Aufmerksamkeit und Respekt für die Individualität des Kindes zeigen. Da wir zu dem Schluß gekommen sind, daß Therapie vielfach eine Form des Elternersatzes ist, scheint dies eine recht gute Formel zu sein.

Therapie ist keine Einbahnstraße. Die Dichotomie zwischen dem Therapeuten als Helfer und dem Klienten als Hilfesuchendem ist eine der vielen fälschlichen dichotomen Unterscheidungen, die wir geschaffen haben. Es könnte nützlicher sein, einen kreisförmigen Zusammenhang zwischen Hilfeleistendem und Hilfesuchendem zu sehen, in dem helfen und sich helfen lassen für beide Beteiligten abwechselnde Vorgänge sind. Dies gilt sicherlich für das Unterrichten; dieser Essay ist zum Beispiel ebensosehr meinen Studentinnen wie mir zu verdanken, aber es gilt auch für die Psychotherapie. Außerdem können wir in der Isolierung keine Wirkung ausüben. Wir können niemandem helfen, ihn trösten, bilden oder verändern, sofern der oder die Betroffene nicht aufgeschlossen für unsere Bemühungen ist. Therapeuten können im günstigsten Fall Menschen nur motivieren, ihre eigenen Kräfte zu nutzen, um ihr Leben zu erweitern.

Wirkung auszuüben ist schließlich ein Prozeß – »ausüben« – und ein Ziel – »Wirkung«. Auch hier können wir uns klarmachen, in welchem Ausmaß das Ziel und der Prozeß miteinander verquickt und untrennbar sind. In der Therapie wie im Leben ist das Ziel die Reise und die Reise das Ziel.

Das Bedürfnis nach feministischer Beratung

Feministische Therapie oder feministische Beratung ist als ein Aspekt aus der Frauenbewegung entstanden. Sozialarbeiterinnen und andere Angehörige der psychosozialen Heilberufe, die überwiegend mit weiblichen Klienten zu tun haben, erkannten rasch ihre besondere Relevanz. Unsere Klientinnen sind in Armut lebende alleinstehende Mütter (die schlecht zurechtkommen und gequält sind); Mütter von Problemkindern (die sich schuldig und verantwortlich fühlen); Frauen, die von Liebeserlebnissen enttäuscht wurden (und depressiv sind); depressive Hausfrauen in mittlerem Alter; Mütter, die ihre Kinder mißhandeln (verzweifelt, schuldbeladen und abwehrend), und deren mißhandelte Kinder; schwangere Teenager, die eine Abtreibung brauchen oder ihre Kinder behalten wollen, um ihre Abhängigkeitsbedürfnisse zu stillen; Frauen, die von ihren Vätern vergewaltigt oder sexuell belästigt wurden, sowie Frauen, die von ihren Ehemännern verprügelt oder von ihren Partnern emotional mißhandelt wurden. Es gibt auch noch andere Klientinnen, aber hauptsächlich kommen solche Frauen zu uns – aus Notwendigkeit, aus Mut oder aus Verzweiflung.

Viele verschiedene Ansätze sind in der feministischen Beratung entstanden. Manche Autorinnen haben jede Art von Therapie kritisiert, die davon ausgeht, daß problematisches Verhalten und die Möglichkeit der Veränderung im Innenraum von Menschen lokalisiert sind und nicht zwischen Menschen, in Institutionen und vor allem im sozialen System unserer Gesellschaft. In ihrem wertvollen Buch *A New Approach to Women and Therapy* kritisierte Miriam Greenspan nicht nur psychodynamische Therapien, sondern auch die Verhaltenstherapie und sogar sogenannte Wachstumstherapien wie Gestalt- oder Transaktionsanalyse, weil sie nicht hinreichend den einschnürenden soziopolitischen Kontext berücksichtigten, in dem Verhalten stattfindet. Der Akzent dieser Autorinnen liegt nicht auf dem inneren, sondern auf dem äußeren Raum, sprich dem Umfeld. In der Therapie würden sie das Schwergewicht vielleicht auf die Vorbereitung zu politischem Handeln und gesellschaftlicher Veränderung legen. Sie beharren darauf, daß feministische Beratung eine einzigartige Verbindung von Theorie und Praxis »von Frauen, für Frauen, durch Frauen« sei.

Andere feministische Beraterinnen meinen dagegen, daß feministische Beratung vor allem aus bestimmten Werten und Einstellungen bestehe und mit jeder anderen Form von Therapie, selbst der Psychoanalyse, kombiniert werden könne. Für sie ist feministische Therapie einfach gute nichtsexistische, humanistisch orientierte Therapie. Wir sprechen somit nicht von einem monolithischen Überzeugungssystem. Es könnte nützlich sein, zwischen feministischer Beratung und nichtsexistischer geschlechtssensibler Beratung zu unterscheiden, wobei sich erstere auf individuelle Veränderung und die Modifizierung persönlichen Verhaltens konzentriert, während letztere das Hauptgewicht auf politische Veränderung und die Kritik an der Gesellschaft und sozialen Institutionen legt. Beide Ansätze werden jedoch oft unexakt feministische Beratung genannt, und ich glaube, daß sie sich auch in der Praxis oft überschneiden.

Um das wachsende Interesse an feministischer Beratung zu erklären, müssen wir die Hauptkritikpunkte verstehen, die Feministinnen gegen traditionelle Formen der Beratung erhoben haben. Nach meiner Ansicht war diese Kritik vielfach so einschneidend, daß sie zunächst das Gebäude der Psychoanalyse ins Wanken brachte und dann die gesamte Psychotherapie in Mitleidenschaft zog und veränderte. In dem Maße, wie das Bewußtsein der Frauen zunahm, verringerte sich ihre Toleranz für sexistische Beratung. Manche würden vielleicht sogar sagen, alle Therapeuten und Therapien hätten sich so radikal verändert, daß wir nicht länger eine spezifisch feministische Beratung brauchen, während andere dem widersprechen und auf subtile Nachwirkungen traditionellen psychoanalytischen und patriarchalischen Denkens hinweisen würden.

Phyllis Chesler war eine der frühen Kritikerinnen der traditionellen Psychotherapie; sie präzisierte viele ihrer wichtigsten Gefahren für Frauen. In ihren Augen war die Therapie eine Institution, in der überwiegend weibliche Patienten überwiegend männliche Therapeuten »mit derselben Dringlichkeit und Verzweiflung« aufsuchten, mit der sie in die andere gesellschaftlich approbierte Institution für Mittelschichtfrauen strebten, nämlich in die Ehe:

»Für die meisten Frauen ist die psychotherapeutische Begegnung nur ein weiteres Beispiel einer ungleichen Beziehung, nur eine weitere Gelegenheit, belohnt zu werden, wenn sie sich beklagt, und Hilfe zu erhalten, wenn sie sich fachkundig beherrschen läßt ... Sowohl die Psychotherapie als auch die Ehe bieten Frauen Gelegenheit, ihre Wut gefahrlos zu äußern und zu entschärfen, indem sie sie als eine Form der emotionalen Krankheit erleben und sie in hysterische Symptome, Frigidität, chronische Depression, Phobien und ähnliches übersetzen ... Von einem Therapeuten will sie, was sie sich auch von einem Ehemann wünscht und oft nicht bekommen kann: Aufmerksamkeit, Verständnis, gnädige Erlösung, eine persönliche Antwort – in den Armen des richtigen Ehemannes, auf der Couch des richtigen Therapeuten.«

Die erste, so eloquent formulierte Kritik Cheslers richtet sich somit gegen die ungleiche Machtbeziehung in gemischtgeschlechtlicher Therapie, die ein Spiegel derjenigen ist, die wir in der Gesellschaft generell zwischen Männern und Frauen antreffen. Offensichtlich betrifft diese Kritik, ebenso wie verschiedene andere, vor allem die gegengeschlechtliche Beratung, und es gibt in der Tat eine wachsende Zahl von Frauen, die es vorziehen, sich von Geschlechtsgenossinnen beraten zu lassen.

Zweitens haben Chesler und andere behauptet, daß die Therapie eine Form der gesellschaftlichen Kontrolle sei, die darauf abziele, Frauen auf ihrem Platz zu halten. Den Frauen werde in der Therapie beigebracht, daß das Problem in ihnen selbst liege, in ihrem Innenraum, wie ich es nenne, und nicht durch die Gesellschaft und das möglicherweise pathologische Umfeld bedingt sei, in dem eine bestimmte Frau überleben mußte. Der feministische Protest wird durch den Slogan auf den Punkt gebracht: »Frauen sind nicht kaputt, sie werden kaputtgemacht.«

Drittens haben feministische Autorinnen darauf hingewiesen, daß die Therapie traditionell pathologieorientiert sei und daß das medizinische Modell diagnostische Ratespiele fördere, statt sich die Gesundheit und Kraft eines Menschen zunutze zu machen.

Viertens wurde behauptet, daß sich viele männliche Therapeuten ausschließlich auf die Beziehungen der Frauen konzentrieren, insbesondere auf ihre Beziehungen zu Männern, und die Bedeutung von Freundschaften mit anderen Frauen übersehen, ganz zu schweigen von ihrem Berufsleben, ihren Karrierezielen, ihrer autonomen Selbstentwicklung und so weiter.

Der fünfte und vielleicht wichtigste Punkt ist, daß die psychoanalytische Theorie eine antifeministische theoretische Grundeinstellung habe. Aus seiner phallozentrischen »Sicht eines kleinen Jungen« betrachtete Freud die Frauen als kastrierte und damit minderwertige Geschöpfe, deren Entwicklung als Menschen von Penisneid, Liebe und Bewunderung für den Vater, der einen Penis hat, sowie Verachtung für die kastrierte Mutter geprägt sei. Frauen fanden sich nach dieser Auffassung entweder grollend mit ihrer anatomischen und damit psychischen Minderwertigkeit ab, oder sie protestierten aggressiv dagegen. Die »Tatsache ihrer Kastration«, wie Freud zu sagen pflegte, hatte angeblich viele negative psychologische Konsequenzen. Freud definierte auch die Sexualität der Frauen für sie, und die Frauen brauchten lange Zeit, um sich von seinem theoretischen Unfug zu erholen, der dann von männlichen und weiblichen Psychoanalytikern noch weiter ausgesponnen und perpetuiert wurde. Anatomie war Schicksal, und minderwertige Anatomie verdiente wahrscheinlich einen minderen sozialen Status und geringere Chancen.

Obwohl Freud wiederholte Versuche mit zweifelhaften Ergebnissen unternahm, Frauen zu verstehen, schien er mit seiner berüchtigten ärgerlichen Frage, »Was will das Weib?« seine eigene Verwirrung einzugestehen. Seine Theorie des Menschen, die für das Verhalten der Männer relevant sein mochte, erklärte nicht die Motivation der Frauen. Es ist zu einer dringenden Aufgabe von Autorinnen geworden, die volkstümliche Mythologie in Frage zu stellen, die der psychoanalytischen Theorie entsprungen ist, und eine neue Psychologie der Frauen zu entwickeln, die das wirkliche Erleben von Frauen erhellt und eine neue theoretische Basis für die Beratung von Frauen bilden kann. Ich werde versuchen, zu dieser Aufgabe beizutragen. Bei meiner Auseinandersetzung mit einigen der Mythen, mit denen meine Generation von Frauen aufgezogen wurde, werde ich mich auf diejenigen konzentrieren, die in gravierender Weise meine eigene Lebensqualität gemindert haben. Dabei war ich in vieler Hinsicht privilegiert; Frauen, die in Armut aufwuchsen und lebten, würden vielleicht andere, wahrscheinlich noch destruktivere Mythen anführen.

Mythen im Leben der Frauen

Das Märchen von Aschenbrödel und dem Prinzen. Wir klammern uns alle an den Glauben, in einer gerechten Gesellschaft zu leben. Frauen kommen deshalb zu dem Schluß, daß ihre Machtlosigkeit und ihr niedriger Rang in der Gesellschaft auf ihre eigenen Unzulänglichkeiten zurückzuführen seien. »Sie entwickeln Merkmale, die für Minderheiten typisch sind: Abneigung gegen ihr eigenes Geschlecht, negatives Selbstbild, Unsicherheit, Selbstanklagen, eine unterwürfige oder ›rückgratlose‹ Haltung, Identifizierung mit Männern und niedrige Erwartung« (Kirsch). Die meisten Frauen, die ich kennengelernt habe, hegen tiefe Selbstzweifel, ob sie intelligent, attraktiv, liebevoll und liebenswert sind. Das infame Bedürfnis, anderen zu gefallen, das als weibliches Charakteristikum angesehen wird, ist das offenkundige Ergebnis eines so unsicheren Selbstkonzepts. Auch Männer scheinen von Selbstzweifeln geplagt zu werden, die vielleicht in unserer Gesellschaft überhaupt vorherrschen, aber Männer sind vielleicht eher davon abhängig, kompetent zu erscheinen, als geliebt zu werden. Das gesamte Leben der Frauen wird dagegen dominiert von ihrem krampfhaften Bedürfnis, Männer zu lieben und von ihnen geliebt zu werden, als der eine große Weg zum Glück und zu möglicher Selbstliebe.
Wie zeigt sich das im ganzen Lebenszyklus? Die Jugend ist überschattet von der Qual und Scham, die die »Beliebtheitskonkurrenz« verursacht. Herzzerreißende Episoden von unerwiderter Liebe, Betrug, Verrat und Zurückweisungen können lebenslange Spuren hinterlassen. Eine Frau berichtet über ein Liebeserlebnis im Alter von 19 Jahren: »Ich arbeitete in meiner ersten Stelle. Er war mein Chef. Ich war in einer emotional verletzbaren Position, denn ich war mir meines Weges nicht sicher. Nach acht Jahren fühle ich mich immer noch unentschlossen. Das Ende kam äußerst abrupt und hatte mit einer anderen Frau zu tun. Ich entwickelte eine Art Panzer und eine Bitterkeit, die ich wahrscheinlich immer noch habe. Das Erlebnis tut mir heute noch weh. Ich entdecke immer noch Dinge, die dadurch entstanden sind,

wie eine Furcht, mich voll und ganz auf jemand einzulassen. Auch ein ständiger Kampf mit Depressionen und Gefühlen der Wertlosigkeit und Unzulänglichkeit.«

Nach der Adoleszenz kommt das junge Erwachsenenalter mit der Angst, daß kein geeigneter Prinz als Retter kommen wird, um das Märchen-Script zu erfüllen. Ich erinnere mich noch, wie ich in meiner späten Jugend von Sorgen heimgesucht wurde, keinen passenden Mann zu finden. Warum sollte eine attraktive und intelligente Frau, wie ich es wohl gewesen sein muß, von solchen Ängsten gequält werden? Frauen werden in dem Glauben erzogen, daß sich ihre persönlichen Alpträume auf sie beschränken und zutiefst neurotisch seien, und ich dachte viele Jahre lang, daß ich mit der abnormen Angst geschlagen sei, keinen Mann zu finden. Erst vor kurzem ist mir klargeworden, daß viele Frauen von genau denselben Ängsten heimgesucht werden. Wie dankbar sind wir doch Männern, die bereit sind, uns mit all unseren Unvollkommenheiten zu lieben.

Viele Frauen treten mit der tiefen Überzeugung in die Ehe – zumindest war das in meiner Generation so –, daß ihre Ehemänner sie vor den Schmerzen, Ängsten und Problemen des Lebens beschützen werden. Die Realität der Ehe kann nur ein grobes Erwachen sein. Meine Eltern führten eine katastrophale, lieblose und streiterfüllte Ehe, und meine Tante mütterlicherseits, die mir eine zweite Mutter war, empfand nichts als Verachtung und Mitleid für ihren Mann. Dennoch begann ich meine Ehe mit der vollen Überzeugung, den Rest meines Lebens glücklich zu sein. Kulturelle Mythen scheinen schwerer zu wiegen als unsere eigenen Beobachtungen des Lebens um uns herum.

Einmal verheiratet, macht sich jede Frau fortwährend Sorgen, ob ihr Mann sie genug liebt, und sie hofft, daß er sie nicht verprügeln, trinken oder ihr untreu werden wird. »Ich glaube, ich kann mich nicht beklagen. Er ist ein zuverlässiger Arbeiter; er trinkt nicht; er schlägt mich nicht«, antworteten Frauen der unteren Schichten, als sie von Lillian Rubin befragt wurden, »was sie an ihren Männern am meisten schätzten«. Als ältere Frauen hoffen sie, daß ihre Männer sie nicht wegen jüngerer Frauen verlassen werden. Manche Frauen lassen sich scheiden und stehen dann in der Mitte ihres Lebens erneut vor den Aufgaben der Männersuche, des Männerfangs und Männerhaltens, die sie bis zu ihrem Grab verfolgen werden.

In den letzten Generationen haben sich die Dinge sichtlich geändert. Frauen ergreifen heutzutage die Initiative zur Scheidung, falls sie ökonomisch unabhängig sind. Ihre verlassenen Ehemänner leiden zwar sehr, aber den Statistiken zufolge heiraten sie im Gegensatz zu ihren in mittlerem Alter befindlichen Frauen rasch und mühelos wieder. Und die modernen jungen Frauen verschieben ihre Eheschließung bis in ihre späten Zwanziger; doch sie scheinen unter den gleichen Ängsten und Sorgen zu leiden, von denen meine Generation geplagt wurde. Eine junge 28jährige Frau kam zu mir zur Beratung. Ihre Eltern waren gestorben, und sie fühlte sich allein in der Welt. Würde sie ein einsames Leben führen müssen, ohne einen dauerhaften Partner zu lieben und von ihm geliebt zu werden? Sie war eine sehr tüchtige junge Frau, und sie wußte genau, warum sie keinen Partner gefunden hatte. Nein, sie schob es nicht auf den Mangel an interessanten jungen Männern für gebildete Frauen oder auf die Umstände oder auf die Schwierigkeiten in jedem Alter, einen interessanten Mann zu finden. Sie sah die Ursache in ihren eigenen Mängeln. Sie glaubte, eine schiefe Nase zu haben und ein bißchen zu dick zu sein. Da sie eine Frau war, war sie depressiv, und sie sagte, sie sei zu depressiv, ihr Haus in Ordnung zu bringen, eine Diät zu machen und auszugehen und sich einen Mann zu suchen, lauter Dinge, die ihr ihr männlicher Berater dringend empfohlen hatte. Ich hatte nur zwei wichtige Ratschläge für sie: ihre Versuche mit einer Diät aufzugeben, weil sie attraktiv genug sei, und triumphierend in ihrem unordentlichen Haus zu leben, das sie für keinen Mann aufzuräumen brauche. Sicher habe ich sie vorübergehend aufgeheitert, aber ich konnte keinen Mann für sie finden.

Wenn sich Frauen stark, unabhängig und selbstsicher fühlten und auch bereit wären, dem Leben ohne dauernden Partner mit einer gewissen Gelassenheit entgegenzusehen, dann könnten sie sich entspannen und einfach offen für die Begegnungen mit Frauen und Männern sein, die ihnen das Leben vielleicht zuführt. Manche Frauen wünschen sich Kinder dringender als einen Mann, und der neue, revolutionäre Trend unter manchen hochqualifizierten Frauen, ein Kind ohne Vater aufzuziehen, könnte die verzweifelte Suche nach einem Mann erleichtern. Vielleicht wäre die Situation auch einfacher, wenn die meisten von uns nicht an den nächsten Mythos glauben würden.

Der Mythos von der alten Jungfer. Untersuchungen über relative Lebenszufriedenheit haben in den letzten zwei Jahrzehnten durchgängig ergeben, daß alleinstehende Frauen als Gruppe psychisch gesünder sind als verheiratete Frauen, während das Gegenteil für alleinstehende Männer gilt, die als Gruppe die geringste Zufriedenheit mit ihrem Leben und die höchste Rate an Alkoholismus, psychischen Erkrankungen und Kriminalität aufweisen. Diese Befunde stehen in krassem Gegensatz zu unseren verbreiteten Annahmen von glücklichen Junggesellen und einsamen Junggesellinnen.

Jessie Bernard bemerkte dazu: »Es ist nicht unbedingt die Größe der statistischen Unterschiede zwischen der psychischen Gesundheit verheirateter und unverheirateter Frauen oder zwischen verheirateten Männern und verheirateten Frauen, was so überzeugend wirkt: vielmehr ist es die Regelmäßigkeit der Unterschiede ... Das schlechte psychische Befinden der Ehefrauen ist wie eine leichte Infektion, die sich nur an einer Reihe verstreuter Symptome zeigt, von denen keines kritisch genug ist, um eine akute Erkrankung auszulösen. Und deshalb ist es leicht, ... sie zu übergehen. Oder den Frauen selbst die Schuld daran zu geben. Es muß etwas mit ihnen nicht in Ordnung sein, wenn sie psychisch so in Not sind.«

Von diesen Ergebnissen fasziniert, haben meine Studentinnen und ich die Lebenszufriedenheit von 60 immer unverheirateten, geschiedenen oder verwitweten Frauen im Alter von 35 bis 65 untersucht, deren Kinder, falls sie welche hatten, nicht mehr im Haus lebten. Wir stellten fest, daß die Mehrzahl der Frauen in unserer Stichprobe mit ihrem Leben entweder sehr zufrieden (50 Prozent) oder halbwegs zufrieden (30 Prozent) waren. Nur 15 Prozent, neun Frauen in unserer Stichprobe, verglichen mit etwa 10 Prozent der allgemeinen amerikanischen Bevölkerung, waren sehr unzufrieden mit der Qualität ihres Lebens. Besonders beeindruckt waren wir von dem Ergebnis, daß die Lebenszufriedenheit stark abhängig war von der Arbeitszufriedenheit, unabhängig vom Gesundheitszustand und nur abhängig von einem guten Sexualleben, einem ständigen Freund oder der Anwesenheit junger erwachsener Kinder. Aus unserer Untersuchung konnten wir nur schließen, daß für Frauen in der Lebensmitte weder Ehe noch Sex oder Mutterschaft ein notwendiger Bestandteil für große Lebenszufriedenheit ist.

Der Mythos von der Familie als »Hafen in einer herzlosen Welt«. Dieser Mythos hat mir besonders geschadet. Vor langer Zeit habe ich den Experten geglaubt, ohne sie zu hinterfragen, und ihre Schriften sehr ernst genommen. Ich erinnere mich, in einem Soziologiebuch gelesen zu haben, daß die Familie die Institution sei, aus der die Menschen genügend Trost und Kraft schöpfen, um in der Welt der Arbeit funktionsfähig zu sein. Da mir meine Arbeit immer weniger belastend erschienen ist als das Aufziehen der Kinder und da ich mich immer auf die Arbeit als Erlösung vom Familienleben freute, kam ich zu dem Schluß, daß mit meiner eigenen Kleinfamilie irgend etwas nicht stimmen und ganz und gar danebengegangen sein müsse. Später fühlte ich mich fast erleichtert durch die Erkenntnis, daß die meisten Kleinfamilien Dschungel der Brutalität, Inseln der Verzweiflung oder Brutstätten des Wahnsinns sind. Meine eigene Familie schnitt noch relativ gut ab, sobald der Mythos entlarvt war.

Im Rahmen eines Unterrichts über Familientheorien berichten meine Sozialarbeitsstudentinnen jedes Jahr auch über ihre eigenen Familien. Diese meist gut funktionierenden, kompetenten und sozial engagierten Studentinnen stammen oft aus Familien, in denen Alkoholismus von einer Generation an die nächste weitergegeben wurde; manche waren als Kinder sexuell belästigt worden; viele kommen aus geschiedenen oder zusammengewürfelten Familien; und eine Anzahl berichtet über psychische oder geistige Störungen bei einem Geschwister- oder Elternteil. Ich bin jedes Jahr aufs neue erstaunt. Es ist auch in diesem Bereich notwendig, unsere Annahmen über die Realität des Familienlebens zu revidieren.

Eric Berman zeichnet ein eindrucksvolles Bild davon: »Das System fördert die Überlastung. Es legt zu viele emotionale Eier in den Familienkorb und zerdrückt sie dann ... Gerade jene Merkmale, die die eheliche Kernfamilie für diese Anpassungsfunktion (bezogen auf die Industriegesellschaft) zu prädestinieren scheinen – ihre Intimität, geringe Größe und ihr verbindendes Liebesethos ... stehen der Notwendigkeit entgegen, ein Ventil für Aggressionen und verschobene Feindseligkeit zu bieten. Die geringe Größe bedeutet, daß nur wenige Personen eine Überbelastung an Spannungen, Emotionalität und Antagonismus tragen müssen, die sie nicht verdient haben ... Unsere kleine klaustrophobische Kleinfamilie ist explosiv und äußerst ödipal.

Sie macht Wochenendneurosen zur Regel, und das Credo der sie umgebenden Diskretion sorgt dafür, daß ... jede Familie bei verzehrenden Schuldgefühlen unerschütterlich davon überzeugt ist, daß sie und sie allein eine besondere und einsame private Hölle darstellt.«

Darüber hinaus gibt es unstrittige Belege dafür, daß Frauen häufiger die Opfer familiärer Gewalt sind, häufiger an Depressionen leiden und mehr schizophrene Zusammenbrüche erleiden als Männer.

Die Destruktivität des Familienlebens zeigt sich am dramatischsten, wenn wir Frauen betrachten, die in ungünstigen wirtschaftlichen Verhältnissen leben. In ihrer Untersuchung über 40 einkommensschwache Familien beschrieb Allan P. Bell die alarmierend hohe Anfälligkeit für Depressionen und andere psychische Störungen unter einkommensschwachen Müttern. Sie stellte fest, daß alleinerziehende Mütter und Mütter mit großer Familie und Vorschulkindern ein äußerst aufreibendes Leben führen und entsprechende psychiatrische Symptome aufweisen.

Alan P. Bell schrieb: »Es ist aufschlußreich, sich die äußerst belastenden Lebensereignisse zu vergegenwärtigen, die Frauen unserer kleinen Stichprobe erfahren haben. Dazu zählen: Vergewaltigung, Mißhandlung durch den Ehemann, Beraubung, Nervenzusammenbruch, Gerichtsverhandlung, Tod des Ehemanns durch Erstechen, Rückforderung der Kinder nach vielen Jahren durch den Vater und Verlassenwerden durch den Ehemann. Gewalttätigkeit ist nicht selten, und die Ehemänner und Liebespartner der befragten Frauen sind häufig Gewalttäter.«

Es ist auch eindrucksvoll, zu erfahren, daß »in jeder Altersgruppe die Heiratsrate der Frauen um so niedriger liegt, je höher ihr Einkommen ist«, eine Situation, die bei den Männern genau umgekehrt ist; Frauen der oberen Schichten haben auch die geringsten Wiederverheiratungsraten nach einer Scheidung. Ich nehme an, daß diese Frauen eine Wahl haben.

Es könnte natürlich sein, daß es häufig nicht die Ehe als solche ist, sondern die Hausfrauenrolle und das Aufziehen von Kindern, was so viel Streß verursacht, und daß diese schon älteren Statistiken die Situation berufstätiger Ehefrauen und Mütter nicht mehr richtig beschreiben. Vor zehn Jahren waren diese Statistiken jedoch zutreffend, und es empfiehlt sich, die jüngste Vergangenheit im Gedächtnis zu behalten, vorausgesetzt, daß das soziale Pendel in einem verstehbaren Muster schwingt. Darüber hinaus glaube ich, daß Frauen auch weiterhin für die psychischen Störungen verantwortlich gemacht werden, die das System bei den Kindern hervorruft, und daß sie sich auch selbst diese Verantwortung zusprechen. Das bringt mich zu meinem nächsten Mythos.

Der Mythos von den Wonnen der Mutterschaft. Es ist sehr zu begrüßen, daß dieses Märchen endlich entlarvt wird, denn die heutigen jungen Mütter brauchen die Liste ihrer Mutterschaftsbürden zumindest nicht um Schuldgefühle wegen ihrer natürlichen Ambivalenz gegenüber ihren Kindern zu erweitern. Soziologische, autobiographische und feministische Veröffentlichungen stimmen alle darin überein, daß die größere Häufigkeit von Depressionen unter Frauen zumindest teilweise mit den Belastungen der Mutterschaft zusammenhängen dürfte. Untersuchungen über Depression stellen gewöhnlich eine starke Korrelation zwischen Mutterschaft, insbesondere früher und mehrfacher Mutterschaft, und dem Auftreten von Depression fest.

Ich bin verbittert darüber, daß die Erkenntnis über die »postnatale Depression« als ein allgemein erwartetes Phänomen erst in letzter Zeit öffentlich bekanntgemacht wurde. Ich erinnere mich noch an die Überraschung und die Schuldgefühle, als ich als junge Mutter starke Ängste gegenüber dem Neugeborenen empfand und in der Zeit, von der ich erwartet hatte, daß sie »die glücklichste Periode meines Lebens« sein würde, sehr depressiv war. Meine Überzeugung, daß ich eine unnatürliche Mutter sei – eine Überzeugung, die Frauen ihr ganzes Leben lang verfolgt –, war dabei eine schlimmere Belastung als die Depression selbst.

Viele Frauen fordern heute von ihren Ehemännern oder Partnern, sich stärker an den anfänglichen Pflegeaufgaben zu beteiligen. Dies wird glücklicher- oder bedauerlicherweise die Leidenschaft der Mutter für ihren Säugling verwässern und wird den Vater davor schützen, ein eifersüchtiger Außenseiter zu werden. Gemeinsam praktizierte Kinderbetreuung kann auch die frühe Identifizierung des Kindes mit *beiden* Geschlechtern fördern, Mütter und Töchter vor übertriebener Verschmelzung bewahren und Söhnen helfen, schon früh eine männliche Identifizierung zu erwerben und sich die übermäßige und anstrengende Bekämpfung ihrer primären Identifizierung mit ihrer Mutter zu ersparen. Es ist auch zu hoffen, daß ein solches Teilen der Erziehungsaufgaben die Entwicklung androgyner, vollständigerer Menschen fördert und daß es mit der Zeit sogar die männlich-weibliche Polarisierung des menschlichen Verhaltens zerreißt.

Es erscheint mir durchaus natürlich, daß erwerbstätige Frauen de facto »besser liebende« Mütter werden, da sie davor geschützt sind, ihre gesamten Lebensenergien, Hoffnungen und Ambitionen in ihre Kinder zu investieren, eine Situation, die fast zwangsläufig bestimmte Formen von »Überliebe« hervorbringt. Wir haben die Erfahrung gemacht, daß ein wirksames Mittel zur Verhütung von Kindesmißhandlungen darin besteht, die Mutter arbeiten zu schicken. Welch eine Ironie, daß Müttern meiner Generation von Dr. Spock (und anderen Männern, die Frauen beibringen wollen, wie sie ihre Kinder aufzuziehen haben) versprochen worden war, wir würden vollkommene Kinder haben, wenn wir zu Hause blieben und uns 24 Stunden am Tag um sie kümmerten. Slaters scheinbar wilde Spekulation, daß die amerikanischen Mütter über diese falschen Versprechungen wütend gewesen seien und Dr. Spock nicht unterstützt hätten, als er in die Politik ging, könnte nicht ganz unbegründet sein.

Als junge Mutter war ich berufstätig, um mein seelisches und geistiges Gleichgewicht zu wahren. Deborah Belle stellte fest, daß auch für Frauen mit geringem Einkommen die Erwerbstätigkeit nicht nur eine dringende ökonomische Notwendigkeit ist, sondern auch ein Puffer gegen Depressionen. Sie fuhr fort: »Arbeitsplätze stellten für viele dieser Frauen eine helle Hoffnung dar. Untersuchungsergebnisse ... deuten darauf hin, daß Erwerbstätigkeit de facto die psychische Gesundheit von Frauen schützen kann, wenn andere Umstände schwierig sind. Manchen Frauen, mit denen wir arbeiteten, erschien die Zukunft trostlos ohne einen Job, der einen Ausweg aus Armut, Isolierung und geringer Selbstachtung versprach.«

Die meisten verheirateten und unverheirateten Frauen arbeiten, um das finanzielle Überleben zu sichern. Viele Mittelschichtfrauen und die meisten Frauen der unteren Schichten müssen dann mit der bitteren Realität fertig werden, daß ihre Arbeitsbedingungen durch niedrigen Status, niedrige Löhne und verschiedene Formen von Diskriminierung und Streß gekennzeichnet sind.

Nicht nur die uneingeschränkten Wonnen der Mutterschaft für die jungen Frauen wurden bisher gepriesen, sondern die sozialwissenschaftliche Literatur nährte auch die Illusion, daß ältere Frauen es nicht ertragen könnten, sich von ihren Kindern zu trennen. Dies führte zur Entstehung des nächsten Mythos.

Der Mythos vom leeren Nest. Ich erinnere mich, daß ich einer kinderlosen Psychoanalytikerin erzählte, wie froh ich war, daß – wenn in der Nachbarschaft Kindergeburtstagsfeste stattfanden – diese Zeiten für mich vorbei waren. Sie lieferte prompt die Deutung, mein Gefühl des Verlusts gegenüber den Zeiten, als meine Kinder klein waren, sei so überwältigend, daß ich es völlig verleugnen müsse. Damals war ich unsicher und verwirrt. Meine Gefühle gegenüber dem verrinnenden Strom des Lebens sind so ambivalent, daß es mir schwerfällt, zwischen Erleichterung und Bedauern zu unterscheiden. Wir haben seither die Erfahrung gemacht, daß sich extremer Schmerz über den Weggang der Kinder von zu Hause auf Frauen beschränkt, die sich ausschließlich in der Mutterschaft verwirklichten und die in die mittleren Jahre und in das Klimakterium kommen, ohne daß ihnen andere Rollen zur Verfügung stehen. Auch bei diesen Frauen konzentrieren sich die depressiven Gefühle mehr auf den Mangel an sinnvollen Beschäftigungsalternativen als auf den Verlust der Kinder oder der Fortpflanzungsfähigkeit als solcher. Die neueren Forschungsergebnisse deuten übereinstimmend darauf hin, daß sich Frauen erleichtert fühlen, wenn sie die Bürde der Mutterschaft abgeben, insbesondere, nachdem sie ihre Kinder durch die Krisenzeiten in der Jugend gebracht haben. In einer Untersuchung, die meine Studentinnen und ich über Väter und Mütter in mittlerem Alter durchführten, stellten wir fest, daß sich die meisten Mütter nicht dann belastet fühlen, wenn die Kinder von zu Hause weggehen, was schließlich ein lang vorhergesehenes Ereignis ist, sondern wenn die erwachsenen Kinder in Zeiten der Arbeitslosigkeit, ehelichen Trennung oder geistig-psychischen Instabilität nach Hause zurückkehren.

Das Märchen vom leeren Nest ist bloß eines der Felder, auf denen die Frau in der Lebensmitte mißverstanden wird; es ist nicht so herabwürdigend wie frühere Aussagen von Helene Deutsch, die von ihr meinte, sie führe einen »Kampf um die Behaltung der nun im Entschwinden begriffenen Weiblichkeit«, oder sich über sie lustig machte, weil sie jugendlichen Enthusiasmus zeige. In jüngerer Zeit wurden diese Frauen dafür gerügt, ihre Großmutterpflichten zugunsten frivolerer Beschäftigungen zu vernachlässigen. Es ist ein großer Trost, Frauen von Format gegen solche Klischees Stellung nehmen zu hören. »Die kreativste Kraft in der Welt ist eine Frau mit Schwung nach dem Klimakterium«, erklärte Margaret Mead bei einem Vortrag.

Frauen in mittlerem Alter sind besonders in ihrer Sexualität verspottet worden. Populärwissenschaftliche Autoren wie David Reuben haben fälschlicherweise die Fähigkeit zur Fortpflanzung mit der Fähigkeit zu sexueller Lust und erotischem Vergnügen gleichgesetzt. Zum Glück haben auch hier die neueren Erkenntnisse von Forscherinnen mit diesen Entstellungen aufgeräumt und älteren Frauen die volle Erlaubnis gegeben, Geschlechtswesen zu bleiben oder gar erst zu werden. Auffallend ist ein Befund des Kinsey-Instituts, wonach verwitwete und geschiedene Frauen »in ihrem nachehelichen Leben einen höheren Prozentsatz an Orgasmen hatten als in ihrer Ehe«. Tatsächlich ist die ganze Sphäre der weiblichen Sexualität besonders den wertbefrachteten Verzerrungen durch »Experten« ausgeliefert.

Der Mythos vom Dornröschen. Männer haben nicht nur den Frauen vorgeschrieben, wie sie ihre Kinder großziehen sollen, sie haben auch schon lange vor Freud die weibliche Sexualität für sie definiert. Es ist erstaunlich, wie lange Frauen zögerten, Anspruch auf ihre eigene Sexualität zu erheben. Offenbar verunsicherten sie ihre Empfindungen oder das, was sie glaubten empfinden zu sollen, und ob sie eine Ausnahme und deshalb abnorm seien. Nachdem Teilnehmerinnen in Bewußtseinsbildungsgruppen bereit waren, über ihre sexuellen Erfahrungen zu berichten, und Frauen sich schließlich auch Forscherinnen offenbarten, war die pluralistische Unwissenheit beendet, bei der jede Frau allein die geheime Schande ihrer speziellen vermeintlichen sexuellen Unzulänglichkeit trug. Freud und einige seiner weiblichen Jünger hatten die Auffassung vertreten, daß reife Weiblichkeit von der Verlagerung der erotischen Sensitivität von der Klitoris auf die Vagina abhänge; darüber hinaus wurde die Vagina als ein Organ abgewertet, das sich nicht mit dem unbezahlbaren Penis messen könne. Die weibliche Entwicklung wurde deshalb, wie bereits erwähnt, auf dem Penisneid aufgebaut. Es ist tröstlich, zu wissen, daß manche von Freuds frühen Jüngern wie Karen Horney schon sehr früh die Auffassung vertreten hatten, der Penisneid könnte, wo er vorhanden ist, eine Reaktion auf den überlegenen Status der Männer in unserer Gesellschaft sein, was vermutlich schon mit der bevorzugten Stellung der Brüder in der Familie beginnt. Horney war auch die erste Psychologin, die von dem Gebärmutterneid sprach, den Freud kein einziges Mal erwähnte.

Erst mit der Forschungsarbeit von Masters und Johnson wurde die Rolle der Klitoris für die weibliche Sexualität rehabilitiert. Wir verstehen jetzt, daß Frauen tatsächlich entweder einen vaginalen Orgasmus oder einen klitoralen Orgasmus oder den kombinierten Orgasmus haben können, den Masters und Johnson in ihrem Labor studierten, und daß diese verschiedenen Muster weiblicher Sexualität weder mit emotionaler Reife zusammenhängen noch gar mit irgendeiner falsch definierten »Weiblichkeit«.

Während die psychoanalytische Literatur den Mangel an vaginaler Orgasmuserfahrung als »Frigidität« und neurotische Ablehnung der weiblichen Rolle definierte, haben Sozialwissenschaftler immer darauf hingewiesen, daß »die Orgasmusfähigkeit der Frau als ein Potential zu betrachten ist, das von der jeweiligen Kultur entwickelt werden kann oder nicht« (Mead). Diese Fähigkeit wird als Lernprozeß angesehen, der (in unserer Kultur) beträchtliche Enthemmung, sexuelle Erfahrung und geschickte Liebespartner erfordert. Die Kinsey-Forschungen stellten 1953 fest, daß manche Frauen viele Jahre brauchten, bevor sie ihren ersten Orgasmus hatten, falls sie je dazu kamen. Generationenlang haben Frauen passiv wie Dornröschen darauf gewartet, daß Männer sie erwecken, sie in die Sexualität einführen und ihnen Orgasmen »schenken«. Inzwischen ist klar, daß die Männer, weit davon entfernt, kompetente Lehrmeister zu sein, mit den Bedürfnissen und Vorlieben von Frauen nicht vertraut sind und selbst der Unterrichtung bedürfen. Funktionierende Kommunikation zwischen den Partnern kann gegenseitiges Anleiten, Erkunden und Experimentieren bewirken, wobei beide Partner aktive und passive Rollen übernehmen. Das Klischee, das Weiblichkeit mit Passivität gleichsetzte, schadet den Frauen.

Es wird somit völlig klar, daß das romantische Bild der Keuschheit und

Jungfräulichkeit bis zur Ehe höchst abträglich sowohl für die Frauen wie für die Männer ist. In unserer neuen feministischen Sprache sagen wir von Frauen, daß sie mit ihrer ersten sexuellen Begegnung sexuelle Erfahrung gewinnen, statt ihre Jungfräulichkeit zu verlieren. Feministische Autorinnen haben sich auch bemüht, die Schuldgefühle auszutreiben, die traditionellerweise mit Masturbation verknüpft sind. Sie ermuntern Frauen, sich selbst zu befriedigen, um sich auf diese Weise zu enthemmen – als eine primäre Form weiblicher Sexualität und als eine potentielle Brücke zur vaginalen Orgasmusfähigkeit. Feministinnen haben die Frauen aufgefordert, ihre Sexualität in ihre eigenen Hände (!) zu nehmen, zu lernen, sich in ihrem eigenen weiblichen Körper wohl zu fühlen und ihre Bedürfnisse an ihre Liebespartner zu vermitteln. Diese Lektionen sind schwer zu lernen gewesen.

Obwohl die Schulung der technischen Geschicklichkeit ein wichtiger Bestandteil dieses Denkens war, wurde die Bedeutung von Gefühlen und der emotionalen Aspekte der sexuellen Beziehung nicht geleugnet. Weibliche Sexualität beschränkt sich übrigens nicht auf Heterosexualität – das bringt mich zum Mythos von der homosexuellen Pathologie.

Der Mythos von der homosexuellen Pathologie. Als Eleanor Roosevelts Korrespondenz mit Lorena Hickok veröffentlicht wurde, wucherten die Spekulationen über ihre sexuelle Orientierung. Die westliche Kultur ist durchsetzt von falschen Polarisierungen. In unserer Gesellschaft ist es nicht nur sehr wichtig, daß die Menschen streng in Männer und Frauen eingeteilt werden, sondern daß man ihnen auch eindeutige homosexuelle oder heterosexuelle Orientierungen zuschreibt.

Harry Stack Sullivan, ein wichtiger Pionier in der Ablehnung dieser heimtückischen Dichotomie, schrieb: »Das hat in Situationen, an denen zwei konkrete Partner beteiligt sind, theoretisch 72 verschiedene sexuelle Verhaltensmuster zur Folge ... Ich möchte, daß Ihnen deshalb klar wird ... wie einfältig es ist, einen Menschen zur Klassifizierung seines sexuellen und freundschaftlichen Umgangs mit anderen Adjektiven wie ›heterosexuell‹, ›homosexuell‹ bzw. ›narzißtisch‹ zu behängen. Solche Klassifizierungen sind nicht im entferntesten subtil genug für ein intelligentes Denken; sie sind viel zu grobschlächtig, um irgend etwas anderes bewirken zu können, als sowohl den Beobachter wie auch das Opfer in die Irre zu führen.«

Das ausführlich dokumentierte, faktisch häufige bisexuelle Verhalten wird in der psychiatrischen Literatur häufig als »begrenztes« oder »situationsbedingtes Experimentieren« abgetan. Ehen von Frauen, die sich später als lesbisch bezeichnen, werden rückblickend als »zum Scheitern verdammt« hingestellt, wobei die alternative Erklärung vermieden wird, daß Frauen, die von Männern enttäuscht sind, bei anderen Frauen emotionale und physische Befriedigung suchen könnten. In unserer neuen, flexibleren Kultur und bei unseren etwas toleranteren Lebensstilen kommen Änderungen in der sexuellen Orientierung während des ganzen Lebenszyklus häufiger vor. »Die Befunde stützen eine Theorie der Multipotentialität der sexuellen Selbstverwirklichung« (Bleier). Mehrere Frauen in meiner Untersuchung über Leidenschaft hatten ihre sexuelle Orientierung mindestens einmal gewechselt, und zwei Frauen hatten das zweimal getan; außerdem definierten sich eine Reihe von Frauen als bisexuell. Die sexuelle und emotionale Erlebnisbereitschaft unter den Frauen in meiner Untersuchung umspannte ein Kontinuum von ausschließlicher Heterosexualität über Heterosexualität, in der es gleichzeitig frauenorientierte sexuelle oder nichtsexuelle Leidenschaften gab, eingestandene Bisexualität, eingestandenen Lesbianismus mit Vorgeschichten heterosexueller Leidenschaften bis zu ausschließlicher lesbischer Identität am anderen Ende des Spektrums. Forschungen von anderen haben diesen Befund zumindest heimlich wechselnder Orientierungen bestätigt, obwohl Frauen und Männer in unserer Gesellschaft beinahe gezwungen sind, sich zu einem bestimmten Netzwerk sozialer Beziehungen zu bekennen, das dann seinerseits ihre Gebundenheit an eine bestimmte sexuelle und emotionale Geschlechtsorientierung verstärkt und verschärft.

Am destruktivsten ist das Insistieren von Vertretern psychischer Heilberufe, die in der Homosexualität ein schweres psychisches Problem sehen trotz all der Forschungsevidenz, daß »Homosexualität einfach kein klinisches Gebilde ist« (Riess), und obwohl es »keinerlei Beweise gibt, daß Homosexualität eine biologische oder emotionale Abweichung darstellt.« (Bleier)

Thomas Szasz hat eine positive Auffassung von Homosexualität formuliert, bevor solche Äußerungen modern wurden: »Unsere säkulare Gesellschaft fürchtet Homosexualität in derselben Weise und mit derselben Intensität, wie die theologischen Gesellschaften unserer Vorfahren die Ketzerei fürchteten ... So ist in dem Drama des ständigen Kampfes der Gesellschaft, genau jene menschlichen Eigenschaften zu zerstören, durch die sich Menschen von ihren Mitmenschen unterscheiden und Personen sich als Individuen statt als Mitglieder der Herde auszeichnen, der Arzt an die Stelle des Priesters und die Patientin an die Stelle der Hexe getreten.«

Die *American Psychiatric Association* hat Homosexualität 1973 offenbar unter politischem Druck aus der Kategorie psychischer Krankheiten gestrichen, aber die Stigmatisierung hält an. Homosexualität ist abwechselnd oder gleichzeitig als ein Verbrechen, eine Sünde oder eine Krankheit bezeichnet worden, drei Etikettierungen, die bedrückende, Schuld- und Schamgefühle erzeugende Folgen haben. Lesbische Frauen haben aus Angst vor Diskriminierung häufig die Benutzung traditioneller Kliniken und Beratungsstellen gemieden. Jetzt, da Frauen (und Männer) mutig aus ihren Verstecken herauskommen, wird uns klar, daß »lesbische Frauen überall sind« (Diamond). »Überall«, das schließt Professorinnen und Studentinnen der Sozialarbeit und der psychosozialen Heilberufe im allgemeinen ein. Es ist äußerst wichtig für alle Sozialarbeiter geworden, gegen die Stigmatisierung der Lesbierinnen aufzutreten und sich deren spezielle Lebensbelastungen bewußtzumachen wie Diskriminierung am Arbeitsplatz, in ihrer Wohnsituation und bei Sorgerechtskonflikten; den überwältigenden Schmerz, wenn eine Liebesbeziehung endet; und all die praktischen Schwierigkeiten, mit denen Frauen zu kämpfen haben, die nicht von einem Mann »beschützt« werden. Die weiblichen und männlichen Berater von Lesbierinnen müssen ihren Lebensstil als eine gültige und potentiell befriedigende Wahl anerkennen und ihn von den Problemen trennen, bei denen die Lesbierin Hilfe wünscht.

Es gibt noch zwei letzte Mythen, die ich gern erörtern möchte. Ich habe sie mir deshalb für den Schluß aufgehoben, weil sie in subtiler Weise auf alle vorhergegangenen Fragen abfärben.

Der Mythos von der natürlichen Minderwertigkeit der Frauen. Es ist eine Ironie, aber vielleicht kein Zufall, daß wir Frauen uns eben von den psychoanalytischen Beleidigungen erholten, als über unser Leben ein neuer Fluch hereinbrach, diesmal unter dem Deckmantel der Soziobiologie oder Biosoziologie. Statt Anatomie war es jetzt die Evolutionsbiologie, die unser Schicksal wurde. Unsere Gene und unsere Hormone, so wurde gesagt, bestimmten uns dazu, uns passiv, mütterlich und fügsam gegenüber unseren aggressiveren und deshalb erfolgreicheren Partnern zu verhalten. Die soziale Organisation von Affenhorden wurde uns plötzlich als ein kulturelles Ideal verkündet. Wieder einmal lesen wir, daß sich Frauen und Männer grundlegend voneinander unterscheiden, ohne daß dies auf kulturelle Programmierung zurückzuführen sei. Kleine Mädchen seien weniger aggressiv als kleine Jungen, offenbar schon von der Wiege an. Mädchen hätten bessere sprachliche Fähigkeiten, aber nur bis zur Jugend, während das besser entwickelte räumliche Vorstellungsvermögen der Jungen das ganze Leben lang überlegen bleibe. Dieses Merkmal sei mit größerer Feldunabhängigkeit gekoppelt, was auf eine bessere Fähigkeit zu abstraktem analytischem Denken hinausläuft, nichts Geringeres als das am höchsten geschätzte Attribut unserer Kultur. Nachdem die »Schädellehre« des 19. Jahrhunderts nicht imstande war, die intellektuelle Unterlegenheit der Frauen zu beweisen, belebt die moderne Forschung über die Unterschiede zwischen rechter und linker Hemisphäre des Gehirns erneut das Gespenst der minderen weiblichen Intelligenz. Diese Forschung hat höchst verwirrende und widersprüchliche Spekulationen hervorgebracht, denen zufolge Frauen weniger (oder mehr?) ganzheitlich und weniger (oder mehr?) intuitiv denken als Männer. Natürlich sind die Frauen in dieser Forschung nicht völlig vergessen worden. »Frauen sind besser als Männer in ... einer Reihe anderer Tests visueller Zuordnung und visueller Suche, die gute Leistungen in einfachen Büroarbeiten erwarten lassen« (Buffery und Gray).

Ich bin den Wissenschaftlerinnen und Wissenschaftlern dankbar, die die Geschlechtsrollenforschung kritisch untersuchen. Sie decken die parteiische Perspektive und die mangelhafte Methodologie auf, auf denen ein Großteil dieser Forschung beruht. So haben sie bemerkt, daß die Wissenschaftler, die die Forschung durchführten, »nicht anerkannten, daß die Art und Weise, wie Beobachtungen zustande kommen, ja in der Tat, daß alles, was man sieht, stark von den Hypothesen gefärbt wird, die man benutzt, und von dem Bezugsrahmen, in dem die Beobachtungen gemacht werden. Wenn man sicher ist, daß es angeborene Verhaltensunterschiede gibt, und dies zu demonstrieren versucht, dann werden Fakten, die diese Überzeugung nicht stützen, oft einfach nicht gesehen oder gar unbewußt entstellt oder mißdeutet.« (Hubbard und Lowe)

Endlich ist uns klargeworden, daß die karthesische Dualität zwischen Leib und Seele, zwischen biologischem Erbe und den Einflüssen durch die Umwelt nicht der Wirklichkeit entspricht. Die Soziobiologen scheinen die moderne genetische und kybernetische Erkenntnis außer acht zu lassen, die besagt, daß Verhaltensweisen das Resultat von »Prozessen sind, durch die persönliche Eigenschaften in den Transaktionen zwischen Organismus und Umwelt aufrechterhalten werden« (Sameroff), die sich in einem kreisförmigen Rückkopplungsprozeß ständig wechselseitig modifizieren. Außerdem können, so sagen Genetiker, zwei Populationen mit verschiedenen Umfeldern einfach nicht miteinander verglichen werden. Denselben grundlegenden methodologischen Fehlern sind wir beim Vergleich von Unterschieden zwischen schwarzen und weißen Kindern begegnet.

Hubbard und Lowe haben diese Situation gut zusammengefaßt: »Gegenwärtig ist keine Theorie vorhanden, die es uns ermöglicht, die Entstehung von Verhaltensunterschieden zwischen zwei Gruppen in zwei verschiedenen Umwelten festzustellen. Diese theoretische Hürde macht alle Versuche zunichte, zwischen genetischen und umweltbedingten Ursachen von Geschlechtsunterschieden, Rassenunterschieden oder jedem anderen Gruppenunterschied im Verhalten zu differenzieren.«

Das Studium von »Unterschieden« zwischen Gruppen ist von großer Leidenschaftlichkeit begleitet, weil das Prinzip »verschieden, aber gleichwertig« als solches eine Illusion in unserer Gesellschaft ist. »Wann immer ein Unterschied zwischen Gruppen festgestellt wird, die in der sozialen Hierarchie verschiedene Positionen einnehmen, dann werden die Attribute der dominanten Gruppe als die ›richtigen‹ angesehen« (Hubbard und Lowe). Ein faszinierendes Beispiel, das die Kontroverse in diesem Bereich der »Unterschiede« illustriert, ist die

Polemik über die moralischen Urteile von Frauen. Freud behauptete, daß Frauen andere, weniger reine und absolute moralische Urteile fällen als Männer, während Gilligan, die zwar Freuds Eindruck zustimmte, daß das moralische Urteil von Frauen in der Tat anders ausfällt, es als situationsabhängiger definierte und Freuds Annahme, was »besser« sei, in Frage stellte. Gilligans Forschung basiert auf Entscheidungen von Frauen bei Schwangerschaftsabbrüchen. Wir könnten die Entscheidungen dieser Frauen als Ergebnis moralischer Urteile oder einfach als Resultat widerstreitender Wünsche und Notwendigkeiten ansehen. Statt darüber zu rätseln, ob Männer oder Frauen bessere moralische Urteile treffen, was einfach die Fortsetzung des alten Spiels unter umgekehrten Vorzeichen ist, fragen wir uns vielmehr, ob Frau oder Mann jemals Urteile fällen können, die nicht von den unmittelbaren oder größeren sozialen Kontexten diktiert sind, in denen sie zustande kommen. Erinnern wir uns an die Untersuchung über die Geschworenenauswahl, die suggeriert, daß die sozioökonomischen, ethnischen, religiösen und politischen Bindungen eines Menschen einen hohen Prognosewert für sein oder ihr schließliches Urteil haben. Entspringen moralische Urteile dem Innenraum von Menschen, oder sind sie von den sozialen Kräften diktiert, die uns umgeben? Diese Frage durchzieht die gesamte geschlechtsbezogene Forschung und führt uns zu einer Untersuchung über den Mythos der »Innenraum«-Psychologie.

Der Mythos der »Innenraum«-Psychologie. Um ein »selbstbewußtes« Leben zu führen, müssen wir sicherlich unseren Gefühlen und Emotionen Aufmerksamkeit schenken. Doch wir sollten uns auch vor manchen Trugschlüssen des »Innenraum«-Ansatzes (Rabkin) hüten. Wir halten an der Überzeugung fest, daß die Haupttriebfeder unserer Handlungen in uns selbst liege. Doch raffinierte sozialpsychologische Experimente, ganz zu schweigen von den dramatischen Lektionen der Geschichte, lehren uns, daß das Verhalten vieler Menschen (einschließlich Angehöriger der psychosozialen Heilberufe) von Gehorsam gegenüber der Autorität und Anpassung an die sozialen Erwartungen ihrer Bezugsgruppen bestimmt wird. Dies trifft zu, gleichgültig, ob wir die trivialen Missetaten von Watergate, unser Verhalten gegenüber Minderheiten oder die grauenhaften Ereignisse des Holocaust betrachten.

Aber wenn wir an unserem Glauben festhalten, daß unsere Motivationen in erster Linie unserem Innenraum entstammen, womit ich das Unbewußte oder entscheidende Entwicklungsperioden oder genetische und biologische Prädispositionen meine, dann ist die logische Schlußfolgerung, daß die Gründe für unsere Mißgeschicke ebenfalls in uns liegen.

Ist mein Eindruck falsch, daß Frauen bisher immer besonders dazu geneigt haben, die Verantwortung für all die Mißgeschicke und Enttäuschungen zu übernehmen, die sie so häufig befallen? Wäre der erste Impuls eines Mannes die Selbstbezichtigung, wenn er ein geistig behindertes Kind hätte, vergewaltigt würde, seine Partnerin zu trinken begänne, ihn schlüge oder ihn um eines attraktiveren Partners willen verließe? Vielleicht ja. Frauen haben kein Monopol auf Schuld, Scham und Selbstanklagen, und wir gehen vielleicht nur insofern voran, als wir uns fragen, wie sich die tiefverwurzelte Annahme individueller Verantwortung auf unser Leben auswirkt. Außerdem ist es leichter, die Schuld bei sich selbst zu suchen, als unser ganzes Gesellschaftssystem zu verurteilen; das gibt uns ein illusorisches Gefühl der Kontrolle über unser Leben, und es erhält die Vorstellung von einer gerechten oder zumindest minimal sinnvollen Gesellschaft aufrecht, eine Vorstellung, ohne die wir vielleicht nicht überleben könnten.

Vielleicht ist es hauptsächlich im Bereich der psychoanalytischen Theorie, daß diese »Innenraum«-Psychologie den Frauen mehr geschadet hat als den Männern. Freuds Schülerin Helene Deutsch, lange Zeit die große Autorität in der Psychologie der Frauen, definierte Frauen als masochistisch, passiv und narzißtisch. Viele feministische Autorinnen haben sich in einer umfangreichen Literatur, zu der auch ich beigetragen habe, mit diesen psychoanalytischen Behauptungen auseinandergesetzt. Es ist verlockend und leicht, Erklärungen für den größeren Narzißmus der Frauen zu finden. Wir könnten argumentieren, daß Frauen weniger Gelegenheit haben, ihren primitiven Narzißmus zu reifen Formen zu sublimieren – eine universelle Reifungsaufgabe –, und ihn deshalb durch körperliche Zurschaustellung befriedigen, wie Freud andeutete, oder durch narzißtische Investition in ihre Kinder. Oder wir könnten sagen, daß Mütter ihre Töchter aufgrund ihrer engeren Identifizierung mit einem Kind ihres eigenen Geschlechts narzißtischer lieben und auf diese Weise den weiblichen

Narzißmus von Generation zu Generation weitergeben. Oder wenn wir Narzißmus in einem etwas anderen Sinn gebrauchen, könnten wir uns auf die weiblichen Selbstzweifel rückbeziehen, die ihre eigene Form narzißtischer Verletzbarkeit hervorbringen. Wenn wir Theodore Reiks Definition des Narzißmus als »der Wunsch des Selbst, geliebt zu werden«, gebrauchten, dann könnten wir argumentieren, Frauen hätten gelernt, daß ihr psychisches Überleben darauf basiert, geliebt zu werden, und daß ihr Narzißmus deshalb ein adaptives Merkmal ist. Doch ich lehne all diese naheliegenden Spekulationen ab. Ich glaube, daß es nicht die Eitelkeit der Frauen, sondern die größenwahnsinnigen Bedürfnisse der Männer nach Heldentum, Macht, Bewunderung und Anbetung als Diktatoren, Staatsmänner, Könige und Krieger sind, die diese Welt an den Rand der Auslöschung gebracht haben.

Ganz ähnlich wie der Narzißmus hat auch der Begriff des weiblichen Masochismus auf seiner Reise vom Innenraum zum Außenraum viele konzeptionelle Verwandlungen durchgemacht. Unter moralischem Masochismus versteht man gewöhnlich die selbstschädigende Bereitschaft zur Selbstaufopferung. Freud setzte den weiblichen Masochismus mit dem Sexualakt gleich und betrachtete ihn als ein echt weibliches Charakteristikum. Helene Deutsch begriff den weiblichen Masochismus als die Verknüpfung von Lust mit den schmerzhaften Erfahrungen der weiblichen Sexualität. Aber sowohl Freud als auch Helene Deutsch sehen den Masochismus nur teilweise als Resultat anlagebedingter und anatomischer Unterschiede; sie erkannten auch die Rolle der Gesellschaft und insbesondere des Vaters, die dem heranwachsenden Mädchen beibringen, ihre inakzeptablen aggressiven Kräfte gegen sich selbst zu richten, was dann im Masochismus resultiert.

Karen Horney vertrat dagegen die Auffassung, daß der Masochismus eine Reaktion auf die soziokulturell definierte Minderwertigkeit sei. Sie sah ihn als den Versuch eines eingeschüchterten Individuums an, durch Unauffälligkeit und Zurückhaltung Sicherheit und Befriedigung im Leben zu erringen, als Bereitschaft, Schmerzen als Preis für Zuneigung zu erleiden, und als natürliche Konsequenz neurotischer Abhängigkeit von der magischen Unterstützung durch andere. Am interessantesten ist vielleicht die Auffassung des weiblichen Masochismus als Macht der Schwachen, als subtile Form der Manipulation und emotionalen Erpressung, die von Menschen ausgeübt wird, die keinen direkteren Zugang zur Macht haben.

Je mehr sich unser Verständnis des inneren Zusammenhangs zwischen Gegensätzen wie aktiv und passiv oder masochistisch und sadistisch vertieft, um so deutlicher erkennen wir, daß der eine Pol nicht ohne den anderen existieren kann. Die meisten Menschen besitzen das Potential, zu verschiedenen Zeiten das volle Spektrum entgegengesetzter Gefühle erleben zu können. Doch Männer und Frauen haben sich auf viele Arrangements eingelassen, in denen ein Geschlecht überwiegend den einen Pol und das andere Geschlecht den anderen Pol trägt zum möglicherweise größeren Nachteil eines Partners, aber letztlich zum Schaden beider. Harriet Lerner hat höchst überzeugend argumentiert, daß man die weibliche Abhängigkeit als Beispiel einer unfairen Arbeitsteilung ansehen könne. Sie dachte, daß Frauen schon früh lernen, Schwäche und Abhängigkeit als einen Service für die Männer in ihrem Leben vorzutäuschen, und auf diese Weise indirekt die Abhängigkeitsbedürfnisse ihrer Männer befriedigen. Dies könnte durchaus eines der vielen unbesungenen Opfer sein, die Frauen für Männer gebracht haben. Als jungverheiratete Frau war ich sehr dankbar für die vielen Gefälligkeiten, die mein Mann bereit war für mich zu tun. Als ich zunehmend unabhängiger wurde und weniger daran interessiert war, mich bedienen zu lassen, fühlte er sich zunehmend verletzt und in seiner Männlichkeit angegriffen. Wir konnten keinen anderen Weg finden, um die emotionalen Lebensaufgaben zwischen uns aufzuteilen.

Diese zahlreichen Mythen und enttäuschten Erwartungen haben jeder Frau das Gefühl gegeben, daß sie Mängel und Defizite hat und allein dafür verantwortlich ist, den verschiedenen unrealistischen kulturellen Idealen nicht genügen zu können.

Die kybernetische Systemtheorie, die in der Diskussion von Polaritäten angedeutet wurde, ist stärker auf ein Verschmelzen von Innenraum und Außenraum ausgerichtet als die psychoanalytische Theorie. Die drei Grundthesen dieser Lehre – daß nichts außerhalb seines Kontexts verstanden werden kann, daß alles in der Welt zusammenhängt und daß Verhalten *zwischen* Menschen und nicht *in* ihnen geschieht – scheinen einer feministischen Sichtweise der Welt zu entsprechen. Die Systemtheorie lenkt unsere Aufmerksamkeit jedoch auf die ineinandergreifenden Funktionen der einzelnen Familienmitglieder, während die feministische Perspektive Machtdifferentiale hervorhebt. Das erstgenannte Modell betont die gleiche Verantwortung aller Mitglieder für das Funktionieren oder Nichtfunktionieren eines sozialen Systems, während das letztere zu einer Sicht der Frauen als Opfer führt, die durch ihre ökonomischen Bedürfnisse und ihre Verantwortung für ihre Kinder in eine Falle geraten. Ich sehe in beiden Perspektiven Gültiges und fühle mich persönlich zwischen ihnen hin und her gerissen.

Die »Frau-als-Opfer«-Orientierung ist verlockend, ihre Richtigkeit im Hinblick auf Gruppenbenachteiligung unbestreitbar und ihre überlegene moralische Position tröstlich. Ich glaube, es ist eine Perspektive, die anerkannt, aber letztlich dennoch abgelehnt werden sollte, weil sie uns keine Kraft und keinen Mut gibt, unser Leben zu verändern.

Ich glaube, daß die meisten Frauen von so tiefen Selbstzweifeln geplagt sind, daß sie sie als eine Lebensbedingung akzeptieren müssen. Ich rate meinen Klientinnen und Studentinnen zu etwas, was ich selbst praktiziere: Tu so, als liebtest du dich mehr, als es wirklich der Fall ist, und es wird dir nützlich sein. Wir sollten das Paradox akzeptieren, daß das Vortäuschen von mehr Selbstvertrauen, mehr Macht und mehr Kontrolle über unser Leben, als wir empfinden oder realistischerweise annehmen können, zu einer sich selbst erfüllenden Prophezeiung werden kann. Ellen Goodman hat sehr richtig erkannt, daß Joan Kennedys »Reise zum Selbstvertrauen ... ein Teil jener Völkerwanderung ist, die wir als die Frauenbewegung bezeichnen«.

Es ist also wichtig, daß Frauen ihre eigene Kompetenz und Meisterschaft anerkennen. Wir müssen lernen, uns selber nicht mehr als mangelhaft, passiv, ohnmächtig und hilflos anzusehen; wir müssen dieses Bild zurückweisen. Obwohl alle Menschen ein verantwortliches und rücksichtsvolles Leben führen sollten, müssen wir lernen, Selbstbeschuldigungen für unsere Mißgeschicke und übermäßige Verantwortlichkeit für das Wohlergehen anderer zu vermeiden. Wir brauchen nicht in negativer Weise egozentrisch zu werden; Selbstliebe statt Selbstzweifel und gesunder statt ungesundem Narzißmus sollten vorrangige therapeutische Zielsetzungen werden. Feministinnen haben versucht, therapeutische Praktiken zu formulieren, die geeignet sind, uns diesen Zielen näherzubringen.

Können Männer Frauen beraten? In diesem Essay habe ich mich mit den verschiedensten »Sünden« auseinandergesetzt, die von traditionellen Therapeuten begangen werden, von denen viele Männer waren und sind. Tatsächlich sind viele feministische Beraterinnen, darunter Chesler und Russell, sehr skeptisch, ob Männer die vielen Jahre an Sozialisationserfahrungen in einer patriarchalen Gesellschaft überwinden können. Es wird auch darauf hingewiesen, daß in einer sexistischen Gesellschaft selbst von normalen, rücksichtsvollen und sensitiven Männern zu erwarten ist, daß sie Sexisten sind, und daß sich männliche Berater aller Wahrscheinlichkeit nach entweder mit den Männern im Leben der Frauen identifizieren oder, die Alternative dazu, übertrieben ärgerlich auf andere Männer reagieren, die ihre Frauen schlecht behandeln, während sie selbst sich doch so sehr bemühen, gute Ehemänner zu sein. Es wird die Auffassung vertreten, daß die Geschlechtsrollenorientierungen und Lebenserfahrungen von Männern und Frauen so verschieden sind und der Sexismus so allgegenwärtig und subtil, daß nur Frauen die Erfahrungen anderer Frauen verstehen können. Es dürfte schwierig sein, die Erfahrungen von jemandem zu bestätigen, der in einer völlig anderen Welt lebt, insbesondere, da in der Ausbildung männlicher Angehöriger der psychosozialen Heilberufe selten der Versuch unternommen wird, diese für die verschiedenen emotionalen Reaktionen zu sensibilisieren, die Frauen in vielen Bereichen aufweisen. Autorinnen, die gleichgeschlechtliche Beratung bevorzugen, weisen auch auf die Notwendigkeit von Rollenvorbildern, besonders für jüngere Frauen, hin. Dies sind wichtige Argumente gegen andersgeschlechtliche Beratung. Ich möchte noch einige weitere Überlegungen zu bedenken geben.

In meiner Forschung über leidenschaftliche Liebeserfahrungen stellte ich fest, daß Enttäuschung, Betrug, Ablehnung und Nichtbestätigung in Liebeserfahrungen innerhalb oder außerhalb der Ehe der Hauptgrund für die Frauen war, sich in Psychotherapie zu begeben. In einer solchen Situation war jede Möglichkeit gegeben, daß sich die Frauen in ihre Therapeuten verliebten, die besser zuhörten und mehr Verständnis und Einfühlung aufbrachten, zumindest in dieser berufsbedingten Situation, als die eigenen enttäuschenden Partner dieser Frauen. Die Wahrscheinlichkeit, daß sich eine Frau in ihren Therapeuten verlieben würde, war somit sehr groß. Diese gemischtgeschlechtlichen Begegnungen enthalten somit die Gefahr, daß erneut jene Elemente von unerwiderter Sehnsucht, Leidenschaft, Abhängigkeit, Masochismus und starker Ambivalenz hervorgerufen werden, die die Frauen zu überwinden suchen. Von der Therapie wird oft angenommen, daß sie diese Gefühle erwecken soll, aber ihre »Durcharbeitung« ist oft sehr schwierig, besonders, wenn die Frau in emotionaler Verarmung lebt.

Robert Langs bemerkte zu der Schwierigkeit solcher Situationen: »Für viele Patientinnen ist der Therapeut in Wirklichkeit eine der wenigen wirklich anteilnehmenden und stets hilfsbereiten Personen in ihrem Leben. Die Reaktion der Patientin darauf ist gewöhnlich nur teilweise übertragend – das heißt, sie basiert auf früheren Sehnsüchten und Beziehungen; sie ist auch ganz angemessen. Dies kann die Patientin sehr eng an den Therapeuten binden und die schließliche Ablösung und Beendigung der Behandlung sehr erschweren, insbesondere für emotional verarmte und einsame Personen.«

Ich beschränke mich auf eine Betrachtung von Situationen, in denen es keine offensichtliche sexuelle Verführung gab und wo der Therapeut in ethischer und wohlwollender Weise handelte. Aber männliche Therapeuten mögen sich ihrer eigenen subtil verführerischen Handlungen nicht bewußt sein, oder diese Handlungen werden vielleicht mißverstanden. Der Therapeut hat die äußerst schwierige Aufgabe, nicht auf die liebevollen Annäherungsversuche seiner Klientin einzugehen, aber sie trotzdem gleichzeitig anzunehmen, ihr Kraft zu geben und sie zu unterstützen. Da es Menschen schwerfällt, ihre Gefühle in verschiedene Fächer zu tun, und was einer als Zuwendung meint, bedeutet Liebe für einen anderen, ist es vielleicht kein Wunder, daß diese Unterschiede nicht immer klar sind. Ich habe sogar Situationen erlebt, in denen Frauen eine zweite Therapie brauchten, um über die unglückliche Leidenschaft in ihrer ersten Therapie hinwegzukommen. Also die Lösung ihres Problems wurde durch Therapie in ein noch größeres Problem verwandelt. Die Grenzen zwischen Anteilnahme an jemandem, Sympathie für ihn, Liebe und Leidenschaft hängen an zarten Fäden und sind schwierig aufrechtzuerhalten. Ich weiß auch von Situationen, in denen lesbische Frauen ganz ähnliche Probleme mit ihren Therapeutinnen hatten.

Man könnte vielleicht einwenden, daß die Beziehung zu einem anteilnehmenden, sensiblen und verständnisvollen Mann einer Frau, die von Männern enttäuscht wurde, die Chance geben kann, Männern zu verzeihen und sie liebenzulernen; das könnte ein Gesichtspunkt sein. Auf der anderen Seite ist das eigentliche Ziel der Therapie nicht, Männer liebenzulernen, sondern sich selbst zu lieben.

Ich glaube auch, daß Frauen dazu erzogen werden, Männer zu beschützen, und daß es ihnen sehr schwer fällt, gegenüber männlichen Therapeuten Aggressionen zu zeigen. Frauen fürchten sich davor, Männer mit ihrer Wut zu überwältigen, ob es Mordphantasien gegen die Männer in ihrem Leben sind oder rationale oder irrationale Wut, die sich gegen den Therapeuten richtet. Viele Frauen haben mir erzählt, daß es sehr wichtig für sie war, nicht die Gefühle ihres Therapeuten zu verletzen, selbst wenn er sie verletzt hatte. Wenn ich Frauen ermunterte, ihre Therapeuten mit einer wichtigen Beschwerde zu konfrontieren, waren sie nicht dazu bereit. Sie antworteten dann etwa: »Er meint es sehr gut, und ich möchte ihn nicht kränken.«
»Er ist einfach kein Mensch, der starke Aggressionen ertragen könnte.«
»Er würde vielleicht die Behandlung abbrechen, wenn ich ihm sagen würde, wie sehr ich ihn manchmal hasse.«
Frauen blicken zu Männern auf, aber paradoxerweise empfinden sie sie auch oft als schwach, verletzbar und des Schutzes bedürftig, besonders vor der Wut der Frauen. Deshalb ist die Wahrscheinlichkeit groß, daß eine Frau zu einer folgsamen und beschützenden Pseudotochter, Pseudomutter, Pseudogattin oder Pseudogeliebten für ihren Therapeuten wird. Ich glaube nicht, daß sich Männer klar darüber sind, wie beschützend Frauen ihnen gegenüber empfinden und wie bewußt sich Frauen ihrer Verpflichtung sind, das möglicherweise zerbrechliche Ich der Männer, die ihnen begegnen, zu stärken. Eine Frau, die bei einem Mann in Therapie ist, hat am Ende vielleicht die psychische Betreuung eines weiteren Mannes in ihrem Leben übernommen.

Schließlich glaube ich, daß sich Frauen vor Männern leichter schämen als vor anderen Frauen. Die Klientinnen halten vielleicht Themen zurück, die Verlegenheit, Demütigung oder Scham auslösen könnten, wenn sie sie einem Mann anvertrauten. Dies ist jedoch nur eine Vermutung, und es wäre interessant, ob sie sich durch Untersuchungen belegen ließe.

Ich weiß, daß viele Frauen aus der typischen Selbstverachtung ihres

Minderheitenstatus heraus männliche Therapeuten, männliche Kinderärzte und männliche Geburtshelfer bevorzugen; aber die Zeiten ändern sich, und aus psychiatrischen Kliniken ist inzwischen bekannt, daß viele Frauen von Therapeutinnen behandelt werden wollen.

Andere Feministinnen betonen dagegen, daß bestimmte Einstellungen eines Therapeuten wichtiger seien als das Geschlecht. Die zunehmende Tendenz, zu glauben, daß die Berater ihren Klienten in bezug auf Geschlecht, Rasse, Religion und sexuelle Orientierung gleichen sollten, ist ein bißchen traurig, da es die Möglichkeiten potentiell bereichernder Erkundungen menschlicher Unterschiede einschränkt. Therapie ist im Idealfall eine wechselseitige Lernerfahrung, die Offenheit, Respekt und Neugier bewirkt.

Obwohl Therapeutinnen Vorbilder an Kompetenz und Selbstsicherheit sein können, sollten auch sie bestimmte Fallen vermeiden. Da ist die Gefahr eines allzu schnellen Verständnisses, das eine sorgfältige Erforschung blockiert. Überidentifizierung kann auch zu voreiliger Beschwichtigung (indirekter Selbstbeschwichtigung) und Furcht vor der Erforschung mancher erschreckender Aspekte bestimmter Erfahrungen wie Vergewaltigung oder Inzest führen.

Sharon L. McCombie warnte: »Bemüht, Streß zu vermindern, kann die Beraterin unbeabsichtigt ... beschwichtigen [und] ohne dem Opfer Gelegenheit zu geben, Konflikte zu erforschen und zu meistern, schließlich dessen Regression fördern ... Die Beraterin muß sensibel für Gefühle von Scham und Schuld sein. Wenn man sich mit diesen Gefühlen nicht auseinandersetzt, dann können sie zu selbstbestrafendem Ausagieren führen, aus dem unbewußten Versuch heraus, Schuld zu sühnen, oder um den Anspruch auf die eigene Opferrolle zu legitimieren.«

Eine weitere mögliche Versuchung für Therapeutinnen ist es, im Namen der Klientin wütend zu werden. Frauen sollte gestattet werden, ihre eigene Wut zu empfinden und zu äußern, selbst wenn sie sich nicht gegen den »eigentlichen Feind«, sondern zum Beispiel gegen andere Frauen richtet. Eine feministische Beraterin mag »entsetzt über die häufige Geschichte von Gleichgültigkeit, Feindseligkeit und Grausamkeit in der Mutter-Tochter-Beziehung sein. Sie wird vielleicht dazu neigen, allzuschnell die Mutter mit dem Hinweis zu verteidigen, daß diese selbst ein Opfer gewesen sei« (Herman und

Hirschman). Ähnlich schmerzhaft mag es für eine feministische Beraterin sein, Geschichten gegenseitigen Verrats unter heterosexuellen und lesbischen Frauen zu hören und ihnen Glauben zu schenken. Sie passieren. Intimität ist schwierig, nicht nur zwischen Männern und Frauen, sondern in allen engen und intensiven Beziehungen. Wir sollten politischen Ideologien nicht gestatten, therapeutische Bedürfnisse zu pervertieren.

Sowohl Esther Menaker als auch Nichols sind auf die häufig tief zerrüttete Beziehung zwischen Mutter und Tochter in unserer Gesellschaft eingegangen; sie gaben zu bedenken, daß manche Frauen eine Ersatzbemutterung brauchen, die weder feindselig noch erstickend ist und ihnen Gelegenheit gibt, sowohl Geborgenheit wie allmähliche Differenzierung zu erleben. Therapeutinnen könnten ideal geeignet sein, diese Rolle der neuen Art von Mutter zu übernehmen, die ihren Klientinnen/Töchtern die Erlaubnis gibt, autonom und stark zu sein.

Ich freue mich auf eine Zeit, in der die Beratung von Männern und Frauen durch Frauen und Männer auf die speziellen Bedürfnisse des anderen Geschlechts abgestimmt sein wird. Es wird dann Kenntnis des/der anderen, Achtung und Freude über sein/ihr Anderssein herrschen. Feministische Beratung mag eine Übergangserscheinung sein, aber sie wird den Boden dafür bereitet haben.

Es war einmal ein König, dem eine Tochter geboren wurde. Anfangs war er traurig, daß sie kein Sohn war, aber das Baby war so lieblich und lächelte ihn an, als sie erst ein paar Wochen alt war, daß er ihr nach einer Weile verzieh, nur ein Mädchen zu sein, und sich in sie verliebte. Obwohl er im Königreich viel Arbeit zu erledigen hatte, spielte er jeden Tag eine halbe Stunde mit ihr, bevor sie schlafen gehen mußte. Er warf sie in die Luft und fing sie sicher in seinen starken Armen – niemals ließ er sie fallen. Als sie größer wurde, las er ihr schöne Geschichten vor. Bald lernte sie lesen, und manchmal durfte auch sie ihm Geschichten vorlesen. Wenn sie das tat, gab er ihr einen großen Kuß und sagte: »Niemand liest Geschichten so wie du.« Einmal im Monat am Sonntag ließ er sein großes schwarzes Pferd und ihr kleines weißes Pony satteln, und zusammen ritten sie durch die wilde Heide und die dunklen Wälder. Er zeigte ihr alles, was in der Natur lebte und wuchs, und lehrte sie die Namen der Tiere, Blumen und Bäume. Der König war sehr stolz auf seine kleine Prinzessin-Tochter, die alles tat, was sie konnte, um ihm zu gefallen. Manchmal durfte sie sogar neben ihm auf seinem Thron sitzen. Alle Höflinge bewunderten ihre schönen, goldenen Locken, um ihrem Vater zu schmeicheln.

Aber im Laufe der Zeit fand die Prinzessin interessantere Beschäftigungen; sie wurde es müde, täglich viele Stunden ihre Locken zu bürsten. Außerdem war sie es gewöhnt, ihren eigenen Willen zu haben, und deshalb schnitt sie sich eines Tages alle ihre Locken ab.

»Was hast du mit meinen schönen Locken getan?« schrie der König voll Schmerz und Wut. »Du bist häßlich geworden!« Die Prinzessin sah ihren Vater erschrocken und ungläubig an. Er sah immer noch aus wie ihr wirklicher Vater, und er hatte dieselbe Stimme, doch es schien, als habe ein bösartiger Zauberer ihn heimlich über Nacht ausgewechselt, und er habe sich in einen bösen Stiefvater verwandelt.

Jetzt durfte sie nicht mehr neben ihm auf dem Thron sitzen, weil sich ihr neuer Vater schämte, daß sie keine so schönen Locken mehr hatte wie all die anderen Jungfrauen im Land. Aber sie ritten noch zusammen aus, insbesondere während der alljährlichen »Königsjagd« im Herbst. Aber als die Prinzessin eines Tages beobachtete, wie gequält die armen Rehe und Hirsche waren nach stundenlanger Hundehatz und was für ein grausamer Sport dies war, weigerte sie sich fortan, an der Jagd teilzunehmen. Statt dessen ging sie in das Dorf, um Reden gegen die Jagd zu halten. Schließlich hatte ihr Vater sie gelehrt, Tiere zu lieben, und als Tochter eines Königs fühlte sie sich verpflichtet, ihre Meinung zu äußern.

Der König mußte jetzt ganz allein zur Jagd gehen, und manche seiner Untertanen dachten, daß es grausam von ihm sei, Rehe zu schießen. Wie traurig, einsam und verraten er sich fühlte! Es stimmt, daß ihn seine Tochter schon enttäuscht hatte, als sie ihre Locken abschnitt, aber nie hätte er erwartet, daß sie ihn öffentlich kritisieren und Schande über ihre eigene Familie bringen würde. Er suchte Trost bei der Königin, aber da er sie in all den Jahren vernachlässigt hatte, konnte sie jetzt keine Zeit mehr für ihn finden.

Der arme König. Er konnte es nicht ertragen, daß seine eigene Tochter gegen ihn rebellierte. Er verbannte sie aus seinem Königreich und stieß sie ohne einen Pfennig in die Welt hinaus. Das Königreich war ohnehin in Schulden, und so kam dies nicht gänzlich ungelegen.

Von diesem Tag an wanderte die Prinzessin durch die Welt, um ihren wirklichen Vater zu suchen, den großen, starken, klugen, mächtigen Vater, der sie immer in seinen Armen aufgefangen hatte. Es war schwierig, einen so wunderbaren Mann zu finden; und sie war nicht sicher, ob der König nicht doch recht hatte und sie am Ende nur ein häßliches, undankbares Mädchen war. Dieser Zweifel machte ihre Suche noch schwieriger. Aber sie war eine eigensinnige Prinzessin, und so setzte sie ihre Suche fort, vielleicht bis zum heutigen Tage.

Ich mußte selbst ein Märchen erfinden, weil ich kein authentisches in der Literatur finden konnte. Wir lesen über Hexen und böse Stiefmütter, aber wo sind die Stiefväter? Ist es so, weil Männer die alten Märchen erfanden, so wie Männer die Bibel schrieben und entschieden, daß Gott zuerst einen Mann geschaffen habe?

In den Märchen und in der modernen Literatur sind die Mütter gründlich mit ihren verschiedenen Sünden konfrontiert worden, aber die Väter wurden relativ geschont, besonders von ihren Töchtern. Schließlich wurde, wie Andrea Dworkin hervorhob, der arme Vater von Hänsel und Gretel von seiner bösen Frau überredet, die Kinder in den Wald zu schicken, und er war überglücklich, als sie gesund und munter zurückkehrten. Auch den Vätern von Aschenbrödel und Schneewittchen kann man keine Vorwürfe machen, wenn ihre bösartigen Zweitfrauen ihre schönen Töchter verfolgten. Es stimmt, daß man in Sagen dunklere Bilder von Vätern findet. Da gibt es Väter, die befehlen, alle Freier ihrer Töchter zu töten, weil sie irgendwelche Rätsel nicht lösen können, aber das tun sie nur ihren Töchtern zuliebe. Kein Mann ist gut genug. Und auch wenn Agamemnon Iphigenie den Göttern opferte, dann geschah dies, um für sein Land den Krieg zu gewinnen. Wir wissen, daß keine Opfer zu groß sind, um Kriege zu gewinnen.

Ich finde, es ist an der Zeit, daß wir Töchter unsere üblichen Klagen über unsere Mütter für ein paar Minuten unterbrechen und uns auf unsere Väter konzentrieren. Es ist nicht mein Ziel, Männer zu beleidigen. Ich persönlich bin umgeben von wohlmeinenden Männern, von denen mich einige vielleicht sogar lieben, wenn auch selten in der Weise, wie ich geliebt werden möchte. Ich kann diese Männer nicht dafür verantwortlich machen, daß mich mein Vater niemals küßte; daß er sich nicht um mich kümmerte; daß er nicht zu meiner Erziehung beitrug. Außerdem zeigte ich meinem Vater, daß ich mir auch ohne seine Hilfe einen Platz in dieser Welt schaffen konnte. Es liegt mir viel daran, den Männern in meiner Welt zu verzeihen. Aber vor dem Verzeihen muß es eine Gelegenheit geben anzuklagen, und dies möchte ich für mich und für andere Töchter tun. Als Quellen dienten mir Biographien und Autobiographien von Frauen, Geschichten von Freundinnen und Klientinnen und Papiere von Studentinnen, in denen sie über ihre Väter schrieben. Ich werde somit unsere Liebe und unseren Haß äußern, unsere Enttäuschungen, Betrug und Mitleid.

Die psychologische Literatur wurde von Freuds Behauptung beherrscht, daß kleine Mädchen in ihre Väter verliebt seien, und tatsächlich hat Freud als Vater von drei ihn vergötternden Töchtern dies persönlich erlebt. Später gab er einer Tochter den Vorzug gegenüber seinen Söhnen und bestimmte sie zu seiner geistigen Erbin. Seine Schülerin Helene Deutsch vertrat die Auffassung, die anhaltende Liebe eines Vaters zu seiner heranwachsenden Tochter beruhe darauf, daß sie auf ihre Konkurrenzneigungen verzichte, und hänge von ihrer Bereitschaft ab, sich Männern unterzuordnen. »Die Bestechungsprämie, die der Vater als Vertreter der Umwelt dem kleinen Mädchen anbietet, ist Liebe und Zärtlichkeit. Dafür verzichtet es auf weitere intensivierte Entwicklung der Aktivität und vor allem auf die Aggressionen.« Helene Deutsch schrieb dies vor 35 Jahren. Ich hoffe, daß sich die Umstände inzwischen verändert haben.

In neuerer Zeit ist der Lebenszyklus der Vater-Tochter-Beziehung von dem Psychoanalytiker Rudolf Ekstein in folgender Weise beschrieben worden: Als kleines Mädchen fühle sich die Tochter bedingungslos geliebt, geschätzt und bewundert. Ihr Vater erwecke ihre Sinnlichkeit gegenüber Männern, indem er sie küsse, streichle und sie auf dem Schoß halte. Natürlich sei eine kluge und fürsorgliche Mutter stets im Hintergrund und achte darauf, daß sexuell angemessene Grenzen eingehalten werden. Wenn die Tochter heranwächst, stehe ihr der Vater zur Seite, schütze sie vor den Ungerechtigkeiten der Welt, biete ihr Rat und fördere ihre sich entwickelnden Talente. Er rege sie geistig an und respektiere ihre Meinungen. Er tue alles, was er könne, um ihre Unabhängigkeit und ihre autonomen Pläne zu unterstützen. Später veränderten sich die Rollen und die Tochter werde zu einer guten Mutter für ihn, die ihm jederzeit liebevoll beistehe.

Es gibt tatsächlich Töchter, die von ihren Vätern mit Liebe, Achtung, Dankbarkeit und Vertrauen sprechen. Zweifellos sind diesen Frauen beneidenswerte Ehen und brillante Karrieren beschieden. Aber für die große Mehrheit der Töchter ist diese Darstellung nur ein Tagtraum. An welcher Stelle fällt es auseinander, Eksteins Männermärchen?

Der Vater ist für seine kleine Tochter eine übermächtige, imponierende Figur. Er ist nicht nur erwachsen, einer der Riesen in ihrer Welt; er ist nicht nur einer der Eltern, von dem sie völlig abhängig ist; er ist auch ein Mitglied eines überlegenen Geschlechts, zu dem Frauen aufblicken. Ein Junge ist der Behandlung durch seine Eltern natürlich ebenfalls weitgehend ausgeliefert, aber sobald er älter wird, lernt er, daß seine Mutter nur eine Frau ist und daß er eines Tages zu einem Riesen heranwachsen wird wie sein Vater. Dies gleicht die Machtbeziehung zu seiner Mutter in gewissem Maße aus. Die Vater-Tochter-Beziehung ist im Blick auf die Machtverhältnisse ein Vorbild für die künftigen heterosexuellen Beziehungen des Mädchens, während die Mutter-Sohn-Beziehung nicht in vergleichbarer Weise als Vorbild dient. Zumindest in dieser Hinsicht ist die Abhängigkeit eines Jungen von den Meinungen des andersgeschlechtlichen Elternteils etwas geringer als die eines Mädchens. Die Tochter wird ihre frühkindlichen und jugendlichen Erlebnisse mit diesem strahlenden Ritter niemals vergessen. Seine verbal oder nonverbal vermittelten Gefühle und Einstellungen zu ihr werden ihr ins Mark dringen und dort bleiben und ihr Schicksal bestimmen, denn Selbstachtung ist Schicksal.

Eine der schmerzhaftesten Beziehungen ist die zu einem Vater, der niemals für seine Tochter da ist. Ob er überarbeitet ist, seine Familie wegen ehelicher Konflikte meidet, von anderen Dingen in Anspruch genommen ist oder es ihm einfach an Liebesfähigkeit fehlt, seine Tochter wird sich in allen Fällen vorstellen, seiner Aufmerksamkeit nicht würdig zu sein. In diese Kategorie gehören auch die Töchter, die ohne Väter aufgewachsen sind oder die ihre Väter in der Kindheit oder Jugend durch Krankheit, Krieg oder eheliche Trennung verloren haben. Jede Generation scheint an ihrer eigenen Art des Vater-Verlassenwerdens zu leiden. Jede Situation ist wegen der unterschiedlichen Gründe für die emotionale und physische Abwesenheit des Vaters einmalig. Aber für das Unbewußte ist Verlassenwerden gleich Verlassenwerden, ob der Vater über sein eigenes Leben gebieten konnte oder nicht. Unter diesen Töchtern finden wir ein allgemeines Trauern um den verlorenen oder abwesenden Vater, eine allgemeine Sehnsucht, von einem Vater geliebt, anerkannt und geschätzt zu werden. »Lieber Papa, bitte, bitte, schreib mir bald«, flehte Charlotte Perkins Gilman ihren von ihr getrennt lebenden Vater in jedem ihrer Kindheitsbriefe an. Eine solche Sehnsucht kann zu einem Leitmotiv werden, das die Tochter in ihren Beziehungen oder ihrem Beruf auf viele Arten durchspielen kann. Vielleicht sucht sie ihr Leben lang nach diesem vollkommenen Vater ihrer Phantasie, oder sie treibt sich in ihrer Arbeit an in der Hoffnung, sich der Liebe ihres Vaters auch noch nach dessen Tod als würdig zu erweisen.

Eleanor Roosevelt war zehn Jahre alt, als ihr Vater an einem durch Alkohol ausgelösten Unfall starb. Nach dem Tod ihrer Mutter hatte der Vater ihr viele rührende Briefe geschrieben, in denen er sie seiner glühenden Liebe versicherte und mit ihr Pläne schmiedete, daß sie eines Tages zusammenleben würden. Eleanor trug ihr ganzes Leben lang seine Briefe mit sich herum. Er war der erste Mann, der sie betrog. Vielleicht steht der spätere Betrug ihres Mannes und ihre Reaktion darauf in irgendeinem Zusammenhang mit dieser frühen Erfahrung. Christopher Lash meinte, daß Eleanors bewundernswertes Leben ihren Versuch darstellte, den Glauben ihres Vaters an sie zu rechtfertigen. Sylvia Plath scheint niemals den Schmerz überwunden zu haben, den der Tod des Vaters ihr bereitet hat, als sie acht Jahre alt war. Wir wissen nicht, ob er zu ihrem Selbstmord als junge Frau beitrug.

Manche Väter finden ihre kleinen Töchter nicht hübsch oder klug, oder sie können sie nicht lieben, und das scheint ihnen immer herauszurutschen. »Vati, gefällt dir mein neues Kleid?« – »Nein, die kräftige Farbe paßt nicht zu deinem blassen Teint.« – »Vati, ich habe die beste Note in meiner Klasse.« – »Deine Mitschüler müssen wirklich dumm sein.« – »Vati, ich gehe tanzen.« – »Die Füße deiner Tanzpartner tun mir jetzt schon leid.« Es ist schwierig, an seiner Selbstachtung festzuhalten, wenn man sich von einem Vater abgewertet fühlt, der alles weiß und immer recht hat. Man kann sich entweder in eine Höhle verkriechen oder seinem Vater und anderen Vätern lebenslang beweisen, daß man weder so dumm noch so häßlich oder nutzlos ist, wie er immer meinte. Diese Beweise können manchmal zu sehr harter Arbeit werden, und in seinem innersten Selbst fragt man sich dabei noch immer, ob Vater am Ende nicht doch recht hatte.

Warum verletzt ein Vater die Gefühle seiner kleinen Tochter in dieser Weise? Vielleicht verschiebt er seine Selbstzweifel auf sie, oder er projiziert seine schlechte Mutter auf sie, oder er ist eifersüchtig auf die Beziehung, die sie zu ihrer Mutter hat – eine Beziehung, die ihn vielleicht ausschließt.

Die meisten Väter sind jedoch zärtlich und liebevoll zu ihren kleinen Töchtern. Aber wenn eine Tochter heranwächst, kann ihr Vater anfangen, sich betrogen zu fühlen. Er fühlt sich bedroht von der erwachenden Sexualität seiner Tochter, die für jemand anderen bestimmt ist, von ihrer neuerworbenen Unabhängigkeit und von ihren Meinungen. Simone de Beauvoir, Margaret Mead, Golda Meir, Svetlana Alliluyeva und viele andere, weniger bekannte Frauen haben geschrieben, daß sich ihre Väter genau wie in meinem Märchen plötzlich von hilfsbereiten Freunden in strenge, mißbilligende Feinde verwandelten.

Simone de Beauvoir hat das mit besonderer Eloquenz geschildert: »Sobald er guthieß, was ich tat, war ich meiner sicher. Jahrelang hatte er mir nur Lob erteilt. Als ich in das ›undankbare Alter‹ kam, enttäuschte ich ihn jedoch; an Frauen schätzte er Eleganz und Schönheit.« – »... mein Vater fand mich häßlich und grollte mir deswegen.« – »Ich fragte mich ständig, was ich falsch gemacht hätte.« »... ich hatte auf seine Unterstützung, seine Sympathie, seine Billigung gezählt und wurde aufs tiefste enttäuscht, denn er versagte sie mir!« »... als ob ich dadurch, daß ich mir Meinungen und Geschmacksneigungen, die den seinen zuwiderliefen, zu eigen machte, ihn ausdrücklich verleugnete.« ... »er versuchte ... nur, mich bei einem Fehler zu ertappen.«

»Schau dich doch an. Wer würde dich haben wollen? Du Närrin!« schrie Stalin seine geliebte »kleine Haushälterin« an, als sie sich in den falschen Mann verliebte. Als sich Svetlana später entschloß, einen Juden zu heiraten, brach Stalin seine Beziehung zu ihr völlig ab.

Was ist mit diesen Vätern los, die ihre Töchter um jeden Preis mit eiserner Hand kontrollieren müssen? In *Ghostwaltz* erzählte Ingeborg Day, daß ihr ihr selbstgerechter Nazi-Vater strikt verbot, sich von ihrem amerikanischen Mann scheiden zu lassen. Als sie ihm nicht gehorchte, brach er ohne ein weiteres Wort für alle Zeiten den Kontakt zu ihr ab. Er war ein Mann von Prinzipien.

Konflikte werden oft durch Geld ausgetragen, weil es sich außerordentlich gut zur Äußerung und Manipulation von Gefühlen eignet. Schließlich ist es in der Regel der Vater, der das Geld besitzt. Margaret Mead, Golda Meir und Simone de Beauvoir mußten nach jahrelanger intellektueller Förderung durch ihre Väter plötzlich erleben, daß für ihre weitere Ausbildung absolut kein Geld mehr zur Verfügung stand. »Es ist nicht gut, zu klug zu sein«, warnte Golda Meirs Vater sie. »Männer mögen keine intelligenten Mädchen.« Golda ging mit fünfzehn von zu Hause weg, um bei ihrer verheirateten Schwester zu leben und dort zur Schule zu gehen. »In den zwei Jahren, die ich in Denver verbringen sollte, schrieb mir mein Vater, der mir nie verziehen hatte, nur ein einziges Mal«, berichtet sie in ihrer Autobiographie. Später verzieh er ihr und wurde vermutlich sehr stolz auf sie.

Es ist ernüchternd, zu hören, wie viele Frauen ihre Väter als äußerst geizig erleben. Eine meiner Freundinnen benötigte nur eine geringe Summe, um ihre Ausbildung abzuschließen, und sie bat ihren Vater, ihr zu helfen, aber der hatte eine neue Frau, und deren Bedürfnisse waren wichtiger als die seiner Tochter. Und was denkt eine Tochter heutzutage, wenn ein geschiedener Vater nicht zu ihrem Unterhalt beiträgt?

Ich habe zunächst über den Vater gesprochen, der seine Tochter vernachlässigt, demütigt oder in irgendeiner Weise im Stich läßt. Genauso schwierig sind Beziehungen zu bindenden Vätern. Anfangs ist es äußerst befriedigend, vom Vater verwöhnt zu werden, soviel Zeit, Aufmerksamkeit und vielleicht auch Geschenke von diesem vergötterten Mann zu erhalten. Eleanor Roosevelts Vater schickte ihr ein Pony, um ihr seine Liebe zu beweisen; es ist nur jammerschade, daß sie sich vor Pferden fürchtete.

Manchmal behandelt ein solcher Vater seine Tochter wie einen Sohn. Er beginnt sehr früh, seine Interessen mit ihr zu teilen. Wir hören, daß Virginia Woolf mit ihrem schriftstellernden Vater über Literatur diskutierte; Shirley Chisholm teilte die politischen Interessen ihres Vaters; und Jane Addams hatte einen Vater, der ihr vor allem beibrachte, an hohen Idealen festzuhalten. Viele bekannte Frauen hatten in der Kindheit enge, liebevolle Bindungen an ihre Väter, und die Qualität dieser Bindungen hatte später großen Einfluß auf ihre spätere Karriere. Da es bis zur heutigen Müttergeneration an starken Frauenvorbildern fehlte, ist es nicht überraschend, wenn die Forschung feststellt, erfolgreiche Frauen hätten sich ihren Vätern nahe gefühlt und sich stark mit ihnen identifiziert. Daraus entstand ein großer Druck, weil es undenkbar gewesen wäre, die Erwartungen des Vaters zu enttäuschen. Vielleicht hat er sogar damit gerechnet, daß die Tochter seine eigenen enttäuschten Ambitionen erfüllt.

Eine solche Beziehung kann als tief befriedigend erlebt werden und in glücklicher Erinnerung bleiben. Helene Deutsch führte ihre bahnbrechende Schlacht, für Frauen die Zulassung zum Jurastudium an der Universität Wien zu erringen, auf ihre Liebe zu ihrem Vater und ihre Identifizierung mit ihm zurück. In ihrer im Alter von achtzig geschriebenen Autobiographie sprach sie stolz von seiner Liebe: »... daß er sich, bevor er noch wußte, ob das Kind ein Mädchen oder ein Junge war, bereits in die großen, glänzenden Augen verliebte, die zu ihm aufblickten . . . Sein Entzücken hielt viele Jahre lang an. Er hing an mir und akzeptierte mich uneingeschränkt, nicht als Ersatz für einen Jungen, sondern als seine geistige Erbin und als sein geliebtes Mädchen mit den schönen Augen.« Doch selbst dieser Vater ärgerte sich über ihre späteren Emanzipationsbestrebungen und wandte sich in ihrer frühen Jugend von ihr ab. Auch Helene beunruhigte ihre starke Bindung an ihren Vater; sie ging früh von zu Hause weg, bald nachdem sie eine Liebesaffäre mit einem älteren Mann, einem Politiker, angefangen hatte.

Das war ein Glück für Helene Deutsch, denn in den Augen vieler Töchter kann sich kein anderer Mann je mit ihrem Vater messen. Wenn der Vater dann auch noch objektiv gesehen ein außergewöhnlich brillanter und attraktiver Mann ist wie Sigmund Freud oder Bertrand Russell, kann es sich leicht als hoffnungslos herausstellen, je einen ebenbürtigen Ersatz für ihn zu finden. Dies kann man an der folgenden Passage sehen, mit der Bertrand Russells Tochter ihr Buch über ihren Vater schließt: »Er war der faszinierendste Mann, den ich je gekannt habe, der einzige Mann, den ich je liebte, der größte Mann, der mir je begegnen wird, der witzigste, heiterste, charmanteste. Es war ein Privileg, ihn zu kennen, und ich danke Gott, daß er mein Vater war.«

Zur Verteidigung ablehnender Väter: Wie Helene Deutsch meinte, sind Väter vielleicht deshalb frustriert, weil sie glauben, es sei ihnen nicht gelungen, ihre Töchter zu angepaßten und fügsamen Frauen zu machen. Wir können uns auch vorstellen, daß Ablehnung das einzige Mittel ist, wie Väter es schaffen können, ihre Töchter aus der allzu engen Bindung an sie zu befreien oder sie vielleicht auch vor ihren sexuellen Wünschen zu schützen.

Tatsächlich gibt es ja Väter, deren glühende Liebe zu egoistischer Vereinnahmung und irrationaler Feindseligkeit gegen alle anderen Beziehungen im Leben ihrer Töchter führt. Das Thema der sexuellen Ausbeutung würde uns zu weit wegführen, aber sie ist manchmal die natürliche Folge einer solch exklusiven, besitzergreifenden Vater-Tochter-Beziehung. Für einen solchen ausbeutenden Vater wird die Tochter bloß zu einer narzißtischen Verlängerung seiner selbst, deren Hauptzweck es ist, seine Bedürfnisse und Wünsche zu erfüllen. In den

Augen des Vaters hat sie keine eigene Existenz. Solche Töchter können ihren Vätern nur durch einen abrupten und feindseligen Bruch entkommen, der Schuldgefühle und Schmerz zurückläßt.

Eine Lieblingstochter zu sein kann somit auch eine gemischte Wohltat sein. In diese Situation ist oft auch die Mutter verstrickt, da die meisten intensiven Beziehungen Bestandteil eines emotionalen Dreiecks sind. Die Mutter kann im Hintergrund oder im Vordergrund stehen; in beiden Fällen hat sie Anteil an der Vater-Tochter-Beziehung. Die Tochter kann das Gefühl haben, daß die Bedürfnisse des Vaters für die Mutter auf Kosten der Tochter Vorrang haben. In anderen häufig auftretenden Situationen haben Töchter ihre Mütter bitter angeklagt, ihnen den Zugang zum Vater versperrt oder sie in anderer Weise dem Vater entfremdet zu haben.

Eine besonders schmerzhafte Situation tritt ein, wenn die Tochter fühlt, daß sie auf Kosten ihrer Mutter geliebt wird, was ziemlich häufig der Fall zu sein scheint. Manche Männer, die bei einer abwechselnd »guten« und »bösen« Mutter aufwachsen, die sie niemals als ein und denselben Menschen identifizieren lernen können, brauchen später eine ebenso gute wie böse Frau in ihrem Leben. Ein solcher Mann kann seine Tochter mit Liebe überschütten, während er seine Frau vernachlässigt oder schlecht behandelt. Manchmal wird die Tochter in ein Bündnis mit ihm verstrickt; lebenslange Feindseligkeit gegen ihre Mutter kann die Folge sein. Helene Deutsch und Eleanor Roosevelt hatten beide das Gefühl, daß ihre Väter das Opfer beherrschender, bösartiger Mütter wären und daß sie selbst einen Geheimpakt mit ihren Vätern hätten. Manche Töchter sind später traurig, wenn sie rückblickend erkennen, daß ihre Mütter vielleicht gar nicht so schwach, ungerecht oder unbedeutend waren, wie sie ihnen in der Kindheit erschienen. »Erst als meine Mutter schon fünf Jahre tot war, wußte ich, daß ich sie sehr geliebt hatte«, schrieb Lillian Hellman. Und Svetlana Alliluyeva schrieb: »Sie fürchtete sich, mich zu verwöhnen, weil mein Vater ohnehin schon genug mit mir schmuste und mich verhätschelte. Wir hatten natürlich keine Ahnung, daß wir alle unsere Spiele und Vergnügungen, unsere ganze glückliche Kindheit ihr verdankten. Das begriffen wir erst später, als sie nicht mehr da war.« In einem Buch, in dem sich deutsche Frauen über ihre Väter äußern, schrieb Ilona Lörincz, wie sehr sie ihren gutmütigen, heiteren, verantwortungslosen Vater geliebt habe und als wie bedrückend sie ihre ewig depressive und ängstliche Mutter empfand, und fügte dann hinzu: »Erst als ich selbst erwachsen war, erkannte ich sie an, ihre verhaltene und leise Charakterstärke, ihre Klugheit, ihre Intelligenz und Herzensgüte … Sie war das Fundament der Familie. Nur sie ermöglichte es meinem Vater, sich auszuleben.« Miterleben zu müssen, wie der eigene Vater die Mutter durch Worte, durch seine Untreue oder manchmal vielleicht sogar durch Schläge demütigt, kann für eine heranwachsende Tochter zunehmend unerträglich werden, und ihr akuter Loyalitätskonflikt kann in Haß gegen beide Eltern enden. Eine Klientin erzählte mir, daß sich ihre Mutter mit Ekel von ihrem Vater abgewandt hatte. Wenn er betrunken nach Hause kam, mußte ihn die Tochter zu Bett bringen und manchmal bei ihm in der Küche sitzen und sich stundenlang seine von Selbstmitleid überquellenden Geschichten anhören.

Es gibt Väter, die, nüchtern oder betrunken, die ganze Familie, Mutter und Kinder, verprügeln; die Töchter dieser Männer leben mit derselben panischen Angst und dem gleichen Haß wie ihre Mütter. Andere Väter mißhandeln ihre Familien vielleicht nicht physisch, aber sie terrorisieren und tyrannisieren Frau und Kinder emotional und lassen bei ihren Töchtern unvergeßliche, abstoßende Erinnerungen daran zurück, wie sich Männer verhalten.

Manche Alkoholiker-Väter gewinnen trotzdem das Herz ihrer Töchter. Ein solcher Vater kann charmant und verführerisch sein, solange er nüchtern ist, mit ihr spielen und lachen und ihr Geschenke bringen, selbst wenn nichts zu essen im Hause ist. Eleanor Roosevelt hatte einen solchen charmanten Vater. Natürlich war in dieser Familie genügend Geld da, und sie brauchte auch nicht bei ihm in der Küche zu sitzen. Statt dessen stellte er sie bei den Portiers vornehmer »Drinking clubs« ab und vergaß sie dort.

Sollen wir diesen Männern in unserem Leben böse sein oder sie bemitleiden? Ich weiß, daß Väter bloß ein Stück in einer runden Welt sind. Viele dieser Väter wurden von ihren Müttern (und Vätern?) schlecht behandelt, was daran denken läßt, daß Männer und Frauen an ihrem gegenseitigen Verrat beteiligt sind. Väter verhalten sich vielleicht schlecht, weil sie arbeitslos sind oder an quälenden Kriegserinnerungen leiden oder weil sie von der Außenwelt mit Verachtung behandelt werden. Selbst wenn ein Vater nirgends sonst zählt, ist er in seiner eigenen Familie der Boß, oder zumindest kann er dort ungestraft seine Wut auslassen.

Mitleid ist eine rettende und dennoch heimtückische Kraft. Männer beuten die Fähigkeit der Frauen aus, Mitleid mit den Männern zu empfinden, die sie lieben. Wenn ihre Frauen sterben, fühlen sich starke Väter plötzlich verloren und hilflos. Sie klammern sich in der Erwartung, versorgt zu werden, an ihre Töchter, wie es Virginia Woolfs Vater tat. Selbst wenn der Vater ungerecht, geizig, ein Trinker, brutal oder sexuell verführend war, ist er jetzt ein armer alter Mann, der die Liebe und Zuwendung seiner Tochter braucht, und sie wird ihm diese Hilfe selten vorenthalten. Er ist ihr Vater, und sie möchte ihn lieben und von ihm geliebt werden. Tatsächlich kann es im Alter eine letzte Chance geben, daß dies geschieht. Als ich eine junge Frau war, empfand ich tiefes Mitleid für meinen Vater, der vom Leben in vieler Hinsicht enttäuscht worden war. Ich träumte davon, daß ich eines Tages sehr gut für ihn sorgen würde. Während des Krieges sparte ich jahrelang mein Lunch-Geld, um ihm Lebensmittelpakete nach Europa zu schicken. Er schrieb mir regelmäßig zurück: »Es regnet; ich fühle mich nicht gut; könntest Du mir nicht Räucherwurst schicken, die weniger salzig ist?« Nach vielen Jahren kehrte ich mich von ihm ab. In den letzten Jahren seines Lebens korrespondierten wir nicht mehr. Eines Tages schrieb man mir, daß er gestorben war, und ich unterbrach nicht einmal meine Lektüre von Studentenarbeiten. Ich hatte mein Bedürfnis überwunden, Cordelia für den alten König Lear zu spielen. Dies sind zynische Worte, die meinen Schmerz und meine Reue verbergen sollen, daß ich meinen Vater in seinem Alter im Stich ließ.

Was geschieht mit den vielen Töchtern, die von ihren Vätern nicht gut genug geliebt wurden? Ich bin bereits auf einige Situationen eingegangen, aber jede Tochter findet ihre eigene Lösung. Töchter, die von ihren Vätern zu tief enttäuscht oder zu schamlos ausgebeutet wurden, scheinen dazu verurteilt, Männer zu hassen. Ein solcher Haß kann sich auf viele verschiedene Weisen äußern. Es gibt Töchter, die sich in genauso ausbeuterische, rücksichtslose Männer »verlieben« und auf diese Weise immer mehr Rechtfertigung für ihren Haß sammeln; andere Töchter werden es genießen, Männer zu beherrschen und mit ihnen zu konkurrieren; wieder andere werden ihre Wut freimütig und direkt äußern; es gibt aber auch Töchter, die ihren Vätern den Rücken kehren und in der Arbeit ebenso wie in der Liebe Frauen bevorzugen.

Wir haben gelernt, daß sich jeder Mensch bis zu einem gewissen Maß auch in feindseligen Beziehungen mit beiden Eltern identifiziert. Wir finden Töchter, die fleißig und ehrgeizig sind, und andere, die genau wie ihre Väter zum Alkohol neigen. Andere Töchter identifizieren sich stärker mit ihren Müttern und suchen sich einen ähnlichen Mann, der sie entweder bewundert und respektiert oder der trinkt und sie schlägt.

Es gibt auch Frauen, die sich eine Beziehung suchen, die das Gegenteil von dem ist, was ihre Mutter oder sie selbst erlebt haben. Der Vater war ein Tyrann – sie heiraten unterwürfige Männer. Der Vater war ein Trinker – sie suchen sich einen sehr nüchternen Mann. Der Vater war ein Schürzenjäger – sie heiraten treue und loyale Männer. Sie mögen sich anfangs geborgen und gut versorgt fühlen, aber bald wird ihnen die Beziehung vielleicht langweilig, leer und leidenschaftslos erscheinen. Sie sehnen sich nach dem charmanten Schurken, der soviel Farbe und Aufregung in ihre Kindheit gebracht hatte.

Im Gegensatz zu Freuds Überzeugung ist Geliebtwerden schließlich nicht das einzige, was für Frauen zählt. Da ist auch das Problem der eigenen Liebesfähigkeit. Gefühle von Liebe und Leidenschaft für das andere Geschlecht entstehen durch intensive Liebeserlebnisse in der Kindheit. Wenn Liebe mit Traurigkeit und Sehnsucht verknüpft war, mit dem Gefühl, schlecht behandelt, vernachlässigt, betrogen oder vielleicht geschlagen zu werden, dann wird es einer Frau schwerfallen, einen gütigen und rücksichtsvollen Mann zu lieben. Natürlich ist es für solche Töchter nicht schwierig, Männer zu finden, die sie genauso schlecht behandeln, wie ihre Väter es taten.

Das Märchen, das ich anfangs erzählte, beschrieb die glühende Liebe zwischen Vater und Tochter in ihrer Kindheit und wie die allmähliche Unabhängigkeit der Tochter den Vater tief verletzte und ihn veranlaßte, sich von ihr zurückzuziehen. Die Tochter wurde dadurch sehr unglücklich und ihrer selbst unsicher; doch sie trug das Bild dieser anfangs so glücklichen Beziehung im Herzen, und das hat ihr vielleicht geholfen, sie wiederzufinden.

Meine Freundinnen haben mir vorgeworfen, daß dies ein scharfer und unversöhnlicher Essay sei. Doch nachdem wir unsere Wut geäußert haben, kommen wir in Berührung mit unserer Liebe und sind imstande zu verzeihen.

Zehn Jahre nach dem Tod meines Vaters stieß ich zufällig auf May Stevens' Artikel über ihre Arbeit und ihren aus der Arbeiterschicht stammenden Vater. Sie hatte eine Serie »häßlicher« Bilder um eine Figur gemalt, die sie Big Daddy nannte und in denen sie ihren Haß auf unsere patriarchalische Gesellschaft und die Werte ausdrückte, die ihr Vater repräsentierte: »Das Porträt meines Vaters im Unterhemd vor einem leeren Bildschirm verwandelte sich schließlich in ein Symbol der amerikanischen Komplizenschaft in Südostasien.«

Hier ist ein Auszug aus ihrem Poem »Briefe von zu Hause«, das sie nach dem Tod ihres Vaters schrieb: »Mein Vater überzog Pakete mit einem engmaschigen Netz aus weißer gewachster Schnur, die an jeder Kreuzung verknüpft war, so daß man überrascht war, daß das aufgeschnittene Netz nicht von selbst stand. Sie brachten mir Geschenke, diese mit Schnüren gefesselten Kartons, Konserven nach Paris, Festessen für arme Studenten, Heizdecken energielos, verwaschene Wolle, Bleistifte mit dem Aufdruck Bethlehem Steel, eine Baumwollente, die er in seiner Firma geklaut hatte, Pudding- und Kondensmilchkartons zum Malen für mich, und einmal erschien er mitten in der Nacht in Queens mit einer alten Waschmaschine mit der Schleuder oben. Er hatte eine neue . . .«

Ich weinte. Inzwischen hatte ich im Nachlaß meiner Mutter Briefe gefunden, in denen mein eigener Vater Sorge um mein Wohlergehen äußerte. Meine Mutter hatte mir diese Briefe nie gezeigt. Inzwischen hatten mir auch Leute erzählt, daß er in liebevollen Worten über mich sprach. Ich hatte das nicht gewußt. Mein Vater und mein Leben hatten sich getrennt, als ich vierzehn Jahre alt war. Ich vermißte seine schützende Gegenwart während der Kriegsjahre in Europa. Es kam mir vor, als kümmere er sich nicht genug, doch in Wahrheit war er machtlos, zu helfen. Er verhalf mir nicht zu einer Schulbildung. Es kam mir vor, als kümmere er sich nicht genug, doch vielleicht war er ebenso arm wie ich. Mein Vater bestand sein Jura-Examen in Wien mit *summa cum laude*, eine seltene Auszeichnung. Er war wahrscheinlich ein intelligenter und begabter Mann. Er wollte ein Schriftsteller sein und hatte zwei Bücher geschrieben, die keine Anerkennung fanden. Wie schwer es für meinen Vater gewesen sein muß, der Sohn von Sigmund Freud zu sein und sich trotzdem zu einem Mann mit Substanz und Selbstachtung zu entwickeln. Mein Herz krampft sich vor Schmerz zusammen, wenn ich an die Verletzungen meines Vaters denke.

Ich mußte seinen Todestag in einem Buch nachschlagen, das jemand anderer über seinen Vater geschrieben hatte. Er starb 1967. Dreizehn Jahre später ging ich nach London, wo er gelebt hatte und gestorben war, und machte mich an die lange und schmerzhafte Aufgabe der Trauer und Versöhnung. Dieser Essay ist ein Schritt, wenn auch ein zorniger, in diesem Prozeß.

Sie war anfangs ganz überrascht über die Frage, ob sie etwas über eine gewisse Abigail Harrison wisse, die von ihrem berühmten Großvater in Wien analysiert worden sei. Sie hatte einmal einige interessante Artikel von einer Psychoanalytikerin dieses Namens gelesen, hatte aber nicht gewußt, daß die Schreiberin von ihrem Großvater analysiert worden war. Wie absurd, daß Menschen von ihr erwarteten, die Patienten ihres Großvaters zu kennen. Aber Harrisons Biographin, eine Akademikerin wie sie selbst, schrieb ihr mit der vorsichtigen und taktvollen Andeutung, daß diese Frau möglicherweise auch mit ihrem Vater befreundet gewesen sei. Das änderte die Situation. Plötzlich hörte die Tochter die Stimme ihrer Mutter den Namen Harrison giftig hervorstoßen, diese Schlampe Harrison, so hörte sie ihre Mutter sagen.

Weil sie der Kollegin helfen wollte, schrieb die Tochter an die Biographin und teilte ihr diese Erinnerung mit. Die Biographin wollte wissen, ob Abigail Harrison und der Vater der Tochter »etwas miteinander gehabt hatten oder nicht«. Es schien von Bedeutung zu sein, das herauszufinden. Die Tochter war davon ausgegangen, daß ihr Vater eine richtiggehende Affäre mit dieser Frau Harrison gehabt haben mußte, die eine der bösen, unbekannten Figuren ihrer Kindheit gewesen war, und sie fragte sich, warum die Biographin so sehr zu zögern schien, diese Tatsache zu akzeptieren. Wenige Jahre vor ihrem Tod hatte ihre eigene Mutter einem anderen Biographen, der sich mit ihrem Großvater und seinen Beziehungen beschäftigte, erzählt, daß ihr Mann eine Affäre mit einer der Patientinnen seines Vaters gehabt habe. Sie hatte sich zweifellos auf diese Affäre Harrison bezogen. So war bekanntgeworden, daß ihr Vater Liebesaffären mit Patientinnen seines Vaters hatte. Warum über Tatsachen streiten?

Die Tochter war zunehmend von der Möglichkeit fasziniert, »historisches Wissen« zu korrigieren. Sie schrieb an ihr altes Fräulein in Wien, die die einzige noch lebende Person war, die vielleicht wußte, was wirklich geschehen war. Das Fräulein schien unsicher. Sie berichtete, daß die beiden zwar miteinander bergsteigen gegangen waren, aber daß die Frau Harrison ausgesprochen häßlich und deshalb bestimmt nicht der Typ ihres Vaters gewesen sei. Die Tochter wußte nicht, ob ihr Fräulein Abigail Harrison jemals gesehen hatte oder ob dies eine weitere Meinung aus zweiter Hand war. Sie erinnerte sich jetzt, daß das unattraktive Aussehen der Harrison in ihrer Kindheit ebenfalls kommentiert worden war. Eine häßliche, reiche Amerikanerin, das war Abigail Harrisons Identität gewesen. Die Tochter konnte sogar ihren Eindruck wachrufen, daß das Interesse ihres Vaters an dieser Harrison ihr Geld war. Die Antwort des Fräuleins hatte Zweifel in das Herz der Tochter gesät. Ohne weitere Beweismittel war der Fall offengeblieben. Einige Zeit später hatte die Biographin das unglaubliche Glück, in Abigail Harrisons Nachlaß auf einen Packen Briefe zu stoßen, darunter auch Briefe, die ihr der Vater der Tochter nach ihrer Abreise aus Wien vor und bis zum Anschluß geschrieben hatte. Die Biographin wollte wissen, ob die Tochter diese Briefe als die eines Liebhabers oder eines Freundes ansehe. Es war ein seltsames Erlebnis für die Tochter, diese Briefe zu lesen, die ihr Vater an eine Frau geschrieben hatte, bei der er in Zeiten der Krise und Einsamkeit offenbar Trost suchte. Die Tochter hatte ihren Vater als einen Menschen mit Talent zum Selbstmitleid im Gedächtnis, und sie hatte selbst von ihm viele Briefe mit ähnlichen Themen wie schlechtes Wetter, Befürchtungen über seine Gesundheit und Geldsorgen erhalten. Aber seine Briefe an sie waren ohne die tiefe Zuneigung, die aus seinen Briefen an Abigail Harrison sprach. Dies waren in der Tat Liebesbriefe, aber nicht im konventionellen Sinn. War es möglich, daß ihr Vater, der Schürzenjäger und lebenslange Playboy, tatsächlich eine Frau geliebt hatte, zu der er keine sexuellen Bindungen hatte? Die ältere Schwester ihres Vaters hatte vor ihrem Tod einst zu der Tochter gesagt, daß ihr Vater weder seine eigene Mutter noch seine Frau, noch seine Schwester und seine Kinder geliebt habe. Er habe nur sich selbst geliebt. Vielleicht hatte sich ihre Tante am Ende doch geirrt, vielleicht hatte sie sich nur persönlich abgelehnt gefühlt und war deshalb verärgert und unfair. Seine jüngere Schwester hatte ihn niemals so hart verurteilt.

Am Ende des Studienjahres unternahm die Biographin eine dreistündige Autofahrt zum Wohnort der Tochter, um mit ihr noch einmal über das Sexualleben von Abigail Harrison zu sprechen. Die Biographin erklärte der Tochter, daß Abigail Harrison von all ihren Studenten und Kollegen sehr geliebt worden sei und daß sie deshalb zu Auskünften bereit gewesen wären, um auf diese Weise das Andenken an ihre geliebte Lehrerin, Kollegin oder Freundin zu ehren. Die Biographin glaubte, es all diesen Menschen schuldig zu sein, Abigail Harrison Gerechtigkeit zukommen zu lassen. Die Tochter erkannte in der Biographin eine ebenso gewissenhafte und detailbesessene Frau, wie sie selbst es war. Sie erkannte auch, daß Abigail Harrison von ihren Studentinnen in derselben Weise geliebt und geachtet worden war, wie sie sich ihren eigenen Studentinnen verbunden fühlte, und sie begann, eine geistige Schwesternschaft mit dieser Frau zu empfinden, die entweder eine sexuelle Beziehung mit ihrem Vater gehabt haben mochte oder auch nicht.

Die Tochter hatte in einer der oberen Reihen ihres Bücherregals, das die ganze Breite ihres großen Wohnzimmers einnahm, die gesammelten Werke ihres Großvaters stehen, zusammen mit all den einzelnen Büchern von ihm in verschiedenen Ausgaben, die sie von ihrer Mutter geerbt hatte. Sie nahm ein abgegriffenes, in blaugrünes Leinen gebundenes Exemplar, Teil einer zweibändigen Ausgabe, herunter, das den Namen ihres Großvaters und den Titel *Vier Krankengeschichten* trug. Die ersten paar Seiten beschäftigten sich mit der Geschichte des Falles Schreber, aber die übrigen Seiten waren leer und mit Fotografien schöner Frauen vollgeklebt. Es war das Buch, in dem ihr Vater seine Geliebten sammelte. Vielleicht konnte ihr Vater als Herausgeber der Bücher seines Vaters eine solche Buchattrappe herstellen. Die Tochter meinte, die Biographin und sie könnten es zusammen anschauen, um zu sehen, ob Abigail Harrison in dieser Sammlung enthalten war.

Die Tochter erklärte der Biographin, daß die Abreise ihrer Eltern aus Wien mit ihrer Entscheidung zusammenfiel, ihre Ehe zu beenden. Die beiden Kinder wurden zwischen Vater und Mutter aufgeteilt; sie und ihre Mutter gingen nach Paris, während ihr Vater und ihr Bruder den berühmten Großvater und dessen ganze Familie nach London begleiteten. Die fahrbare Habe der Familie war zunächst nach Paris transportiert worden, und obwohl geplant gewesen war, die Sachen ihres

Vaters weiter nach London zu schicken, hatte die Mutter diesen Plan nicht befolgt, sondern alles in Paris behalten. Mit dieser Fracht an Mobiliar und anderem Hausrat war ihrer Mutter dieses Buch in die Hände gefallen. Die Tochter erinnerte sich, daß ihr die Mutter, die ihr nie viel erspart hatte, dieses Buch zeigte. Aber sie war damals erst vierzehn Jahre alt gewesen, und sie hatte die ganze Angelegenheit seither sowohl vergessen als auch nicht vergessen. Nach dem Tod ihrer Mutter hatte die Tochter bei Durchsicht ihrer alten Briefe einen wütenden Brief ihres Vaters gefunden, in dem er sein Fotoalbum zurückverlangte. Aber die Mutter hatte das Buch ihr Leben lang getreulich aufgehoben, und als die Tochter die Bücher ihrer Mutter durchsah, hatte sie es gefunden. Jetzt bewahrte sie das Buch ebenso getreulich in ihrem eigenen Bücherregal unter den Büchern ihres Großvaters auf.

Im Umschlag des Buches steckte ein blauer Brief, den ihre Mutter in diesem Buch verstaut hatte und den auch die Tochter da ließ. Es war ein Brief von einer Frau an ihren Vater, kurz nachdem er Wien verlassen hatte. Der Brief war per Eilboten nach Paris gegangen, von ihrer Mutter abgefangen worden und hatte niemals sein Ziel erreicht. »Was für ein verzweifelter, herzzerreißender Brief«, sagte die Biographin, nachdem sie ihn zusammen gelesen hatten. Die Tochter war erstaunt über diese Reaktion. Auch jetzt, 46 Jahre später, waren ihr die Gefühle der trauernden Frau, die diesen Brief geschrieben hatte, gleichgültig. Die Tochter erinnerte sich an die ungeheure Wut ihrer Mutter, als sie ihr diesen Brief vorlas. Er bedeutete, daß ihr Vater mitten in der Katastrophe des Anschlusses in eine leidenschaftliche Liebesaffäre verstrickt gewesen war, während ihre Mutter, wie die Tochter genau wußte, ihr eigenes Leben riskiert hatte, um ihn zu beschützen. Die Tochter, die soeben eine 40jährige Ehe beendet hatte, war kaum eine Expertin in Sachen Liebesbriefe, doch auch sie fand, daß dies der verzweifeltste und leidenschaftlichste Liebesbrief war, den man sich nur vorstellen konnte. Es war sicher nicht die Art von Brief, die ihr Vater an Abigail Harrison geschrieben hatte. Natürlich war es ein an ihn adressierter Brief, nicht einer von ihm.

Es war unmöglich zu entscheiden, welches Foto, falls überhaupt eines, zu diesem Liebesbrief gehörte. Da waren Frauen in allen Posen, vorwiegend Blondinen, während sie und ihre Mutter schwarzes Haar hatten. Die meisten waren voll bekleidet, obwohl ziemlich viele Badeanzüge trugen. Ihr Vater mußte es genossen haben, mit seinen Geliebten an den Strand zu gehen. Auf einigen Fotos war auch ihr Vater zu sehen. Auf einem Bild trug er eine Frau in seinen Armen, und auf einem anderen ritt eine Frau im Badeanzug am Strand auf seinen Schultern. Die Biographin war erstaunt, daß der Vater der Tochter so viele schöne Frauen sammeln konnte. Die Tochter berichtete, die ältere Schwester ihres Vaters habe ihr auch erzählt, daß ihr Vater nicht die Straßen entlanggehen konnte, ohne daß die Frauen sich nach ihm umdrehten. Die Tochter war davon überzeugt, daß ihr keuscher und asketischer Großvater das Erfüllen sexuellen Vergnügens an seinen ältesten Sohn delegiert hatte. Schließlich fanden sie zwei Fotos, die die Biographin vorläufig als Abigail Harrison identifizierte und die am Ende des Buches lose zwischen den Seiten steckten, statt wie die meisten anderen Fotos eingeklebt zu sein. Sie trug keinen Badeanzug. Auf einem Foto war Abigail Harrisons rätselhafter Gesichtsausdruck von einem schwarzen Cape und einem Garbo-Hut eingerahmt, und auf dem anderen posierte sie mit unbewegter Miene in einem Wiener Dirndl. Auf keinem der Fotos erkannte die Tochter die reiche, häßliche Amerikanerin der Beschimpfungen ihrer Mutter. Die Biographin borgte sich die beiden Bilder aus, um sie zuverlässiger zu identifizieren.

»Wie ist es mit Ihrem Vater nach all diesen romantischen Abenteuern weitergegangen?« fragte die Biographin. »Als er 60 Jahre alt war, stellte er eine 30jährige Frau mit bescheidener Bildung als Verkäuferin in seinem Laden ein. Sie war nach London gekommen, um da ihr Glück zu suchen. Bald danach lud er sie ein, bei ihm zu leben, und am Ende kümmerte sie sich um sein Geschäft, sein Haus und, als er schließlich krank wurde, um seinen alten Körper. Im Gegensatz zu seiner Frau hatte sie keinen persönlichen Ehrgeiz und keine besonderen Ansprüche, sie war eine warmherzige und liebevolle Frau, die nur gut für ihn sorgen wollte. Obwohl sie bloß halb so alt war wie er, wurde sie seine gute und fürsorgliche Mutter, vielleicht eine bessere Mutter als seine richtige, ganz zu schweigen von seiner fordernden, verschwenderischen und ehrgeizigen Frau.« Die Tochter dachte darüber nach, daß die Geliebte ihres Vaters in all ihrer Bescheidenheit und Bereitschaft zur Unterordnung mehr Stolz gehabt hatte als ihre eigene Mutter. Als die Tochter zehn Jahre nach dem Tode ihres Vaters die Geliebte aufsuchte, war sie mit großer Wärme begrüßt worden, vielleicht besonders deshalb, weil sie ihrem Vater sehr ähnlich sah. Die Geliebte erzählte ihr mit Stolz, daß ihr Vater eines Tages angekündigt hätte, er würde nicht zum Abendessen nach Hause kommen, da eine seiner alten Flammen in der Stadt wäre. Sie hätte zu ihm gesagt, er brauchte sie nicht zu suchen, wenn er nach Hause käme. Der alte Mann hatte seine junge Lebensgefährtin entweder zu sehr geliebt, um sie gehen zu lassen, oder sein Abenteuer hatte an Bedeutung für ihn verloren. Jedenfalls hatte er sich entschieden, an jenem Abend nach Hause zu kommen, bereit, sich für den Rest seines Lebens mit aller Bequemlichkeit versorgen zu lassen.

Die Tochter dachte daran, wie verletzend es für ihre Mutter gewesen sein mußte, ein solches Buch zu finden. Es war ein Hauptziel ihrer jungen Jahre gewesen, einen Mann zu finden, der kein ähnliches Buch anlegen würde. Zur tiefen Befriedigung ihrer Mutter hatte sie einen Antivater geheiratet, einen Mann, der völlig loyal und treu war und sie mit Respekt behandeln würde. Aber er hatte nicht ihre tiefste Leidenschaft erweckt; im Laufe der Jahre wurde ihre Aufmerksamkeit von ihrer Arbeit in Anspruch genommen, die sie stärker zu faszinieren begann als seine Ergebenheit. Sie hatte das Gefühl, hart und lieblos geworden zu sein. Schließlich hatte ihr Mann eine warmherzige und liebevolle Frau, ohne persönlichen Ehrgeiz gefunden, die nur gut für ihn sorgen wollte. Die Tochter wußte, daß er seine gute und fürsorgliche Mutter gefunden hatte, vielleicht eine bessere Mutter als seine richtige, ganz zu schweigen von seiner ehrgeizigen und königinnenhaften Frau. Wie merkwürdig, daß sich Geschichte in dieser speziellen Weise wiederholen sollte. Aber tief innen wußte die Tochter, daß die Geschichte in ihren Händen gelegen hatte und daß sie vor allem eine loyale Tochter gewesen war, die das Schicksal ihrer Mutter teilen mußte. Es hatte niemals in ihrem Lebensscript gestanden, mit einem Mann an ihrer Seite alt zu werden.

Die Biographin mußte gemerkt haben, wie schwer es für die Tochter war, an diesem Punkt ihres Lebens erneut dieses Buch anzuschauen. Als sie die Seiten mit den Fotos blonder Frauen umblätterte und den leidenschaftlichen Liebesbrief an ihren Vater las, durchlebte sie wieder den Schmerz ihrer Mutter. Die Biographin legte ihre Arme um die Schultern der Tochter.

Es kam der Tochter vor, daß sie die Lösung für ihre gemeinsame Suche gefunden hatten. Sie erinnerte sich, daß sie einst einen Mann in derselben Weise geliebt hatte, wie Abigail Harrison ihren Vater geliebt haben mußte. Sie hatte diesen Mann zutiefst geliebt und ihre Liebe auf viele Weisen geäußert. Ihre künftige Biographin könnte sich dieselbe Frage hinsichtlich dieser Beziehung stellen. »Es ist sehr schade«, sagte sie, »daß die Welt Liebesaffären, die nicht sexuell sind, als unwichtig, als bloße Schwärmereien oder Phantasterei abtut. Abigail Harrison und mein Vater hatten keine sexuelle Affäre, aber sie liebten einander. Es ist gut möglich, daß ihre Liebe zu ihm die große Liebe ihres Lebens war und das Fehlen von Sex zwischen ihnen fast irrelevant.« Die Biographin lachte erleichtert. Ihr Problem war gelöst. Die Tochter begleitete sie zum Auto, und sie umarmten einander, um ihre Begegnung zu bekräftigen.

Zurück im Hause, war es Zeit, das Buch wegzustellen. Die Tochter sann darüber nach, wem sie dieses Erbstück vermachen sollte. Einerseits sollte sie vielleicht die Tradition fortsetzen und das Buch von der Mutter an die Tochter weitergeben, doch ihr Sohn sah ihrem Vater auffallend ähnlich, und sie hatte bemerkt, daß er nicht die Straßen entlanggehen konnte, ohne daß die Frauen sich nach ihm umdrehten. Vielleicht sollte das Buch schließlich doch zu Recht an ihn gehen. Eines Tages würde sie das entscheiden müssen.

Ich habe lange darüber nachgedacht, welche spezielle Perspektive die Identität Anna Freuds am besten erhellen würde: Die Tochter ihres Vaters oder eine Pionierin unter den Feministinnen, ein Etikett, das sie abgelehnt hätte. Ich werde mich genau auf diesen Konflikt ihres gespaltenen Selbst konzentrieren. War Anna Freud vor allem anderen die Tochter ihres Vaters, oder gehörte sie in erster Linie sich selbst?

Zweifellos wirft dieser Blickwinkel Konflikte in meinem eigenen Leben auf. Das ist das Problem, Loyalität und Verpflichtung gegenüber der Familie und der Tradition mit dem Wunsch in Einklang zu bringen, allein seinen Weg zu gehen, auf eigenen Füßen zu stehen und eine unabhängige und vielleicht sogar rebellische Stimme zu erheben. Dieses Problem kann besonders akut werden, wenn man zu einer prominenten Familie gehört, aber ich glaube, es ist ein universeller Konflikt.

So gibt es zum Beispiel viele Menschen, die in einer starken religiösen Tradition oder einem anderen Glaubenssystem erzogen werden, das sie mit zunehmendem Alter weniger überzeugt; doch vom Dogma abzuweichen wird von ihrer Verwandtschaft als schlimmer Verrat empfunden. Andere schließen sich aus vollster Überzeugung sozialen Bewegungen an oder machen sich eine Ideologie zu eigen, sie gehören einer unterdrückten Minderheit oder einer bestimmten Institution oder Gemeinschaft an, die ihrem Leben sowohl Sinn als auch Richtung gibt, und dennoch kann es zu akuten Loyalitätskonflikten kommen, falls sie von der »Parteilinie« abweichen.

Frauen und Männer können darüber hinaus wegen elterlicher Vermächtnisse in einen Loyalitätskonflikt kommen. Anna Freuds erster unabhängiger und völlig originaler Beitrag war die Formulierung eines neuen Abwehrmechanismus, der sogenannten altruistischen

Abtretung, im Jahr 1936 (*Das Ich und die Abwehrmechanismen*). Darin eröffnete sie in einem offenkundig autobiographischen Fallbeispiel einen weitreichenden Einblick in ihre eigene Lebensgeschichte. Es steht außer Frage, daß die junge Erzieherin in dem von ihr gewählten Beispiel Anna Freud selbst ist. Ich muß dieses Beispiel altruistischer Abtretung auszugsweise vorstellen, weil es unsere Heldin einführt und die Grundlage für meine Hauptthese bildet.

»Eine junge Erzieherin berichtet in ihrer Analyse, daß ihre Kinderjahre von zwei Vorstellungen erfüllt waren. Sie wollte schöne Kleider und viele Kinder haben … Aber auch neben diesen beiden Hauptwünschen war sie von zahllosen anderen Verlangen erfüllt: Sie wollte alles haben und mitmachen, was ihre viel älteren Spielgefährten besaßen und unternahmen, ja sogar alles besser machen und dafür bewundert werden. Ihr ewiges ›Möcht auch!‹ war eine Plage für die erwachsene Umgebung (I, B).«

Man erinnere sich, daß Anna in ihrer Familie das jüngste von sechs Kindern war, und die Spielkameraden sind in Wirklichkeit ihre Geschwister gewesen.

»In der Erwachsenheit wirkt sie vor allem als bescheiden und anspruchslos. Sie ist zur Zeit der Analyse noch unverheiratet und kinderlos, in der Kleidung eher ärmlich und unauffällig. Sie zeigt wenig Neid und geringen Ehrgeiz und konkurriert mit anderen nur, wenn äußere Notwendigkeiten sie dazu drängen … [Doch] eine ausführlichere Darstellung ihres Lebens zeigt eine nach Verdrängungen kaum mögliche Bejahung ihrer alten Wünsche. Ihre eigene Sexualablehnung stört sie nicht darin, das Liebesleben ihrer Freundinnen und Berufskollegen mit positivem Interesse zu verfolgen. Sie hilft bei Eheschließungen und ist die Vertraute vieler Liebesabenteuer. Der Mangel an Interesse für ihre eigene Kleidung hindert sie nicht an aktiver Fürsorge für die Kleidung anderer (I, B).«

»Dein hübsches Kleid paßt gut zu deinem silbernen Haar«, sagte sie zur Begrüßung bewundernd zu mir. Niemand hatte mir je das Gefühl gegeben, so schön zu sein, wie es Tante Anna tat.

»Der eigenen Kinderlosigkeit parallel läuft eine Zuwendung zu den Kindern anderer Menschen, die auch in der Berufswahl ihren Ausdruck findet … In analoger Weise ist sie trotz eigener Zurückhaltung ehrgeizig für ihre männlichen Liebesobjekte, deren berufliche Lauf-

bahn sie auch mit gesteigertem Interesse verfolgt ... Sie fühlt sich
selbst in der Durchsetzung ihrer Ehrgeizpläne dadurch gestört, daß
sie ein Mädchen ist; als Mädchen aber fühlt sie sich nicht hübsch
genug, um Männern wirklich zu gefallen. In der Enttäuschung an
sich selbst verlegt sie darum ihre Wünsche auf geeignetere Objekte.
Die Männer sollen in der Berufswelt für sie erreichen, was sie selber nicht erreichen kann, die schöneren Mädchen sollen das gleiche
in der Liebe für sie tun. Die altruistische Abtretung wird hier zur
Methode, mit der sich ihre narzißtische Kränkung überwinden läßt.
Die Analyse ... gibt auch entscheidende Auskünfte über die Um-
wandlung, die mit ihr vorgegangen ist. Ein früher Triebverzicht, der
das Über-Ich mit besonderer Strenge ausstattet, macht ihr die Durchsetzung der eigenen Wunschregungen unmöglich. Der Peniswunsch
mit seinen Ausläufern in männliche Ehrgeizphantasien und weibliche Kindeswünsche und der Wunsch, dem Vater nackt oder in schönen Kleidern zu gefallen, verfallen der Verpönung. Aber sie werden nicht verdrängt. Für jede einzelne dieser Regungen finden sich
Ersatzpersonen in der Außenwelt, bei denen sie sich unterbringen
lassen (I, B).«
An späterer Stelle in diesem Kapitel benutzt Anna Freud denselben
Mechanismus der altruistischen Abtretung, um bestimmte Phänomene der Eltern-Kind-Beziehung zu erklären:
»Aus dem Verhältnis zwischen Eltern und Kindern ist eine solche
altruistisch-egoistische Abtretung eigener Lebenspläne an das Kind
bekannt. Die Eltern wollen etwa mit Hilfe des Kindes als dem geeigne-
teren Objekt gewaltsam die Ehrgeizwünsche durchsetzen, die sie am
eigenen Leben nicht verwirklichen konnten. Vielleicht ist auch das so
rein altruistische Verhältnis der Mutter zum Sohn durch solche Abtretung ihrer Wünsche an das durch seine Männlichkeit ›geeignete‹
Objekt weitgehend mitbestimmt (I, B).«
Ich glaube, daß Anna Freuds Bemerkungen über das Bedürfnis einer
Mutter, Lebensaufgaben an ihren Sohn zu delegieren, eine verschlei-
erte Umkehrung ihrer eigenen Erfahrung ist.
Andere Autoren wie Helm Stierlin haben das Konzept der Delegation
auf jeden dringenden Auftrag kreativer und destruktiver, pro- oder
antisozialer Art erweitert, den Eltern einem Kind geben können. Nach
dieser Auffassung sind elterlich delegierte Kinder weniger frei als

andere ihren eigenen Weg zu suchen, da sie ihren inneren Frieden nur finden können, wenn sie ihre elterliche Mission, vielleicht unter erheblichen Opfern, ausführen.

Ich möchte deshalb untersuchen, in welchem Maße das Bedürfnis Sigmund Freuds, die Erweiterung seines Lebenswerkes an seine Tochter zu delegieren, und Anna Freuds Bereitschaft zur altruistischen Abtretung ihr Leben formten. In welchem Maß war Anna Freud die loyale Delegierte ihres Vaters, und wieweit hat sie ihre eigene Stimme gefunden? Was können wir von ihr über die Lösung dieses schwierigen menschlichen Konflikts zwischen Loyalität und Unabhängigkeit lernen? Die Leser werden bemerken, wie ich im Laufe meiner Bemühungen, diese Fragen zu beantworten, einen ähnlichen Konflikt gelöst habe.

Die Frage, ob Anna Freud primär die Tochter ihres Vaters war, stellt sich in Zusammenhang mit ihrem Werk zwangsläufig. Nach dem Urteil ihrer zwei Biographen und ihrer vielen Bewunderer war sie viel mehr als das. Sie bezeichnen sie als kraftvolle und originelle Theoretikerin aus eigenem Recht. Sie preisen sie für die Klarheit und Strenge ihres metapsychologischen Denkens. Nach der Lektüre aller acht Bände ihrer Gesammelten Werke habe ich mir meine eigene Meinung darüber gebildet.

Im Gegensatz zu Anna Freud glaube ich nicht an objektive Beobachtungen und ewige oder absolute Wahrheiten. Ich bin keine Psychoanalytikerin, sondern eine Lehrerin psychologischer Denksysteme, und ich kann nur eine sehr persönliche, parteiische und subjektive Meinung darlegen.

Wir müssen uns zunächst an das Wesen von Annas Bindung an ihren Vater erinnern. Er war ihr Vater, ihr Psychoanalytiker, Mentor und Prophet. Für ihn war sie seine Tochter, Kollegin, Sekretärin, sein zweites Ich und seine intime Pflegerin in den sechzehn Jahren seiner Krebserkrankung. Ohne Zweifel war sie der Mensch, den er über alles in der Welt liebte. Selten sind zwei Menschen in so vielen verschiedenen, unauflösbaren Weisen miteinander verbunden gewesen.

Anna hatte ihren Vater seit der frühen Kindheit leidenschaftlich und ehrfürchtig geliebt. Wir bekommen einen weiteren Einblick in das Leben der kleinen Anna aus einer Erinnerung, die sie ihrer lebenslangen Freundin Muriel Gardiner in einem Brief anvertraute. »... [Das] geschah in einem Sommerurlaub, als all die ›anderen‹ mit einem Boot wegfuhren und mich zu Hause zurückließen, entweder weil das Boot zu voll war oder weil ich ›zu klein‹ war. Diesmal beklagte ich mich nicht, und mein Vater, der die Szene beobachtete, lobte und tröstete mich. Das machte mich so glücklich, daß alles andere unwichtig wurde ...« (Bulletin of the Hampstead Clinic)

Es ist mein Eindruck, daß für Anna Freud nichts anderes je so wichtig war wie die Liebe ihres Vaters, seine Achtung und Dankbarkeit und seine in sie gesetzte Hoffnung zu erringen, zu erhalten und zu bewahren.

Manchmal taucht die Frage auf, warum Sigmund Freud, der drei begabte Söhne hatte, eine Tochter zu seiner Erbin wählte. Doch Freud selbst gab darauf die naheliegende Antwort: Er habe jemanden gebraucht, der sein kostbarstes Kind, die Psychoanalyse, hegen und schützen, entwickeln und bewahren würde. Für diese pflegerische Aufgabe suchte er sich natürlich eine Frau, seine Tochter, aus. Das war allerdings eine sehr weise Entscheidung.

Es wird berichtet, daß Freud anfing, die Psychoanalyse auf gemeinsam unternommenen Spaziergängen mit Anna systematisch zu erörtern, als sie vierzehn Jahre alt war. Ich stelle mir vor, daß zwanglosere Gespräche und Unterhaltungen über Psychoanalyse während ihrer ganzen Kindheit Hintergrundmusik für Anna waren.

Die Sprache, die Kultur und das Denksystem der Psychoanalyse waren ihr also schon in früher Jugend in Fleisch und Blut übergegangen. Während sie mit bewundernswerter Leichtigkeit, wenn auch nicht ohne Bedauern und Bitterkeit, von der deutschen in die englische Sprache überwechseln konnte, brauchte oder wollte sie niemals ihre andere Mutter- oder vielmehr Vatersprache der Psychoanalyse überschreiten.

Wir wissen, daß sowohl Sprache als auch Kultur den eigenen Gedanken Form und Richtung geben kann, während sie einen gleichzeitig für andere Wahrnehmungen blind macht. Ich werde die Bereiche zu dokumentieren versuchen, in denen ich Anna Freud als gefesselt erblickte; die Bereiche, in denen sie sich selbst in Konflikt zwischen ihren Theorien und ihren Beobachtungen fand; und die Bereiche, in denen sie ihre Fesseln abwarf und ihren scharfen, durch-

dringenden Verstand und ihre höchst ungewöhnlichen Führungs-
qualitäten bewies.

Die loyale Tochter

Besonders auffallend ist, daß Anna Freud hartnäckig an Freuds Triebtheorie festhielt, der Überzeugung, daß Menschen von Sexual- und
Aggressionstrieben motiviert und zum Handeln genötigt werden, und
dem damit einhergehenden Glauben, daß die Stärke dieser Triebe, der
sogenannte ökonomische Faktor, zur Erklärung verschiedener emotionaler Reaktionen und Verhaltensweisen geeignet ist. Gegen zunehmende Evidenz hielt Anna Freud daran fest, daß Säuglinge ursprünglich in sich gekehrt und selbstgenügsam sind und erst durch orale
Triebbefriedigung dazu verlockt werden müssen, sich an ihre Mütter
zu binden; oder daß der Wunsch, zu lernen oder zu spielen, eine bloße
Sublimierung libidinöser oder aggressiver Triebe sei.
Sigmund Freud operierte natürlich innerhalb der Erkenntnislehre der
Triebtheorien, der Energiemechanik und linearen Kausalität, die im
wissenschaftlichen Paradigma des 19. Jahrhunderts angelegt war. Anna
Freud wuchs dagegen in einer neuen wissenschaftlichen Ära heran.
Ihre wissenschaftliche Entwicklung vollzog sich vor allem in England,
wo Vertreter der Objektbeziehungsschule die Auffassung vom Menschen als passivem Organismus, der von geheimnisvollen Kräften
getrieben wird, ablehnten.
Die Objektbeziehungstheorie ist empirisch bestätigt, verfeinert und
weiterentwickelt worden durch eine sehr aufregende zeitgenössische
Forschung, nach der Säuglinge mit der Prädisposition zur Welt kommen, mit anderen Menschen in Beziehung zu treten, zu lernen, die
Umwelt zu erforschen und nach sinnvollen Mustern zu suchen. Es ist
durchaus möglich, solche angeborenen Dispositionen als Triebe zu
bezeichnen. Die weitere Entwicklung stellt man sich als einen kreisförmigen Transaktionsprozeß zwischen einem Säugling, der vom Tag
der Geburt an vollständig menschlich und zu sozialen Interaktionen
bereit ist, und seinem Betreuer oder seiner Betreuerin vor.
Nur Anna Freuds Loyalität gegenüber ihrem Vater kann ihr Desinteresse an diesen Befunden der kognitiven Psychologie und der wissenschaftlichen Säuglingsforschung erklären. Diese Vernachlässigung ist

um so merkwürdiger bei einer Frau, die sich höchst eifrig für den Aufbau einer kinderentwicklungszentrierten Disziplin einsetzte, um das segmentierende Herangehen an die kindlichen Bedürfnisse zu überwinden, und die sich selbst bereit erklärte, nach einer gemeinsamen Sprache für diese Aufgabe zu suchen.

Auch Anna Freuds Verständnis der Adoleszenz war geprägt von ihrer Überzeugung von der Bedeutung libidinöser Triebe und wurde nach meiner Ansicht dadurch eingeengt. Im Zentrum ihrer klassischen Arbeit über Adoleszenz steht die Auseinandersetzung mit den Abwehrmaßnahmen des Jugendlichen gegen den plötzlichen Ansturm einer »quantitativen Zunahme an Triebaktivität und Triebqualität« und seine verzweifelte Abwehr inzestuöser Impulse. Ich sage »seine«, weil ich nicht sicher bin, ob sie Mädchen in diese Konzeption einbezog. Anna Freud konzentrierte sich hier nicht nur primär auf die sexuelle Entwicklung unter Umgehung adoleszenter Auseinandersetzungen mit der Identitätsentwicklung und mit Abhängigkeitskonflikten, sondern sie verlegt auch die gesamte adoleszente Pathologie in den Innenraum der jungen Menschen und bringt sehr wenig Interesse für ihre soziale Umwelt auf. Bei der Diskussion eines klinischen Fallberichts in der Hampstead Clinic war sie irritiert, als einige Therapeuten die Auffassung vertraten, daß die Ursache der Pathologie in der Familie des/der Adoleszenten zu suchen sein könnte, und sie wies darauf hin, daß die Eltern sichtlich wohlmeinende und gutartige Mittelständler seien, wobei sie übersah, daß keine dieser Eigenschaften ein möglicherweise pathologisches Familiensystem ausschloß. Doch ich werde später noch demonstrieren, daß sie oft einen sehr scharfen Blick für pathologische Familienprozesse hatte.

Anna Freud zeigte auch nur wenig Interesse für den adoleszenten Entwicklungsschub und für die bahnbrechenden Ideen Piagets im allgemeinen. Ihre eigenen Auffassungen von kognitiver Entwicklung könnten als naiv angesehen werden, da sie sowohl den Wunsch zu lernen wie auch die kognitive Entwicklung als Abkömmlinge von Triebaktivitäten oder die Abwehr dagegen ansah: »... Die Intensivierung der Intellektualität während der Adoleszenz ist einfach ein Teil des üblichen Bestrebens des Ichs, der Triebe durch gedankliche Mittel Herr zu werden ... Dies würde die *Tatsache* (Hervorhebung durch die Autorin) erklären, daß Triebgefahr den Menschen gescheit macht (I, B).«

Ihr Festhalten an der Triebtheorie verleitete Anna Freud auch, dieselbe Dichotomie zwischen Individuum und Gesellschaft und zwischen der Notwendigkeit des Triebverzichts um der Kultur willen herzustellen wie ihr Vater. Sie schrieb, daß die »Sozialisation vom Kind ein bestimmtes Maß an Entfremdung und Abwendung von dem erfordert, was es legitimerweise als sein innerstes Selbst empfindet ... sie schränkt seine ursprüngliche Natur ein, hemmt und beraubt sie (VIII)«? Aus meiner Sicht können Kinder nur in einer sozialen und menschlichen Umwelt überleben, die sich vom Augenblick der Geburt an auf sie auswirkt; das Konzept der ursprünglichen Natur bleibt ein hypothetisches Konstrukt. Die oben zitierte Äußerung erhebt die Gefühle der Unechtheit und Selbstentfremdung mancher Menschen zu einer kulturellen Notwendigkeit.

Es ist jedoch frappierend, daß auch Daniel Stern im zweiten Lebensjahr ein gewisses Maß an Entfremdung von den innersten echten Gefühlen feststellt. Es führt dies auf den Spracherwerb zurück.

Es wäre natürlich zu erwarten gewesen, daß Anna Freud von den Ideen ihres Vaters *ausging*, aber was mich überraschte, war das Ausmaß, in dem viele noch 1970 geäußerten Gedanken Konzepte spiegelten und wiederholten, die 40 Jahre zuvor formuliert worden waren. Sie hat früh im Leben die Wahrheit gereicht bekommen und hielt in vielerlei Hinsicht getreulich daran fest.

Es scheint klar zu sein, daß die Psychoanalyse für die Tochter Sigmund Freuds keine Theorie, sondern die Wahrheit war. Die Schlichtheit, Ökonomie und Klarheit ihrer theoretischen Sprache wird von vielen sehr bewundert. Doch manchmal ist diese Schlichtheit einfach darauf zurückzuführen, daß sie Hypothesen als Fakten behandelte.

So schrieb sie zum Beispiel (Hervorhebungen durch die Autorin): »Seit 1922, dem Erscheinungsjahr von Freuds Arbeit, wissen wir, was der Lösung zugrunde liegt ... (IV).« oder: »... es ist auch zum Alltagswissen geworden, daß dieses Unbewußte das Triebleben einschließt ... (X).« oder: »Aus der psychoanalytischen Untersuchung ... war *hervorgegangen*, daß man in der Regel nichts vergißt, was man nicht ... zu vergessen wünscht (I).« Dies ist in der Tat die Sprache der Gewißheit.

Wir merken auch, daß die psychoanalytischen Konzepte einen solchen Wahrheitsgehalt für Anna Freud hatten, daß sie zu mathematischen Gleichungen für das Verständnis menschlichen Verhaltens wurden. Libido und Aggression mußten in ganz bestimmten Quantitäten gemischt werden, um seelische Gesundheit hervorzubringen. Anna Freud folgte dem Beispiel ihres Vaters auch, indem sie das Es und das Ich verdinglichte, um Konflikte innerhalb einer Person zu dramatisieren.

Anhand eines Zitats aus ihrem Artikel über die Pubertät möchte ich diese beiden Punkte veranschaulichen: »Die Basis für den Vergleich zwischen der Pubertät und den Anfangszuständen bei psychotischen Schüben ist, wie wir gesehen haben, die Auffassung von der Wirkung quantitativer Besetzungsänderungen. Die erhöhte Libidobesetzung des Es steigert in beiden Fällen einerseits die Triebgefahr, andererseits die Abwehranstrengungen aller Arten (I, B).«

Nachstehend ein weiteres Beispiel aus einer Erörterung der Angst von Kindern: »Diese Angst zeugt von der Sorge des Ichs um die Intaktheit seiner eigenen Organisation, auf welcher Ebene auch immer; sie ist auf ökonomische Gründe zurückzuführen, d.h. auf die ungleiche Verteilung von Energie zwischen Es und Ich; sie gewinnt an Intensität, sooft die Stärke des Triebabkömmlings zunimmt oder die Ich-Stärke aus irgendeinem Grund abnimmt (IX).«

Aus meiner Sicht ist dies die Sprache Anna Freuds, wenn sie gefesselt und versklavt ist. Und während man noch darüber nachdenken kann, was diese Sätze bedeuten, möchte ich eine Reflexion aus ihren Kriegsberichten während des Londoner »Blitzes« vorstellen, die Anna Freud in ihrer eigenen Stimme schrieb und die von ihrem wundervollen Humor, ihrer Originalität und ihrer Beobachtungsgabe zeugt.

Sie schrieb diesen Abschnitt, nachdem eine Bombe knapp 30 Meter von einem der Gebäude ihres Kinderheims entfernt einschlug: »Eine entfernte Bombe wirkt viel eher furchterregend als eine Bombe in nächster Nähe, die sehr bald eine vertraute Erscheinung und gleichsam ein Teil des täglichen Lebens wird. Gewiß wird sie in den ersten Tagen mit Respekt und Argwohn betrachtet. Wenn aber die Explosion weiterhin ausbleibt, reagieren die umwohnenden Menschen nicht, wie zu erwarten wäre, mit dankbarer Erleichterung, sondern eher mit Ärger und beginnen allmählich, die Bombe zu verachten. Sie wird wie ein Hochstapler behandelt, der uns unter Vorspiegelung falscher Tatsachen zur Unterwürfigkeit gezwungen hat. Schließlich glaubt niemand mehr an ihre Explosivität, und die Bombe wird langweilig (II).«

Anna Freuds Gefangenschaft in einer psychoanalytischen Metapsychologie, die Freud selbst als Mythologie bezeichnete, ist um so trauriger, weil sie ihrer Denkweise so fremd war. Sie war im Grunde eine realitätsorientierte und erdgebundene Frau. Als sie einmal eingeladen wurde, über ein utopisches psychoanalytisches Institut zu sprechen, erklärte sie, daß sie lieber über die Wirklichkeit nachdenke als über Utopien und daß sie schon als Kind keinen Spaß an unwahrscheinlichen Phantasiegeschichten gehabt habe. Ich glaube, es war ihr waches Interesse am Detail des täglichen Lebens, was sie zu einer so ausgezeichneten Organisatorin psychoanalytischer Vereinigungen und Administratorin sowohl der *Hampstead Therapy and Training Clinic* als auch ihrer Kinderheime, der *Residential War Homes,* machte. In diesen Rollen zeigten sich am deutlichsten ihre wunderbare Urteilsfähigkeit, ihr Takt und ihr sicheres Augenmaß.

In den vier Jahren des Bombardements von London betreute sie 120 Kinder in drei Wohnheimen und kümmerte sich dabei um jede Einzelheit im Leben ihrer Schützlinge: Wie konnte man den Kindern die Wartezeit auf das Frühstück ersparen? Würden Gurken ein angemessener Ersatz sein, wenn keine Äpfel mehr zu bekommen waren? Wo konnte man die Mittel auftreiben, um bei Infektionskrankheiten eine Isolierungsstation zu haben, damit keines der betreuten Kinder weggeschickt werden mußte? Ich werde auf ihre Leistungen während der Kriegsjahre an späterer Stelle zurückkommen.

Diese Orientierung auf die praktische Realität, die mir als ein typisch weiblicher Zug erscheint, zeigte sich, wenn auch in begrenzter Weise, ebenso in ihrer theoretischen Ausrichtung. Schon ihr erstes, bahnbrechendes Werk *Das Ich und die Abwehrmechanismen,* das sich auf das Ich, den bewußteren Teil des Selbst, konzentrierte, war ein Ausdruck dieser Präferenz. Es trug dazu bei, daß sich die Psychoanalyse von einer Es-Psychologie zu einer Ich-Psychologie entwickelte, so daß man Anna Freud als wichtigen Schöpfer der modernen Ich-Psychologie bezeichnen kann.

Ihr Interesse an einer Realitätsorientierung zeigte sich auch in ihrer

Erörterung der Übertragung, wo sie durchgängig die sehr wichtige *reale* Beziehung zwischen Patient und Analytiker hervorhob.

Später, in ihren Jahren als Leiterin der *Hampstead Child Guidance Clinic and Nursery School*, konzentrierte Anna Freud ihr Interesse auf die Durchsetzung einer analytischen Kinderentwicklungspsychologie, ein Gebiet, das ihr persönlicher Beitrag zur Psychoanalyse werden sollte. Ihr Interesse galt der normalen Entwicklung. In Einklang mit der psychoanalytischen Tradition hatte sie die feste Absicht, das ganze Kind und nicht bloß Symptome zu beschreiben.

Sie entwickelte ein metapsychologisches Profil, das eine gründliche, systematische Erforschung jedes Aspekts der Ich-, Es- und Über-Ich-Funktionen erfordert und auch den gesamten Lebensraum des Kindes einbezieht. Obwohl das Profil Freuds Stadien der kindlichen Sexualität einschließt, transzendiert es sie auch. Sie vertrat die Auffassung, daß ein solches diagnostisches Instrument bei jedem Kind angewandt werden könnte und sollte, das in eine kindertherapeutische Einrichtung zur Behandlung gebracht wird. Auf dieser Grundlage wurde dann eine Empfehlung für die Art der Behandlung ausgesprochen, die das Kind erhalten sollte. In den meisten Fällen wurde Kinderpsychoanalyse vorgeschlagen, aber gelegentlich waren auch nur Ratschläge für das Kind oder für seine Eltern ausreichend. Dies war einer der vielen Wege, wie sie ihre unerschütterliche Überzeugung, daß sich Theorie und klinische Praxis gegenseitig ergänzen, in die Tat umsetzte.

Den innovativsten Aspekt dieses metapsychologischen Profils bildeten seine Entwicklungslinien. Anna Freud hat das Konstrukt der Entwicklungslinien ebensowenig erfunden wie Sigmund Freud das Unbewußte, aber sie entwickelte diesen Gedanken sehr detailliert weiter, und ihr Name ist inzwischen mit diesem Konzept verknüpft.

Nachstehend folgt eine unvollständige Liste der von ihr vorgeschlagenen Entwicklungslinien:

Von der Abhängigkeit zu emotionaler Selbständigkeit und erwachsenen Objektbeziehungen;

Vom Säugling zum rationalen Esser;

Vom Einnässen und Einkoten zur Beherrschung der Blasen- und Darmfunktionen;

Von der Verantwortungslosigkeit zur Verantwortlichkeit im Umgang mit dem Körper;

Von der Verantwortungslosigkeit zur Schuldfähigkeit;
Von der Egozentrik zur Beziehungsfähigkeit;
Vom Körper zum Spielzeug und vom Spiel zur Arbeit.
Es gab wichtige Entwicklungslinien für die Sexual- und Aggressions-
triebe und manchmal Linien für Symptome wie Lügen oder Furcht-
samkeit. Jedes Kind sollte danach bewertet werden, wo es auf jeder
dieser Linien stand, und danach konnten Entscheidungen über den
psychischen Gesundheitszustand des Kindes oder seine Bereitschaft
für bestimmte Erfahrungen wie den Eintritt in den Kindergarten
getroffen werden. Es ist merkwürdig, daß Anna Freud, die aus einer
kurzen Beobachtung oder einem bloßen Gespräch mit einem Kind so
viele Informationen beziehen konnte, für eine im doppelten Wortsinn
so erschöpfende klinische Aufnahmeprozedur eintrat.
Als Anzeichen psychischer Gesundheit galt, »daß jede erreichte Stufe
auf einer bestimmten Entwicklungslinie mit der Erreichung entsprechender Stufen auf anderen Linien zusammentrifft (VIII)«, während
ungleicher Fortschritt entlang dieser Linien, etwa unausgeglichene
Korrespondenz zwischen Ich-Entwicklung und Triebentwicklung, auf
Entwicklungsstörungen hindeutete.
Ich glaube, das Hauptproblem mit diesen Linien ist, daß sie kein
grundlegendes gemeinsames Organisations- oder Transformations-
prinzip aufweisen, wodurch jede Erwartung einer parallelen Entwicklung ungerechtfertigt und diese unmöglich festzustellen ist. Die
Linien scheinen aufs Geratewohl und von sehr unterschiedlichen
konzeptionellen Ebenen aus gewählt worden zu sein. Manche Linien
sind beobachtbar und konkret, andere intrapsychisch und sehr ab-
strakt. In dem einen Fall wird ein Fortschritt in Form einer allmähli-
chen Differenzierung und Integration erwartet; im anderen die Notwendigkeit der Internalisierung; in einem dritten geht es vielleicht
bloß darum, bestimmte Fertigkeiten zu erwerben. Die Linien haben
willkürlich gewählte Stationen und wertbefrachtete Ziele.
Obwohl Anna Freud zweifellos das ganze Kind darstellte, erwecken
die Linien den Eindruck eines zusammengestückelten Entwicklungs-
konzepts. So schrieb sie beispielsweise, daß »die Individuation dort
behindert wird, wo die Bereitschaft des Kindes zur Ablösung zeitlich
nicht mit der Bereitschaft der Mutter zusammenfällt, auf die Symbiose mit ihm zu verzichten (IX)«. Dieser Satz illustriert den an ein Gleis-

system erinnernden Entwicklungsbegriff von Anna Freud. Werden zwei oder mehr Züge zur selben Zeit im Bahnhof eintreffen? Das transaktionale Denken macht uns dagegen klar, daß die Bereitschaft des Kindes und der Mutter, sich voneinander zu lösen, durch ihre wechselseitige Interaktion entsteht: Dies sind keine sich unabhängig voneinander entwickelnden Fähigkeiten.

Aber das diagnostische, metapsychologische Profil und die Entwicklungslinien, die ein wichtiger Teil davon sind, durchziehen die letzten zwanzig Jahre der Schriften Anna Freuds; auf die Notwendigkeit, »ein vernünftiges Einvernehmen zwischen dem Ich des Kindes, dem Andrängen seiner Triebe und den sozialen Forderungen herzustellen (I, A)«, wird erstmals in einem Aufsatz von 1930 hingewiesen.

Das ganze System hat, obwohl es umständlich ist, dennoch eine gewisse Brauchbarkeit für die Entwicklungsbewertung. Intuitive Einsichten in dem sehr modernen kybernetischen Denken wechseln mit mechanistischen Formulierungen. Das Kind als ein Ganzes zu betrachten, statt sich auf ein spezielles Symptom zu konzentrieren, zeugt von einer systemorientierten und ganzheitlichen Auffassung. Ihr Ausspruch, daß jedes Verhalten »die bestmögliche Lösung angesichts widersprüchlicher Einflüsse ist, die dem Kind in einem bestimmten Augenblick zur Verfügung steht (IX)«, ist ein Beispiel des kybernetischen Prinzips, daß sich Entwicklung durch Hindernisse vollzieht. Ebenso interessant ist die Vorstellung, daß sich ein Trauma je nach seinem Entwicklungsstadium unterschiedlich auf das Kind auswirkt. In der Adoleszenz sei zum Beispiel »die Ablösung von den Eltern eine Entwicklungsaufgabe, der es nicht bekommt, wenn sie durch tatsächliche Entfernung des Objekts gestört wird (X)«. Obwohl die Entwicklungslinien linear oder bestenfalls interaktional statt kreisförmig oder transaktional sind, hat sie klugerweise darauf hingewiesen, daß sich die Entwicklung nicht reibungslos und linear vollziehe, sondern normalerweise zwischen Progression und Regression hin und her pendle. Ihr Beharren darauf, daß kindliche Störungen als Enwicklungsabweichungen verstanden werden müssen und daß ihr Schweregrad am Selbstheilungspotential des Kindes zu messen sei, ist ein großer, originaler Beitrag, der zu einem grundlegenden Axiom der Kinderpsychiatrie geworden ist.

Anna Freuds diagnostisches Beurteilungsschema hat viel Anerkennung gefunden, doch wenige Forscher haben diese Arbeit weitergeführt. Eine gewisse Sterilität in der Gesamtkonzeption ist vermutlich der Grund dafür.

Widersprüchliche Impulse

Wir können uns nun den Konflikten zuwenden, die für Anna Freud aus der Diskrepanz zwischen ihren eigenen Beobachtungen und ihren theoretischen Überzeugungen entstanden, und untersuchen, wie sie mit solchen Konflikten umging. Manchmal übersah sie diese Diskrepanzen, aber in anderen Fällen kam sie mit Überraschung und leichtem Unbehagen darauf zu sprechen.

Unser erstes Beispiel ist Anna Freuds Auffassung vom Aggressionstrieb. Sie schrieb 1930: »Man spricht seit Jahrhunderten von der Grausamkeit des Kindes, ohne eine andere Erklärung dafür gefunden zu haben als den kindlichen Unverstand. ... Auch hier lehrt unsere Beobachtung etwas anderes. Wir meinen, das Kind quält Tiere nicht darum, weil es nicht versteht, daß es ihnen Schmerz zufügt, sondern eben darum, weil es Schmerzen zufügen will ... (I, A)«.

In den folgenden Jahren bezeichnete sie kleine Kinder wiederholt und beharrlich als »tierähnliche, unselbständige, für die Umgebung fast unerträgliche Wesen (I, A)« mit dem natürlichen Trieb zu »Zerstörungslust, Dissozialität und Delinquenz (IV)«, zur »hemmungslosen Grausamkeit von Wilden fähig (IV)«, wobei sie in dieser letzten Bemerkung ebensowenig Differenzierung gegenüber »Wilden« wie gegenüber Kleinkindern zeigte.

Ich werde nie mein Unbehagen als junge Mutter vergessen, als meine ziemlich sanftmütige zweijährige Tochter nicht die anal-sadistischen Tendenzen zeigte, die von dieser Altersgruppe erwartet werden. Ich verleitete sie geradezu zur Aufsässigkeit, damit sie Anna Freuds Vorstellung von einem normalen Kleinkind entsprach. Ich werde auch nicht vergessen, wie stolz ich war, als ich sie meiner Tante vorstellte, die sie eine Weile beobachtete und dann lobend bemerkte, sie benehme sich besser als die meisten Kinder von Psychoanalytikern. Glaubte sie selbst intuitiv und insgeheim nicht an den analen Sadismus? Tatsächlich beschrieb dieselbe Anna Freud, von der die obigen Zitate stammen, in köstlichen Details Beispiele von Hilfsbereitschaft, Zärtlichkeit und Altruismus bei Kindern, die zum Teil nicht älter als 18 Monate waren und die sie in ihrem Kriegskinderheim beobachtete. Ihr Bild vom absichtlich bösartigen Kind begann sich schließlich 1971, als sie 76 war, in ihren Schriften zu verändern, wie folgendes Zitat illustriert:

»Tatsächlich sind sich diese Kleinkinder anfangs der Wirkungen ihrer aggressiven Handlungen nicht im mindesten bewußt, und es bedarf der Demonstration seitens der Erwachsenen, um ihre Aufmerksamkeit darauf zu richten. Dies widerlegt *nach meiner Auffassung* (Hervorhebung durch die Autorin) die Annahme, daß das Zufügen von Schmerz der Hauptzweck des aggressiven Handelns sei. Vielmehr müssen wir daraus schließen, daß die aggressive Handlung selbst das Primäre ist, während ihre Resultate anfangs zufällig sind (X)«.

Anna Freud hätte sich vielleicht von der Triebtheorie losgesagt, wenn sie zehn Jahre länger gelebt hätte. Bemerkenswert ist auch, daß diese Äußerung, die die psychoanalytische Theorie grundsätzlich in Frage stellt, nicht als Tatsachenfeststellung, sondern als bloße Hypothese formuliert ist.

In ein ähnliches Dilemma geriet sie, als sie die Über-Ich-Bildung bei Kindern feststellte, die ohne dauerhafte, zuverlässige erwachsene Bezugspersonen in einem Konzentrationslager aufgewachsen waren und daher nicht durch eine ödipale Entwicklung gegangen waren: »Es bleibt eine offene Frage . . ., ob die in der Gruppe bewirkte Sozialisierung auf der Ebene des Ichs verbleibt oder ob sie in die Persönlichkeitsstruktur einsinkt und zu einem Teil des Über-Ichs wird, das nach unserem gegenwärtigen Wissen auf den Gefühlsbeziehungen zu den Eltern und den daraus hervorgehenden Identifizierungen beruht (IV)«.

Im Licht der psychoanalytischen Theorie der Geschlechtsentwicklung war es auch überraschend für Anna Freud, daß kleine Jungen trotz fehlender Väter oder auch nur bedeutsamer Vaterfiguren in ihrem Leben in eine männliche Geschlechtsidentität hineinwachsen.

Anna Freud hatte die dauerhafte theoretische Überzeugung, daß kleine Kinder bis zum Alter von etwa drei Jahren weder fähig zur Interaktion mit anderen Kindern noch daran interessiert sind, obwohl sie uns selbst präzise Schilderungen echter Freundschaften unter Zweijährigen gab.

Eine weitere Diskrepanz zwischen Theorie und Beobachtung ist besonders merkwürdig. Das betrifft Anna Freuds Überzeugung, daß Kinder nicht mehr als eine Bindungsfigur in ihrem Leben haben sollten, weil sie meinte, daß daraus ein unlösbarer Loyalitätskonflikt entstünde. Diese Ansicht widersprach ihrer Beobachtung, daß die Zöglinge ihres Kinderheims sowohl ihre Mütter als auch ihre primären Betreuerinnen lieben konnten. Außerdem widersprach es ihrer eigenen Erfahrung, da im Freudschen Haushalt immer zwei Mutterfiguren waren, Annas Mutter und ihre mütterliche Tante.

Statt die radikalen Konsequenzen dieser vielen detaillierten bahnbrechenden Beobachtungen für die Kindesentwicklung zu untersuchen, redete sie sich nur verlegen darauf hinaus, daß die Kinder in ihren Wohnheimen unter abnormen Bedingungen aufwüchsen und deshalb ungewöhnliche Verhaltensweisen entwickelten.

Anna Freud hat eloquent die Wichtigkeit der mütterlichen Zuwendung für das kleine Kind beschrieben und auf den Schmerz, die Seelenqual und den psychischen Schaden hingewiesen, der durch frühe Trennung entstehen kann. Ihre Beobachtungen trugen dazu bei, den theoretischen Brennpunkt der Kindesentwicklung vom Ödipuskomplex auf das Bindungserlebnis zu verlagern, und wir kennen den Einfluß dieser theoretischen Akzentsetzung auf die Kinderwohlfahrtspolitik in der ganzen westlichen Welt. Es ist meine Meinung, daß Anna Freud in der Schlußfolgerung, die sie in ihren abschließenden und große Resonanz findenden Veröffentlichungen, *War and Children* und *Infants without Families*, die Häufigkeit und das Ausmaß von Verlustangst während der kriegsbedingten Trennungen übertrieben hat, während sie die Aussagekraft ihrer eigenen Belege, daß Kinder durchaus fähig waren, sich ganz glücklich an das beste verfügbare Modell einer Heimerziehung anzupassen, unterbewertete. Ich glaube, daß sie dies aus Rücksicht auf jene Theorien tat, die die Wichtigkeit der Entwicklung im Kreise einer Familie hervorhoben.

Frauen sind immer bereit gewesen, ihre eigenen Erfahrungen um wissenschaftlicher, oft männlicher Theorien willen zu ignorieren. So wußten sie zum Beispiel, daß ihre Säuglinge hören und sehen können, aber bestanden nicht darauf, daß dies so sei, bis die Fachwelt dieses Faktum entdeckte; auch waren sie bereit, die tatsächliche Natur ihrer Geschlechtsfunktionen zu ignorieren, bis ihnen die Erlaubnis gegeben wurde, zu empfinden, was sie empfanden. Ich glaube, daß sich

Anna Freud trotz ihrer Einzigartigkeit wie die meisten anderen Frauen verhielt, wenn sie ihre eigenen Beobachtungen zugunsten des theoretischen Lehrgebäudes ihres Vaters verleugnete. Aus ihren Beschreibungen geht sogar eindeutig hervor, daß es einer Anzahl von Kindern unter ihrer Betreuung besserging als in ihren Ursprungsfamilien. Ihr Schlußresümee über Heimerziehung ist viel negativer, als ihre Einzelberichte gerechtfertigt hätten. In Wirklichkeit demonstrierte sie, daß ein gut konzipiertes und mit kompetentem Personal versorgtes Kinderheim ein durchaus befriedigender Ersatz für das Familienleben sein kann. Ich schreibe dies aus der Sicht einer Sozialarbeiterin, die gravierende Zweifel an unserem Pflegeelternsystem entwickelt hat. Aus derselben Sozialarbeiterperspektive bin ich auch gegenüber den von ihr stets hochgehaltenen Prinzipien der »Kontinuität der Betreuung« und der »psychologischen Elternschaft« kritisch, die in Sorgerechts-, Pflegschafts- und Adoptionsstreitigkeiten auf Kosten anderer, genauso wichtiger Grundsätze geltend gemacht werden sollen.

Auch hier war Anna Freud durchaus imstande, ihren eigenen Prinzipien zu widersprechen, wenn sie es mit einem konkreten Fall zu tun hatte. Ich erzählte ihr von einem Streit um einen Indianerjungen zwischen weißen Pflegeeltern, die ihn adoptieren wollten und bei denen er sich gut eingelebt hatte, und der Tante des Jungen mütterlicherseits, die das Sorgerecht für ihn beanspruchte. Anna Freud war auf der Seite der Tante, weil sie meinte, daß er sich auf längere Sicht in seiner eigenen Familie mehr verwurzelt fühlen würde. Durch die Äußerung dieser (für sie) erstaunlichen Präferenz verstieß sie gegen ihr Prinzip der psychologischen Elternschaft.

Die jüngsten Kontroversen über Freuds anfängliche Verführungstheorie weisen alle auf sein großes Zögern hin, Eltern zu beschuldigen, vielleicht aufgrund seines Loyalitätsgefühls gegenüber seinen Eltern oder vielleicht, weil er seinen eigenen revolutionären Erkenntnissen über sexuellen Mißbrauch von Kindern durch die eigenen Eltern nicht mehr glauben konnte. Er hinterließ seiner Tochter und der Welt zwei widersprüchliche Vermächtnisse: auf der einen Seite die Triebentwicklung und auf der anderen die zwischenmenschliche Entwicklung. Wir haben bereits gesehen, daß Anna Freud dies in ihren Schriften spiegelte, ohne zu einer Lösung zu kommen. Sie bemühte sich zweifellos, die Tradition fortzusetzen, Eltern nicht anzuklagen, jedenfalls nicht zu sehr, und das veranlaßte sie zu zweideutigen, aber wohlwollenden Aussagen wie der folgenden, die sie 1954 machte und in den nachfolgenden zehn Jahren öfter in ähnlicher Form wiederholte: »Durch Ablehnung und Verführung kann sie (die Mutter) die Entwicklung beeinflussen, entstellen und steuern, aber sie kann nicht eine Neurose oder Psychose erzeugen. Ich glaube, wir sollten die diesbezügliche Macht der Mutter auf dem Hintergrund der spontanen Entwicklungskräfte sehen, die im Kind selbst am Werk sind (IV)«.

Als Verwalterin der Kriegskinderheime tat sie alles in ihrer Kraft Stehende, um den Kontakt zwischen Eltern und Kindern zu erhalten und zu fördern, ein Ziel, das in allen Fällen Vorrang gegenüber bürokratischen Überlegungen hatte. Eltern durften jederzeit zu Besuch kommen, über Nacht bleiben, falls sie es wünschten, und die Betreuung ihrer Kinder so weitgehend übernehmen, wie sie das wollten. Die Eltern hatten Vorrang bei der Einstellung von Kinderpflegerinnen, Luftschutzwarten, Koch und Köchin usw., eine kluge Entscheidung, die ihre Personalprobleme löste. Anna Freud respektierte sogar das Recht der Eltern, ernste Fehler zu machen, ihre Kinder beispielsweise zu belügen oder sie unfair zu bestrafen, ohne daß sich das Personal einmischte. In ihrer Kriegskorrespondenz finden wir zahlreiche Passagen, in denen elterliches Fehlverhalten mit einem Unterton von Bedauern und Mißbilligung, aber immer mit einer gewissen Zurückhaltung beschrieben wird. Der Anflug von Ironie, der sich gelegentlich in ihre Berichte einschleicht, entzückt mich jedesmal. Im Zusammenhang mit ihrer Beschreibung einer Entfremdung zwischen Eltern und Kind, die bei einem Besuch deutlich wurde, erzählt sie zum Beispiel folgende Anekdote: »... die kleine Sonja (3) wandte bei jeder Annäherung des Vaters das Gesicht ab, so daß dieser fassungslos bei uns anrief und erklärte: ›Es gefällt mir nicht, was in ‚New Barn‘ vor sich geht.‹ Glücklicherweise brach Sonja beim nächsten Besuch der Eltern in Abschiedstränen aus, wodurch die Situation zurechtgerückt und das Vertrauen des Vaters zu uns wiederhergestellt wurde (II)«.

Anna Freuds Demonstration von Respekt vor elterlichen Rechten war also echt und unbeirrbar. Sie erklärte häufig, daß jede Entwicklung trotz noch so großer Anstrengungen engagierter Eltern selbstverständlich neurotischen Konflikten ausgesetzt sei. Außerdem müsse auch die beste Mutter um der Sozialisation willen ihr Kind frustrieren und werde dadurch zur Zielscheibe für dessen Feindseligkeit. Diese Theorie half ihr, Eltern gegenüber mitfühlend zu bleiben. Doch die neuerdings geäußerte Kritik, daß Sigmund Freud oder Anna Freud alle Beschuldigungen gegen Eltern in das Reich der Phantasie verbannt hätten, ist unberechtigt. Anna Freud machte klar, daß zwischen den Phantasien eines Kindes und tatsächlichen elterlichen Übergriffen unterschieden werden müsse, für die es oft klinische Beweise gebe (IX). Sie nahm einen sehr klaren Standpunkt hinsichtlich der Machtlosigkeit des kleinen Kindes und der elterlichen Verantwortung für ungesunde Geschehnisse in der Familie ein:

»In allen diesen Fällen ist es aber nie die Stärke und Energie des Kindes, die ihm die so ungewöhnliche Durchsetzung seiner Regungen ermöglicht, sondern das abnorme Verhalten des Erwachsenen, der sich zur Befriedigung seiner eigenen Gelüste nur des ihm entgegenkommenden kindlichen Wunsches bedient. Im praktischen Leben aber ist es meistens sehr viel wichtiger, das Kind vor dem Zorn des Vaters zu schützen, als den Vater vor der Aggression des Kindes (I, A)«.

Darüber hinaus machte Anna Freuds Mitgefühl sie nicht blind für pathologische Transaktionen.

»Wir lernen aus den Mutter-Kind-Analysen folgendes:

a) daß für viele Eltern ihr Kind entweder eine Idealfigur oder ein Objekt aus ihrer eigenen Vergangenheit vorstellt, daß ihre Bindung an das Kind von dieser irrealen Beziehung abhängt und daß das Kind sich im Sinn dieser Phantasien entwickelt, um sich die Zuneigung der Eltern zu erhalten, auch wo seiner eigenen Natur damit Zwang angetan wird;

b) daß viele neurotische oder psychotische Eltern das Kind in ihr pathologisches System einbeziehen und seine eigenen Entwicklungsbedürfnisse vernachlässigen;

c) daß manche Mütter tatsächlich ein Symptom mit dem Kind teilen und gemeinsam mit ihm in Form einer ›folie a deux‹ agieren;

... Eltern können auch zur *Aufrechterhaltung* der Störungen eines Kindes beitragen ... Manche Eltern scheinen aus ihren eigenen, pathologischen Gründen ein krankes, gestörtes oder infantiles Kind zu brauchen und erhalten zu diesem Zweck den Status quo aufrecht (VIII)«.

Bei manchen Eltern zeigt die Analyse, daß die Störung des Kindes einem unbewußten Wunsch von ihrer Seite entspricht und daß sie aus diesem Grunde genötigt sind, die Pathologie zu fördern, anstatt ihr entgegenzuarbeiten.«

Anna Freud stimmte sogar mit den modernen Systemdenkern überein, daß »seine (des Patienten; Anm. d. Übers.) Pathologie Teil einer pathologischen Familien- oder Berufskonstellation ist und somit jede Veränderung seine äußeren Lebensbedingungen von Grund auf erschüttern müßte (VI).« Wie beim Aggressionstrieb wurde ihr Standpunkt in späteren Jahren auch in dieser Hinsicht zunehmend interaktional: »Es läßt sich jetzt nachweisen, daß vieles von dem, was früher als angeboren galt, in den ersten Lebensjahren erworben wurde (IX)«, resümierte sie 1968.

Ich habe Anna Freuds Verständnis für pathologische Familientransaktionen hervorgehoben, weil es ihre scharfsichtigen klinischen Beobachtungen zeigt und weil diese in solchem Gegensatz zur delegierten Triebtheorie und zu der vorher erwähnten naiveren Einstellung zur Familiendynamik stehen.

Historiker erkennen Anna Freud als eine der Urschöpferinnen der Kinderpsychoanalyse an; man könnte sie als »Mutter der Kinderpsychiatrie« betrachten. Wir können ihre Arbeit nicht nur durch ihre eigenen, äußerst fesselnden frühen Fallgeschichten und theoretischen Schriften beurteilen, sondern auch durch ein persönliches Erinnerungsbuch von Peter Heller, der als Kind von Anna Freud analysiert wurde, und ihre klinischen Anmerkungen zu diesem Fall, die sie ihm vor ihrem Tod großzügig überließ. Meine Auffasssungen stimmen weitgehend mit jenen von Günther Bittner, einem deutschen psychoanalytischen Therapeuten, überein, die er in einem Kapitel von Peter Hellers Buch nennt.

In diesem Fall beschränkte sich Anna Freud rigoros auf ihre ödipalen und sexuellen Deutungen und übersah daher andere wichtige Bereiche. Das Kind Peter war das überschätzte, aber auch vernachlässigte Kind getrennter Eltern. Anna Freuds Konzentration auf seine Rivalitätsgefühle gegenüber seinem Vater und seine sexuellen Regungen gegenüber seiner Mutter litt nicht nur oft unter einem allzu engen Blick, sondern erscheint sowohl mir als auch Peter Heller rückblickend in ihren Ergebnissen häufig als irrelevant. Erst gegen Ende der dreijährigen Analyse ging sie über ihr theoretisches Modell hinaus und ließ sich auf seine Verlassenheitsängste ein. Seine realistischen

Bedürfnisse, im chaotischen Vorkriegswien einen Hafen zu finden, scheint sie niemals erkannt oder sich damit auseinandergesetzt zu haben.

Ich betrachte ihr Interesse an Peters frühreifen literarischen Talenten und deren Ermutigung zwar als förderlich für seine Kreativität; aber der Verfasser und Kommentator gibt zu bedenken, daß der Patient sein Leben lang überzeugt blieb, sein Interesse an Büchern und Literatur sei eine bloße Abwehr gegen verbotene Impulse, und daß er diese deshalb mit Scham und nicht mit Stolz assoziierte. Anna Freud hat sich jedoch gegenüber Peter und auch gegenüber seinen Eltern sehr respektvoll verhalten. Sie schien zurückhaltend mit ihren Deutungen und befolgte ihr eigenes erklärtes Prinzip, Kinder mit zudringlichen symbolischen Deutungen nicht zu überwältigen, was man von der rivalisierenden Schule der Kinderpsychoanalyse unter Leitung Melanie Kleins nicht sagen konnte. Sie schrieb, das Ziel der Kinderpsychoanalyse sei es, dem Kind zu helfen, die wichtigsten und vielleicht traumatischsten Ereignisse in seinem vergangenen Leben »durch bewußtes Denken und Sprechen zu verarbeiten und so das Verhalten zu entlasten (II)«. Sie unterstrich auch durchgehend die ständig vorhandenen pädagogischen Funktionen eines Kinderpsychoanalytikers.

Auf einer anderen Ebene kann Peter Hellers Buch als ein ambivalentes Liebesepos an Anna Freud gelesen werden. Seine Kinderanalyse war das bedeutsamste Ereignis seiner Kindheit und warf ihre Schatten auf viele folgende Jahre. Seine erste Frau war eine Tochter von Dorothy Burlingham – das kam der Verheiratung mit einem Kind Anna Freuds so nahe wie nur möglich. Er erlebte seine große Liebe zu seiner Kinderanalytikerin als eine Form der »Versklavung, Tyrannei und wohlwollenden Diktatur«, gegen die er sein Leben lang ankämpfen mußte. Sowohl Heller als auch Bittner warfen die Frage auf: Verschlingt die Psychoanalyse das Leben? Hellers Bewertung seiner Kindesanalyse ist äußerst ambivalent; auf jeden negativen Satz folgt eine entgegengesetzte Empfindung, und wir begreifen schließlich, daß dieses Buch sein Versuch war, mit seiner jugendlichen Leidenschaft für Anna Freud Frieden zu schließen. Gerade dieses Ziel hat er vielleicht nicht erreicht.

An der Geschichte Peter Hellers kann man sehen, daß Anna Freuds Absicht, eine gewisse Distanz zu wahren und ihren Patienten nicht zu nahe zu treten, diese nicht immer vor einer allzu starken Bindung schützte. Anna Freud schien sich keineswegs bewußt zu sein, daß sie eine so übermächtige Wirkung auf ihre Patientinnen und andere Menschen hatte. Das Kind in ihr erkannte nicht ganz ihre eigene Bedeutung für andere. Obwohl ich dies für ein sehr häufiges Problem sehr starker Frauen halte, sollten wir uns erinnern, daß auch ihr Vater nicht vorhergesehen hat, daß der Wolfsmann seine Identität schließlich als Freuds berühmtester Patient finden würde. Ich sagte einmal zu Tante Anna, ich hätte eine eigene Psychoanalyse aus Furcht gemieden, übermäßig abhängig zu werden; sie versicherte mir, dies sei eine völlig unbegründete Sorge.

Bittner ist auch der Meinung, daß Anna Freud klinisch am erfolgreichsten war, wenn sie aus ihrem theoretischen Bezugsrahmen heraustrat und sich auf ihre psychologische Intuition verließ. Ich behaupte, daß dies auch für andere Situationen zutraf.

Ich war im ganzen Jahr 1979/80 bei den wöchentlichen Fallbesprechungen der Hampstead Clinic dabei, und gewöhnlich gab Anna Freud einen zusammenfassenden Kommentar, der den ganzen Fall auf den Punkt brachte. Es ist meine feste Behauptung, daß ihre Kommentare äußerst pragmatisch waren und eher auf gesundem Menschenverstand und einer generalisierten klinischen Intuition beruhten als auf einem bestimmten theoretischen Modell. Das könnte auch erklären, warum sich unsere klinischen Auffassungen gewöhnlich nahezu decken und warum sie meine Diskussionsbeiträge recht freigebig lobte.

Lassen Sie mich diesen Abschnitt mit Anna Freuds erheiterndem Standpunkt gegenüber psychoanalytischen Innovationen beschließen. Sie ärgerte sich sehr über die bürokratischen Regeln der psychoanalytischen Institute in den Vereinigten Staaten, besonders bei der Kandidatenauswahl. Sie trat entschieden für die Berücksichtigung von Außenseitern unter den Bewerbern ein und empfahl eine offene Lernumgebung, »wo Kontroversen ausgefochten und lebendige Diskussionen genossen werden können«, während sie gleichzeitig »die Revolution, ja fast Anarchie auf dem Gebiet der Theorie und Technik (IX)« bitter beklagte. Sie hätte gern unabhängige und schöpferische Persönlichkeiten für die Psychoanalyse angeworben, die sich der Innovation widersetzen und das Modell der Psychoanalyse so erhalten sollten, wie ihr Vater es hinterlassen hatte.

Ich habe bisher dargelegt, daß das unabhängige Denken von Anna Freud vielfach mit dem Vermächtnis ihres Vaters widerstritt oder in Konflikt geriet. Ich wende mich jetzt freudig den genauso bedeutsamen Bereichen zu, in denen sie ihre eigene Individualität und Kreativität voll zur Geltung brachte.

Anna Freud führte ein sehr unkonventionelles Leben für eine Frau ihrer Generation. Sie mied die drei Sphären, die normalerweise mit Frauen assoziiert werden: Sexualität, Ehe und Mutterschaft, und versicherte uns damit, daß es auch ohne diese Dreieinigkeit möglich ist, eine Frau von großer Substanz und großer Weiblichkeit zu sein. Sie teilte ihr Leben nicht mit einem Ehemann oder Geliebten, sondern zuerst mit ihrem Vater und dann mit einer Freundin. Ich bin überzeugt, daß ihre leidenschaftlichste Liebe ihrem Vater vorbehalten war, aber ihre Bindungen an ihre Lebensgefährtin Dorothy Burlingham waren ebenfalls sehr tief und dauerten von ihrem jungen Erwachsenenalter bis zu Dorothys Tod zwei Jahre vor ihrem eigenen. Wir können feststellen, daß diese beiden zentralen Beziehungen sowohl ihr privates wie ihr berufliches Leben einschlossen. Sie schrieb einmal, daß sie keinen großen Unterschied zwischen ihrer privaten, sozialen und professionellen Identität mache; wieder nahm sie die feministische Aufforderung nach einer weniger scharfen Trennung zwischen dem privaten und dem öffentlichen Bereich vorweg. Anna Freud ärgerte sich zwar über Feministinnen, die ihren Vater verunglimpften, doch sie selbst führte zweifellos ein feministisches Leben.

Ich muß meine Bemerkung relativieren, daß sie die Mutterschaft gemieden habe, da Anna Freud, obwohl sie keine konventionelle Mutter war, die höchsten Prinzipien der Mutterschaft verkörperte, die Sorge um das Wohl von Kindern. Erinnern Sie sich an die Erzieherin in dem Beispiel von der altruistischen Abtretung? »Der eigenen Kinderlosigkeit parallel läuft eine Zuwendung zu den Kindern anderer Menschen, die auch in der Berufswahl ihren Ausdruck findet (I, B).« Ich habe bereits darauf hingewiesen, daß sie die Bewahrerin bzw. Mutter der Psychoanalyse war, aber ihre Mutterschaft erstreckte sich darüber hinaus auf alle Kinder der Welt. Sie wollte für Kinder ein

Leben, das nicht von einer gleichgültigen Erwachsenenwelt unterdrückt und ausgebeutet, eingeschränkt, beraubt oder beschädigt wurde. Es war ihre glühende Hoffnung, daß sie durch Verbreitung psychoanalytischer Erkenntnisse das Leben von Kindern in ihren Familien, Kliniken, Schulen und Krankenhäusern verbessern und auch die Entscheidungen von Familienrichtern entsprechend beeinflussen könne. In dieser Rolle der Mutter bzw. Erzieherin und Fürsprecherin der Kinder sprach sie am deutlichsten mit ihrer eigenen Stimme, und da können wir sie aus ganzem Herzen feiern.

In den Kriegsjahren, kurz nach dem Tod ihres Vaters, als Anna Freud die Kriegskinderheime für kleine Kinder leitete, deren Familien ausgebombt waren oder die aus anderen Gründen nicht für sie sorgen konnten, hat sie ihre mütterlichen Fähigkeiten am vollständigsten zur Geltung bringen können, und damit begann auch die Periode ihrer größten intellektuellen Freiheit. In diesen Jahren war sie weniger die Botschafterin und Treuhänderin der Psychoanalyse, sondern mehr sie selber. Wenn man mit den tiefsten humanistischen Aspekten Anna Freuds in Berührung kommen möchte, dann sollte man die 56 Monatsberichte lesen, die sie von Februar 1941 bis Dezember 1945 an den *Ausschuß des Amerikanischen Pflegeelternplanes für Kriegskinder* schrieb. Ihre Leitung dieser Kinderheime während der Kriegsjahre war wirklich außerordentlich, beinahe heroisch, und ich bin froh, daß sie eine hohe britische Auszeichnung für ihre Dienste erhielt. Wann immer Tante Anna mit mir ihr Leben rückblickend betrachtete, waren es stets diese Jahre, an die sie sich erinnerte.

Anna Freuds Liebe zu Kindern äußert sich am deutlichsten in den hervorragenden klinischen Studien über einzelne Kinder, die sie verfaßte. Es fällt schwer, nur eine davon auszuwählen. In den 56 Kriegsberichten werden viele Kinder, alle mit ihrer eigenen einzigartigen Individualität, lebendig. Man verfolgt ihr Schicksal gebannt und hoffnungsvoll und sieht sie im Laufe der Kriegsjahre heranwachsen. Ich finde, daß Anna Freuds frühe Fallgeschichten und ihre späteren Schilderungen der Heimkinder dieselbe fesselnde Unmittelbarkeit ausstrahlen wie die berühmten Fallgeschichten ihres Vaters; sie sind mitfühlend geschrieben und von unsentimentaler Zärtlichkeit. Da ist Tony, der als ein Notfall in das Kriegskinderheim aufgenommen wurde: »Als Bettnässer von einer Pflegestelle zur anderen weitergegeben (insgesamt fünf oder sechs Stationen), konnte er zuletzt nicht mehr untergebracht werden. Er ist ein kleiner, zarter Junge von anmutiger Erscheinung, freundlich, aber unverbindlich, ziemlich ängstlich und desorientiert, ohne jeden engeren Gefühlskontakt.«

Ein Jahr später tritt Tony wieder auf – er ist im Begriff, lieben zu lernen. Nachstehend einige Auszüge: »Die erste Phase seiner Liebe zu Schwester Mary war alles andere als glücklich. Er behandelte sie wie sein Eigentum, aber frühere Erfahrungen hatten ihn gelehrt, wie leicht ein Eigentum verlorengehen kann. So blieb seine Zuneigung zu ihr von Angst und Unsicherheit gefärbt. Er klammerte sich verzweifelt an sie, protestierte voller Eifersucht, wenn er sie mit anderen Kindern beschäftigt sah, und forderte exklusive Aufmerksamkeit, die sie ihm nicht geben konnte. Auf einem Spaziergang, als andere Kinder ihre Hand ergriffen, rief er aufgeregt: ›Das ist meine Hand!‹ Äußerungen von Hingabe und von Verstimmung und Ärger wechselten ständig bei ihm ab ... Trotz dieser Demonstration stürmischer Gefühle war er aber noch nicht in der Lage, auf Schwester Mary zuzulaufen, wenn er sie zu Gesicht bekam, sondern blickte nur, scheu lächelnd, zu ihr auf. Erst wenn sie ihn emporhob, schlang er ihr die Arme um den Hals und zeigte plötzlich für einen Augenblick den Ausdruck ungetrübten Glücks (II).«

Ich glaube, Anna Freud konnte sich so tief in die Schmerzen und Leidenschaften von Kindern einfühlen, weil sie das verletzbare, leidenschaftliche Kind in ihr selbst lebendig erhalten hatte. In Tonys leidenschaftlicher Liebe zu Schwester Mary ahnen wir die nachhaltige Liebe des Kindes Anna zu ihrem Vater.

Dennoch war es weder Leidenschaft noch Liebe, sondern Respekt vor der Integrität und Einzigartigkeit jedes Kindes, was für Anna Freud das Wesen guter Mutterschaft ausmachte. Selbst in der oben zitierten liebevollen Schilderung spüren wir nicht nur Empathie, sondern auch ein gewisses Maß an Distanz. Die Folgen eines Zuviel an Liebe machen ihr ebenso große Sorgen wie die eines Zuwenig. Ihre Warnung vor »Überliebe« als einer Form von Zudringlichkeit war ein revolutionärer Gedanke, der im Gegensatz stand zu der etwas einseitigen Betonung tiefer Bindungen, die die Objektbeziehungsschule vertrat.

Sie warnte Eltern, ihre Kinder nicht zu verwöhnen, um bei ihnen keine Angst hervorzurufen, daß sie ihre Impulse nicht unter Kontrolle halten könnten, und um keine unrealistischen Erwartungen gegenüber der Außenwelt bei ihnen zu wecken, die alle anderen Beziehungen enttäuschend machen könnten.

Ihr Ideal war, einen »vernünftigen Mittelweg zu gehen zwischen Befriedigung und Frustration, zwischen Strenge und Nachgiebigkeit, zwischen Verzicht auf Drohungen, Gewalt und körperliche Bestrafung statt moralischer Orientierungshilfe und der Notwendigkeit der Triebumwandlung (X)«. Sie trat für so viel Selbststeuerung und Nichteinmischung ein, wie in jedem Bereich der Kindererziehung dienlich war, ob es sich um die Eßgewohnheiten, die Reinlichkeitserziehung oder autoerotische Betätigung handelt. Sie empfahl Eltern und Lehrkräften die Förderung von Selbstdisziplin anstelle zwanghaften Gehorsams. Körperliche Züchtigung von Kindern war aus ihrer Sicht der Dinge undenkbar.

Ihre Achtung vor Kindern ließ sie jede Art von Lüge und Täuschung auch im Bereich der Sexualität verabscheuen. Es war auch eine Frage der Achtung, wenn sie Eltern ermahnte, die sexuelle und emotionale Liebe ihrer Kinder für sie und die daraus resultierende Krise der Enttäuschung mit Takt und Verständnis zu behandeln, um die Selbstachtung und das Selbstvertrauen ihrer Kinder zu erhalten. Ich finde es erstaunlich, daß Anna Freud von einer theoretischen Basis der Triebtheorie aus bereits vor fünfzig Jahren die modernsten Grundsätze der heutigen Pädagogik hervorhob: Selbststeuerung; Förderung von Autonomie; Vermeidung physischer Bestrafung; die negative Wirkung von Zudringlichkeit und übermäßiger Bindung und vor allem von Betrug und die Achtung vor der Einzigartigkeit jedes Kindes. Es ist meine Überzeugung, daß sie diese Grundsätze nicht von ihrer theoretischen Position ableitete, sondern von ihrem intuitiven Verständnis für Kinder und von ihrer Zuneigung zu ihnen.

Anna Freuds Hauptidentität war in ihren späteren Jahren die einer Psychoanalytikerin und Leiterin der *Hampstead Child Therapy Clinic and Training Course*, die inzwischen in *The Anna Freud Centre* umbenannt wurde. In dieser Eigenschaft wurde sie auch als Beraterin anderer Fachrichtungen tätig, die sich mit Kindern befassen.

Ihre spezielle Sorge galt immer Kindern aus unterprivilegierten Schichten; ihre Kindergärten sowohl in Wien als auch in London und ihre Kriegskinderheime waren speziell für solche Kinder gedacht. Da sie als Lehrerin ins Berufsleben eingetreten war, wandte sie sich oft an diese Berufsgruppe und appellierte an ihre ehemaligen Kolleginnen, sich hilfsbereit, anerkennend und inspirierend zu verhalten. Sie sollten die Kinder niemals schelten oder beschämen, und Strenge müsse durch Verständnis ersetzt werden. Viele ihrer pädagogischen Prinzipien wurden richtungweisend für die Kindergartenerziehung in der ganzen westlichen Welt.

Anna Freud hielt es auch für wichtig, Kinderbetreuerinnen und -ärzte in ihre Lehrtätigkeit einzubeziehen. Sie wies auf die enge Verbindung zwischen Körper, Geist und Seele beim Kleinkind hin; auf die unvermeidlichen Auswirkungen nicht nur körperlicher Krankheit, sondern auch ärztlicher Heilverfahren auf das Gefühlsleben des Kindes; auf die schädlichen Folgen einer Einschränkung der Bewegungsfreiheit; auf das Trauma, während eines Krankenhausaufenthaltes Entwicklungsfortschritte einzubüßen; und auf die Wichtigkeit regelmäßiger elterlicher Besuche.

Obwohl Anna Freud in ihren pädagogischen Ratschlägen natürlich der psychoanalytischen Theorie treu blieb, schaffte sie es, diese Theorie geschickt an ihre humanistischen Grundsätze der Kindererziehung anzupassen. Wenn ein Kind ungebührend aggressiv war, dann wies sie etwa darauf hin, daß die Schwierigkeit nicht aus einem Übermaß an Aggressivität entstünde, was zu Unterdrückung geführt haben könnte. Statt dessen führte sie das Problem darauf zurück, daß unausreichende Libido nicht die normale Aggressivität des Kindes gemildert habe. Ihr Mittel dagegen war ein großes Maß an Güte und Verständnis, um die Libidozufuhr zu verstärken, und dies führte mit ziemlicher Sicherheit zu einer Besserung des Kindes (IV).

Die Vorstellung, daß der Wunsch zu lernen eine Ableitung sexueller Neugier sei, konnte ebenfalls kreativ genutzt werden. Sie schilderte begeistert, wie es ihr als junger Lehrerin gelungen war, das Lernen sehr aufregend für Kinder zu machen, indem sie das jeweilige Thema an die durch Triebe erweckten Interessen der Kinder anpaßte (X). Es gibt Zeugnisse, daß sie eine wundervolle und vielgeliebte junge Lehrerin war.

Wir haben gehört, daß der psychoanalytische Bezugsrahmen sie nicht zu harten Urteilen über Eltern neigen ließ. Das zeigte sich noch deutlicher, wenn es um kindliches Fehlverhalten ging. Haß, Eifersucht und Todeswünsche gegen Geschwister und Eltern waren zu erwarten und natürlich und mußten verstanden, nicht verurteilt werden. In der Praxis wurden die Ursachen von Ungezogenheit immer darin gesucht, daß das Kind unglücklich sei. Im Kinderheim wurden emotionale Probleme niemals als etwas Lästiges angesehen, sondern als Herausforderung »für besondere Überlegung und Anstrengung. Verhaltensschwierigkeiten geben Anlaß zu theoretischen Diskussionen und lebhaftem Meinungsaustausch. Theoretisches Wissen dient der Lösung praktischer Probleme (II).«

Es war ein Teil ihrer respektvollen Haltung, immer wachsam gegenüber der Möglichkeit emotionaler Ausbeutung von Kindern zu sein. »Es ist aber Mißbrauch der Situation, wenn der Erwachsene die Kinder benützt, um seine eigenen unbefriedigten und unbewußten Wunschregungen an ihnen auszuleben (II)«, schrieb sie, »gleichgültig, ob diese Regungen positiven oder negativen Charakter haben.« Anna Freud lehrte ihre männlichen und weiblichen Studenten, ob sie als Kindertherapeuten oder Kinderpfleger ausgebildet wurden, an jedes Kind nicht mit »Liebe [heranzugehen], für die keine echte Basis vorhanden ist, sondern mit einer unersättlichen Neugier, mehr über das Problem der kindlichen Entwicklung zu lernen (X)«. Sie fand, jedes Kind sollte »von den Fachleuten als wichtiger Vertreter seiner eigenen Spezies angesehen werden (X)«. Ihre eigene Neugier, Kinder verstehen zu lernen, betrachtete sie als eine primäre motivierende Lebenskraft.

Anna Freud hat keine scharfen Trennungen zwischen ihrem persönlichen und beruflichen Leben gemacht. Ich glaube, daß sie ein gewisses Maß derselben souveränen, interessierten und neugierigen Distanziertheit auch auf viele ihrer persönlichen Beziehungen übertrug. Die Nachrufe, die ihr gewidmet wurden, zeugen nicht nur von der intensiven Liebe, die Menschen für sie empfanden, sondern auch von ihrer letztendlichen Reserve und der Sehnsucht mancher Menschen, ihr näher zu sein.

James Robertson, ein Psychoanalytiker, der in den Kriegsjahren mit ihr zusammenarbeitete und ebenfalls ein leidenschaftlicher Fürsprecher der Kinder war, hat Aussagen über sie gemacht, die vielleicht auch für viele andere stehen könnten: »In Diskussionen verengte sich ihre Konzentration unter Ausschluß von allem übrigen auf den jeweiligen Gegenstand. Wenn ihr die vorgetragenen Gedanken gefielen, dann nahm man das Gefühl, geschätzt zu werden, mit. Ihre Aufmerksamkeit und ihr freundliches Interesse waren solcher Art, daß man sich hätte einbilden können, eine besondere Beziehung zu ihr zu haben. Aber dann erinnerte man sich, daß auch andere ähnliche Erfahrungen mit ihrer völlig ungeteilten Aufmerksamkeit machten und daß auch sie das Privileg genossen, den Genius dieser einmaligen Frau zu erleben. Anna Freud wurde von einer großen Anzahl von Menschen in Europa und Amerika bewundert, geliebt, ja verehrt, aber obwohl sie in diesem Sinn viele kannten, blieb Anna Freud eine sehr private Person.« (Bulletin der Hampstead Clinic)

Anna Freud war, wie viele von uns, sowohl eine sehr öffentliche wie eine sehr private Person. Die Aussage verrät sowohl große Liebe wie auch Schmerz. Dies sind die Gefühle, die Anna Freud in Menschen weckte. Sie wurde heftig geliebt, nicht weil sie die Tochter ihres Vaters war, sondern wegen ihrer eigenen Ausstrahlung. Die Nachrufe sind wahrhaft außergewöhnlich. Sie erwähnen ihre »noblen, bedeutenden Qualitäten«, »ihre Bescheidenheit«, »ihren moralischen Mut«, »ihre Souveränität«, »ihre unerschütterliche Loyalität«, »ihre Offenheit«, »ihren Charme«, »ihre Geradheit«, »ihre Vitalität«, »ihre Güte«, »ihr freudiges Engagement«; in anderen hieß es: »Sie überragte uns übrige bei weitem«; »sie war eine große Lehrerin«; »sie war ein edler Mensch«; »sie war die Inkarnation vieler Tugenden, die sie allein stehen ließen«; »wo immer sie war, welchen Raum sie auch betrat, wer auch immer anwesend war, Junge oder Alte, wir alle spürten die außerordentliche Gegenwart einer bemerkenswerten und unvergeßlichen Persönlichkeit«. Dies sind die Worte, mit denen sich ihre Kollegen und Studenten und andere, die ihr nahestanden, an sie erinnern.

Ich bin zu dem Schluß gekommen, daß sich Anna Freud schützen mußte, weil sie ein Mensch war, der von dem Bedürfnis und Wunsch anderer, sie allzusehr zu lieben, hätte überrannt, ausgebeutet und vielleicht aufgebraucht werden können.

Ich zählte zu jenen, die den Wunsch hatten, obwohl es anmaßend und hoffnungslos erschien, einen Platz im Herzen eines Menschen zu erringen, der von so vielen Menschen so innig geliebt wurde, und speziell in einem Herzen, in das nur wenige Menschen je eingelassen worden waren.

Ich hatte meine Tante während meiner ganzen Erwachsenenjahre aus einer geographischen und emotionalen Entfernung geliebt; sie war immer mein Ich-Ideal gewesen. Dann verbrachte ich mein Sabbatical in London, vielleicht, um eine letzte Chance zu suchen, ihr noch zu begegnen. Ich liebte sie am Ende ihres Lebens mit einer so tiefen Leidenschaft und Ergebenheit, wie ich es selten erlebt habe. Ich fing an, mit Phantasie und Extravaganz um sie zu werben, und sie öffnete mir ihr Herz ein wenig, vielleicht weil sie bereits in ihr letztes Lebensstadium eingetreten war und ich sie an ihre Schwestern und Brüder erinnerte, die sie sehr geliebt hatte. Nach ihrem Tod am 7. Oktober 1982 habe ich sie zwei Jahre lang tief betrauert. Sigmund Freud schrieb, daß wir Verluste bewältigen, indem wir das verlorene Objekt in uns aufnehmen, und wenn es nicht zu anmaßend wäre, würde ich zugeben, daß der Geist von Tante Anna auf sonderbare Weise in mich eingezogen ist und daß ich merke, daß mich Menschen manchmal ein bißchen so behandeln, wie sie sie behandelt haben, obwohl ich mich in keiner Hinsicht mit ihr messen kann. Diese Jahre des Gedenkens an Tante Anna, des Nachdenkens und Schreibens über ihr Leben und ihre Arbeit ermöglichen es mir, die Erinnerung an sie zur Ruhe zu legen und sie für immer lebendig zu erhalten – jene zwei Dinge, die wir mit Menschen tun müssen, die wir geliebt und verloren haben.

Ich ging an die Aufgabe dieses Rückblicks auf ihr Lebenswerk mit dem Respekt und der Ehrlichkeit heran, die ich an ihr bewunderte. Blinde Lobhudelei wäre nicht respektvoll gewesen. Ich bin zu dem Schluß gekommen, daß Anna Freud ein geteiltes Selbst hatte, da sie sowohl eine eigenständige Frau wie auch die Tochter ihres Vaters war. Als Delegierte ihres Vaters blieb sie an die psychoanalytische Sprache und Kultur gebunden, während ihr eigenes Selbst die Gabe durchdringender Beobachtung, scharfsinniger klinischer Erkenntnisse und ein großes Talent zu schriftlicher und mündlicher Äußerung hatte. Die psychoanalytische Theorie wurde zu einer intellektuellen Fessel, die ihre Einsichten und die Klarheit ihres Denkens bis zu einem gewissen Grad blockierte und sie dazu verleitete, ihren brillanten, nuancenreichen Wahrnehmungen einen schlecht passenden theoretischen Raster aufzudrücken. Im Laufe der Jahre ist sie zunehmend, aber nie völlig zu sich selbst gekommen. Ich erblicke ihre wahre Größe nicht in ihren theoretischen Formulierungen. Für mich liegen ihre größten Stärken in ihren wunderbar treffenden menschlichen Urteilen, ihren intuitiven klinischen Einsichten, ihrer Integrität und den humanistischen Wertvorstellungen und in ihrem Organisationstalent. Sie besaß vor allem ein außerordentliches Charisma und jene Art von Qualitäten, die wir mit einem großen Leitbild assoziieren.

Obwohl Anna Freud fähig war, schöpferische Kompromisse zu schließen, und es ihr gelang, ihre beiden Ichs bis zu einem gewissen Grad zu integrieren, hat sie einen Preis dafür bezahlt, die Delegierte ihres Vaters zu sein. Ich habe meine Enttäuschung über diese Begrenzung wiederholt geäußert. Das war falsch von mir. Wir sollten die Entscheidungen respektieren, die Menschen treffen. Tante Anna hat keinen Aspekt ihres Lebens je bedauert. Sie ist eine loyale Tochter gewesen, und sie hat ein schöpferisches und erfülltes Leben geführt, das unzählige Menschen in aller Welt bereichert hat. Sie starb in Frieden mit sich selbst. Wir bewundern ihre Loyalität gegenüber ihrem Vater. Wir feiern ihr Leben.

Mutter und Tochter
Ein Nachruf

Meine Mutter ist vor wenigen Tagen gestorben – einen qualvollen Tod an Lungenkrebs. Ich möchte einen Nachruf auf ihr Leben schreiben. Ich möchte Zeugnis davon ablegen, wie ich, ihre einzige Tochter, ihr Leben wahrgenommmen und wie ich es erlebt habe.

Weil ihr Leben geendet hat, muß ich verstehen, was ich daraus lernen kann. Ich möchte dieses Lernen als einen Weg sehen, um mit meiner Erinnerung an sie Frieden zu schließen. Dies ist ein Essay über die Kämpfe einer Frau. Er handelt von meiner Mutter und vielleicht auch von anderen Müttern. Er handelt von der Mutter-Tochter-Beziehung. Er handelt von einem schmerzvollen Beispiel dieser elementarsten aller Beziehungen.

Meine Mutter war 84 Jahre alt, als sie starb. Ihr Leben, das dieses ganze Jahrhundert umspannte, reicht bis nach Wien zurück, der damaligen Hauptstadt des österreichisch-ungarischen Kaiserreiches. Sie überlebte zwei Weltkriege und zwei Emigrationen, wobei sie zweimal knapp den Gaskammern des Holocausts entkam. In vieler Hinsicht war sie der Prototyp der assimilierten, mitteleuropäischen Jüdin mit all der Kraft und Entschlossenheit, der Kleinlichkeit und dem Mißtrauen dieser Generation. Ein Opfer ihrer unterdrückenden weiblichen Erziehung, überschritt sie diese doch in beträchtlichem Maß. Meine Mutter hätte nicht überlebt, wenn sie keine Kämpferin gewesen wäre – und eine Kämpferin blieb sie bis zu ihrem letzten, schmerzhaften Atemzug. Ich erinnere mich an meine Mutter nicht lachend oder lächelnd. Das Leben war ein hartes Geschäft für sie.

Der Krebs fraß ihren Körper auf, aber sie lehnte Schmerzmittel ab, um ihren scharfen Verstand zu bewahren, der ihr größter Schatz wurde, nachdem sie ihre Schönheit verlor. Vor einigen Wochen habe ich an ihrem Bett gesessen, während sie meine Hand hielt und den ganzen Tag lang immer wieder in Schmerzen die Koseform meines Namens schrie: »Sopherle, Sopherle!« Sie war der einzige Mensch, der je diese besondere Koseform benutzte. Dieser Name ist jetzt aus meinem Leben gegangen, aber er wird mir im Ohr klingen, vielleicht für immer.

Ich hielt ihre alte Hand nicht gern. Ich konnte die Worte des Trostes nicht finden, die ich in meinem Herzen für viele andere vielleicht gefunden hätte. Ich saß mit eisigem und gepanzertem Herzen neben ihrem Bett und wartete darauf, daß der Tag verging und ich nach Boston zu meinen Freunden, meiner Familie, meiner Gemeinschaft und meiner Arbeit zurückkehren konnte; wartete, bis ich fliehen konnte, von der Panik gejagt, daß ihr Geist von mir Besitz ergreifen und meinen lebenslangen Kampf zunichte machen könnte, von ihr getrennt und anders zu sein als sie.

Die Berührung selbst war voller Mißbehagen für mich. Abgesehen von flüchtigen Küssen, hatten meine Mutter und ich einander seit meiner Pubertät nicht mehr angefaßt. Ihr Herausschreien meines Namens an diesem letzten Tag, an dem ich sie noch bei vollem Bewußtsein sah, war ihre letzte Klage an mich, war ein weiteres, das letzte Mal, daß sie mich anflehte, sie von einem unerträglichen Schmerz zu erlösen, und weckte bei mir die übliche wütende Abwehr, mit der ich mich vor überwältigenden Gefühlen der Angst, Schuld und Hilflosigkeit schützte.

Das begann, als ich noch ein sehr kleines Mädchen war. Meine frühesten Erinnerungen an meine Mutter sind die einer weinenden Frau, die bei mir physischen und emotionalen Trost suchte. Ich sehe sie vor mir, wie sie mir von den täglichen Kränkungen meines Vaters erzählte, die ihr tagein und tagaus, Jahr um Jahr denselben unerträglichen Schmerz bereiteten. Sie liebte meinen Vater auf ihre eigene Weise, und sie konnte diese Liebe nicht loslassen. Sie war nie gut im Loslassen. Nachdem sie sich getrennt hatten, fuhr sie fort, in den folgenden Jahren die Unfreundlichkeiten, Kränkungen und Beleidigungen mit mir zu teilen, die ihr von der übrigen Welt zugefügt wurden.

Meine Eltern paßten schlecht zueinander. Keiner konnte dem anderen etwas von dem geben, was er oder sie brauchte oder wollte. Mein Vater suchte nach Frauen, die entweder seine Dienstboten oder seine sexuellen Spielgefährtinnen, vorzugsweise aber beides waren. Meine Mutter war weder das eine noch das andere. Sie dürstete ihrerseits nach Liebe und Bewunderung, zuerst wegen ihrer Schönheit und später wegen ihrer Leistungen und ihrer Intelligenz. Vielleicht hätte sie sich in ganz anderer Weise entwickelt, wenn ihr Mann imstande gewesen wäre, diese Bedürfnisse zu befriedigen. Vielleicht hätte ein solcher Mann manche ihrer tiefen Selbstzweifel stillen können, und sie wäre eine großzügigere und weniger verbitterte Frau geworden. Aber sie wählte einen Mann, einen herrlich feschen Kerl und der der Sohn von Sigmund Freud war – einen Mann, der niemanden außer sich selbst liebte. Es ist jedoch nicht leicht, der Sohn eines berühmten Mannes zu sein. Vielleicht liebte im Grunde auch er sich selbst nicht in der richtigen Weise?

Wenn sie schon keinerlei Liebe von ihm zu erwarten hatte, dann wollte sie zumindest die Ausstaffierung bürgerlicher Wohlhabenheit: teure Kleider, Dienstboten, große Gesellschaften, luxuriöse Reisen. Aber es war nie genügend Geld da. Meine Mutter war habgierig, und mein Vater knauserte. Je mehr sie begehrte, desto weniger wollte er ihr geben, und je weniger er ihr geben wollte, desto mehr wünschte sie sich – die bekannte, spiralenförmige Eskalation des Ehelebens.

Die Wiener Juden, die sich in ihrer Gesellschaft nur unzureichend verankert hatten, waren zwanghaft auf Geld fixiert, da es die einzige Sicherheit war, auf die sie glaubten sich verlassen zu können. Geld wurde zum Brennpunkt und Symbol der Entfremdung meiner Eltern und schließlich ihrer ständigen Kriegführung. Ich sparte mein Taschengeld und bot es meiner Mutter an, um ihre Klagen zu beschwichtigen. Manchmal nahm sie es sogar an. Geldsorgen wurden in den 37 Jahren, in denen ich in Boston und sie in New York lebte, in jedem Telefonat mindestens einmal erwähnt. Selbst zu einer Zeit, da sie beträchtliche Ersparnisse hatte und jeden Sommer in Europa in First-Class-Hotels abstieg, wurde sie immer noch von Verhungerungsphantasien geplagt. Vor einigen Jahren wies ich sie darauf hin, daß sie genügend Geld gespart habe, um ein komfortables Alter zu gewährleisten, selbst wenn sie *sehr* lange leben sollte, und daß *wir* genügend Geld hätten, um ihr ebenfalls Komfort zu garantieren. Sie antwortete: »Laß mich klagen!« Sie hinterließ ihren vier Enkelinnen beträchtliche Ersparnisse und überging ihre zwei Enkel, eine wahrhaft triumphale feministische Geste, die ihr Leben übertrifft.

Fotografien, die in der Wohnung meiner Mutter herumstehen, zeugen von ihrer großen Schönheit bis weit in die mittleren Jahre. Es gab viele Männer in ihrem Leben, die sie bewunderten und vielleicht sogar liebten. Sie war eine Frau mit dem Auftreten einer Königin. Stets bangte sie um ihre Schönheit und führte einen dauernden Krieg gegen das vorrückende Alter.

Sie verbrachte Stunden damit, sich weiße Haare auszureißen, die ihr rabenschwarzes Haar zu durchziehen drohten, bis sie sich schließlich die Haare färbte. Mindestens zweimal ließ sie sich das Gesicht liften; sie unterzog sich hormonellen »Verjüngungskuren« aller Art, und ich glaube, daß dies ihren ursprünglichen Darmkrebs verursacht haben könnte; schließlich reiste sie bis nach Bulgarien, um ihre Jugend zu verlängern. Es ist mir nützlich, mir das Leben meiner Mutter anzuschauen, weil sie mich auf ihre eigene, übertriebene Weise daran erinnert, daß wir im tiefsten Grunde alle Opfer ähnlicher sozialer Botschaften sind: Wir werden wertlos und verachtet sein, sobald wir alt und häßlich sind. Ich habe all die Jahre hindurch ihre Entschlossenheit beobachtet, schön zu erscheinen und zu bleiben, die Pracht und den Aufwand, der mit der Pflege ihres Körpers, ihres Gesichts und ihres Haars getrieben wurde, als sie noch eine junge Frau war, und die verzweifelten Versuche ihrer späteren Jahre, weiterhin jugendlich zu wirken. Ich habe mir schon als kleines Mädchen geschworen, einen anderen Weg zu gehen. Ich habe nie Kosmetik benutzt oder meine Haare gefärbt, und vielleicht zum Glück hatte ich nie die Identität einer schönen Frau – und dennoch erfüllt mich der Gedanke, physisch unattraktiv zu werden, mit Angst.

Früher habe ich geglaubt, daß das Bedürfnis meiner Mutter, ihre Schönheit zur Schau zu stellen und sich ihrer Leistungen zu rühmen, aus übermäßiger Eigenliebe käme. Später erkannte ich, daß meine Mutter im Gegenteil von einem Mangel an Selbstliebe gequält wurde, der ja das eigentliche Kernproblem des Narzißmus ist. Meine Mutter hätte als die älteste von drei Töchtern einer jüdischen Familie natürlich ein Sohn werden sollen. Ihre erste Tragik war, daß sie von ihrer eigenen Mutter nicht sehr geliebt wurde. Ihre frühesten Erinnerungen, die sie im Alter von 82 in ihrer Autobiographie aufschrieb, betrafen lauter Vorfälle, in denen sie mißverstanden, entmutigt und ungerecht bestraft wurde. Ihre Mutter war eine kalte, zornige und unzufriedene Frau, die unter dem harten Druck einer konventionellen und patriarchalischen jüdischen Familie eine möglicherweise brillante Karriere als Opernsängerin aufgab. Statt dessen mußte sie mit einem langweiligen bürgerlichen Leben vorliebnehmen und tyrannisierte ihren Mann und ihre drei Töchter, um sie für ihre Enttäuschung zu bestrafen. Später, als Witwe, floh sie aus Wien, um Hitler zu entkommen, und ging mit ihren Töchtern nach Frankreich. Aber keine ihrer Töchter war entschlossen genug, ihre Mutter zu schützen, und sie wurde schließlich nach Theresienstadt zum Sterben deportiert.

Die Erkenntnis, daß Mangel an Selbstachtung und Selbstliebe der Fluch meiner Mutter gewesen war, traf mich wie ein Schlag. Auch ich habe mit Selbstzweifeln zu kämpfen gehabt. Auch ich habe öffentliche Anerkennung gebraucht, um mich meines eigenen Werts zu vergewissern. Das erschreckende Beispiel meiner Mutter hat mir geholfen, diese Selbstzweifel zu überwinden. Als ich in meinem Sabbatical allein im Ausland lebte, merkte ich, daß ich mich selbst genügend mochte, um auf Frauen und Männer zuzugehen, die mich interessierten. In neun Monaten gelang es mir, ein ganzes Netz wertvoller Freundschaften zu knüpfen, und ich erkannte, daß ich meinen Kampf um Selbstliebe gewonnen hatte. Vielleicht können wir alle aus dem Beispiel meiner Mutter lernen, daß Selbstsucht und Selbstliebe keine ähnlichen, sondern entgegengesetzte Lebensstandpunkte sind. Diese beiden Orientierungen werden oft miteinander verwechselt; viele von uns haben es nicht gewagt, sich selbst genügend zu bejahen.

Mein Herz schlug vor Mitgefühl, als ich den Bericht meiner Mutter über ihre ersten Ehejahre las, der für mich die Machtlosigkeit einer jungen Frau ihrer Generation illustriert. Willkürliche und ungerechte Unterdrückung dauerten auch nach ihrer Eheschließung an, wobei die Unterdrückung jetzt von ihrem Mann und seiner großen, ehrfurchterweckenden Familie ausging. Ihre Beziehung zur Familie Freud war mit Konflikten und Ambivalenz beladen. Als kleines Mädchen hatte ich den Eindruck erhalten, daß nicht nur mein Vater, sondern alle seine Verwandten außer dem großen Mann selbst ihre Feinde waren. Ich weiß nicht, ob sie sich zu Recht von ihnen kritisiert und abgelehnt fühlte. Später bezeugte sie großen Respekt für »Die Familie« und verfaßte sogar ein schmeichelhaftes Porträt ihrer Schwiegermutter. Sie hätte ihren früheren erbitterten Antagonismus geleugnet, wenn ich sie daran erinnert hätte, was ich nicht tat. Als ich ihr vor einigen Jahren erzählte, daß mir besondere Anerkennung für einen Artikel zuteil geworden sei, in dem ich gegen das intrapsychische, analytische Herangehen an die soziale Fallarbeit Stellung bezogen hatte, fuhr sie mich an: »Die Öffentlichkeit hat immer Freuds Feinde belohnt – du solltest dich schämen«, und legte abrupt den Hörer auf. Das war das einzige Mal, daß ich je den Wunsch verspürte, ihr von einem Artikel zu erzählen, den ich geschrieben hatte.

Nach ihrem Weggang aus Wien trug meine Mutter den Namen Freud mit ungeheurem Stolz. Er wurde zu einer wichtigen Stütze ihrer wackligen Selbstachtung und merkwürdigerweise zu einem Pfeiler ihrer Identität. Ihr selbstverfaßter Nachruf für die *New York Times* beginnt: »Dr. Esti Freud, die Schwiegertochter Sigmund Freuds ...«, und erwähnt nicht einmal ihren Mädchennamen, den Namen ihres geliebten Vaters, auf dessen Grab ihre Asche ruhen soll.

Meine Mutter fühlte sich von ihrem Vater geliebt. Sie empfand sich als seine Lieblingstochter, und ihre Energie und ihr Ehrgeiz waren vielleicht das Produkt ihrer eher männlichen als weiblichen Identifizierung, wie das auch für andere erfolgreiche Frauen ihrer Generation zutraf. Tatsächlich wurde ihre Arbeit der Rettungsanker für meine Mutter und gewährte ihr schließlich Vergnügen, Unabhängigkeit und zumindest ein gewisses Maß an Selbstachtung. Als ich sie das letzte Mal sah, sagte sie zu mir: »Ich hatte ein gutes und interessantes Leben. Ich habe meine Arbeit geliebt, und ich habe es genossen, Geld zu verdienen.«

Im Alter von 28, als ich zwei Jahre alt war, nahm sie ihr Leben selbst in die Hand. Sie begann, Logopädie zu studieren, und arbeitete ihr ganzes Leben lang in drei Sprachen auf diesem Gebiet, wobei sie sowohl in Wien und Paris als auch in New York beträchtliche Erfolge erzielte. Sie war in ihrem Fach offensichtlich sehr tüchtig, und nachdem sie mit 47 Jahren in New York angekommen war, gelang es ihr nicht nur in relativ kurzer Zeit, selbst für ihren Unterhalt aufzukommen, sondern sie schuf sich auch nach und nach wieder den gehobenen Lebensstil, auf den sie ein Anrecht zu haben glaubte. Sie übertraf den beruflichen Erfolg meines Vaters bei weitem.

Neben ihrer Berufstätigkeit besuchte sie eine Abenduniversität und promovierte schließlich nach siebenjährigem Studium. Im Alter von

59 Jahren wurde sie schließlich Dr. Esti Freud, Ph. D., und danach konnte niemand sie mehr verachten. In späteren Jahren nahm ihre Arbeit immer mehr Zeit ihres Lebens in Anspruch, und ihre Schwierigkeit, bereichernde menschliche Beziehungen aufzubauen, verlor an Gewicht. Die emotionale Isolierung, die mir so schrecklich erschien, hat sie nicht oft belastet. Sobald sie den Kampf um berufliche Anerkennung und finanzielle Sicherheit gewonnen hatte, legten sich die Stürme in ihrem Leben, und sie wurde zufriedener.

Sie setzte ihre Berufstätigkeit sowohl in Krankenhäusern wie in ihrer Privatpraxis bis wenige Monate vor ihrem Tod fort. Ihr Geist und ihr Gedächtnis blieben vom Alter unbeeinträchtigt. Als Zerstreuung verfaßte sie *abstracts*, Zusammenfassungen fremdsprachlicher Artikel auf ihrem Gebiet. Ich bin meiner Mutter dankbar, daß sie im Hinblick auf Arbeit, Ehrgeiz und lebenslanges Lernen ein positives Vorbild für mich war.

Da meine Mutter berufstätig war und viele gesellschaftliche Verpflichtungen hatte, wurden mein Bruder und ich von Dienstboten betreut. Wir hatten eine Reihe von Köchinnen und Erzieherinnen (»Fräuleins«), wie das im Wien der Vorkriegszeit bei Mittelstandsfamilien üblich war. Das letzte Fräulein kam zu uns, als ich sechs Jahre alt war; eine junge Frau vom Lande, die die Stimmungsschwankungen meiner Mutter, ihre Wutausbrüche und ihre Anfälle von heftigem Mißtrauen ertragen konnte. Sie blieb bei uns, bis unsere Familie Wien verließ, als ich fast vierzehn war. Sie lebt noch; wir mögen einander, und ich habe sie in den letzten 20 Jahren wiederholt besucht.

Die Geschichtsschreibung hat die Bedeutung von Dienstboten im Leben europäischer Mittelschichtfrauen vernachlässigt. Dienstboten waren manchmal die einzigen intimen Freundinnen im Leben dieser Frauen. Dies traf für meine Mutter zu, solange sie in Wien lebte, und in ihrem Alter in New York war es wieder so. Ihre loyalste und ergebenste Freundin war ihre Putzfrau – es war ihr Name, den meine Mutter rief, als sie nachts aus ihrem Dämmerschlaf erwachte. Es erinnerte mich an Bergmans Film *Schreie und Flüstern*, in dem eine Zofe die beste und fürsorglichste Freundin einer sterbenden Frau ist. Tolstois unsterbliche Erzählung »Der Tod des Iwan Iljitsch« läßt vermuten, daß auch viele Männer ihre Diener als die einzigen emotional verfügbaren, urteilsfreien und anteilnehmenden Personen erlebt haben. In unserer eigenen, dienstbotenlosen Gesellschaft wenden wir uns an professionelle Helfer um Beistand bei unseren Problemen der Intimität im Leben und Sterben.

Obwohl das Drama der katastrophalen Ehe meiner Eltern meine Kindheit überschattete, habe ich auch viele glückliche Erinnerungen an diese Zeit. Meine Mutter wäre gern eine Schauspielerin geworden, und ich glaube, daß sie großes Talent hatte, aber ebenso wie ihre Mutter hatte sie nicht die Gelegenheit und den Mut, aus den Konventionen ihrer Gesellschaftsschicht auszubrechen. Ebenso wie mein Großvater mütterlicherseits stand auch ihr Mann solchen unkonventionellen Formen der Selbstverwirklichung im Wege. Aber meine Mutter gab anderen Schauspielunterricht, und sie veranstaltete häufig von Musik begleitete Dichterlesungen. Theaterstücke und Dichtungen spielten eine große Rolle in unserem Haushalt und weckten in mir vielleicht die frühe Liebe zu Büchern, die später eine Hauptstütze in meinem Leben wurde. Ich wurde dazu ausersehen, meiner Mutter beim Auswendiglernen der Gedichte zu helfen, und dies war wahrscheinlich unsere wichtigste Gemeinsamkeit. Die Angst, ob ihre Rezitationsabende gut besucht sein würden, lastete genauso schwer auf mir wie ihre Sorgen über Rückschläge in ihrer Arbeit. Diese Ängste bezogen sich auf Beförderungen und angemessene Anerkennung, auf die Zahl ihrer Privatpatienten und ob genügend Studentinnen an ihren Lehrgängen teilnehmen würden, auf unfaire Konkurrenz, Rechnungen, die rechtzeitig bezahlt werden mußten, und so weiter. In späteren Jahren fragte mich meine Mutter immer wieder, ob ich genügend bezahlt bekäme und ob sich genügend Studenten bei mir eingeschrieben hätten. All dies waren ihre lebenslangen Ungewißheiten, die sie in allen Ländern und in jedem Alter bis zu ihrem Tod plagten. Daß ich so früh den elterlichen Ängsten ausgesetzt war, hat meine Fähigkeit eingeschränkt, die Sorgen meiner Kinder zu ertragen. Ich merke, daß ich abwechselnd überreagiere und unterreagiere – ein Reflex auf die altbekannten Gefühle der Panik, die mich überfallen, wenn ich mir ihre Probleme anhöre.

Obwohl sich Fräuleins (im Original deutsch) um unsere täglichen Bedürfnisse kümmerten, bestand kein Zweifel daran, wer über unser Leben bestimmte. Manchmal holte mich meine Mutter von der Schule ab und führte mich in eine der berühmten Wiener Konditoreien;

das waren Festtage. Meine Mutter und ich reisten auch zusammen, und diese Reisen waren freudige Anlässe. Mein Bruder wurde statt dessen in Sommerlager geschickt. Ich war nicht nur das bevorzugte Kind, sondern auch das wichtigste Liebesobjekt meiner Mutter, der Mensch, der ihr jene Zuneigung geben konnte, die sie von meinem Vater vermißte. Ich war ihr Kind und ihr Kind allein. Sie bildete eine undurchdringliche Mauer zwischen meinem Vater und mir. Ich war auch ein großes Schmuckstück für meine Mutter. Obwohl ich in der Schule versagte, war ich entgegenkommend und folgsam; ich hatte gelernt zu knicksen und war bereit, mich bei passenden Gelegenheiten vorzeigen zu lassen. Ich war, wie mir meine Mutter sagte, ein bezauberndes Kind.

Meine Mutter liebte sich so wenig, daß ihr die Handlungen anderer Menschen ständig als Beleidigungen erschienen. Ihr Leben war von Menschen umgeben, von denen sie sich verletzt fühlte. Als Kind brauchte ich emotionale Kontakte einer Art, die, wie ich früh erkannte, meine Mutter mir nicht geben konnte, und ich wandte mich daher anderen Erwachsenen wie Lehrerinnen und Privatlehrerinnen zu. Meine Mutter freundete sich häufig mit diesen Menschen an und zerstritt sich dann zu meiner Verzweiflung mit ihnen, so daß ich meine Freunde verlor. Ich lernte, zu unserem jüdischen Gott zu beten: »Sch'ma Jisrael, bitte laß meine Mutter morgen mit niemandem streiten. Bitte, lieber Gott, laß sie mit mir streiten, und nicht mit meinem Vater oder Bruder oder dem Fräulein oder meiner Lehrerin.« Aber ich war immer brav und wurde geliebt, es waren die anderen, die gehaßt wurden.

Erst später, als wir Wien verließen und ich nicht mehr eine Dame zu werden brauchte, hörte ich auf, süß zu sein, und wir stritten oft und erbittert miteinander. Aus Selbstschutz hatte ich mein Herz gegen ihren Schmerz verschlossen, den Schmerz, ihren Mann und ihr Heim zu verlieren, und sie warf mir immer wieder vor, ein steinernes Herz zu haben. »Du hast das berühmte Freudsche steinharte Herz geerbt«, sagte sie. Ich sollte ein Freud-Kind werden, ein Mitglied jenes fremden und feindseligen Clans. Ich sah aus wie eine Freud, und ich benahm mich wie eine Freud. Es war meine Chance, mich von ihr zu lösen und anders zu werden als sie, und obwohl es der Fluch meiner Mutter war, war es vielleicht auch ihr größtes Geschenk an mich – ihre

Erlaubnis, ihr Schicksal nicht zu wiederholen. Ich klammerte mich daran als meine Rettung.

Obwohl ich bereits in Wien begriffen hatte, daß es mir weder Sicherheit gab noch wirklich möglich war, meine Hoffnungen und meine Ängste mit meiner Mutter zu teilen, wurden wir jetzt Fremde füreinander. Wir versuchten beide auf unsere eigene Weise, in diesem fremden uns abweisenden Land – Vorkriegsfrankreich – zu überleben. Als wir mitten im Krieg schließlich in die Vereinigten Staaten kamen, ließ sich meine Mutter in New York nieder, und ich begann meine Ausbildung in Boston. Außer zu kurzen jährlichen Besuchen kehrte ich niemals in ihre Wohnung zurück. Ich heiratete früh. Obwohl ich erst im unreifen Alter von 21 war, vergewisserte ich mich sehr genau, einen Mann zu finden, der mich besser behandeln würde, als der Mann meiner Mutter sie behandelt hatte. Außerdem würde ich nicht mein ganzes Inneres ihm widmen. Für den Rest meines Lebens führte ich niemals wieder ein intimes oder entspanntes Gespräch mit meiner Mutter – mit einer Ausnahme. Das war vor einigen Jahren, nach ihrer ersten Krebsoperation, als ich ihr für alles danken wollte, was sie für mich getan hatte. Ich schaffte es beinahe, ihr zu danken – nicht ganz, aber beinahe.

Vielleicht ist es kaum glaubhaft, daß es so schwierig ist, ein paar herzliche Worte zu einer alten und sterbenden Frau zu sagen – aber es war so. Ihr nahe zu sein, war ungeheuer bedrohlich für mich. Ich war ein kleines Mädchen, das in Gefahr ist, von dieser hungrigen Frau verschlungen zu werden.

In Wirklichkeit stellte meine Mutter geringe Ansprüche an mich. Vielleicht glaubte sie, ihr Recht auf meinen Schutz verwirkt zu haben, nachdem sie ihre eigene Mutter nicht vor der Vernichtung bewahrt hatte. Ich blieb ihre Hauptbezugsperson, was bedeutete, daß sie mich anrief, wann immer sie besonders bedrückt war. Im Laufe der Jahre verband sich der Klang ihrer Stimme für mich mit schlechten Nachrichten. Aber tatsächlich erwartete sie nicht von mir, irgend etwas gegen ihre Not zu tun; sie wollte nur mit mir darüber reden. Wir hatten ein unausgesprochenes Abkommen, einander um keinerlei praktische Hilfeleistungen zu bitten. Sobald ich ihre Wohnung verlassen hatte, erhielt ich von ihr weder Unterstützung noch Ratschläge, noch Zuneigung, noch größere Geschenke und hätte dies auch nicht begrüßt. Auch sie bat mich um nichts von alledem. Kaum daß sie ihre Enkelkinder in den Jahren des Heranwachsens kannte. Es konnte ein ganzes Jahr vergehen, ohne daß wir einander besuchten.

Und dennoch waren wir trotz all unserer Distanz und Nichtkommunikation schlecht voneinander abgegrenzt geblieben. Sich von einem anderen Menschen physisch oder verbal zu distanzieren ist nicht dasselbe, wie sich emotional von ihm zu lösen. Wenn wir uns von einem Ehepartner, von Vater, Mutter oder Kind abgegrenzt haben, dann können wir ihm oder ihr mit Liebe oder Wut, mit Mitgefühl, Toleranz oder Gleichgültigkeit begegnen. Der Schmerz dieser Menschen ist dann keine unerträgliche Belastung für uns, und ihre Meinungen sind bloß ihre eigenen Wahrnehmungen und nicht ersehntes Lob oder gefürchtete Kritik. Wir sind nicht verantwortlich für ihr Glück; wir projizieren unsere Bedürfnisse nicht auf sie; und wir sind nicht länger durch Schuld, Scham und negative oder positive Leidenschaften an sie gefesselt.

Meine Mutter hat generell andere Menschen nicht als getrennt von ihren eigenen Bedürfnissen wahrgenommen, am wenigsten mich. Sie kannte mich niemals als von ihr selbst unterschieden. Sie mochte von Selbstzweifeln geplagt werden, aber zumindest hatte sie eine perfekte Tochter, die stets glücklich und erfolgreich war. Als ich ihr mitteilte, daß ich mein drittes Kind erwartete, wirkte sie überrascht und sagte: »Erinnerst du dich nicht, daß ich nur zwei Kinder hatte?« Jede Andeutung, daß meine Kinder nicht vollkommen seien, erfüllte sie mit äußerster Beklemmung. Dann meinte sie jedesmal: »Du hast niemals solche Probleme gehabt; du warst ein perfektes Kind«, und wir wechselten rasch das Thema.

Aber auch ich war nicht imstande gewesen, mich zu befreien. Ich fürchtete jede Übertretung meiner Grenzen, was so weit ging, daß ich es nicht ertragen konnte, wenn sie mir die trivialste Frage stellte. Zum Glück fragte sie mich selten irgend etwas, da wir schließlich Mutter und Tochter waren und sie, ohne fragen zu müssen, wußte, was ich empfand. Ich glaube, mein übertriebenes Bedürfnis nach Unabhängigkeit hängt immer noch mit meiner Furcht zusammen, von meiner Mutter vereinnahmt zu werden. Ich kann es nicht ertragen, von meinem Mann gefragt zu werden, wo ich hingehe, was ich heute getan habe, was ich vorhabe, wann ich zurück sein werde.

Als ich mein erstes Kind bekam, wollte ich eine viel bessere Mutter werden, als meine Mutter mir gegenüber gewesen war. Ich wollte für meine Tochter emotional verfügbar sein. Ich wollte sie nicht mit meinen Sorgen belasten. Ich wollte eine kluge, gelassene und fröhliche Mutter sein. Ich wollte in jeder Hinsicht das Gegenteil meiner eigenen Mutter sein. Es ist das Drama unseres Lebens, daß sich die Gegensätze gewöhnlich als identisch erweisen. Meine Tochter und ich entwickelten dieselbe Art von extremer Nähe, die uns beiden schadete, und es ist uns nur mit ungeheurer Entschlossenheit und Anstrengung gelungen, unser Leben zu entflechten und einander stets wachsam als liebevolle, aber eigenständige Personen zu begegnen. Das ist nicht immer leicht, aber wir versuchen es. Mangel an Differenzierung wird von Generation zu Generation weitergegeben.

Trotzdem brauchen Fehler nicht verhängnisvoll zu sein. Wir alle tun für unsere Kinder unser möglichstes, und die meisten von uns machen schreckliche Fehler. Ich folge nicht den Schritten meiner Mutter, weil ich bereit bin, mich den schmerzhaften Wahrheiten zu stellen, die ein notwendiger Bestandteil des intergenerationalen Dialogs sind, der zur Versöhnung führt. Meine Mutter hat nichts von solchen Auseinandersetzungen verstanden. Sie verschloß sich der Selbsterkenntnis und verschloß sich dem Verständnis anderer. Sie hatte es verzweifelt nötig, sich vor jeder Wahrheit zu schützen, die ihr schwer errungenes Gleichgewicht hätte bedrohen können. Nur wenige Wochen vor ihrem Tod sagte sie zu meinen Kindern, die sie nacheinander besuchten, um sich von ihr zu verabschieden, daß wir eine ungetrübte, liebevolle Beziehung gehabt hätten und daß sie hoffe, sie würden mir genauso nahestehen.

Obwohl ich eine sie vernachlässigende und lieblose Tochter geworden war, hat mir meine Mutter, glaube ich, verziehen, weil ich auf irgendeiner Ebene ihre Missionen erfüllt habe. Ich bin die gebundene Delegierte meiner Mutter – sie erlaubte mir, in die Welt hinauszuziehen, aber ich mußte bestimmte Aufträge für sie erfüllen. Und auf dieser anderen, vielleicht wichtigeren Ebene bin ich eine loyale und pflichtbewußte Tochter gewesen.

Ich glaube, daß mir meine Mutter vier wichtige Missionen auftrug. Erstens wollte sie, daß ich in der Welt Erfolg erringe, damit sie auf mich stolz sein und sich selbst besser fühlen konnte. Zweitens wollte sie, daß ich ein gut verheiratetes und konventionelles Leben führe, damit sie sich niemals um mich Sorgen machen mußte. Drittens wollte sie, daß ich mich an der Familie Freud räche, die sie nach ihrer Meinung schlecht behandelt hatte. Und viertens wollte sie, daß ich dem Namen Ehre mache, auf den sie so stolz war. Dies waren komplizierte und widersprüchliche Missionen, aber ich bewältigte sie, so gut ich konnte. Auf ihrem Sterbelager sagte sie mit Befriedigung zu mir: »Dein Bruder ist ein Drucker [ihr Mädchenname], aber du bist immer eine Freud gewesen.«

Meine Mutter überlebte die Besetzung Wiens durch die Nazis, und sie rettete meinen Vater vor dem Erschießen. Sie wußte, wo man Geld versteckt und wen man erfolgreich bestechen kann. Sie hatte in keiner Hinsicht die geringsten Illusionen. Sie hatte den Mut und die Kraft, an endlose Türen um Jobs zu klopfen, ihr Können zu verkaufen, darauf zu bestehen, anerkannt zu werden. Sie begann ihre Karriere dreimal im Leben von vorne, immer um Status und einen geachteten Platz in der Gesellschaft kämpfend, immer eher auf der Suche nach nützlichen Verbindungen als nach Freunden. Erst vor wenigen Monaten hatte ich eine plötzliche Erkenntnis, als sie ihrem Enkel, den sie leidenschaftlich liebte (vielleicht weil er ihrem Ehemann gleicht), bittere Vorwürfe machte, sie nicht oft genug zu besuchen. Ich erkannte plötzlich, wie zutiefst anfällig meine Mutter immer für das Gefühl gewesen war, nicht geliebt zu werden, und wieviel von ihrer Bitterkeit ihr Leben lang bloß eine Abwehrreaktion gegen das Gefühl der Ablehnung durch andere gewesen war.

Sie war eine Frau von wilder, verbissener Unabhängigkeit. Als ich versuchte, ein Glas Wasser an ihre Lippen zu führen, setzte sie sich in ihrem halb bewußtlosen Zustand auf und ergriff das Glas mit den eigenen Händen. Sie bat nie um die geringste Gefälligkeit, ohne ein oft übertriebenes Trinkgeld dafür zu geben, und sie bestach, wo keine Bestechungen nötig waren. Sie betrachtete Geld und nicht Menschen als den einzigen Weg zu Seelenfrieden, Glück und Selbstachtung. Ihre Einstellung zum Leben blieb die einer Überlebenden, auch nachdem eine solche Lebenshaltung unnötig und selbstschädigend geworden war.

Meine Mutter hat sich gegen jede Art von Schmerz und Verwundbarkeit gepanzert. Obwohl dieser Panzer sie in einem gewissen Maß schützte, hielt er sie auch davon ab, mit anderen Kontakt zu bekommen und echte Liebe oder Freundschaft an sich heranzulassen.

Ich glaube, daß manchen jüdischen Menschen diese Überlebenshaltung im Blut liegt. Für mich zumindest war sie viele Jahre länger als nötig eine entscheidende Lebensorientierung. Überleben bedeutet eine Präferenz für Sicherheit statt Risiko, für Anpassung statt Selbstentfaltung, für enggefaßtes Eigeninteresse statt Großzügigkeit, für ängstliche Vorsorge gegen künftige Katastrophen statt für ein Leben im Augenblick. Ich benötigte lange Zeit, um zu erkennen, daß ich mich nicht mehr als Überlebende zu fühlen brauchte.

Der Geist meiner Mutter ist in vieler Hinsicht auf mich übergegangen, und ich muß ständig auf der Hut sein, daß ich nicht ihre Identität annehme. Sie war Sprachtherapeutin, Lehrerin und Vortragende, und ich bin eine Lehrerin, Therapeutin und Vortragende: Professor Sophie Freud, Ph. D. Sie hat mir ihre Energie, ihre Ausdauer, ihren Ehrgeiz und ihre wilde Unabhängigkeit vererbt. Meine Mutter hat mir gezeigt, wie man arbeitet, aber sie konnte mir nicht beibringen, wie man richtig liebt, sei es sich oder andere. Auch ich habe Selbstzweifel; auch ich möchte alles unter Kontrolle haben. Aber ich hatte ein bevorzugtes Leben, und ich mußte nicht gegen die ganze Welt kämpfen, um zu überleben.

Meine Mutter hat mich vor den Gaskammern Hitlers gerettet. Sie hat mich sicher nach Amerika gebracht – ich stehe ungeheuer in ihrer Schuld. Vor allem muß gesagt werden, daß meine Mutter nur Gutes für mich wollte. Sie hat mein Leben nicht durch bösartige Missionen vergiftet. Ich hatte die Gelegenheit und Muße, den Luxus und das Talent, um mich herum ein Netz aus Angehörigen, Freunden, Kollegen und Studenten zu errichten, das meinem Leben Reichtum und Sinn gibt. Ich werde von der Welt niemals emotional im Stich gelassen werden. Ich habe das Gespenst meiner Mutter ausgetrieben. Ich brauche nicht länger zu fürchten, daß es von meinem Leben Besitz ergreifen wird. Möge sie in Frieden ruhen.

Ich habe viele Leben gelebt. Ich bin ein Sklave und ein Prinz
gewesen. Manch ein geliebter Mensch ist auf meinem Schoß
gesessen, und ich bin ebenfalls auf dem Schoß manch eines
geliebten Menschen gesessen. Alles, was einmal war, wird
wieder sein.

W. B. Yeats

In dem Kapitel »Leidenschaften« versuchte ich, Sie in meine lange
Geschichte zu locken, indem ich mich zu meinen eigenen Erfahrungen von Leidenschaft bekannte; danach zog ich es vor, mich hinter
den Stimmen anderer Frauen zu verstecken. Tatsächlich sprachen
viele der Frauen in diesem Buch auch für mich. Ist das Feigheit und
übertriebener Selbstschutz? Ich glaube nicht. Jede »Geschichte« in
diesem Buch handelte in der einen oder anderen Form von meiner
Suche nach dem Erlebnis Leidenschaft und deren Eroberung oder
dem Besiegtwerden durch sie. Vielleicht war es der Wunsch, mit
meinen Leidenschaften Frieden zu schließen, und das veranlaßte mich,
viele Kapitel dieses Buches in den letzten acht Jahren zu schreiben, die
mit meinem »Sabbatical« begannen und jetzt mit einem weiteren
Sabbatical zu Ende gingen. Mich mit meinen Leidenschaften auszusöhnen ist vielleicht der Kern meines Versuchs in der Lebensmitte,
mich selbst »Heilen zu lernen«, eine Form des Zeugnisablegens von
den schönen und schweren Zeiten meines Lebens.
Die unauslöschlichste Leidenschaft meines Lebens galt, wie bei den
meisten Menschen, meiner Mutter. Meine Mutter und ich hatten eine
so undifferenzierte Beziehung, daß mich ihre Gegenwart mit Furcht
erfüllte. Ich konnte ihr nur durch eine ängstlich gehütete emotionale

und geographische Distanz begegnen. Ich fühlte mich verantwortlich für ihr Unglück und empfand ihren Schmerz mindestens so intensiv wie sie selbst. Im Laufe der Jahre erstarrte ich ihr gegenüber, und ein simples freundliches Gespräch kostete mich immer größere Anstrengungen. Ich vermochte ihren Tod zu betrauern, indem ich »Mutter und Tochter: ein Nachruf« für sie schrieb. Beim Schreiben dieses Textes merkte ich, daß ihr Tod einen Teil meiner tiefen Liebe zu ihr freigesetzt hatte, die ich schon in späterer Kindheit begraben hatte, als die Last, ihren Schmerz mit ihr zu teilen, zu groß für mich wurde. Ich hätte es vorgezogen, mich mit meiner Mutter auszusöhnen, solange sie noch am Leben war, und sei es im letzten Augenblick, aber ich konnte es nicht. Dennoch ist es sehr wichtig für mich, daß ich in meinem Herzen Frieden mit meiner Mutter geschlossen habe, denn geheimnisvollerweise habe ich, vielleicht seit meiner Scheidung, das Gefühl, ihre Identität angenommen zu haben, und das macht es mir möglich, in relativem Frieden mit mir selbst zu leben. Es wäre verhängnisvoll, eine unvergebene und unvergebende Mutter in sich herumzutragen.

Die intensive, aber schmerzhafte Bindung an meine eigene Mutter brachte mich dazu, mein Leben lang nach besseren Müttern zu suchen, und einige der leidenschaftlichsten Lieben meines Lebens galten anderen Frauen – meiner zweiten Mutter, meinen Töchtern, meiner ersten Mentorin in der Sozialarbeit und meiner Tante. Sie haben alle diese Frauen auf diesen Seiten kennengelernt.

Den Eltern zu verzeihen ist eine dringende Aufgabe der Lebensmitte. Ich glaube, es war meine dritte Mutter, Anna Freud, die mich dahin führte, meinem Vater zu verzeihen.

Ich heiratete einen Mann, den ich achtete und liebte, doch mit 21 Jahren war ich noch unschuldig, was Leidenschaft angeht. Die Geburt meines ersten Kindes und die Leidenschaft, die es in mir weckte, bedeuteten den ersten Riß in meiner Beziehung zu meinem Mann. Ich wünschte, er hätte sich störend in das Liebesverhältnis zwischen Mutter und Kind eingemischt; statt dessen zog er sich wie ein besiegter Rivale zurück; das war seine Art. Mit der Zeit überließ ich es ihm, die Leidenschaft zwischen uns für uns beide aufrechtzuerhalten. Im Laufe der Jahre nahm diese Ehe zwischen einem überliebenden Mann und einer unterliebenden Frau starre und verkommene

Formen an. Ich glaube, mein eigener Mangel an Leidenschaft war wie eine schleichende chronische Krankheit, die langsam um sich griff und die Beziehung schließlich erstickte. Aber das ist nur ein Punkt. Zu anderen Zeiten galt die Leidenschaft meines Mannes mit ihrer typischen Angst, ihrem Leiden und ihren Hochstimmungen ausschließlich seiner Arbeit. Es ist natürlich auch möglich, daß seine Leidenschaft für mich sein persönliches Erlebnis war, das wenig mit meinem wahren Selbst zu tun hatte. Es wurde eine einsame Ehe. Ich glaube, wir hatten eine extrem undifferenzierte Beziehung. Im Laufe der Jahre erstarrte ich ihm gegenüber, und ein simples freundliches Gespräch kostete mich immer größere Anstrengung. Wir ließen uns scheiden. Es hätte nicht so geschehen müssen, aber es kam so.

Nichts hatte mich auf die heftigen, wilden, zärtlichen und leidenschaftlichen Gefühle vorbereitet, die die Geburt meines ersten Kindes in mir auslösten. All dies war auch mit vielem Leiden verbunden. Unsere Liebe zueinander wurde zu einer chronischen Leidenschaft, die uns beiden viele Jahre lang Schwierigkeiten bereitete. Doch obwohl das Leben rund ist, brauchen sich die Muster nicht in genau derselben Weise zu wiederholen. Meine Tochter ist eine couragiertere Frau, als ich es gewesen bin. Sie brachte wichtige Gespräche mit mir in Bewegung. Ehrlicher Dialog führt zur Differenzierung. Unsere Liebe zueinander ist nicht erstarrt. Sie ist weiterhin schwierig, aber auch intensiv und lebendig. Während meine Leidenschaft für mein erstes Kind etwas besonders Quälendes hatte, waren meine Leidenschaften für meine zwei anderen Kinder tief und oft turbulent. Über meine Kämpfe als Erziehende habe ich in »Die Unmöglichkeit, vollkommene Eltern zu sein« und in »Zeiten« und »Feigheit« zu sprechen versucht. Es sollte erwähnt werden, daß meine Kurzgeschichten zwar bis zu einem gewissen Grad autobiographisch, zum Teil aber auch erfunden sind. Die Ereignisse in diesen Geschichten mögen sich so oder auch etwas anders zugetragen haben. Alle Namen Außenstehender sowohl in den Aufsätzen wie auch in den Geschichten sind natürlich erfunden. Es war kurz nach der Geburt meines zweiten Kindes und an einem neuen Arbeitsplatz, als ich mich in meine Sozialarbeit-Mentorin verliebte. Damals war ich nicht in der Lage, meine Gefühle einzuordnen. Ich erinnere mich jedoch noch genau, daß ich ständig mit ihr beschäftigt war, und an meine dauernde Sehnsucht, in ihrer Nähe zu sein. Schließlich besänftigte sich meine Leidenschaft und entwickelte sich zu einer liebevollen Freundschaft, die 35 Jahre überdauert hat. Diese Frau hat mich viel über Sozialarbeit und noch mehr über Liebe gelehrt. Sie hat mir gezeigt, daß sich leidenschaftliche Liebe, wenn sie angenommen und furchtlos behandelt wird, manchmal in eine lebenslange erfüllte Freundschaft verwandeln kann. Inzwischen ist sie durch eine chronische Krankheit behindert, und ich freue mich nach all diesen vielen Jahren noch immer auf meine regelmäßigen Besuche bei ihr. Wir haben einander als Mutter und Tochter adoptiert. Ich bin froh, gelernt zu haben, mir die Klagen anderer Menschen anzuhören, ohne ihnen das Wort abzuschneiden, sie zu beschwichtigen und sie vorschnell aufzumuntern oder ähnliche verständnislose Dinge zu tun. Meine geliebte Freundin weiß, daß sie mit mir über ihre Angst sprechen kann, zu erblinden, ihre Stimme zu verlieren und ähnliche schreckliche Dinge. »Du bist der einzige Mensch in meinem Leben, dem ich meine tiefsten Gefühle anvertrauen kann«, hat sie dankbar zu mir gesagt. »Du hast mich gelehrt, offener und liebevoller zu sein. Du bist der wichtigste Mensch in meinem Leben. Ich liebe dich sehr.« Dies war meine einzige glückliche Liebesgeschichte. Ich fürchte mich vor ihrem näher kommenden Tod.

In der Geschichte »Wiedersehen« habe ich von dem Gefühl der Verwirrung erzählt, als ich mich im Alter von 47 in einen viel jüngeren Mann verliebte. Noch dazu hatte ich gerade meine akademische Laufbahn begonnen, eine wichtige Wende im Leben. Da das Objekt meiner Leidenschaft ein Mann war, wenn auch viel jünger, fand ich diesmal eine Bezeichnung für meine Gefühle: Ich hatte mich verliebt! In »Sabbatical« und »Der Besuch« erlag ich Ende meiner mittleren Jahre einer zweiten unerwiderten Leidenschaft. Diese beiden Leidenschaften in der Lebensmitte waren von großen Schmerzen begleitet, und die Augenblicke der Freude waren rar, verglichen mit den Monaten und Jahren der Qual. Oft empfand ich diese zwei nicht wechselseitigen Leidenschaften als Folter, narzißtische Kränkung und emotionale Katastrophe. Sie waren zutiefst bedrohlich für meine Pseudounabhängigkeit, da sie das verwundbare kleine Kind wiedererweckten, das in Tränen ausbrach, wenn jemand seine Gefühle verletzte. Es führte zum Tod meiner Ehe, daß ich mir jetzt, ziemlich spät im Leben, deutlicher meiner Fähigkeit bewußt wurde, tief und stürmisch zu lieben.

Sie war nur so lange erträglich, als ich mich als Frau definierte, die keine starken Gefühle hatte.

Bereue ich diese Leidenschaften in meinem Leben? Werde ich »das nächste Mal« anders leben? Vielleicht in gewisser Hinsicht. Im großen und ganzen bin ich ziemlich zufrieden mit der Mischung von Aufruhr und Frieden, Sicherheit und Risiko, Liebe und Arbeit, Leiden und Freuden. Ebensowenig würde ich irgendeinen Teil meines vergangenen, gegenwärtigen oder künftigen Lebens hinwegwünschen wollen. Es ist schließlich das einzige Leben, das ich habe. Ich habe auch den Eindruck, daß meine drei »Midlife-Leidenschaften« eine neue Kreativität in mir entzündet haben, die mir unerhört viel bedeutet. Ich habe am Ende begriffen, daß die wahrste, tiefste, dauerhafteste und erfüllteste Leidenschaft meines Lebens meine Arbeit ist. Wenn jeder Mensch nur Anspruch auf eine einzige Leidenschaft in seinem Leben hätte, würde ich die Leidenschaft der Arbeit wählen. Diese Leidenschaft versuchte ich in »Leidenschaft und Herausforderung des Lehrens«, »Distanz« und »Schweigen« zu feiern. In vieler Hinsicht ist mir die Arbeit leichter gefallen als die Liebe. Trotz dieser Leidenschaft für die Arbeit sind es die Menschen – meine Studentinnen, meine Kollegen und die Freundinnen und Freunde in aller Welt, mit denen mich die Arbeit zusammengeführt hat –, die sie so überaus befriedigend machen. Ich habe versucht, über die Wechselbeziehungen und Konflikte zwischen Liebe und Arbeit in meinem Leben und im Leben der Frauen insgesamt in »Arbeit und Liebe: Das gespaltene Selbst« und in »Verführung« zu erzählen, vielleicht in dem Versuch, die Frage meines Großvaters zu beantworten: »Was will das Weib?« In dem Kapitel, das diese Frage im Titel trägt, versuche ich, ihm ein weiteres Mal zu antworten, diesmal systematischer.

Ich bin glücklich, daß »Meine drei Mütter« im Titel meines Buches erscheinen. Meine Leidenschaft für sie, in der Kindheit, in der Jugend und in der Lebensmitte, formten und prägten mein Leben. Meine anderen Erlebnisse von Leidenschaft bereicherten mein Leben, und jedes einzelne veränderte seine Richtung; sie haben in entscheidender Weise meine Identität als Therapeutin und Pädagogin geprägt. Mein Leben wäre ohne sie sehr anders verlaufen. Ich betrachte diese Erfahrungen als die Höhepunkte meines Lebens. Ich wünsche mir, daß dieses Buch als ein Fest der Leidenschaften verstanden wird.

Danksagung

Es ist mir ein großes Bedürfnis, den vielen Frauen und Männern zu danken, ohne die dieses Buch nie entstanden wäre. Viele Aufsätze in diesem Buch sind von Institutionen oder Persönlichkeiten angeregt worden, die mich um einen Beitrag zu einer Konferenz oder einer Anthologie baten. Obwohl diese Aufsätze später geschrieben und redigiert worden sind, inspirierte mich in den meisten Fällen die Gewißheit einer sicheren Zuhörerschaft zu den Hauptgedanken.

Der Aufsatz »Meine drei Mütter« geht auf eine Anfrage von Aida Press zurück, der Herausgeberin des *Radcliffe Quarterly* (Dezember 1984). Sie bat mich, einen Beitrag über das Thema Mutter-Tochter-Beziehung zu schreiben, und ich bin sehr froh, daß sie bei der Planung des *Quarterly*-Heftes über Mütter und Töchter an mich dachte.

Meine Forschungsarbeit über Leidenschaft ist durch die 700 Frauen ermöglicht worden, die großzügig ihre intimsten Erfahrungen zur Verfügung stellten. Viele dieser Frauen waren meine Studentinnen und Freundinnen sowie Freundinnen von Freundinnen in immer verzweigteren Systemen. Ich bin froh, daß dieses Buch schließlich manche ihrer Erfahrungen widerspiegelt. Ich möchte mich auch bei Jerold Harmatz bedanken, der mir half, meine Ergebnisse so anzuordnen, daß sie in einen Computer eingegeben werden konnten. Es war nicht sein Fehler, daß daraus nichts wurde. Carol Landau ermutigte mich sehr durch ihr Angebot, einen Vortrag über meine Forschungstätigkeit am Butler Hospital Grand Rounds (Herbst 1977) mit dem Titel »Leidenschaft als Gefahr für die psychische Gesundheit« zu halten, und dadurch, daß sie den Vortrag in das von ihr herausgegebene Buch *The Evolving Female* (Human Sciences Press, New York 1980) aufnahm. Sehr zu schätzen weiß ich auch die frühzeitige Gelegenheit, bei einem von Dr. Nancy Downey, der Leiterin der Radcliffe-Seminare, organisierten Colloquium vorläufige Entdeckungen einem mir aufgeschlossenen Auditorium vorzustellen (April 1977). Nancy Downey hatte meine Lehrverpflichtung für das Seminarprogramm von Radcliffe grundsätzlich gefördert, und es waren vor allem die Teilnehmerinnen dieser Seminare, die durch unsere Diskussionen zu meiner Untersuchung der Leidenschaften im Frauenleben beitrugen.

»Sabbatical« wurde für die Konferenz *In Celebration of Life Transitions* geschrieben, die Dr. Vivian Rogers, die damalige Leiterin des Adult Life Resource Center der Universität von Kansas, organisiert hatte. Sie hat mir die Möglichkeit gegeben.

»Heilen lernen« entstand für die 13. Jahreskonferenz der National Association of Social Workers in New Jersey (Oktober 1982), die mich um einen Beitrag über meine Berufserfahrung als Psychotherapeutin gebeten hatte. Besonderen Dank schulde ich zwei Vorstandsmitgliedern, Edythe Deiches Gutman ACSW und Betty Levin ACSW, für ihre Förderung.

»Leidenschaft und Herausforderung des Lehrens« wurde in der ersten Fassung auf dem von der Harvard Graduate School of Education veranstalteten jährlichen Asquith Symposium vorgetragen (April 1979). Der Aufsatz wurde dann für die Veröffentlichung in der *Harvard Educational Review* überarbeitet und erschien in einem Heft über Frauen und Bildung, das ausschließlich von Frauen herausgegeben wurde (Februar 1980; Copyright ©1980 by President and Fellows of Harvard College). Zu besonderem Dank bin ich Emily Hancock und Gloria Garfunkel verpflichtet, die mich stets ermutigten und mir redaktionell halfen.

Der Essay über »Arbeit und Liebe: Das gespaltene Selbst« wurde für eine von der Harvard Medical School, Department of Continuing Education, veranstaltete Konferenz geschrieben (Juni 1982). Die Konferenz stand unter dem Thema »Der Veränderungsprozeß in der Psychotherapie«. Ich danke Dr. Douglas Jacobs und seinem Ausschuß, die mich einluden, an der Konferenz teilzunehmen.

Der Essay mit dem Titel »Distanz« wurde als Beitrag zum Thema »Psychotherapie: lang- und kurzfristige Ansätze: ein klinischer Dialog« für dasselbe Gremium vorbereitet (Juni 1986). Die Einladung zur Teilnahme ging von Dr. Judith Reiner Platt aus, die großes Verständnis für meine Schwierigkeit hatte, die gesetzte Frist einzuhalten.

Der Essay mit dem Titel »Die Unmöglichkeit, vollkommene Eltern zu sein« wurde durch Diskussionen mit Professor Philip J. Davis von der Brown-Universität angeregt. Er lud mich liebenswürdigerweise ein, einen Beitrag zu dem Buch *No Way: The Nature of the Impossible* zu verfassen, dessen Mitherausgeber er ist (W. H. Freeman, New York 1987). Philip Davis schlug nicht nur das Thema vor, sondern ermutigte mich auch mit Geduld und Ausdauer, ihn zu schreiben. Seine redaktionellen Kommentare wie auch die von Hadassah Davis waren eine große Bereicherung für den Essay. Ich verdanke unserer Begegnung neue Einsichten über das Leben.

Wirkungen wurde für ein Plenumsreferat auf der Jahresversammlung der National Association of Social Workers geschrieben (November 1985). Ich bin den Ausschußmitgliedern dankbar, die mich dazu aussuchten, insbesondere meiner eigenen Rektorin, Diana Waldfogel, die an diesem Auswahlprozeß teilnahm. Diana Waldfogel, der Mitherausgeberin des *Handbook of Clinical Social Work* (Jossey-Bass, San Francisco 1983), und meiner früheren Mitarbeiterin und Freundin, der Redakteurin Elizabeth C. Lemon, verdanke ich auch die Vergünstigung, den Essay »A Feminist Perspective« zu dem *Handbook* beizutragen. Ein Teil dieser Arbeit bildet den Kern des Kapitels »Was will das Weib?« im vorliegenden Band. Ich ergreife diese Gelegenheit, um Rektorin Waldfogel ganz allgemein meine Dankbarkeit auszudrücken. Ihre Förderung einer familienähnlichen Einrichtung an der Simmons School of Social Work schafft eine Atmosphäre, die sich günstig auf die Kreativität der einzelnen Mitglieder des Kollegiums, mich eingeschlossen, auswirkt.

»Töchter und Väter« wurde für eine deutsche Rundfunkserie geschrieben (1981) und später in einem von Hans J. Schultz herausgegebenen Buch *Vatersein* veröffentlicht (1982). Ich danke Herrn Schultz für die Einladung, an dieser Serie mitzuwirken, und Dr. Helm Stierlin, der mich ihm vorschlug. Darüber hinaus möchte ich Helm Stierlin, dessen Ausführungen über den Mechanismus der elterlichen Delegation meine eigene Sicht bereichert haben, meiner tiefen Wertschätzung versichern.

Ich bin Professor Maurice DuQuesnay von der Universität von Südwest-Louisiana sehr verpflichtet, der mich als Vortragende für die Flora Levy Annual Lecture in the Humanities (März 1984) zum Andenken an Flora Levy auswählte. Dr. DuQuesnay bat mich, über das Werk von Anna Freud zu sprechen, und das war ein sehr willkommener Ansporn, mich in das Lebenswerk meiner Tante zu vertiefen; das Ergebnis war der Essay »Das Vermächtnis von Anna Freud«.

Auch »Mutter und Tochter: ein Nachruf« war ursprünglich ein Vortrag. Ich hatte dem American Jewish Committee zugesagt, über das Thema »Die jüdische Frau heute: Ihre neuen Möglichkeiten« zu sprechen, als meine Mutter wenige Tage vor dem anberaumten Vortrag starb. Ich beschloß, auf dieser Veranstaltung eine Grabrede auf meine Mutter zu halten (November 1980), und ich möchte den Zuhörerinnen und Zuhörern meinen tiefempfundenen Dank dafür sagen, daß sie mir halfen, um meine Mutter zu trauern. Viele haben an diesem Abend mit mir geweint. Ich möchte auch dem damaligen Herausgeber von *Family Process*, Don Bloch, dafür danken, daß er den Nachruf zur Veröffentlichung annahm (März 1981) und mir dadurch erlaubte, meine Gefühle einem größeren Leserkreis zu vermitteln.

Robin Ohringer, die die Rundheit des Lebens ebenso zu schätzen weiß wie ich, verdanke ich eines ihrer Lieblingszitate, das ich diesem Buch als Motto vorangestellt habe. In meinen Dank an Robin, die bei mir dissertiert und promoviert hat, schließe ich auch alle meine anderen Studentinnen und Studenten ein, die viel zu zahlreich sind, um einzeln genannt zu werden, die aber dennoch in unterschiedlichster und unverzichtbarer Weise zu diesem Buch beigetragen haben. Meine Studentinnen von Simmons, dem Harvard Extension Program und den Radcliffe-Seminaren geben meiner Identität als Lehrerin Bedeutung; sie sind meine Inspiration und mein inneres Auditorium für einen Großteil meiner Schriften. Ich kann mir mein Schreiben, ja mein Leben nicht als etwas von meinen Studenten Unabhängiges vorstellen. Besonders möchte ich die Frauen im Radcliffe-Seminar von 1978 erwähnen. In unseren regelmäßigen Zusammenkünften in den letzten neun Jahren haben wir einander unterstützt, und sie sind immer meine ersten, etwas unkritischen Zuhörerinnen jeder neuen Kurzgeschichte, die ich schreibe.

Dr. Fredelle Maynard redigierte »Zeiten« und »Feigheit« in sehr hilfreicher Weise und trug viel zur endgültigen Form dieser beiden Kapitel bei. Ihr lebhaftes Interesse an meinen Gedanken hat mich gefreut. Freude und Ermutigung war es mir auch, als die Lektorin Dr. Trude Weiss-Rosmarin meine Geschichte »Feigheit« zur Veröffentlichung im *Jewish Spectator* annahm (Winter 1983). Professor Milton Fords positive Reaktion auf meine Kurzgeschichten und seine unaufhörliche Unterstützung in diesen letzten sieben Jahren sind sehr wichtig für mich gewesen. Andrea Fleck Clardy redigierte meine Artikel im Zusammenhang mit einem früheren Veröffentlichungsvorhaben. Obwohl das Projekt scheiterte, war ich dankbar für ihren Glauben an meine Schriften, und wir zogen Gewinn aus ihren redaktionellen Kommentaren.

Robert S. Weiss ist seit fast zwanzig Jahren ein verständnisvoller und hilfreicher Kritiker meiner Essays und Kurzgeschichten. Seine beharrliche Ermutigung und sein Respekt als Kollege und Freund haben mir viel bedeutet.

Ich möchte meinen drei Kindern Andrea Freud Loewenstein, Dania Jekel und George Loewenstein für all das danken, was sie mich über Hoffnung, Freude, Leidenschaft, Schmerz und Angst gelehrt haben, all die Emotionen, die mich zum Schreiben geführt haben. Ich möchte ihnen für die Achtung und Zuneigung danken, die sie mir nach wie vor zeigen. Ich bin ihnen dankbar dafür, daß sie nicht zu verärgert waren, wenn sie in meinen Geschichten vorkamen. Mein innigster Dank gilt meiner ältesten Tochter Andrea. Da ich ihre Begabung als Romanautorin sehr bewundere, war mir ihre Ermutigung beim Schreiben meiner Kurzgeschichten ein wichtiges und wertvolles Geschenk. Ich hätte mit dieser Stimme niemals weiterschreiben können, wenn sie es nicht für wichtig befunden hätte. Ihre Bearbeitung meiner Geschichten war unschätzbar hilfreich und in einzigartiger Weise steigernd, welchen Wert sie auch immer haben mögen.

Ich bin Dr. Jeffrey Berman überaus dankbar für seine unverbrüchliche Freundschaft und seine Wertschätzung meiner Arbeit sowie für seine gelegentliche behutsame Kritik, die mir von Nutzen ist. Sein nachdrücklicher Wunsch, mir zu helfen, veranlaßte ihn, mich mit seiner eigenen Lektorin, Kitty Moore, Senior Editor von New York University Press, bekannt zu machen. Ich habe das große Glück, in ihr eine Lektorin gefunden zu haben, die bereit ist, sich auf meine zum Teil unkonventionellen Schreibweisen einzulassen. Besonders weiß ich zu schätzen, daß sie nicht zögerte, auch meine Kurzgeschichten in das Manuskript aufzunehmen. Kitty Moore war eine beständige Stimme an meiner Seite, hat mich ohne Druck oder Ungeduld angespornt und mich zu umfassender Überarbeitung ermutigt, ohne darauf zu bestehen. Nur wer selbst schreibt, weiß die wichtige, unentbehrliche Rolle eines förderlichen Lektors für die Vollendung eines Buches zu würdigen.

Unter den Leidenschaften meines Lebens habe ich meiner Mütter im Titel, meiner Sozialarbeit-Mentorin in der Widmung und meiner Kinder und Studentinnen in den obigen Abschnitten gedacht. Es ist wichtig, daß ich mich auch zu den beiden Männern bekenne, die mich, wie unbeabsichtigt auch immer, so viel über Leidenschaft lehrten. Wollen wir sie Pierre und den britischen Professor nennen. Wären sie nicht in mein Leben getreten, hätte der schöpferische Funke nicht gezündet, der mich veranlaßte, ein Buch über Leidenschaft zu schreiben.

Lincoln, Juli 1987

Literaturverzeichnis

Addams, Jane (1910): Twenty Years at Hull House. New York
Allen, Charlotte Vale (1980): Daddy's Girl. A Memoir. New York
Allilujeva, Svetlana (1967): Twenty Letters to a Friend. (Translated by Priscilla Johnson.) New York
Anthony, J. (1983): »Creative Parenthood.« In: Cohen, S., Cohler, B. J. und Weissman, S. H. (Hg.): Parenthood. New York
Asch, Solomon (1955): »Opinions and social pressure.« In: Scientific American, S. 31–35
Ashton-Warner, Sylvia (1959): Spinster. New York

Bak, Robert (1973): »Being in love and object loss.« In: International Journal of Psychoanalysis 1, S. 22–44
Barbach, Lonnie Garfield (1973): For Yourself. The Fulfillment of Female Sexuality. New York
Bardwick, Judith M. (1971): Psychology of Women. New York
Barnes, Mary und Berke, Joseph (1971): Two Accounts of a Journey Through Madness. New York
Barnett, Joseph (1971): »Narcissism and dependency in obsessional-hysteric marriage.« In: Family Process 10 (1), S. 75–83
Bart, Pauline B. (1971): »Depression in middle-aged women.« In: Gornick, V. und Moran, B. K. (Hg.): Woman in Sexist Society. New York
Bateson, Gregory (1972): Steps to an Ecology of Mind. New York
Bateson, Mary Catherine (1984): With a Daughter's Eye. New York
de Beauvoir, Simone (1971): Memoiren einer Tochter aus gutem Hause. Reinbek bei Hamburg
Dies. (1951): Das andere Geschlecht. Sitte und Sexus der Frau. Reinbek bei Hamburg
Beckmann, Linda J. (1975): »Women alcoholics: A review of social and psychological studies.« In: Journal of Studies on Alcohol 36, S. 797–820
Bell, Alan P., und Weinberg, Martin S. (1978): Homosexualities. New York
Bell, Quentin (1972): Virginia Woolf. New York
Belle, Deborah (1980): »Mothers and their children: A study of low-income families.« In: Heckerman, C. L. (Hg.): The Evolving Female. New York
Dies. (Hg.) (1982): Lives in Stress. Beverly Hills
Benedek, Therese (1976): »Ambivalence, passion and love.« In: Journal of the American Psychoanalytic Association 25, S. 53–76
Bequaert, Lucia (1976): Single Women, Alone and Together, Boston

Berlin, S. (1976): »Better work with women clients.« In: Social Work 21 (6), S. 492–497

Berman, Eric (1973): Scapegoat. The Impact of Death Fear on an American Family. Ann Arbor

Bernard, Jessie (1972): The Future of Marriage. New York

Dies. (1974): The Future of Motherhood. New York

Bettelheim, Bruno (1970): »Portnoy psychoanalyzed.« In: Psychiatry and Social Science Review 4, S. 2–9

Bibring, Edward (1953): »The mechanism of depression.« In: Greenacre, P. (Hg.): Affective Disorders. New York

Bittner, Günther, und Heller, Peter (Hg.) (1983): Eine Kinderanalyse bei Anna Freud (1929–1932). Retrospektive von Peter Heller mit Dokumentation und Notizen von Anna Freud. Kommentar von Günther Bittner. Würzburg

Bleier, Ruth (1979): »Social and political bias in science: An examination of animal studies in their generalization to human behavior and evolution.« In: Hubbard, Ruth und Lowe, Marion (Hg.): Genes and Gender. New York. S. 49–69

Blumstein, Philip, und Schwartz, Pepper (1976): »Bisexuality in women.« In: Archives of Sexual Behavior 5 (2), S. 171–181

Bowen, Murray (1976): »Theory in the practise of psychotherapy.« In: Guerin, P. (Hg.): Family Therapy. New York

Brady, Katherine (1979): Father's Days. New York

The Bulletin of the Hampstead Clinic (1983): Anna Freud Memorial Issue. Bd. 6, Teil 1

Bursten, Ben (1977): »The narcissistic course.« In: Nelson, Marie Coleman (Hg.): The Narcissistic Condition. New York

Caine, Lynn (1974): Widow. New York

Campbell, Angus (1975): »The American way of mating.« In: Psychology Today 9, S. 37–43

Carmody, D. (1979): »Letters by Eleanor Roosevelt detail friendship with Lorena Hickock.« In: The New York Times, 21. Okt., S. 34

Carotenuto, Aldo (1982): A Secret Symmetry. New York

Carruth, James F. (1975): »Crises: An abstract model versus individual experience.« In: Datan, Nancy und Ginsberg, Leon H. (Hg.): Life-Span Development Psychology. New York

Carson, Robert C. (1969): Interaction Concepts of Personality. Chicago

Chesler, Phyllis (1971): »Women and psychiatric and psychotherapeutic patients.« In: Journal of Marriage and Family, 33. S. 746–759

Dies. (1972): Women and Madness. Garden City

Chisholm, Shirley (1970): Unbought and Unbossed. Boston

Chodorow, Nancy (1978): The Reproduction of Mothering. Berkeley

Christie, George (1972): »The origins of falling-in-love and infatuation.« In: American Journal of Psychotherapy 26, S. 244–256

Clarke, Ann Margret, und Clarke, Alan Douglas Benson (1977): Early Experience: Myth and Evidence. New York

Cohler, Bertram J. (1984): »Parenthood, psychopathology and childcare.« In:

Cohen, Rebecca, Cohler, Bertram J. und Weissmann, Sidney H. (Hg.): Parenthood. New York

Colette, Sidonie G. (1951): Cheri and the Last of Cheri. New York

Combs, T. D. (1980): »A cognitive therapy for depression: Theory, techniques and issue.« In: Social Casework 61 (6), S. 361–366

Condry, John, und Dyer, Sharon (1976): »Fear of success: Attribution of cause to the victim.« In: Journal of Social Issues 32, S. 63–83

Cooper, B. (1979): »Notes from the fifty-ninth year.« In: Sinister Wisdom 10, S. 9–14

Davanloo, Habib (1979): »Evaluation Criteria for Selection of Patients for Short term Psychotherapy.« In: Spectrum(New York), S. 9–34

Day, Ingeborg (1980): Ghostwaltz. A Memoir. New York

Deutsch, Helene (1948): Psychologie der Frau. Bd. 1. Bern

Dies. (1954): Psychologie der Frau. Bd. 2. Bern

Dies. (1975): Selbstkonfrontation. Die Autobiographie der großen Psychoanalytikerin. München

Diamond, Liz (1979): The Lesbian Primer. Somerville, Mass.

Dinnerstein, Dorothy (1976): The Mermaid and the Minotaur. New York

Dodson, Betty (1974): Liberating Masturbation. New York

Dworkin, Andrea (1974): Woman Hating. New York

Dyer, Robert (1983): The Work of Anna Freud. New York

Ehrenreich, Barbara, und English, Deirdre (1978): For Her Own Good: 150 Years of the Experts' Advice to Women. New York

Ekstein, Rudolph (1980): »Daughters and lovers.« In: Kirkpatrick, Martha (Hg.): Women's Sexual Development. New York

Erikson, Erik H. (1959): »Growth and crises of the healthy personality.« In: Psychological Issues 1 (1), S. 50–100

Ders. (1959): »The problem of ego identity.« In: Psychological Issues 1 (1), S. 101–164

Faber, Doris (1979): The Life of Lorena Hickock: E. R.'s Friend. New York

Ferguson, Sarah (1973): A Guard Within. New York

Fingarette, Herbert (1963): The Self in Transformation. New York

Finney, Joseph (1975): »Therapist and patient after hours.« In: American Journal of Psychotherapy 29, S. 593–602

Fiske, Marjorie (1980): »Changing hierarchies of commitment in adulthood.« In: Smelser, Neil J. und Erikson, Erik H. (Hg.): Themes of Work and Love in Adulthood. Cambridge (USA)

Fraiberg, Selma (1977): Every Child's Birthright: In Defense of Mothering. New York

Francoeur, Anna K., und Francoeur, Robert T. (1974): Hot and Cool Sex. New York

Freeman, Lucy (1972): The Story of Anna O. New York

Dies. und Roy, Julie (1976): Betrayal. New York

The Writings of Anna Freud. (1973). New York

Freud, Anna (1980): Die Schriften der Anna Freud. München
(Im Text Römische Ziffer für Bandzahl)

I	(1922–1936)	A Einführung in die Psychoanalyse
		Vorträge für Kinderanalytiker und Lehrer
		B Das Ich und die Abwehrmechanismen
II	(1939–1945)	Kriegskinder. Berichte aus den Kinderheimen »Hampstead Nurseries« 1941 und 1942
III	(1939–1945)	Anstaltskinder. Berichte aus den Kinderheimen »Hampstead Nurseries« 1943–1945
IV	(1945–1956)	Indikationsstellung in der Kinderanalyse und andere Schriften
V	(1945–1956)	Psychoanalyse und Erziehung und andere Schriften
VI	(1956–1965)	Forschungsergebnisse aus der Hampstead Child-Therapy Clinic und andere Schriften
VII	(1956–1965)	Anwendung psychoanalytischen Wissens auf die Kindererziehung und andere Schriften
VIII	(1965)	Wege und Irrwege in der Kinderentwicklung
IX	(1966–1970)	Probleme der psychoanalytischen Ausbildung, Diagnose und therapeutischen Technik
X	(1971–1980)	Psychoanalytische Beiträge zur normalen Kinderentwicklung

Freud, Sigmund (1967): Zur Einführung des Narzißmus. In: Ders.: Gesammelte Werke. Chronologisch geordnet. Zehnter Band. Werke aus den Jahren 1913–1917. 4. Auflage. Frankfurt a.M.

Ders. (1967): Bemerkungen über die Übertragungsliebe, In: Ebd.

Ders. (1967): Die Weiblichkeit. In: Ders.: Gesammelte Werke. Chronologisch geordnet. Fünfzehnter Band. Schriften aus den Jahren 1928–1933. Neue Folge der Vorlesungen zur Einführung in die Psychoanalyse. XXXIII. Vorlesung. 4. Auflage. Frankfurt a.M., S. 119–145

Gambril, Eileen D., und Richey, Cheryl A. (1980): »Assertion training for women.« In: Heckerman, C. L. (Hg.): The Evolving Female. New York

Gebhardt, Paul (1970): »Postmarital coitus among widows and divorcees.« In: Bohannon, Paul (Hg.): Divorce and After. New York

Giele, Janet Z. (1980): »Adulthood as transcendence of age and sex.« In: Smelser, Neil J. und Erikson, Erik H. (Hgg.): Themes of Work and Love in Adulthood. Cambridge (USA)

Gilligan, Carol (1984): Die andere Stimme. Lebenskonflikte und Moral der Frau. München, Zürich

Glick, Ira O., Weiss, Robert S., und Parkes, Colin Murray (1974): The First Year of Bereavement. New York

Goethals, George W. (1976): »The evolution of sexual and genital intimacy: A comparison of Erik Erikson and Harry Stuck Sullivan.« In: Journal of the American Academy of Psychoanalysis 4 (4), S. 1–16

Goldner, Virginia (1985): »Warning: Family therapy may be hazardous to your health.« In: Family Therapy Networker 3, S. 19–33

Goodman, Ellen (1980): »Portrait: Joan Kennedy.« In: Life 5. S. 29–30

Goodstein, Richard K. und Page, Ann W. (1981): »Battered wife syndrome. Overview of dynamics and treatment.« In: American Journal of Psychiatry 138 (8), S. 1036–1043

Gould, Robert (1980): »Transformations during early and middle adult years.« In: Smelser, Neil J. und Erikson, Erik H. (Hgg.): Themes of Work and Love in Adulthood. Cambridge (USA)

Gove, Walter R., und Tudor, J. F. (1973): »Adult sex roles and mental illness.« In: American Journal of Sociology 78, S. 812–835

Greenspan, Miriam (1983): A New Approach to Women and Therapy. New York

Guntrip, Harry (1969): Schizoid Phenomena, Object Relations, and the Self. New York

Hamilton, Virginia (1982): Narcissus and Oedipus. London

Hanks, Susan E., und Rosenbaum, Peter (1977): »Battered women: A study of women who live with violent alcohol-abusing men.« In: American Journal of Orthopsychiatry 47 (2), S. 291–306

Hare-Mustin, Rachel T. (1978): »A feminist approach to family therapy.« In: Family Process 17 (2), S. 181–194

Hellman, Lillian (1987): Eine unfertige Frau. Ein Leben zwischen Dramen. Frankfurt a. M.

Henning, Margaret M. (1973): »Family dynamics for developing positive achievement motivation in women: The successful woman executive.« In: Annals of the New York Academy of Sciences 208, S. 77–81

Henry, Jules (1965): Pathways to Madness. New York 271

Herman, Judith, und Hirschman, Lisa (1977): »Father-daughter incest.« In: Signs 2, S. 735–750

Hill, Mary (1980): Charlotte Perkins Gilman. Philadelphia

Hilt, Theresa (1977): Personal communication. o.O.

Hite, Shere (1977): Hite-Report. Das sexuelle Erleben der Frau. Gütersloh

Hoffer, Axel (1986): »Neutrality: The therapist's compass.« Colloquium, Psychiatry Grand Rounds, Mt. Auburn Hospital, Cambridge, Mass., 28. April

Horner, Martina (1972): »The motive to avoid success and changing aspirations of college women.« In: Bardwick, J. (Hg.): Readings on the Psychology of women. New York

Horney, Karen (1926): »The flight from womanhood.« In: Strouse, J. (Hg.): Women and Analysis. New York 1974. S. 171–186

Dies. (1935): »The problems of feminine masochism.« In: Psychoanalytic Review 12, S. 214–257

Hubbard, Ruth, und Lowe, Marion (1979): »Introduction«. In: dies. (Hg.): Genes and Gender. New York. S. 9–34

Hunt, Morton (1959): The Natural History of Love. New York

Huyck, Margaret H. (1977): »Sex and the older woman.« In: Troll, Lillian E., Israel, Joan und Israel Kenneth (Hgg.): Looking Ahead. Englewood Cliffs, N.J.

Johnson, Paula (1976): »Women and power: Toward a theory of effectiveness.« In: Journal of Social Issues 2, S. 99–110

Jong, Erica (1973): Angst vorm Fliegen. Roman. Frankfurt a.M.
Justice, Blair, und Justice, Rita (1976): The Abusing Family. New York

Keeney, Bradford P. (1983): Aesthetics of Change. New York
Kegan, Robert (1982): The Evolving Self. Cambridge (USA)
Kernberg, Otto F. (1975): Borderline Conditions and Pathological Narcissism. New York
Ders. (1976): »Boundaries and structure in love relations.« In: Journal of the American Psychoanalytic Association 25 (1), S. 81–114
Kingsley, Charles (1878): Poems. London
Kinsey, Alfred C. u.a. (1948): Sexual Behavior in the Human Male. Philadelphia
Dies. (1953): Sexual Behavior in the Human Female. Philadelphia
Kirsch, B. (1974): »Consciousness-raising groups as therapy for women.« In: Franks, V. und Burtle, V. (Hgg.): Women in Therapy. New York
Kohut, Heinz (1973): »Thoughts on narcissism and narcissistic rage.« In: Eissler, R. u.a. (Hgg.): The Psychoanalytic Study of the Cild. Bd. 27. New York
Ders. (1977): The Restoration of the Self. New York
Krause, Charlotte (1971): »The femininity complex and women therapists.« In: Journal of Marriage and the Family 33 (3), S. 476–482
Kremen, Howard, und Kremen, Bennett (1971): »Romantic love and idealization.« In: American Journal of Psychoanalysis 31, S. 143
Kundera, Milan (1984): Die unerträgliche Leichtigkeit des Seins.

Laing, Ronald D., und Esterson, A. (1964): Sanity, Madness and the Family: Families of Schizophrenics. London
Laing, Ronald D. (1981): Das geteilte Selbst. Eine existentielle Studie über geistige Gesundheit und Wahnsinn. Reinbek bei Hamburg
Lang, Margot (Hg.) (1979): Mein Vater. Frauen erzählen vom ersten Mann ihres Lebens. Reinbek bei Hamburg
Langer, E. J. (1983): The Psychology of Control. Beverly Hills
Ders., Bashner, R. S., und Chanowitz, B. (1985): »Decreasing prejudice by increasing discrimination.« In: Journal of Personality and Social Psychology 49, S. 113–120
Langs, Robert (1974): The Technique of Psychoanalytic Therapy. Band 2. New York
Ders. (1982): The Psychotherapeutic Conspiracy. New York
Lasch, Christopher (1977): Haven in a Heartless World. The American Family Besieged. New York
Lash, Joseph P. (1971): Eleanor and Franklin. New York
Ders. (1982): Love, Eleanor. Garden City, N. Y.
Lazarre, Jane (1976): The Mother Knot. New York 272
Lemkau, Jean P. (1980): »Women and employment: Some emotional hazards.« In: Heckerman, C. L. (Hg.): The Evolving Female. New York
Lerner, Harriett (1974): »Early origins of envy and devaluation of women: Implications for sex role stereotypes.« In: Bulletin of the Menninger Clinic 36 (6), S. 538–553

Dies. (1983): »Female dependency in context.« In: American Journal of Ortho-
psychiatry 53 (4), S. 697–705
Lessing, Doris (1975): Der Sommer vor der Dunkelheit. Reinbek bei Hamburg
Levenson, Edgar (1983): The Ambiguity of Change. New York
Leventman, Paula (1981): Professionals Out of Work. New York
Levinson, Daniel J. u. a. (1978): The Seasons of a Man's Life. New York
Levinson, Daniel J. (1980): »Toward a conception of the adult life course.« In:
Smelser, Neil J. und Erikson, Erik H. (Hgg.): Themes of Work and Love in
Adulthood. Cambridge (USA)
Liebow, Elliot (1967): Tally's Corner. Boston
Lipman-Blumen, J. (1976): »The implications for family structure of changing
sex-roles.« In: Social Casework 57 (2), S. 67–79
Lörincz, Ilona (1979): Stecknadeln in der Seele oder Do-it-Yourself-Analyse
zum Nulltarif. In: Lang, Margot (Hg.) (1979), S. 70–93
Loevinger, Jane (1959): »Patterns of child rearing as theories of learning.« In:
Journal of Abnormal and Social Psychology 59, S. 148–150
Lowenthal, Marjorie F., Thurnher, Majda, und Chiraboga, David (1975): Four
Stages of Life. San Francisco
Lozoff, Marjorie (1973): »Fathers and autonomy in women.« In: Annals of the
New York Academy of Sciences 208, S. 91–97
Lystad, Mary H. (1975): »Violence at home: A review of the literature.« In:
American Journal of Orthopsychiatry 45 (3), S. 328–345

Maccoby, Eleanor, und Jacklin, Carol N. (1974): The Psychology of Sex Differ-
ences. Stanford
MacDonald, B. (1979): »Do you remember me?« In: Sinister Wisdom 10,
S. 9–14
Mahrer, Alvin R. (1985): Psychotherapeutic Change. New York
Marecek, J., und Kravetz, D. (1977): »Women and mental health: A review of
feminist change efforts.« In: Psychiatry 40, S. 323–329
Masters, William H., und Johnson, Virginia E. (1987): Die sexuelle Reaktion.
Reinbek bei Hamburg
McBride, Angela B. (1973): The Growth and Development of Mothers. New York
McCombie, Sharon L. (1975): »Characteristics of rape victims seen in crisis
intervention.« In: Smith College Studies in Social Work 46. S. 137–158
Mead, Margret (1978): Brombeerblüten im Winter. Ein befreites Leben. Rein-
bek bei Hamburg
Meir, Golda (1975): Mein Leben. Hamburg
Meiselmann, Karen C. (1978): Incest. San Francisco
Menaker, Esther (1974): »The therapy of women in the light of psychoanalytic
theory and the emerge of a new view.« In: Franks, V. und Burtle, V. (Hg.):
Women in Therapy. New York
Metzger, Deena (1976): »It is always the woman who is raped.« In: American
Journal of Psychiatry 133 (4), S. 405–412
Milgram, Stanley (1974): Obedience to Authority. New York
Miller, Alice (1981): Du sollst nicht merken. Variationen über das Paradies-
Thema. Frankfurt a. M.

Dies. (1988): Der gemiedene Schlüssel. Frankfurt a.M.

Miller, Jean Baker (1976): Toward a New Psychology of Women. Boston

Mitchell, Juliet (1976): Psychoanalyse und Feminismus. Freud, Reich, Laing und die Frauenbewegung. Frankfurt a.M.

Mitchell, Suzanne (1973): My Own Woman. New York

Moller, H. (1960): »The meaning of courtly love.« In: Journal of American Folklore 73, S. 39–52

Mullahy, P. (1952): The Theories of H. S. Sullivan. New York

Nadelson, Carol C. (1978): »The emotional impact of abortion.« In: Notman, M. T. und Nadelson, Carol C. (Hgg.): The Woman Patient. New York

Neugarten, Bernice (1968): »The awareness of middle age.« In: dies. (Hg.): Middle Age and Aging. Chicago

Dies. (1979): »Time, age and the life circle.« American Journal of Psychiatry 136 (7), S. 887–894

Nichols, B. B. (1977): »Motherhood, mothering and casework.« In: Social Casework 58, S. 29–35

Obholzer, Karin (1980): Gespräche mit dem Wolfsmann. Eine Psychoanalyse und die Folgen. Reinbek bei Hamburg

Olsen, Tillie (1965): »Silences.« In: Harper's Magazine. Oktober, S. 152–161

Parkes, Colin, Murray (1971): »Psycho-social transitions: A field for study.« In: Journal of Social Science and Medicine 5, S. 101–115

Peters, Uwe Henrik (1984): Anna Freud. Ein Leben für das Kind. Überarbeitete Ausgabe. Frankfurt a.M.

Pollock, Linda (1983): Forgotten Children. Cambridge

Rabkin, Richard (1970): Inner and Outer Space. New York

Radl, Shirley (1973): Mother's Day is Over. New York

Radloff, L. (1975): »Sex differences in depression: The effects of occupation and marital status.« In: Sex Roles 1 (3), S. 249–265

Radov, C. G., Masnick, B., und Hauser, B. (1977): »Issues in feminist therapy: The work of a women's study group.« In: Social Work 22 (6), S. 507–511

Reich, A. (1953): »Narcissistic object choice in women.« In: Journal of the American Psychoanalytic Association 1, S. 22–44

Reid, W. J., und Shapiro, B. (1969): »Client reaction to advice.« In: Social Service Review 43 (2), S. 165–173

Reik, Theodore (1944): A Psychologist Looks at Love. New York

Reinhold, Claudia (1979): Der Spieler. In: Lang, Margot (Hg.) (1979), S. 70–93

Reuben, David (1969): Everything You Always Wanted to Know about Sex but Were Afraid to Ask. New York

Rich, Adrienne (1976): Of Woman Born. New York

Riegel, K. F. (1973): »Dialectic operations: The final period of cognitive development.« In: Human Development 16, S. 346–370

Riess, B. (1974): »New viewpoints on the female homosexual.« In: Franks, V. und Burtle, V. (Hgg.): Women in Therapy. New York

Rilke, Rainer Maria (1950): Briefe. Erster Band. 1897–1914. Wiesbaden

Roosevelt, Eleanor (1939): This Is My Story. New York

Rorty, Amelie O. (1977): »Dependency, individuality, and work.« In: Ruddick, S. und Daniels, P. (Hgg.): Working It Out. New York

Roth, Philip (1974): Portnoys Beschwerden. Roman. Reinbek bei Hamburg

de Rougemont, D. (1956): Love in the Western World. New York

Rubin, Lillian (1979): Women of a Certain Age. New York

Russell, Mary N. (1984): Skills in Counselling Women. Springfield, Illinois

Russell, Paul (1986): The role of paradox in the repetition compulsion. Mimeo

Saghir, Marcel T., und Robins, Eli (1973): Male and Female Homosexuality. Baltimore

Sameroff, A. J. (1976): »Early influences on development: Fact or fancy?« In: Chess, S. und Thomas, A. (Hgg.): Annual Progress in Child Psychiatry and Child Development. New York

Sarton, May (1961): The Small Room. New York

Schaffer, Rudolph (1977): Mothering. Cambridge (USA)

Schlossberg, Nancy, und Kent, Laura (1979): »Effective helping with women.« In: Eisenberg, S. und Patterson, L. (Hgg.): Helping Clients with Special Concerns. Chicago

Schwartz, M. C. (1974): »Importance of the sex of worker and client.« In: Social Work 19 (2), S. 177–185

Schwerin, Doris (1967): Diary of a Pigeon Watcher. New York

Scott-Maxwell, Florida (1968): The Measures of my Days. New York

Seaman, Barbara (1972): Free and Female. The Sex Life of the Contemporary Woman. New York

Searles, H. F. (1965): The Collected Papers on Schizophrenia and Related Subjects. New York

Seiden, A. M. (1978): »The sense of mastery in the childbirth experience.« In: Notman, M. T. und Nadelson, Carol C. (Hgg.): The Woman Patient. New York

Shapiro, David (1981): Autonomy and Rigid Character. New York

Singer, Irving (1973): Goals of Human Sexuality. New York

Slater, Philip (1956): »On social regression.« In: American Sociological Review 26, S. 339–358

Ders. (1970): The Pursuit of Loneliness. Boston

Smelser, Neil J. (1980): »Vicissitudes of work and love in Anglo-American society.« In: ders. und Erikson, Erik H. (Hgg.): Themes of Work and Love in Adulthood. Cambridge (USA)

Snyder, M. (1984): »When belief creates reality.« In: Advances in Experimental Social Psychology 18, S. 247–305

Solnit, A. J., und Stark, H. M. (1961): »Mourning and the birth of a defective child.« In: Psychoanalytic Study of the Child 16, S. 523–537

Spater, George, und Parsons, Ian (1977): A Marriage of True Minds. New York

Spence, Donald P. (1982): Narrative Truth and Historical Truth. New York

Star, S. L. (1979): »Methods, limits and problems in research on consciousness.« In: Hubbard, Ruth und Lowe, Marion (Hgg.): Genes and Gender. New York

Stern, Daniel N. (1985): The Interpersonal World of the Infant. New York

Stevens, May (1977): »My work and my working-class father.« In: Ruddick, S. und Daniels, P. (Hgg.): Working It Out. New York

Stierlin, Helm (1976): Eltern und Kinder. Das Drama von Trennung und Versöhnung im Jugendalter. Frankfurt a.M.

Ders. u.a. (1980): Das erste Familiengespräch. Zweite, veränderte Auflage. Stuttgart

Stoller, Robert J. (1972): »The ›bedrock‹ of masculinity and femininity: Bisexuality.« In: Archives of General Psychiatry 26, S. 207–212

Ders. (1974a): Sex and Gender. Bd. 2. New York

Ders. (1974b): »Facts and fancies: An examination of Freud's concept of bisexuality.« In: Strouse, Jean (Hg.): Women and Analysis. New York

Stone, M. H. (1985): »Negative outcome in borderline states.« In: Mays, D. T., und Franks, C. M. (Hgg.): Negative Outcome in Psychotherapy. New York

Strauss, Anselm (1962): »Transformations of identity.« In: Rose, A. (Hg.): Human Behavior and Social Process. Boston

Sullivan, Harry Stack (1953): The Interpersonal Theory of Psychiatry. New York

Szasz, Thomas (1959): »The communication of distress between child and parent.« In: The British Journal of Medical Psychology 32, S. 161–170

Ders. (1970): The Manufacture of Madness. New York

Taggart, M. (1985): »The feminist critique in epistemological perspective: Questions of context in family therapy.« In: Journal of Marital and Family Therapy 11, S. 113–126

Tait, Kate (1975): My Father Bertrand Russell. New York

Thomas, S. A. (1977): »Theory and practice in feminist therapy.« In: Social Work 22 (6), S. 447–454

Vaillant, George E. (1980): Werdegänge. Erkenntnisse der Lebenslauf-Forschung

Walster, Elaine, und Walster, William (1978): A New Look at Love. Reading, Mass.

Watzlawick, Paul, Beavin, J., und Jackson D. (1967): Pragmatics of Human Communication. New York

Weiss, Robert S. (1973): Loneliness. Cambridge (USA)

Ders. (1975): Marital Separation. New York 242

Ders. (1985): »Men and the family.« In: Family Process 24 (1), S. 49–58, 166

Weissman, Myrna M., und Klerman, G. (1977): »Sex differences and the epidemiology of depression.« In: Archives of General Psychiatry 34 (1), S. 98–111

Weissman, Myrna M. (1980): »The treatment of depressed women.« In: Hekkerman, C. L. (Hg.): The Evolving Female. New York

Welsey, D. (1975): »The woman's movement and psychotherapy.« In: Social Work 20 (2), S. 120–122

White, R. W. (1963): »Ego reality in psychoanalytic theory: A proposal regarding independent ego energies.« In: Psychological Issues 3, 3 Monograph 11

Wiesel, Elie (1965): One Generation After. New York

Williams, Elizabeth F. (1976): Notes of a Feminist Therapist. New York

Winn, Marie (1984): Kinder ohne Kindheit. Reinbek bei Hamburg

Winnicott, Donald W. (1978): Familie und individuelle Entwicklung. München

Wollstonecraft, Mary (1974): The Love Letters of Mary Wollstonecraft to Gilbert Imlay (with a prefatory memoir by Roger Ingpen). Folcroft, Pa.

Woolf, Virginia (o. J.): Die Fahrt zum Leuchtturm. Roman. Frankfurt a. M.

Wortis, R. P. (1971): »The acceptance of the concept of the maternal role by behavioral scientists: Its effect on women.« In: American Journal of Ortho-psychiatry 41, S. 733–746

Wrightsman, L. (1978): »The American trial jury on trial: Empirical evidence and procedural modifications.« In: Journal of Social Issues 34, S. 137–164

Josephine Rijnaarts
Lots Töchter
Über den Vater-Tochter-Inzest

"Seit hundert Jahren behaupten die
Kulturanthropologen die Existenz eines universalen
Inzesttabus, das im großen und ganzen bestens
funktioniere. Gegen diese Auffassung wendet sich
Josephine Rijnaarts grundsätzlich. Sie sieht die
Kulturanthropologen (Westermack, Malinowski, Lévi-
Strauss) und die Familiensoziologen mit in
der Verschwörung des Schweigens und der
Bagatellisierung des sexuellen Mißbrauchs ...
Die Lektüre dieses Buches gibt nicht nur eine Fülle
von Denkanstößen, sie weckt auch Zweifel, ob unsere
kulturelle Evolution genügenden Schutz davor bietet,
Tausende von Frauen lebenslänglich zu
traumatisieren. Selbstzerstörerisches Verhalten,
Spaltung zwischen Geist und Körper, hohe
Selbstmordgefährdung sind die Folgen dieses
kindlichen Mißbrauchs."

Marielouise Jurreit, Süddeutsche Zeitung

Claassen

Postfach 100 555, 3200 Hildesheim

C.G. Jung – Taschenbuchausgabe

Herausgegeben von Lorenz Jung

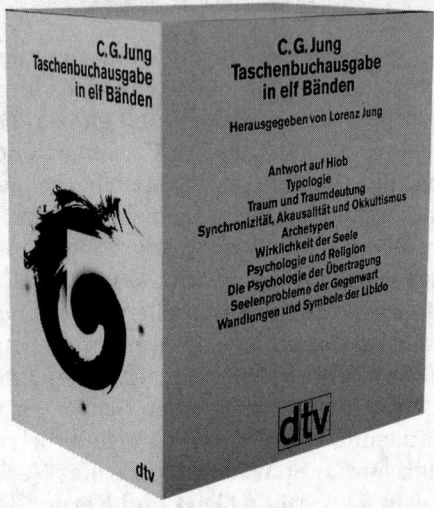

C.G. Jung
Taschenbuchausgabe
in elf Bänden
Herausgegeben von
Lorenz Jung auf der
Grundlage der Ausgabe
»Gesammelte Werke«
dtv 59016

Auch einzeln
erhältlich:

Die Beziehungen
zwischen dem Ich
und dem Unbewußten
dtv 15061

Antwort auf Hiob
dtv 15062

Typologie
dtv 15063

Traum und
Traumdeutung
dtv 15064

Synchronizität,
Akausalität
und Okkultismus
dtv 15065

Archetypen
dtv 15066

Wirklichkeit
der Seele
dtv 15067

Psychologie
und Religion
dtv 15068

Psychologie
der Übertragung
dtv 15069

Seelenprobleme
der Gegenwart
dtv 15070

Wandlungen und
Symbole der Libido
dtv 15071

Außerdem im dtv:

Wörterbuch
Jungscher Psychologie
Von Andrew Samuels,
Bani Shorter
und Fred Plaut
dtv 15088

Helmut Barz / Verena
Kast / Franz Nager:
Heilung und Wandlung
C.G. Jung
und die Medizin
dtv 15089